Éditions Druide
1435, rue Saint-Alexandre, bureau 1040
Montréal (Québec) H3A 2G4

www.editionsdruide.com

OPTIQUES

Collection dirigée par
Anne-Marie Villeneuve

CHOISIR LE PROGRÈS NATIONAL

Catalogage avant publication de Bibliothèque et Archives nationales du Québec et Bibliothèque et Archives Canada

Caron, Jocelyn, 1982-
    Choisir le progrès national

ISBN 978-2-89711-037-6
I. Titre.

HN110.Q8C37 2013   306.09714'0905   C2013-940019-2
HN110.Q8C37 2013

Direction littéraire : Anne-Marie Villeneuve
Édition : Luc Roberge et Anne-Marie Villeneuve
Révision linguistique : Annie Pronovost
Assistance à la révision linguistique : Antidote 8
Maquette intérieure : www.annetremblay.com
Mise en pages et versions numériques : Studio C1C4
Révision du montage : Isabelle Chartrand-Delorme
Conception graphique de la couverture : Gianni Caccia
Illustration de la couverture : Gabriel Lebeau, Bifurk.ca
Photographie de l'auteur : Maxyme G. Delisle
Diffusion : Druide informatique
Relations de presse : Patricia Lamy

ISBN papier : 978-2-89711-037-6
ISBN EPUB : 978-2-89711-038-3
ISBN PDF : 978-2-89711-039-0

Éditions Druide inc.
1435, rue Saint-Alexandre, bureau 1040
Montréal (Québec) H3A 2G4
Téléphone : 514 484-4998

Dépôt légal : 1er trimestre 2013
Bibliothèque nationale du Québec
Bibliothèque nationale du Canada

© 2013 Éditions Druide inc.
www.editionsdruide.com

Imprimé au Canada

Jocelyn Caron

CHOISIR LE PROGRÈS NATIONAL

Druide

À ce, celles et ceux qui m'inspirent

« *Si on ne pratique pas l'exercice de la volonté,
tout est toujours foutu.* »

— *Jacques Pilhan*

TABLE DES MATIÈRES

PRÉFACE DE CLAUDE BÉLAND

Écrire pour réfléchir, c'est ce que fait admirablement bien Jocelyn Caron. Mettre en ordre sur papier la logique de sa pensée conduit à une cohérence des conclusions incontournables créées par cette réflexion. Il s'agit d'un efficace cheminement vers l'affirmation d'une identité personnelle. Et lorsque, par surcroît, la réflexion porte sur la pérennité de la nation. La réflexion mène inévitablement à l'affirmation d'une identité collective. C'est l'exercice auquel s'est livré l'auteur en pensant au peuple québécois. Une réflexion complète puisqu'elle porte sur tous les aspects de l'évolution de la communauté humaine québécoise, d'abord colonisatrice d'un nouveau territoire au nom du gouvernement de la France et, plus tard, soumise aux velléités d'un conquérant étranger, à la suite d'une guerre perdue. Une réflexion complète puisqu'elle s'adresse aussi à la complexité même de l'être humain, cet animal raisonnable réagissant à ses instincts naturels et à sa capacité de raisonner, constamment à la recherche du bonheur. Or, les sociologues nous le disent, la satisfaction de ses besoins fondamentaux est la condition du bonheur. Il s'agit de la satisfaction de ses besoins physiologiques ou primaires (il faut bien se nourrir, se loger, se soigner, vivre en sécurité), de ses besoins affectifs et culturels (aimer et être aimé, nourrir un sentiment d'appartenance et les liens avec les autres par une même langue, les traditions, le partage d'un même projet) et de ses besoins d'accomplissement (réaliser des choses, source de fierté). Autant de conditions non réalisables pour l'être humain isolé. Il faut donc la collectivité pour assurer le développement harmonieux de l'homme et de la femme. Ce qui oblige à être collectivement en contrôle de pouvoirs politiques et économiques ainsi que du pouvoir d'établir les conditions du « vivre ensemble ». Clairement, la nation se définit alors comme étant une communauté humaine unie par une identité historique, linguistique, culturelle et fondée sur des valeurs partagées et un projet commun. Par le regroupement des individus en communauté liés par l'abdication d'une part de leur souveraineté individuelle (ce que le professeur Jean-Marc Siroën de l'Université de Paris-Dauphine appelle « la violence légitime »), on parvient au statut de citoyen d'un État-nation, en passant par la famille, le village ou la ville, le pays, en partageant un projet commun et en se soumettant, lorsque nécessaire, à la décision de la majorité. Voilà comment se perpétue cette richesse planétaire que constituent les différentes nations dans le monde d'aujourd'hui.

Personnellement, ayant « duré longtemps » comme le disait récemment un de mes petits-fils impressionné par mon âge, je m'aperçois, en lisant ce livre de Jocelyn Caron, que les meilleures périodes de développement du Québec furent celles où nos ancêtres et prédécesseurs ont fait le choix de mobiliser le peuple — cette multitude d'hommes et de femmes vivant sur le même territoire et sous les mêmes lois — afin qu'il contribue par son comportement quotidien à la survie et au progrès de la collectivité québécoise. Après la Conquête, les Québécois, privés de droits politiques et économiques sur ordre du roi d'Angleterre, refusent l'assimilation et *choisissent la nation*. Toutefois, leur statut de conquis impose la discrétion et la patience, voire une apparente soumission. Cette stratégie autorisera, après quelques décennies, la concession par le conquérant de quelques droits politiques : par exemple, l'instauration d'un simulacre de démocratie (1792), puis d'un Traité de réciprocité reconnaissant à des Québécois une certaine responsabilité ministérielle, sous réserve toutefois de l'approbation finale du roi, et, plus tard, l'adoption d'une constitution canadienne (1867) par des élus et non par le peuple. Quant aux droits économiques, interdits aux Canadiens français par le roi désireux d'assurer la prépondérance britannique en ce domaine, la patience est soutenue et valorisée par des théologiens rappelant aux Québécois que « notre mission est moins de manier des capitaux que de remuer des idées; elle consiste moins à allumer le feu des usines qu'à entretenir et faire rayonner au loin le foyer lumineux de la religion et de la pensée ». Il faudra attendre 85 ans après la Conquête, soit le temps requis par les conquérants pour se rassurer quant à l'inaptitude des francophones à faire des affaires, pour qu'un propriétaire du journal *Le Canadien* plaide ouvertement et publiquement pour « que l'industrie soit désormais honorée par les Québécois — puisque l'industrie est considérée comme moyen de conserver notre nationalité ».

Le message est clair : créer une économie sous contrôle des Québécois. Ce message sera repris par des représentants de l'élite québécoise au cours des années suivantes, de telle sorte que des « patriotes » feront en sorte d'œuvrer quotidiennement en vue du progrès de la nation. Un des exemples est certes Alphonse Desjardins (1900), sténographe officiel à Ottawa, qui, entendant ce message, crée une première coopérative d'épargne et de crédit pour les gens de sa ville de Lévis, au Québec. Il explique son projet de la façon suivante :

« Nous créer, nous, Canadiens français, un patrimoine national, un capital qui serait sous notre contrôle, toujours à notre disposition, dont l'utilisation servirait à accroître notre influence légitime, à activer notre progrès et, au besoin, à nous protéger contre des agressions injustes [...]. Ce capital serait l'arme la plus formidable mise à notre service... Il sera un rempart fort et solide pour nous protéger contre nos adversaires et nos rivaux. »

Ce faisant, Alphonse Desjardins parle le langage de la nation. Ce projet est pour « nous », les Québécois, afin de se constituer un patrimoine national.

Œuvrer quotidiennement et collectivement en vue du progrès de la nation devient dès lors le projet collectif. En conséquence, la nation québécoise s'affirme lentement au cours du XXe siècle. Le progrès s'accélère pendant les 30 années suivant la Seconde Guerre mondiale, ces années que les historiens qualifient *d'années glorieuses*, puis au temps de la Révolution tranquille.

La nation et la mondialisation

Puis ce fut le basculement du monde sous l'effet de l'accélération de la mondialisation. Les effets de l'évolution spectaculaire des technologies de communication et de production rapprochent les continents, ainsi que les peuples et surtout les marchés. De renommés économistes font miroiter la possible transformation de la planète en un « village global ». Fini l'État-nation, disent-ils, le « nous » dépasse désormais les frontières des territoires où logent les nations. Nous devenons tous des « citoyens du monde » ! Si jadis il était possible de vivre le prévisible, voilà que nous basculions vers l'imprévisible d'un monde nouveau où les « nous », liés à une collectivité partageant les mêmes histoires et les mêmes espoirs, se transformaient en « je » non identifié culturellement. Alors que la nation a toujours rejoint à la fois l'universel et le singulier, désormais est enseignée au « citoyen du monde » l'importance du singulier. L'union pour la vie se transforme en lutte pour la vie, ce qui contredit les éléments essentiels de la vie communautaire et de la nation. L'individualisme triomphe : il se présente comme le moteur d'une économie florissante !

Après 50 ans de ce régime, les peuples constatent que le village global nie la vie communautaire et les éloigne de leur projet de créer des sociétés plus justes et plus égalitaires. Ils s'indignent et parfois même se révoltent face à la tournure des évènements. Ils dénoncent les effets pervers de ce basculement du monde et réclament un monde meilleur. « Le monde est en feu », titrait récemment un grand journal de France. La preuve est désormais faite que cette vision d'un monde global, sans souci des aspirations et des différences des nombreuses collectivités qui le constituent, est illusoire. Comment espérer sérieusement la création d'un gouvernement mondial pour gérer des centaines de nations différentes ? Quel cadre politique pourrait efficacement rallier en un même centre de décision tous ces divers projets ? Ou permettre à l'humanité de vivre vraiment en communauté ?

Autant de questions d'une grande actualité. Chez les politologues, sociologues, philosophes, économistes et autres qui réfléchissent à ces questions, un consensus assez large s'établit quant à l'urgence de permettre aux citoyens d'une communauté d'établir eux-mêmes les règles du mieux vivre ensemble afin de retrouver leur humanité. Ce n'est pas dans l'isolement du citoyen du monde qu'on peut progresser vers des idéaux tels que la justice, la solidarité, le partage, la reconnaissance de l'égalité de chacun par la démocratie. Seule la nation peut assurer ce progrès. Le village global est un village où on retrouve une minorité de gagnants et une majorité de perdants. Seule la nation peut convenir de mener son peuple à la société dont rêve la majorité. Certes, par cette vision, la nation s'impose des défis. Celui d'établir la morale du bien commun ; celui d'assurer une permanente éducation citoyenne sur ces questions, puisque les changements réels ne seront effectués que lorsqu'ils seront requis par une majorité solide et persévérante des citoyens ; celui de la participation intergénérationnelle, puisque désormais les sociétés seront formées d'un nombre quasi égal d'aînés, d'adultes et de jeunes ; celui d'assurer le contrôle du système économique national — ce système qui permet d'assurer la juste distribution des biens et des services pour tous. L'achat chez nous, c'est l'achat en vue du progrès national. Ce que Jocelyn Caron a bien compris est un instrument fort utile à l'éducation citoyenne par l'apport de tous. Ce livre est un exemple de participation intergénérationnelle, l'auteur étant un jeune et le préfacier, Léo Bureau-Blouin, jeune aussi, auxquels se joint l'aîné que je suis. Ce livre permet de mieux comprendre la nécessité des transferts des valeurs démocratiques.

Ce livre doit être lu. Par tous les Québécois. Parce que nous sommes à l'heure des choix. Pour ma part, je choisis le progrès national. Le livre et le projet.

Originaire de Montréal, Claude Béland a été président élu du Mouvement Desjardins de 1987 à 2000. Parallèlement, il a également siégé à la Commission sur l'avenir politique et constitutionnel du Québec (1990-1991) et a présidé le Sommet économique de 1995 ainsi que les États généraux sur la réforme des institutions démocratiques (2003). Depuis 2003, il est président du Mouvement Démocratie et Citoyenneté du Québec. Finalement, M. Béland est détenteur de cinq doctorats honoris causa *et officier de l'Ordre national du Québec depuis 1992.*

PRÉFACE DE LÉO BUREAU-BLOUIN

Été 2012. Par une chaude soirée d'été, je participe à un souper extérieur avec des jeunes de divers milieux. L'objectif est d'échanger au sujet de la prochaine campagne électorale, qui semble imminente. On y discute des suites de la grève étudiante qui a paralysé le Québec, des enjeux de la prochaine campagne, de la place des jeunes au sein de la politique et d'autres sujets de l'heure. Parmi la foule familière, j'aperçois un nouveau visage. Ce jeune homme se présente et m'indique qu'il est actuellement en processus d'écriture d'un essai sur les défis auxquels fait face le Québec. À ce moment précis, je me demande qui d'un fou ou d'un génie peut bien vouloir se lancer dans une telle démarche à l'ère où les opinions politiques se limitent à des micromessages de 140 caractères ou à des chroniques sulfureuses dans les journaux.

Il souligne qu'il souhaiterait, en guise de préface, l'apport d'un jeune impliqué dans sa communauté. J'accepte de m'en charger, intrigué par ce passionné qui deviendra rapidement un ami.

Au fil de nos nombreuses discussions, nous aborderons plusieurs questions. Comment revaloriser la fonction publique ? Comment renforcer la place du Québec à l'international ? Quels mécanismes nous permettront de combattre le cynisme dont fait preuve la population ? On retrouve plusieurs pistes de solution à ces questions dans cet essai. Quelques mois et une campagne électorale plus tard, je serai élu à titre de député à l'Assemblée nationale, cherchant à ma façon à démontrer que notre génération peut faire partie intégrante des débats publics québécois. Cet essai me confirme qu'un nombre important de jeunes se soucient du développement du Québec.

Certains chercheront peut-être à savoir si je suis en accord avec tout le contenu de cet ouvrage. Comprenons-nous bien, je n'écris pas ces lignes dans le but d'endosser toutes les propositions qu'on y trouve. Mon opinion diverge de celle de l'auteur sur certains points. Par cette préface, je souhaite plutôt souligner la valeur de la démarche que l'on découvre ici. Pour un jeune, écrire un essai politique n'est pas une mince affaire. Le résultat constitue une démonstration supplémentaire de la vitalité intellectuelle dont est capable la jeunesse québécoise.

La lecture de cet essai renforce ma conviction que le Québec a tout à gagner à conquérir de nouveaux espaces de compétence, pour un jour, certainement, obtenir une indépendance pleine et entière. L'indépendance du Québec, loin d'être l'affaire d'une génération, m'apparaît encore plus d'actualité pour relever les défis sociaux et économiques complexes auxquels devra faire face le Québec. Encore aujourd'hui, près de la moitié des impôts que nous payons échappent à notre contrôle. Comment agir en État avec les moyens d'un demi-État?

Il me fait toujours mal de constater que sondage après sondage, plusieurs citoyens ne croient pas que le Québec est assez fort pour se prendre en main lui-même. *A contrario*, je suis toujours surpris de constater que lorsqu'on demande aux Québécois s'ils souhaitent rapatrier certains pouvoirs, la réponse est invariablement oui. Souhaitons que cet essai nourrisse la réflexion entourant l'avenir de notre nation, et surtout qu'il nous permette de reprendre un peu confiance en nous.

Natif de Montréal, mais ayant grandi à Saint-Hyacinthe, Léo Bureau-Blouin a été président de la Fédération étudiante collégiale du Québec (FECQ) de 2010 à 2012. À ce poste, il a été l'un des leaders de la grande grève étudiante de 2012. Plus tard la même année, à la faveur de l'élection générale, il a été élu député à l'Assemblée nationale sous la bannière du Parti québécois.

ÉCRIRE POUR REPOUSSER L'ÉPILOGUE

« Cinq heures du matin ! Je pourrais rester couché et dormir encore quelques heures, mais non, il a encore fallu que j'organise une aventure de fou... »

Si ces pensées me traversent l'esprit alors que je me tire du lit, je n'ai pas trop le temps de m'y attarder : je suis déjà en retard et il y a beaucoup de route à faire. La voiture est en marche et 15 minutes plus tard, je suis devant la maison de mon ami Francis. Aujourd'hui, fait exceptionnel, je n'ai pas à l'attendre : il est fin prêt. En vérité, ce n'est pas trop surprenant, car, nous en sommes convaincus tous les deux, la journée sera spéciale.

En route, l'excitation est palpable. Certes, nous discutons un peu de ce qui s'en vient, mais le silence généralement ambiant est un gage de la positive anxiété qui nous gagne à mesure que nous nous rapprochons du but de notre expédition. Au bout de ces trois heures et demie de route aurorales, nous assisterons à un rallye politique d'une grande importance.

11 h 40. Nous sommes sur le site, à quelques mètres du podium d'où seront livrés les discours. Autour de nous deux, plusieurs scénettes se jouent : des bénévoles apportent des verres d'eau à ceux qui ont soif, des jeunes d'à peine 20 ans discutent avec des personnes âgées afin de les convaincre d'appuyer des candidats locaux, des familles entières attendent aussi patiemment que nous l'arrivée des

orateurs, un groupe de musique venu de Boston s'évertue à jouer quelques pièces malgré l'inattention des centaines de fervents, des dizaines de journalistes testent l'équipement, écrivent et répètent leur reportage… Au milieu de tout ça, nous avons, Francis et moi, l'impression de faire partie de la famille.

12 h 48. Le discoureur principal termine son allocution dans une explosion de cris de joie et d'applaudissements. Francis et moi, en bons intellos autoproclamés d'ordinaire si froids aux mouvements de foule, nous laissons prendre au jeu : nous applaudissons à tout rompre. Le candidat se rapproche de nous. Je crie à Francis de saisir l'appareil photo et d'être prêt à immortaliser le moment où j'échangerai une poignée de main avec celui-ci. Il avance rapidement : la foule est hystérique, comme dans un concert rock, et je me fais bousculer de tous bords, tous côtés. Je réussis malgré tout à lui tendre ma main et le hasard fait qu'il choisit momentanément la mienne parmi toutes celles qui lui sont présentées.

14 h 57. Sur le chemin du retour, je demande à Francis de vérifier si le cliché est réussi. « Nous ne le saurons qu'avec un ordinateur : l'écran de la caméra est trop petit », me répond-il, avant d'ajouter : « J'espère pour toi que la photo sera nette, parce qu'on ne te croira pas lorsque tu diras que tu as échangé une poignée de main avec le futur président des États-Unis ». Je lui fais remarquer que je n'ai pas juste serré la pince du futur président, mais peut-être aussi celle de la future vice-présidente. En effet, nous venons de quitter le premier rallye commun de Barack Obama et Hillary Clinton à la suite des primaires qui visaient à choisir l'un d'eux comme candidat démocrate à la présidence des États-Unis.

Nous continuons d'échanger sur l'élection étatsunienne et sur les possibilités que Barack Obama remporte la mise. Sur les chances qu'il choisisse Hillary Clinton comme colistière. Mais surtout, ce qui nourrit notre discussion est l'incroyable vent de changement qui se lève chez nos voisins du sud. Ce que nous avons entendu et vu aujourd'hui nous a complètement renversés. Tellement de gens à la recherche d'un avenir meilleur, tellement de bénévoles dévoués, tellement de citoyens conscients que les choses ne tournent pas rond, mais qui sont prêts à en faire un petit peu pour façonner leur avenir. Les espoirs semblent grands et l'engagement des Étatsuniens l'est tout autant. Francis et moi évoquons avec une petite fierté notre « participation » et « l'aide » que nous avons apportée, par notre présence, au succès de la démonstration d'unité des deux anciens rivaux. Surtout, nous sommes heureux d'avoir partagé notre ferveur avec nos concitoyens nord-américains. Nous voulons autant qu'eux qu'un changement important se produise, pour le bien de notre planète. En faisant six heures de route dans une même journée, en manquant une journée de travail et en dépensant une centaine de dollars de nos budgets d'étudiants, nous sommes probablement allés chercher notre part d'un certain « rêve américain » : la possibilité que la société dans laquelle nous vivons puisse évoluer vers le mieux, si nous y mettons du nôtre.

::

C'est en roulant à travers les vertes plaines de la Montérégie que mon intérêt si prononcé pour la campagne électorale étatsunienne me frappe de plein fouet. Comment se fait-il que je sois si passionné par la campagne d'un candidat à la présidence d'un autre pays que le mien ? *A priori*, pour quelqu'un qui a été engagé dans sa société comme moi, ce vif intérêt envers la candidature de M. Obama n'est pas ce qu'il y a de plus intuitif. Bon, il est vrai que nous avons tous un intérêt, en tant qu'habitants de cette planète, à ce qu'un pays aussi puissant que les États-Unis lutte vraiment contre les changements climatiques, arrête de pratiquer la torture et n'envahisse plus de pays en mentant à la communauté internationale. Mais encore ?

Au bout de quelques minutes de réflexion, je comprends que la vague de transformation positive qu'amène M. Obama et la mobilisation sans précédent qu'il entraîne dans son sillage ont éveillé chez moi un sentiment de confiance en l'avenir. Enfin, des changements politiques salutaires ! Mais encore ?

C'était manifestement plus profond que ça. Cette campagne électorale comblait chez moi le vide politique abyssal qui occupait toute la place au Québec, la société dans laquelle j'évoluais. Le Québec de 2008 me semblait au point mort : plus de rêves, ni d'ambition ni d'idéaux. Et moi, j'étais allé chercher ailleurs, aux États-Unis, une occasion de remplacer ma résignation par un idéal plus emballant. Cette poursuite du rêve américain ne m'a cependant procuré qu'un plaisir fugace.

::

Quelques mois après cette épopée chez nos voisins austraux, Barack Obama a remporté l'élection présidentielle. Les scènes de liesse diffusées le soir même de cette journée historique n'ont fait que souligner le contraste entre l'espoir qui naissait là-bas et la morosité ambiante qui pesait sur le Québec. Alors qu'un grand peuple semblait vouloir se prendre en main après huit années perdues, les Québécois m'apparaissaient sur la pente glissante du décrochage collectif. Plus j'y pensais, plus les symptômes de ce décrochage devenaient manifestes, plus notre avenir me semblait glauque. Face à ce sentiment qui m'envahissait, et aidé par une remise en question de mes choix professionnels, j'ai fait comme tant d'autres avant moi : je suis parti à l'étranger, afin de fuir cette atmosphère si lourde. En quittant le Québec, je me disais que je pourrais respirer et découvrir de nouveaux horizons. Surtout, au contact de l'Autre, je me disais que j'en apprendrais plus sur moi-même. De façon concomitante, comme j'allais fréquenter un établissement d'enseignement — l'École Nationale d'Administration (ÉNA) de

France — qui regroupe des jeunes gens passionnés par les affaires publiques et provenant de partout dans le monde, je me disais que les échanges m'aideraient à porter un regard nouveau sur ma société d'origine. En cela, je n'ai pas été déçu.

Lorsque l'on vit à l'étranger, un immense sentiment de liberté s'empare de nous. Liberté parce que, comme je l'ai fait, nous voyageons partout, au gré de nos envies, et que nous découvrons à chaque instant quelque chose de nouveau. Liberté parce que les soucis et les problèmes de société qui ont cours chez nous disparaissent presque instantanément pour ne devenir que des articles de journaux électroniques. Liberté parce que le corollaire du dernier constat est de toujours relever le côté positif des nouveautés de la société d'accueil et des endroits visités, d'autant plus que les problèmes du pays qui nous reçoit ne nous concernent pas vraiment. Liberté, surtout, parce que nous devenons, dans plusieurs occasions, l'unique représentant de notre nation, ce qui nous confère, consciemment ou non, le pouvoir de la définir comme nous l'entendons. Les nombreux débats, discussions et rencontres que j'ai eus entourant des enjeux qui concernent nos sociétés et la planète, m'ont placé dans une position où ma perception du Québec s'est lentement métamorphosée.

Ainsi, le Québec réel est progressivement devenu pour moi imaginaire. Je n'ai pas versé dans la complaisance envers ma société d'origine, mais il est indéniable que cette dernière s'est lentement idéalisée dans mon esprit. Comme je n'ai jamais arrêté de réfléchir à l'avenir politique et social du Québec, que ce soit au fond du métro parisien, sur les côtes bretonnes, en regardant le ciel congestionné de Londres, dans le quartier paisible d'Uccle à Bruxelles ou dans l'impersonnelle Genève, le temps a fait sont œuvre. Qui plus est, on m'a sans cesse vanté le Québec et on me traitait en roi, ce qui a probablement renforcé la nouvelle vision qui se forgeait en moi.

::

Fort des expériences fascinantes de cette expatriation, je suis rentré le cœur léger. Cette insouciance n'a pas duré : la chienlit qui sévit ici a rapidement fracassé mon Québec imaginaire sur le roc du Québec réel, m'enlevant de ce fait mes confortables illusions. Non, la situation ne s'était pas améliorée pendant mon absence, bien au contraire. La lassitude que je ressentais avant mon départ s'est transmuée à mon retour en réelle frustration, voire en sourde colère. Ce sentiment a certes été encouragé par le décrochage politique de mes concitoyens, qui s'est installé sournoisement au cours des 15 dernières années. Mais il a été décuplé du fait que, en rencontrant des gens provenant de partout dans le monde, j'avais constaté que le refus de la fatalité, l'espoir et le volontarisme ont souvent, ailleurs, triomphé de l'adversité, alors qu'au Québec, ce sont leurs antithèses qui tentent de faire leur lit.

De cette indignation est née une irrépressible envie d'écrire. Écrire pour réfléchir et mettre mes idées en ordre. Écrire pour comprendre et cerner le nœud du problème. Écrire pour agir et démontrer que le renoncement est la pire des solutions. Écrire pour repousser l'épilogue. Surtout, écrire pour mettre mon grain de sel dans la discussion politique nationale comme un jeune trentenaire à l'extérieur des structures du pouvoir peut le faire.

Cet essai est le fruit de cette réflexion. Il est divisé en quatre parties. La première constitue en quelque sorte un instantané du Québec moderne et cadre l'analyse qui suit dans le reste de l'ouvrage. Elle vise à présenter succinctement l'unicité du Québec et à justifier l'intérêt que l'on peut avoir en sa préservation.

La deuxième partie fait le portrait de la stagnation à laquelle on assiste au Québec, notamment par la description d'une partie des défis collectifs qui le guettent. Au-delà des accusations classiques d'immobilisme que l'on porte à la nation québécoise, les constats qui ressortent de cette partie ne sont pas ceux que certaines élites désignent systématiquement.

La troisième partie tente de poser un diagnostic sur les raisons fortes de notre état collectif. Il en ressort, pour des raisons différentes, que nous sommes tous en quelque sorte coupable : politiciens, élites, jeunes et vieux n'échappent pas à l'analyse. Nous refusons tous obstinément de voir en face la question qui dérange et qui pollue le reste du débat politique.

La quatrième partie est une esquisse des voies que nous pouvons emprunter afin de nous extirper de notre torpeur. Les propositions qui y figurent ne sortent pas toutes des sentiers battus, sont parfois vieilles de plusieurs siècles, ont déjà fait l'objet de débats, mais demandent toutes un courage politique qui n'a pas cours dans le Québec des années 2000.

Le tout constitue un appel à la lucidité et au volontarisme. Il s'agit d'inciter les Québécois à replacer les enjeux relatifs au bien-être de la collectivité au cœur du débat politique afin d'améliorer la cohésion de notre communauté nationale et ainsi la projeter dans l'avenir. Espérons que cet appel sera entendu.

PREMIÈRE PARTIE
Les piliers

« Vous venez du Québec ? J'aimerais tellement y aller ! » ; « *Montreal is my favorite city in the world*[1] » ; « Les Québécois sont si accueillants ! » ; « Les grands espaces, c'est tellement beau ! » ; « Montréal a été élue parmi les 10 villes les plus heureuses du monde[2] » ; « Nos amis canadiens [en parlant des Québécois] sont tolérants » ; « L'idéal, ce serait la France, sa cuisine, ses vins, son architecture, peuplée de Québécois[3] »…

Lorsque l'on voyage un peu et que l'on discute avec les gens venus d'ailleurs, on se rend vite compte que le Québec (et/ou le Canada) fait figure d'Eldorado où le paradis sur terre serait devenu réalité. Ce constat est particulièrement vrai chez nos cousins de l'espace francophone européen, qui nous tiennent en très haute estime : combien de fois ai-je été abordé par des inconnus qui voulaient que je leur parle du Québec ? Ou encore, de combien d'avantages ai-je pu bénéficier, la bonne foi étant automatiquement présumée de la part d'un Québécois ? Je ne les compte plus, parce que l'occurrence de tels épisodes dépasse le stade de la pure chance. Il est aisé d'être flatté par ces superlatifs et ces manifestations d'admiration inconditionnelle, de surfer sur la vague de sympathie qui existe pour nous partout dans le monde. Après tout, je partage ces constats au sujet de notre peuple.

Il y a tout de même de quoi être surpris, car ce qui paraît sur la scène internationale à notre sujet, par le biais du Canada, n'est pas rose : le « plus meilleur » pays du monde est devenu en quelque sorte le digne successeur des États-Unis de l'ère George W. Bush. Sables bitumineux, opposition à Kyoto, refus de financer les initiatives soutenant les avortements dans les pays en voie de développement, refus pendant trop longtemps de rapatrier le prisonnier canadien de Guantanamo Omar Khadr et soutien inconditionnel et aveugle d'Israël ont tôt fait de ternir durablement la réputation du Canada. Fort heureusement, le Québec échappe parfois à la responsabilité des choix politiques canadiens, lorsque l'interlocuteur connaît bien la situation qui a cours ici.

Qu'à cela ne tienne, une fois que l'on passe le stade de ce qui peut maintenant être qualifié de banalités à notre sujet, on se rend vite compte que l'on connaît bien peu le Québec. En effet, au regard des questions que nous posent nos interlocuteurs, même les admirateurs les plus passionnés de notre « belle province », le constat est assez implacable : ils ne connaissent pas grand-chose de notre histoire, de la composition de notre société, de ce qui se passe chez nous. Tout ça est bien normal de la part d'étrangers, mais il flotte toujours une impression que lorsqu'il s'agit du Québec, l'ignorance est plus grande. Il faut croire que c'est le lot des petits peuples qui, de surcroît, n'ont pas de reconnaissance internationale.

::

Cette méconnaissance de notre nation n'a pas que des inconvénients, du moins du point de vue du Québécois qui veut faire connaître son coin de pays. Les nombreuses fois où j'ai échangé sur les histoires et autres données nationales m'ont obligé à me pencher sur celles de l'endroit d'où je viens. C'est au contact des gens de par le monde, de leurs histoires nationales respectives et à la suite de l'exercice que constitue la rédaction de cette première partie que se sont renforcées les impressions qui m'habitaient quant à l'essence de la société québécoise : son histoire est une succession de coups de chance et de choix particuliers qui l'ont fait perdurer jusqu'à aujourd'hui. Cette histoire a engendré une société moderne bien particulière, unique en son genre. Surtout, il s'agit d'une nation en partie inachevée, qui a le droit de continuer à exister. C'est la démonstration que je souhaite faire dans cette première partie.

PETITE HISTOIRE ABRÉGÉE
DU QUÉBEC

L'histoire du peuple québécois a commencé en 1534 par l'arrivée de Jacques Cartier dans l'estuaire du Saint-Laurent. Cet événement a sonné l'amorce d'une longue colonisation de la Nouvelle-France. À cette époque, la colonisation du territoire et des peuples qui y habitaient constituait un passage obligé pour l'éclosion d'une nouvelle société. On peut postuler que cette colonisation s'est faite initialement dans une relative paix, les villages se développant lentement le long du Saint-Laurent tout en entretenant des rapports cordiaux avec les autochtones[4]. Les colons français ont vécu pendant plus de deux siècles en Nouvelle-France dans la posture de conquérants ayant triomphé dans leur entreprise colonisatrice. Même si leur situation n'était pas aussi florissante que celle qu'ont connue d'autres colonies, ils se sont lentement détachés de la métropole, de laquelle ils étaient séparés par plusieurs semaines de navigation.

Plus de 200 ans après leur arrivée, les colons français, pris dans une guerre coloniale entre des puissances européennes qui ne les concernaient déjà plus vraiment, se sont retrouvés en position de peuple conquis en tout juste plus d'un an ; de la capitulation de Québec à celle de Montréal, la situation s'est inversée, et ce, de manière durable. Premier élément de l'unicité québécoise.

Le Traité de Paris a effectivement délesté le Royaume de France de la Nouvelle-France afin de préserver la Martinique et la

Guadeloupe. Les peaux de castor et la pyrite n'ont pas su l'emporter sur le sucre ! La Couronne britannique a alors pris possession de son territoire, qui sera appelé, dès 1763, la « Province of Quebec[5] », appellation qui désigne toujours le Québec d'aujourd'hui. George III, bien décidé à assimiler les Canadiens[6] qui auront fait le choix de rester chez eux, traitera ceux-ci selon la Proclamation royale pendant 11 ans. Cet édit exclura de l'administration publique les Canadiens qui ne voudront pas se convertir à l'anglicanisme et remplacera le droit français par la *common law* britannique, mettant à mal l'organisation seigneuriale du territoire. Bien qu'il s'agisse d'une pratique discriminatoire visant l'assimilation des Canadiens, il faut admettre que dans leur infortune, les Canadiens sont tombés, par chance, sur les colonisateurs les plus édulcorés : les Britanniques ont souvent su être relativement subtils lorsqu'ils adoptaient les mêmes comportements dominateurs que les autres nations européennes de l'époque. D'autres puissances n'auraient peut-être pas eu leur finesse. Ainsi, nous avons pu bénéficier de cette clémence et ne pas disparaître de la carte. Premier coup de chance de l'histoire québécoise.

Malheureusement pour nos bienveillants conquérants, les Canadiens de l'époque n'ont pas osé abandonner le catholicisme, du moins dans les 11 années qui ont suivi la Proclamation royale. Pendant que les Canadiens se résignaient à leur sort, la situation était nettement moins rose chez nos voisins du sud : les troubles qui émergeaient et allaient pousser les 13 colonies des futurs États-Unis à la révolution ont eu un effet inattendu sur la gentillesse de nos bienfaiteurs britanniques. Ceux-ci, afin que nous ne rejoignions pas nos voisins dans la révolution, ont proclamé l'Acte de Québec, qui a redonné aux Canadiens le droit de pratiquer la religion catholique tout en occupant un emploi dans l'administration, en plus de rétablir le régime seigneurial et le droit civil. L'Acte de Québec prévoyait aussi la mise en place d'un gouvernement tout aussi irresponsable que possible. Il n'en fallait pas plus pour que le clergé soit satisfait de retrouver sa place dans la société et embrasse les conquérants britanniques. Les Canadiens se sont donc accommodés de cet arrangement, car la religion les avait cimentés pendant les 11 années précédentes. C'est d'ailleurs la religion qui consolidera les liens entre Canadiens pendant encore presque deux siècles, pour le meilleur et pour le pire, devenant même la composante centrale de leur survivance. Cette clémence renouvelée est néanmoins venue directement de la proximité de la révolution américaine. Deuxième coup de chance de l'histoire québécoise.

Cette allégeance presque aveugle au catholicisme et à son clergé, si elle assurait un esprit de corps sans faille au peuple québécois, l'a tenu à l'écart des guerres d'indépendance américaines. Par deux fois, les Québécois ont été invités à joindre les guerres de sécession étatsuniennes et ont refusé, encouragés par le clergé qui préférait la stabilité qu'offrait le régime des colonies britanniques. Pire encore, toujours sous l'influence du clergé, la population québécoise, malgré un sentiment de sympathie, a refusé de suivre certains des siens dans une révolution républicaine qui avait pour but de se défaire de l'arrangement institutionnel clairement préjudiciable et antidémocratique qui découlait de l'Acte constitutionnel britannique de 1791. Ce que l'on a appelé la rébellion des patriotes de 1837-1838 a donc été un échec total, le deuxième en moins de 100 ans pour le peuple québécois. Cet échec a certainement imprégné le choix des Québécois de ne plus se lancer dans des aventures productrices d'incertitude, de peur de perdre au change. Voilà une brique de plus dans le mur de l'unicité québécoise.

Suivant cette constatation, les conquérants britanniques, par la bouche de Lord Durham, n'ont eu aucun problème à affirmer haut et fort que le peuple canadien-français ne méritait pas d'exister et qu'il fallait l'éliminer par l'assimilation[7]. Conséquents avec leurs idées, les Britanniques n'ont pas hésité à modifier les institutions politiques afin de minoriser les Canadiens français. La *Province of Canada* allait être l'expression de cette minorisation par la continuité du gouvernement irresponsable. Il a fallu que les intérêts des anglophones britanniques soient « atteints », par l'affaire des indemnisations du Bas-Canada, pour que le gouvernement devienne responsable. L'initiative n'est certes pas venue des Canadiens français. Même chose lorsqu'il a été question de sceller le pacte de la Confédération canadienne, en 1867 : c'est sans grand enthousiasme, par un vote divisé au parlement et des manœuvres politiques très douteuses[8], que les Canadiens français ont été embarqués dans « l'aventure » de la Confédération canadienne. On a déjà vu des créations de pays plus emballantes. Sans que cela constitue en soi quelque chose d'unique, la fondation du Canada tel qu'on le connaît aujourd'hui n'a jamais été perçue comme un événement fondateur ou mythique de l'histoire québécoise. En cela, le Québec se range parmi les nations marginales, ce qui ajoute un élément à son unicité.

::

Après 1838, la nation canadienne-française s'est réfugiée pour un peu plus d'un siècle, toujours avec la fidèle complicité du clergé, dans une sorte d'hibernation qui a eu pour conséquence de faire stagner son développement et son épanouissement. En abandonnant les rênes du pouvoir économique aux anglophones, les francophones se sont eux-mêmes marginalisés et laissé inférioriser. Environ un million de nos compatriotes ont émigré vers les États-Unis, cherchant des conditions de vie plus enviables que ce que la difficile vie rurale avait à leur offrir[9]. Certains estiment que si cet exode n'avait pas eu lieu, la population québécoise avoisinerait aujourd'hui au moins 10 millions d'individus[10]. Les tentatives de modernisation de l'époque ont connu certains échecs et parfois même de réels reculs, telles la création d'un ministère de l'Instruction publique et son abolition après seulement quelques années d'existence, à cause, entre autres, des protestations du clergé. La « britannisation » des institutions politiques et des mœurs publiques s'est accélérée pour devenir la norme.

Cet endormissement volontaire, s'il a permis la survivance de la nation, et malgré les sursauts liés aux crises des conscriptions et à l'action de nationalistes comme Henri Bourassa, a mené les Québécois à installer Maurice Duplessis au pouvoir. Dans ces conditions, il n'est pas surprenant qu'ils se soient retrouvés dans une situation d'asservissement économique et culturel que l'on a pompeusement nommée la « Grande Noirceur ». Duplessis était la matérialisation la plus poussée de la survivance. Cette auto-isolation constitue sans doute une parcelle importante de l'unicité de notre histoire.

Ce qui devait arriver arriva sous la forme de la « Révolution tranquille » : une série de réformes politico-administratives — doublées de brusques changements sociétaux — visant à permettre aux francophones de devenir maîtres chez eux, comme le disait si éloquemment le slogan électoral. Sur cette lancée, l'emprise qu'avait le clergé sur la société québécoise s'est volatilisée en moins de dix ans. Ce qui est particulièrement marquant avec cette « révolution » est non pas l'originalité des réformes et des changements de mentalité qu'elle a générés, mais la vitesse fulgurante à laquelle ils se sont effectués. Après tout, le Québec a rattrapé le retard qu'il avait par rapport au reste des peuples occidentaux parce que le baby-boom forçait un tel rattrapage — par exemple, il fallait des écoles pour accueillir la masse de jeunes à venir. La rapidité des changements salutaires qui sont venus avec la Révolution tranquille pose un autre jalon de l'histoire unique des Québécois.

::

Comprenant que la survivance et le renfermement sur soi commençaient sérieusement à les desservir, surtout avec l'augmentation importante du nombre des naissances, les Québécois ont donc cherché à s'émanciper le plus possible. Sur le plan individuel, c'est-à-dire économique, en éducation et en santé, le rattrapage avec les autres sociétés occidentales s'est effectué avec succès.

Sur le plan collectif, la société québécoise s'est rapidement trouvée à l'étroit dans le régime fédéral de 1867 : la répartition des pouvoirs datant de plus d'un siècle n'était plus en mesure d'assurer la sécurisation de l'avenir national. Malheureusement, pour affronter ce problème, les Québécois se sont divisés en trois camps (encore aujourd'hui irréconciliables) qui, en tentant d'imposer leurs idées, se sont combattus férocement. Le premier groupe, les fédéralistes purs et durs (dont l'icône demeure Pierre Elliott Trudeau), a tout misé sur le Canada et l'expression des droits individuels. Ils ont réussi à prendre le contrôle du Canada et à le modifier durablement, non sans affaiblir la société québécoise ; l'appui nécessaire du *Rest of Canada* (ROC) à leur prise du pouvoir portait les germes de la non-reconnaissance des revendications collectives des Québécois. La non-signature par le Québec de la Constitution canadienne de 1982 est l'exemple le plus probant du rejet total opposé à ce courant et à ses idées ; de toute manière, il n'a toujours représenté qu'une fraction minoritaire de la société québécoise.

Deux autres tendances majoritaires se sont opposées — et continuent toujours de le faire — au sujet de la meilleure manière de répondre aux aspirations collectives des Québécois. L'un considère qu'il faut, à divers degrés, réformer le pacte fédéral (les nationalistes), alors que l'autre considère que le Québec doit accéder à la souveraineté politique pour que les aspirations québécoises soient servies (les souverainistes). Si ces deux courants renvoient l'image que tout les divise, ils sont toutefois des frères de sang dans une facette de leur action : l'échec de leurs ten-tatives respectives de répondre aux aspirations des Québécois. À leur actif, chacun peut revendiquer un échec de justesse (Meech et le référendum de 1995) et un échec complet (Charlottetown et le référendum de 1980). Ces échecs récents, notamment la détention du record mondial dans la discipline du « rejet par référendum, deux fois plutôt qu'une, de la possibilité d'accéder pacifiquement à la souveraineté[11] », sont sans conteste un pan important de l'unicité québécoise.

Depuis 1995, l'élan collectif qui émanait de la Révolution tran-quille s'est émoussé. De multiples facteurs, que nous examine-rons plus loin, ont poussé la société québécoise dans les estrades du stade où se joue le match de son avenir.

ESQUISSE DU QUÉBEC D'AUJOURD'HUI

Qu'est-ce que le Québec des années 2010 ? Question complexe et simple à la fois. Simple parce qu'il nous semble instinctivement aisé de répondre à cette interrogation. Complexe, parce que nous ne savons pas trop où donner de la tête quand vient le moment de le définir : par où commence-t-on ? Que doit-on retenir lorsqu'on se présente ? Mais encore, que connaît-on vraiment de l'endroit d'où l'on vient ?

Le Québec, c'est d'abord et avant tout une population de 8 millions d'habitants blottis tout en haut de l'Amérique du Nord[12]. Au Canada, la population québécoise compte pour 23,1 % de la population totale[13] ; en Amérique du Nord, cette proportion diminue à 1,7 %[14]. Autant dire que l'image de village gaulois d'Amérique dont on nous affuble parfois est plus que justifiée.

Fait à mentionner, ces proportions ont baissé de manière notoire depuis 1860 : en 1861, la population québécoise représentait 34,4 % du Canada[15], soit 31,3 % de plus qu'aujourd'hui ! Le constat est le même pour l'Amérique du Nord : en 1860, la proportion de Québécois sur le continent s'établissait à 2,6 %, ce qui équivaut à une baisse relative de 35 %[16]. Si une constante s'observe, c'est bien le déclin de notre poids démographique dans la population nord-américaine au fil du temps.

Le Québec, c'est aussi un territoire. Délimité par les frontières de la province de Québec au sein du Canada, le territoire québécois est grand, immensément grand : 1 667 441 km², ce qui le placerait au 18e rang des pays du monde selon la superficie[17]. Toutefois, cela situe le Québec, avec 4,74 habitants au km², au 224e rang mondial quant à sa densité de population[18] !

Malgré cet espace, la population est très inégalement distribuée sur le territoire québécois : près de la moitié de la population québécoise (3,8 millions en 2011[19]) vit dans la région métropolitaine de Montréal. Cette proportion est équivalente à deux fois les populations de Trois-Rivières, Sherbrooke, Québec, Gatineau et Saguenay réunies.

Si cette occupation du territoire semble placer le Québec dans une situation un peu spéciale, ce n'est pas ce qui le différencie le plus de ses voisins. Certes, on avance souvent que notre pyramide des âges démontre un vieillissement accru de la population ou que notre taux de natalité est bas ; or, comparativement à nos voisins et même aux autres pays occidentaux, nous ne sommes pas si différents, bien au contraire[20]. Non, c'est plutôt la langue parlée par la majorité de la population qui joue ce rôle distinctif majeur.

Une unicité linguistique

En 2011, la langue française était la langue maternelle de 78,9 % des Québécois, alors que l'anglais était la langue maternelle de 8,3 % de cette même population[21]. Il reste donc 12,8 % des citoyens pour qui ni la langue de Molière ni celle de Shakespeare n'étaient la langue première.

Qu'en est-il du Canada, ce pays qui se fait passer pour bilingue sur la scène internationale ? En dehors du Québec, les francophones de langue maternelle ne sont que 1 007 815, soit 4,0 % de la population canadienne sans le Québec[22]. Aux fins de comparaison, les locuteurs de langues chinoises hors Québec sont presque aussi nombreux, avec 1 019 055 personnes[23]. Bientôt, celles-ci pourront, avec une certaine légitimité d'ailleurs, réclamer des ajustements linguistiques quant à leurs interactions avec l'État canadien.

Nous pourrions nous réjouir en nous disant que les communautés francophones hors Québec sont vibrantes, en expansion, etc. Encore une fois, il n'en est rien. Elles régressent, lentement mais sûrement. En effet, en 15 ans, la proportion de francophones dans la population canadienne, en excluant le Québec, a diminué de 9,5 %[24]. Cette situation est tellement mal vécue par les francophones que la proportion de ces derniers qui emploient l'anglais à la maison (s'il y a un endroit où l'utilisation d'une langue n'a pas de conséquences économiques ou sociales, c'est bien à la maison) a augmenté relativement de 33 % en 35 ans, pour s'établir à 39,3 % en 2006[25]. Il est intéressant de noter que l'État canadien définit ce phénomène comme étant des « transferts linguistiques », alors qu'il serait plus juste de nommer ainsi cette réalité : l'assimilation.

Il nous reste donc à nous consoler en nous disant que les Canadiens sont des gens bilingues qui comprennent l'anglais et le français, ce qui fait que tous peuvent se faire comprendre dans la langue de leur choix par tous les citoyens. Dans ce domaine, le Canada devrait être performant, non ? En fait, il est plutôt pitoyable. Alors qu'au Québec, en 2011, le taux de bilinguisme chez les francophones s'établissait à 38,2 %, les anglophones hors Québec étaient 6,3 % à se déclarer bilingues, soit six fois moins[26]. Pire, les mêmes jeunes anglophones hors Québec de 15 à 19 ans qui se déclaraient bilingues à un taux de 16,3 % en 1996 ne se déclaraient plus bilingues qu'à 11,2 % en 2011[27], soit une diminution relative de 31 %. *So much* pour le pays bilingue *from coast to coast*; cela n'a toujours été qu'une lubie fabulée par des « canadianistes » militants, au premier chef Pierre Elliott Trudeau, qui a surtout servi à projeter l'image d'un pays qui n'a jamais existé.

Ces statistiques ne démontrent au fond que deux choses. D'une part, le Québec est la seule société d'Amérique du Nord où le français est la langue majoritaire — et, si nous nous en donnons la peine, où il a encore un avenir en ce sens. D'autre part, ces données soulignent à gros traits que la société québécoise est placée dans une situation géodémographique bien particulière, vécue par peu de sociétés dans le monde : les citoyens usagers de la langue officielle sont majoritaires et au contrôle d'un État, mais minoritaires dans leur pays et leur ensemble continental.

Si notre statut de peuple minoritaire ne fait pas de doute en Amérique du Nord (1,7 % de la population totale pour le Québec au complet et 1,3 % pour les francophones du Québec), il n'est pas toujours clair dans nos esprits lorsqu'on se réfère à notre train-train quotidien au sein de l'ensemble canadien. Certes, nous avons souvent l'impression que nous sommes majoritaires lorsque nous nous occupons de nos affaires et que nous réfléchissons à notre avenir : les questions canadiennes sont traitées par notre psyché collective comme si nous étions majoritaires, étant donné que la moitié de l'ensemble des questions de société auxquelles le Québec fait face est souvent réglée à l'intérieur de la province. Toutefois, et c'est irrémédiable, nous ne comptons maintenant que pour 23,1 % de la population canadienne, ce qui fait de nous un peuple minoritaire, rien de plus, rien de moins.

::

Les forces géodémographiques à l'œuvre à l'extérieur de nos frontières ne sont pas les seules à rendre la société québécoise si singulière. La nomenclature démographique résultant de notre histoire participe, elle aussi, à sa façon, à forger une identité collective pour le moins éclectique.

On l'a vu, les minorités linguistiques au Québec comptent pour 21,1 % de la population, soit environ 1,65 million de personnes.

Ces minorités sont habituellement divisées en deux groupes, les anglophones et les allophones.

La très grande majorité de la population appartenant à ces deux groupes, pour des raisons historiques et économiques, habite la région de Montréal. Cette réalité donne à Montréal une composition démo-linguistique singulièrement différente de celle du reste du Québec (à l'exception peut-être de la région de Gatineau)[28] :

Langue maternelle (2011)	Île de Montréal	Région métropolitaine de Montréal (RMM)
Français	48,6 %	64,5 %
Anglais	17,5 %	12,2 %
Autre	32,3 %	22,0 %

Dans un contexte d'immigration élevée, ces statistiques ne traduisent pas adéquatement la vitalité des langues. Tout au plus, on en conclut que les gens de langue maternelle française ne sont plus majoritaires sur l'île de Montréal. Pour avoir le véritable portrait des vitalités linguistiques, il faut plutôt se pencher sur la langue d'usage[29] dans la vie de tous les jours[30] :

Langue d'usage (2011)	Île de Montréal	Région métropolitaine de Montréal (RMM)
Français	53,5 %	68,4 %
Anglais	25,1 %	17,1 %
Autre	18,9 %	12,5 %

A *priori*, dans une société normale, on serait porté à croire que la langue d'usage dans la vie de tous les jours est celle de la majorité. Dans notre cas, il s'agirait du français. Ce n'est cependant pas cela que l'on observe à Montréal. Non seulement on se rend compte que les anglophones peuvent très bien y vivre en anglais, mais que les allophones sont plus nombreux à choisir d'y vivre en anglais qu'en français. En effet, sur l'île de Montréal, parmi les quelque 41,4 % des allophones qui choisissent de vivre dans une langue véhiculaire autre que leur langue maternelle, 43 % optent pour le français alors qu'ils sont 57 % à choisir l'anglais. Dans la région métropolitaine de Montréal, des 43,1 % d'allophones qui adoptent une autre langue d'usage, 51,5 % choisissent l'anglais, alors que 41 % optent pour le français. Cette situation est surprenante, voire incompréhensible, pour ceux qui font partie de la majorité francophone. Pourquoi les allophones sont-ils plus nombreux à choisir l'anglais, alors que c'est la langue de la minorité ? Cette question suscite souvent interrogations et frustrations. La réponse est simple : les francophones sont peut-être une majorité au Québec, mais ils sont surtout, et même d'abord, une minorité au Canada et en Amérique du Nord. C'est par exemple pour cette raison que les Autochtones du Québec choisissent majoritairement l'anglais[31]. Les comportements des allophones ne sont pas bien différents.

En tout état de cause, ces statistiques montrent que, malgré son caractère officiellement français, la ville de Montréal est bilingue, voire plurilingue. On peut supputer que ce portrait est positif dans plusieurs domaines, mais pour le caractère francophone de Montréal, il n'y a rien de bon dans ce qui vient d'être présenté.

Comme nous avons tenté de le faire relativement au bilinguisme à l'intérieur du Canada, les Québécois francophones pourraient se consoler en se disant que le français est compris par tout le monde et qu'ils peuvent se faire comprendre partout au Québec. Ils seront sans doute surpris d'apprendre qu'au Québec, 5,6 % de la population ne parle pas le français[32]... Vu autrement, cela signifie que 26,5 % des non-francophones ne comprennent pas le français ! Imaginons un peu que 25 % des minorités ou pire, 5,5 % de la population ne parlent pas la langue du pays en

Grande-Bretagne ou en Allemagne : cette hypothèse est tout simplement loufoque, parce qu'elle signifierait que les minorités ont
choisi de se marginaliser. Pourtant, elle se manifeste bel et bien
ici. Pourquoi ? Parce que les francophones du Québec ne sont en
fait qu'une minorité au Canada : il n'est pas attirant de rejoindre
les rangs de la minorité.

La dynamique structurante des différences linguistiques

Cette division linguistique ne s'arrête pas à l'usage des langues.
Elle reflète aussi le degré d'identification à la société québécoise.
En 2010, on a demandé aux Québécois comment ils se décrivaient
selon le diptyque Québec-Canada. Les francophones sont 70,5 %
à se décrire comme « Québécois seulement » ou « Québécois
d'abord[33] ». Chez les anglophones, ils sont plutôt 63 % à se dire
« Canadien seulement » ou « Canadien d'abord[34] ». L'allégeance
est bien définie.

Du côté de nos compatriotes allophones, le portrait est moins
clair. S'ils sont 25 % à « pencher Québec (uniquement + d'abord) »
et 32 % à « pencher Canada (uniquement + d'abord) », la réponse
pluralitaire est « Québécois et Canadien pareillement » à 25 %.
Finalement, 15 % des allophones ne se sentent ni Québécois ni
Canadiens, à aucun degré. Cette distribution n'est que le reflet
de la sourde, mais bien réelle discorde qui règne entre les deux
communautés historiques du Québec. Il n'existe certainement pas
beaucoup d'endroits au monde où une pareille situation s'observe.

::

Le clivage linguistique ne se résume pas non plus à des questions
identitaires : il s'exprime très clairement sur de nombreuses questions politiques. Les exemples dans ce domaine sont multiples.

Depuis les années 1960 (et même avant), le vote des anglophones aux élections provinciales s'est toujours massivement rangé dans le camp du Parti libéral du Québec (PLQ)[35] : par exemple, en 2007, les anglophones ont voté à 71 % pour le PLQ[36]. Il serait mal avisé de croire que ce comportement n'induit pas de conséquences dans notre système politique : entre 1970 et 1998, le vote monolithique des anglophones a assuré l'élection des deux tiers des députés libéraux[37]. En d'autres mots, les circonscriptions de ces députés sont en dehors du jeu électoral.

Évidemment, ce même clivage s'est exprimé dans la totalité des consultations référendaires qui ont été tenues au Québec : lors des deux référendums concernant la prohibition (1898 et 1917), la conscription (1942), le référendum de Charlottetown (1992) et, évidemment, les deux référendums sur l'accession du Québec à la souveraineté (1980, 1995). En 1995, les résultats ont été clairs : 60 % des francophones ont voté « oui », comparativement à 95 % des anglophones qui ont voté « non »[38].

La tragicomédie des fusions-défusions municipales a fourni un autre exemple de cette différenciation des choix politiques selon la communauté linguistique : en 2004, la totalité des villes qui comptaient plus de 35 % d'anglophones ont défusionné de la nouvelle ville de Montréal créée en 2002. Une étude sociologique a même démontré qu'il existait une relation linéaire entre la proportion d'anglophones dans les villes de Montréal et le pourcentage de gens qui ont signé les registres pour la tenue des référendums[39]. On comprend mieux pourquoi le Parti libéral a offert cette option aux habitants des villes fusionnées à Montréal, puis autorisé ces défusions, malgré l'irresponsabilité patente que cela représentait…

Même si cela est moins manifeste que chez les anglophones, les allophones ont plutôt tendance à exprimer leurs choix politiques de la même manière que ces derniers. Par exemple, lors du référendum de 1995, les allophones ont voté au moins à 77 %

pour le « non »[40]. La déclaration de Jacques Parizeau, premier ministre et chef du camp du « oui », concernant « l'argent et le vote ethnique » au soir de ce référendum, bien qu'elle était mal avisée et, surtout, qu'elle dégageait une forme de mépris qui ne peut être toléré en démocratie, était pourtant factuelle : l'argent (cette partie de la déclaration n'a d'ailleurs jamais été contestée par qui que ce soit) et le vote des communautés allophones, par son aspect monolithique, ont sensiblement aidé à faire pencher la balance du côté du « non ».

Les comportements politiques ne sont pas les seuls à être influencés par la langue. Les choix médiatiques le sont aussi. Par exemple, personne ne sera étonné d'apprendre que les réseaux de télévision francophones n'occupent que 1,8 % du marché anglophone à Montréal[41]. De même, la radio francophone ne compte que pour 10,6 % des parts du même marché[42]. Le domaine des quotidiens imprimés et payants n'est pas bien différent : dans la région métropolitaine de Montréal, les quotidiens anglophones sont lus par 22,3 % des lecteurs[43]. Cette proportion est plus élevée que la proportion de locuteurs anglophones (17,1 %), mais moins que la proportion de locuteurs anglophones et allophones (29,6 %). Il est donc raisonnable de penser que la communauté anglophone lit en grande majorité les journaux anglophones, tout comme une partie des communautés allophones.

Il n'y a rien de surprenant à ce que les gens consomment des médias dans leur langue. Par contre, il faut se garder de minorer l'effet d'une telle division d'usage basée sur des critères linguistiques : les médias constituent toujours un prisme particulier pour l'observation d'une société. Lorsque les francophones regardent, écoutent ou lisent les médias anglophones, ils sont souvent médusés de constater à quel point il existe un décalage entre la réalité québécoise et l'image que les médias anglophones en projettent. Qui n'a jamais eu la franche impression de regarder un bulletin de nouvelles étranger lorsqu'il écoutait le *National* de la CBC ? Combien de fois avons-nous, francophones, été salis de nous voir ravaler au rang de racistes et de bigots dans les quotidiens anglophones (la campagne électorale de 2012 a été particulièrement faste à ce sujet) ? Plus simplement, comment ne pas être ébahi devant l'écart manifeste qui se creuse entre la lecture des événements et la priorité accordée aux différents enjeux par les deux communautés ?

En fait, nous sommes surpris parce que nous croyons, plutôt à tort, que nous vivons dans le même univers, alors que la réalité est autre. Pourtant, rien ne nous surprend, par exemple, des altérités des univers médiatiques espagnol et français. Pourquoi cela devrait-il être différent ici ?

::

La série de portes ouvertes que nous venons d'enfoncer quant aux effets des différences culturelles entre francophones, anglophones et allophones n'ont aucunement pour ambition de jeter l'anathème sur les non-francophones. Plutôt, elles visent à mettre en relief quelques constats que l'on doit rappeler, car ceux-ci participent de manière importante à la structuration de notre personnalité collective actuelle et de notre avenir.

La communauté anglophone du Québec est réellement attachée au Canada et peut se permettre de vivre cet attachement grâce aux outils collectifs dont elle dispose : ses institutions municipales, ses écoles, ses universités, ses hôpitaux, ses médias, son parti politique, ses privilèges qui lui permettent d'opérer l'ensemble de ses interactions avec l'État en anglais, etc. Elle vit dans un monde parallèle à celui des francophones. À la vue de ces faits, il faut se rendre à l'évidence : la première allégeance des anglophones québécois va à la nation canadienne et à ses institutions qui lui permettent de vivre la tête tournée vers l'ouest. En quelque sorte, elle est un phalanstère au Québec de la majorité canadienne-anglaise.

En conséquence, la communauté anglo-québécoise devrait être considérée avant tout comme faisant partie de la majorité canadienne. D'ailleurs, les quelque 290 000 anglophones qui, entre 1966 et 2006, ont quitté le Québec vers d'autres provinces témoignent de ce fait[44]. On doit aussi comprendre qu'il est illusoire d'imaginer que cette communauté changera d'approche, car il est rarissime qu'une majorité opte pour le statut minoritaire. Il est donc normal qu'elle s'oppose aux projets de la minorité québécoise francophone visant à renverser la situation. Ceux dont l'allégeance première va à la nation québécoise devront toujours prendre en compte qu'environ 10 % de la population ne se reconnaît pas dans leur nation. Finalement, si cette division linguistique n'est pas exceptionnelle, elle est certainement singulière en Amérique du Nord, ce qui renforce l'unicité du cas québécois.

Cependant, les communautés allophones ne se retrouvent pas nécessairement dans la même position que la communauté anglophone. Plutôt, elles se trouvent tiraillées entre une majorité et une minorité. Malheureusement pour les francophones, 57 % des allophones choisissent de s'intégrer à la majorité canadienne, malgré la présence de l'essentielle *Charte de la langue française*. Il ne faut pas se surprendre de la distance, parfois si frustrante, qui apparaît entre les francophones et une partie des communautés allophones. Cette situation résulte pour une part des constats déjà posés ci-dessus, mais aussi de problèmes systémiques que nous aborderons plus tard. En tout état de cause, si ce n'est pas unique au monde, il n'en demeure pas moins que de placer les communautés allophones dans cette position d'écartèlement entre deux groupes est plutôt inhabituel. Cela rajoute encore au caractère singulier du Québec.

LE QUÉBEC, UNE NATION

Le 22 novembre 2006, à l'initiative du premier ministre canadien Stephen Harper — qui subit la pression du Bloc Québécois —, la Chambre des communes adopte la résolution suivante: «*Que cette Chambre reconnaisse que les Québécoises et les Québécois forment une nation au sein d'un Canada uni*». L'Assemblée nationale l'avait déjà énoncé à l'unanimité le 30 octobre 2003, mais le Canada n'y avait pas donné suite. Enfin, trois ans plus tard, le Parlement du Canada s'est décidé à reconnaître que le Québec forme une nation! La reconnaissance par les autres a toujours meilleur goût, car elle est plus *vraie*, n'est-ce pas? En fait, il y a lieu de se demander quel est le sens réel de cette résolution: est-ce qu'elle ne fait que reconnaître, en bon truisme, deux faits indéniables, c'est-à-dire qu'il existe une nation au Québec et que le Canada est uni, ou encore, suggère-t-elle malicieusement que sans un Canada uni, il n'y a pas de nation québécoise? Et quel est au juste l'effet réel d'une motion parlementaire? Après tout, ce n'est qu'une reconnaissance politique qui n'entraîne aucune obligation légale: les députés du Parlement du Canada n'auraient donc pas été si magnanimes... Mais allons, cessons le persiflage et analysons cette proposition: *les Québécois forment une nation*. Repose-t-elle sur les fabulations de certains politiciens ou est-elle ancrée dans des réalités sociologiques?

::

Au Québec, la dernière décennie a été traversée par un débat où se sont affrontés les tenants de courants apparemment opposés quant à l'essence de la nation et du nationalisme québécois. Ainsi, en 2001, des jeunes ont publié une lettre ouverte affirmant qu'il fallait rejeter le « nationalisme canadien-français [qui] présuppose une appartenance à des traditions culturelles et l'adoption d'une vision de l'histoire qui précède la Révolution tranquille[45] ». Ce nationalisme serait rempli de considérations « ethniques ». Plutôt, il faudrait se tourner vers le « nationalisme politique », dont la *Charte québécoise des droits et libertés de la personne* serait le vecteur principal, afin de « dé-ethniciser » le nationalisme québécois. En somme, ces jeunes prônaient un nationalisme à la Trudeau, à la différence près qu'il s'appuierait sur la *Charte québécoise*, au demeurant pas très différente de la *Charte canadienne des droits et libertés* si chère aux adeptes du « trudeauisme ».

Ce nationalisme politique, qui repose sur une vision tronquée de la nation québécoise, a fait son chemin jusqu'aux plus hautes officines souverainistes et a été repris par André Boisclair, alors chef du Parti québécois qui avait été le chantre d'un certain « nationalisme civique », synonyme du nationalisme politique[46]. Définir la nation québécoise sur des bases civiques est l'antithèse d'un nationalisme ethnique, version constamment décriée par les adversaires en tout genre des projets nationalistes[47].

Ces débats qui réfléchissent à la nature de la société québécoise sont sans doute salutaires, mais ont surtout été marqués par le mélange de plusieurs concepts, par la partisanerie aveugle et, disons-le franchement, par l'ignorance de certaines élites québécoises en la matière. Il suffit d'explorer un peu les typologies relatives à la nation pour constater que ces dernières ont, au mieux, erré lorsqu'elles ont voulu s'en servir pour s'exprimer sur la question.

Un peu de théorie

Les ouvrages modernes qui traitent de la thématique de la nation évoquent généralement trois grandes familles descriptives : la nation ethnique, la nation culturelle et la nation politique[48].

La première, la nation dite « ethnique », repose sur un adjectif qui signifie, entre autres, « famille », « descendance » ou « ensemble d'êtres humains qui ont en commun la couleur naturelle de leur peau[49] ». Plus spécialement, dans le contexte de la nation, la dimension ethnique « regroupe les phénomènes de population, les évolutions démographiques, les épisodes de peuplement ainsi que tous les faits et droits relatifs à la paternité, la filiation, l'hérédité[50] ». Il est donc probable que la nation ethnique soit exclusive, voire raciste, mais ce n'est pas automatique. Outre l'exemple nazi, qui a poussé le concept jusqu'à l'innommable, d'autres régimes politiques récents ont adopté cette version de la nation et l'ont institutionnalisée par le truchement de l'État. L'exemple le plus probant est sans doute l'Afrique du Sud[51], où il existait, durant l'apartheid, un régime de droit basé sur la couleur de la peau. Les Blancs possédaient des droits civiques et humains dont les Noirs ne jouissaient pas, dominant ces derniers. La nation ethnique n'est pourtant pas antinomique avec la démocratie : parfois, elles s'associent pour donner des régimes qui favorisent, à différents degrés, une ethnie particulière.

Le meilleur exemple d'État démocratique qui favorise une ethnie est, sans conteste, Israël[52]. Dans ce pays, qui se définit comme un « État juif en terre d'Israël[53] », une distinction importante existe entre les notions de citoyenneté et de nationalité. En effet, les citoyens israéliens sont officiellement classés par nationalité (qui est inscrite sur leurs documents d'identité) et les droits accordés aux citoyens diffèrent selon celle-ci[54]. Les citoyens de nationalité juive sont les citoyens de première classe, car ils disposent de nombreux droits et avantages par rapport aux autres nationalités israéliennes : obtention automatique de la citoyenneté, aide financière importante pour l'établissement en Israël, programmes sociaux plus avantageux, etc.[55]. Avis à ceux qui voudraient devenir juifs : cette notion est reconnue de manière « objective » par Israël, c'est-à-dire que ce n'est pas uniquement la volonté d'un individu qui fait de lui un juif. Ainsi, il faut être né d'une mère juive ou s'être converti au judaïsme et n'appartenir à aucune autre religion[56]. De même, un juif ne peut pas se réclamer d'une autre nationalité, la Cour suprême de ce pays ayant statué dans le passé « qu'une telle identité n'existe pas légalement[57] ».

La nation ethnique renvoie donc à un concept d'exclusion de tous les autres groupes ethniques, à l'exception de celui qui est au centre de ladite nation. Corollairement, le nationalisme ethnique favoriserait une ethnie au détriment d'un ou d'autres groupes ethniques et pourrait, ultimement, se servir d'un État pour accomplir cette visée.

La deuxième forme nationale est culturelle. Elle s'appuie sur les éléments suivants, partagés par la population : « langue, histoire, règles de conduite, politesse, religion, géographie, habitudes particulières[58] ». Cette liste peut être complétée par des « valeurs partagées[59] ». Pour valider l'existence d'une nation culturelle, ces éléments ne doivent pas être considérés selon un ordre de préséance particulier ni en fonction de la « part » de chacun, même si on s'entend généralement pour affirmer qu'une nation culturelle compte plusieurs de ces éléments. Ainsi, un groupe de personnes ayant les mêmes codes culturels en matière de politesse ne pourrait fort probablement pas être considéré comme une nation si ces personnes ne possèdent pas d'autres caractéristiques communes. De même, la langue, si elle constitue un vecteur très puissant de regroupement, ne peut pas à elle seule justifier la création d'une nation culturelle. Nul ne pourrait affirmer, par exemple, que les Brésiliens et les Portugais forment une même nation, même si les deux peuples partagent le portugais comme langue nationale.

Comparativement aux deux autres conceptions de la nation, la nation culturelle est la plus subjective, puisque sa définition est l'objet d'une appréciation qualitative et quantitative des critères énumérés plus haut.

La nation politique ou civique est la troisième forme nationale. Formellement, il s'agit « [...] de droits et devoirs à accepter et respecter. Ceux-ci font l'objet d'énoncés précis, constitutionnels, juridiques [...][60] ». Le philosophe Jean-Jacques Rousseau, avec son célèbre texte *Du contrat social ou Principes du droit politique* (1760) a été un des premiers à définir la nation de cette manière. Les deux plus anciens et éminents exemples de nations politiques modernes sont les États-Unis et la France. Lors de la création de ces deux États, avant la fin du 18e siècle, des idées communes de libertés individuelles et de citoyenneté ont pris le dessus sur les clivages ethniques ou culturels. Le début de la Déclaration d'indépendance américaine est un excellent exemple des bases d'une nation politique :

> Nous tenons pour évidentes en elles-mêmes les vérités suivantes : tous les hommes sont créés égaux ; ils sont doués par le Créateur de certains droits inaliénables ; parmi ces droits se trouvent la vie, la liberté et la recherche du bonheur. Les gouvernements sont établis parmi les hommes pour garantir ces droits, et leur juste pouvoir émane du consentement des gouvernés[61].

La ferveur avec laquelle les militants politiques étatsuniens de tout acabit se réfèrent constamment à la constitution de leur pays lorsqu'ils justifient leurs actions est un autre témoignage de la place qu'occupent les notions politiques dans l'identité de nos voisins du sud. De même, la *Déclaration des droits de l'homme et du citoyen* issue de la Révolution française de 1789 comporte une série de droits et devoirs qui définissent par-dessus tout la nation française, au même titre que ses institutions républicaines.

On le comprend, la nation politique se veut un contrat qui rassemble toutes les personnes et qui n'est pas lié, en théorie, à des notions culturelles ou ethniques. Le Canada redessiné par Pierre Elliott Trudeau au début des années 1980 se voulait avant tout une nation politique, désincarnée de toute composante culturelle et, *a fortiori*, ethnique. En soi, dans l'absolu, il s'agit d'une position idéaliste qui peut se défendre. Par contre, elle n'est pas sans conséquence, notamment lorsqu'elle vise à minimiser les différences culturelles.

Ces trois grandes catégories descriptives ne sont pas mutuellement exclusives, en ce sens qu'elles peuvent exister côte à côte dans un groupe national, et ce, à différents degrés. De même, il est sans doute rarissime qu'une nation puisse exister en ne comptant qu'une seule de ces facettes en son sein. Une nation se constitue plutôt d'un mélange plus ou moins équilibré d'au moins quelques composantes de deux formes nationales. Finalement, s'ils ne sont pas mutuellement exclusifs, les concepts d'ethnie, de culture et de politique ne peuvent pas être synonymes.

Ainsi, le mélange des genres auquel nous avons assisté et assistons toujours au Québec est donc plus que déplorable : stipuler que seul le nationalisme politique est valable et que tout le reste est assimilable à du nationalisme ethnique ne sert en rien l'avancement de la société québécoise. Mais la question demeure : le Québec est-il une nation et, si oui, comment la décrire ?

Comment décrire la nation québécoise ?

À la suite de l'adoption par le Parlement du Canada de la motion reconnaissant que les Québécois forment une nation, le ministre canadien des Affaires intergouvernementales et des Sports, Michael Chong, démissionne. Il justifie son geste en utilisant ces propos :

Pour moi, reconnaître les Québécois comme une nation, même à l'intérieur d'un Canada uni, implique la reconnaissance d'un nationalisme ethnique que je ne peux appuyer, a-t-il expliqué. Une telle reconnaissance ne peut être interprétée comme impliquant un nationalisme territorial parce qu'elle ne se réfère pas à une entité géographique, mais plutôt à un groupe de personnes[62].

À la suite des notions abordées plus haut, ces propos apparaissent comme proprement condamnables. Mais le ministre Chong n'a pas été le seul à jouer avec des concepts qu'il comprenait mal. On le sait, les journaux du Canada associent couramment les Québécois (particulièrement les souverainistes) à des partisans de la nation ethnique. Parfois, ce sont même les historiens québécois qui osent de telles affirmations[63]. Ces descriptions de la nation québécoise ne sont toutefois ancrées dans aucune forme de réalité.

Il ne saurait être possible d'affirmer que la nation québécoise est une nation dite « ethnique ». Les minorités ethniques[64] comptaient, en 2006, pour presque 9 % de la population québécoise. Jamais il n'y a eu de politiques d'immigration proprement québécoises excluant les gens d'origines ethniques différentes ni de mouvement politique représentatif d'un véritable courant pour affirmer que ces gens ne font pas partie de la nation québécoise. D'ailleurs, des gens venant d'ailleurs sont présents au Québec depuis très longtemps et ont contribué comme tous à son édification. La discrimination ou l'exclusion de ces minorités, institutionnalisées par l'État, seraient tout simplement abjectes.

Similairement, personne, dans le large mouvement nationaliste présent au Québec, si ce n'est des groupuscules aussi insensés que méconnus, ne fait la promotion d'une nation qui serait exclusivement blanche ou qui accorderait des privilèges à cette partie de la population. Nul besoin de débattre du fait qu'il n'a jamais été suggéré de bâtir une nation à la sauce sud-africaine ou israélienne. L'ajout de l'épithète « ethnique » à la nation ou au nationalisme québécois n'a pas d'autre but que de les associer au racisme : toute accusation de nationalisme ethnique doit donc être rejetée avec la plus ferme opposition et dénoncée vigoureusement.

Si la nation ethnique est inadéquate pour décrire la nation québécoise, le concept de nation culturelle est, quant à lui, totalement approprié. Les facteurs qui peuvent permettre de reconnaître une nation culturelle sont légion dans le cas du Québec.

Avant toute chose, la langue est le premier véhicule culturel qui différencie le Québec : contrairement à tout autre endroit en Amérique du Nord[65], le français y est majoritairement parlé. Son histoire, comme nous l'avons vu d'entrée de jeu, est singulière à plusieurs égards. Le territoire québécois est clairement délimité[66] aux frontières de la province de Québec. De plus, même si cet élément a perdu la prépondérance qu'il détenait dans le passé, le Québec a longtemps été une société très majoritairement catholique et globalement chrétienne. Des siècles vécus sous forte influence religieuse laissent des traces, probablement dans les valeurs et réflexes que la société porte en elle. À ce propos, les valeurs qui forment la société québécoise, qu'elles soient héritées ou non de la religion, sont souvent en dissonance avec celle de ses voisins.

Les crises canadiennes relatives à la conscription[67] ont révélé le faible penchant des Québécois pour la guerre. En 1942, alors que le restant du Canada votait à 80 % pour la conscription, le Québec la rejetait à 72 %. Encore aujourd'hui, n'importe quel sondage sur l'Afghanistan ou plus largement sur les questions militaires démontre un écart important entre le Québec et le ROC[68]. Sans vouloir mettre les questions de guerre sur le même pied que l'alcool, les consultations référendaires ont aussi montré que les Québécois n'étaient pas aussi rigides sur cette question que le ROC : par deux fois, ils ont rejeté la prohibition[69]. Encore

plus que ces questions alcooliques, les valeurs et les idées véhiculées au Québec sont bien différentes de ce qui a cours au Canada :
on ne compte plus les sondages qui ont mis en exergue la distance entre les opinions des deux entités sur de nombreux sujets
de société.

Pendant la campagne électorale canadienne de 2011, des politologues québécois et canadiens de renom ont supervisé une expérience appelée la « Boussole électorale » afin, entre autres, de
connaître l'opinion des électeurs sur une série de questions[70]. De
nouveau, cet exercice a fait ressortir des fossés quant aux opinions
des deux nations sur des sujets divers. On y apprend, entre autres,
que le Québec pense dissemblablement du Canada sur les questions suivantes : le retrait immédiat des troupes d'Afghanistan,
la présence militaire en Arctique, le niveau des dépenses militaires, les relations économiques avec les États-Unis (auxquelles
les Québécois sont bien plus favorables !), la mise en place d'une
taxe sur le carbone, les accommodements religieux, le registre des
armes à feu, l'euthanasie, le Sénat, les compétences linguistiques
nécessaires pour siéger à la Cour suprême, l'administration des
régimes de pension, l'impôt des riches, l'impôt des entreprises…
Bref, les opinions divergent et les résultats de l'élection canadienne de 2011 l'ont montré sans équivoque !

En vertu des critères qui font une nation culturelle, on peut
donc affirmer sans ambages que les Québécois en constituent un
exemple éclatant. Le volet politique de la nation québécoise ne
saurait être aussi évident.

Les Québécois disposent d'un demi-État et d'une Assemblée
nationale, mais il semble que le véritable contrat social québécois
reste à écrire. Nous avons une *Charte des droits et libertés de la
personne*, la *Charte de la langue française*, ainsi que le *Code civil*
de tradition napoléonienne, mais il faut être aventureux pour ne
faire reposer la nation québécoise que sur ces textes législatifs,
soient-ils signifiants. Sans une loi fondamentale unificatrice, il est

difficile de cerner les éléments majeurs de notre contrat politique collectif. Certes, dans les dernières années, l'Assemblée nationale a inscrit l'idée de l'égalité de traitement des hommes et des femmes dans la *Charte des droits et libertés de la personne*, mais sans plus. En fait, étant donné que la plus grande part de notre contrat social et politique provient des institutions canadiennes, on ne peut pas affirmer qu'il existe au Québec, indépendamment de ce que l'on trouve dans les autres provinces, une nation politique à part entière. Plus justement, néanmoins, on peut affirmer qu'elle prend lentement forme, même s'il y a encore beaucoup de chemin à parcourir.

::

La nation québécoise existe. Si elle ne se fonde pas sur une ethnie, et qu'elle s'appuie sur quelques éléments d'une nation politique seulement, cela fait d'elle une nation qui repose avant tout sur des facteurs culturels : c'est le moteur de son existence. Minimiser cette réalité, voire la nier, nuit à son édification. De même, l'opposition frontale de ce fait avec le concept de nation politique ou son association avec l'ethnicité est aussi inutile que condamnable. Plutôt, la nation québécoise possède de fortes composantes culturelles et certaines composantes politiques. Surtout, elle est unique.

UNE UNICITÉ À PRÉSERVER

Démontrer que le cas du Québec est unique en Amérique du Nord, voire à certains égards dans le monde, est une vérité de La Palice, soulignerons certains. Nous avons cependant tendance à oublier collectivement les particularités qui fondent cette unicité. Les rappeler semble pourtant salutaire, d'autant plus que dans le cadre de cet essai, le postulat de l'unicité occupe une place centrale. Il reste toutefois une question à aborder avant d'entrer dans le vif du sujet.

Ceux qui se soucient de l'avenir des nations ont souvent dû faire face à des gens tellement postmodernistes (ou de mauvaise foi) qu'ils remettent en question l'utilité de la survie des peuples dans l'absolu : pourquoi est-il nécessaire qu'une nation, un peuple ou une culture perdure dans le temps ? N'y a-t-il pas des populations qui, rationnellement, choisissent d'évoluer vers d'autres cultures ? Pourquoi s'occuper de ces questions si narcissiques quand le monde s'offre à nous ? La vraie question, c'est l'attachement au genre humain, non ? Avec la mondialisation, les frontières tombent ; pourquoi diantre vouloir en ériger de nouvelles autour du Québec ? On ne compte plus les propos de cette teneur. Pourtant, il semble que le contraire s'impose à l'esprit.

Au premier chef, la sécurisation de l'avenir d'une nation, quelle que soit sa nature, est évidemment bénéfique pour les individus qui la composent. D'abord, c'est utile dans l'instant présent, car les débats entourant cette question sont expulsés de la sphère publique. Les citoyens ne perdent pas d'énergie utile sur les problématiques liées à cette possible fin et peuvent se concentrer sur d'autres buts. Ensuite, les citoyens n'ont pas à se soucier de ce qui adviendra d'une partie de leur identité et peuvent se projeter dans l'avenir avec confiance. En un certain sens, cela leur permet d'espérer qu'une partie d'eux-mêmes subsistera après leur mort. Surtout, ils consentent plus facilement à l'effort collectif étant donné qu'ils ont la conviction que d'autres après eux en profiteront, notamment leurs enfants.

Il ne faut pas se leurrer : ceux qui jugent que la disparation par l'assimilation est un processus sans douleur se fourvoient au plus haut point. Il serait d'abord irréfléchi de considérer que l'assimilation et la disparition lente d'un peuple ne susciteront pas l'émergence de mouvements radicaux, voire violents. Même si cette voie ne doit être empruntée sous aucun prétexte et que la société québécoise répugne au recours à la violence, nous ne sommes pas complètement immunisés contre ce phénomène.

La question d'une possible assimilation ou de la disparition d'une nation peut aussi provoquer des réactions basées sur l'histoire : on s'appuie souvent sur la maxime qui veut que « le passé est garant de l'avenir ». En d'autres mots, si les Québécois existent depuis plus de 400 ans, il n'y a pas de raison de craindre leur disparition prochaine. Malgré l'apparente logique de ce sophisme, il convient de rappeler que l'histoire change : rien n'est figé ni inéluctable.

De même, nous devons absolument nous garder de prendre une position attentiste ou paresseuse lorsqu'il s'agit de faire perdurer la nation : aucun niveau de recul n'est acceptable, justement parce que l'on ne connaît pas exactement, comme dans le cas des changements climatiques, où se trouve le point de non-retour. Le jour où des pans entiers de la nation québécoise décideront de s'assimiler à la masse nord-américaine parce que cela leur semblera plus avantageux, ce sera trop tard. Malheureusement, nous ne savons pas où se situe ce cliquet historique et il serait hasardeux de tenter de le découvrir.

La seconde raison qui doit nous pousser à préserver les différentes nations qui peuplent le monde est bien simple : parce que c'est la diversité des peuples qui contribue à rendre la vie sur cette planète si singulière. Souhaiterions-nous que l'humanité parle, pense, mange, s'habille, bref, vive de la même manière de Beijing à Valparaiso, de Nuuk à Adélaïde ? Bien sûr que non ! Les diversités nationales constituent une partie des fondations de la grande histoire de l'humanité et la font vibrer plus que tout.

D'ailleurs, un des fondements de ces différences est la langue que nous parlons. Cette distinction majeure par rapport, par exemple, à la nation canadienne ou étatsunienne, structure notre société beaucoup plus que l'on peut l'imaginer : notre langue majoritaire n'est pas seulement un véhicule de communications, elle structure notre pensée et notre manière de voir le monde. Les scientifiques du langage s'accordent sur cette question[71]. De toute façon, scientifiques ou pas, on peut constater ces différences dès que nous nous retrouvons au contact des autres cultures.

À ce sujet, il faut combattre avec la plus grande virulence les affirmations de ceux qui prétendent que se préoccuper de l'avenir de sa culture ou de sa nation est synonyme de repli sur soi, d'un manque d'ouverture, de xénophobie larvée, etc. Foutaises ! On remarquera que les jeunes (et les moins jeunes) Québécois qui se sentent nationalistes à divers degrés comptent souvent parmi les plus curieux et allumés de la nation : ils voyagent, ont des amis partout sur le globe, vont à la rencontre des autres cultures, voient les effets pervers de l'uniformisation et prennent conscience de leur propre existence davantage que les sédentaires. L'adhésion au genre humain et à l'universel n'est aucunement incompatible avec la volonté de se préserver.

Finalement, et bien que le poids de cet argument ne rivalise pas avec celui des autres, surtout auprès des intellectuels, nous devons honorer ceux qui, pendant les centaines d'années de vie de la nation québécoise, ont fait d'énormes sacrifices pour la bâtir et perpétuer son existence. Que ce soit les femmes qui ont subi les pressions du clergé pour enfanter toujours plus, les hommes qui, dans des conditions dantesques, sont allés «coloniser» des espaces pour le moins rébarbatifs, les Irlandais qui ont souffert avec nous depuis le début et qui nous ont donné les immortels Nelligan et la Bolduc ou encore les Patriotes, qui se sont battus avant tout pour la liberté, ceux qui nous ont précédés méritent d'être honorés pour une kyrielle de motifs. Abdiquer, après tout ce qu'ils ont enduré, serait pour le moins ingrat.

Pourquoi ne pas profiter aujourd'hui des nombreuses chances historiques qui ont fait que nous sommes encore présents plutôt que de tenter le diable une fois de plus? Rien ne nous assure que notre fortune sera toujours aussi bonne.

:: :: ::

Ce désir de sécuriser notre avenir constitue la motivation intrinsèque qui a provoqué l'écriture de cet essai. Certains considéreront peut-être que les idées avancées dans cette première partie auraient gagné à être développées davantage: si cela n'a pas été fait, c'est qu'elles ne constituent pas l'objet principal de l'ouvrage. Seulement, il fallait présenter la lunette à travers laquelle je vois la nation québécoise. Ainsi, celui qui n'attache aucune valeur à ce qui a été avancé jusqu'ici peut arrêter dès maintenant sa lecture et donner le livre à quelqu'un qui se montrera en désaccord avec sa position postmoderniste.

Si, au contraire, vous partagez les points de vue exprimés ci-dessus, cela signifie que vous vous intéressez à l'avenir de la nation québécoise. Cela montre aussi que vous considérez l'inaction et la stagnation comme préjudiciables à notre avenir collectif. Quand la sphère collective est évacuée de notre discussion politique nationale, l'avenir s'assombrit et se bouche. Au tournant de la deuxième décennie des années 2000, la sclérose s'est installée au pouvoir dans une apparente légèreté généralisée. Et le Québec s'est arrêté d'avancer, à son plus grand détriment. Avant d'esquisser des voies que nous pouvons emprunter afin de nous extirper de cette torpeur, prenons un instant pour mesurer l'étendue de cette stagnation.

DEUXIÈME PARTIE
La stagnation

« Et vous, au Québec, ça va bien ? » Il était effectivement temps que l'on me pose la question ! Après avoir participé à des heures de discussions sur le déclin présumé de la France, la guerre civile en Côte d'Ivoire, les frasques du président tchèque, l'adulation dont fait l'objet le roi du Maroc, la spirale infernale en Grèce, on a fini par m'interroger sur l'état des choses au Québec. Les discussions sur nos sociétés respectives prenaient en effet beaucoup de place durant mon séjour à l'ÉNA. Seulement, on présumait d'emblée, à tort ou à raison, que le Québec et le Canada sont des endroits où la vie est parfaite, où l'harmonie règne entre les différentes composantes de la fédération, où les grands espaces rachètent tout et *tutti quanti*. Je n'ai évidemment pas pu esquiver la question, d'autant plus qu'elle m'a permis de réfléchir à une réponse.

D'emblée, j'ai répondu que « ça allait » : en comparaison avec certaines des situations nationales abordées dans ces interminables discussions, je ne pouvais faire autrement. Au-delà des inclinaisons politiques, qui influencent toujours l'analyse de la santé d'une nation, il reste que pour les citoyens québécois, les choses vont relativement bien. En effet, un individu québécois peut se réjouir de bénéficier d'un niveau de vie tout à fait enviable par rapport à ce qui existe ailleurs sur la planète ; beaucoup d'indicateurs le démontrent.

Le célèbre Indice de développement humain (IDH) de l'ONU, qui combine des mesures relatives à la santé, à l'éducation et au niveau de vie, plaçait le Canada au 6e rang mondial (sur 187 pays) en 2011[72]. Même s'il pourrait y avoir de légères variations de rang en considérant uniquement le Québec, il reste qu'il se classerait en haut du peloton mondial. En traitant distinctement les trois thèmes qui composent l'IDH, on constate que le citoyen québécois jouit effectivement d'une grande qualité de vie.

En ce qui concerne le niveau de vie, les mesures économiques tel le produit intérieur brut (PIB) par habitant place le Québec au 27e rang mondial[73], ce qui est une bonne performance si l'on tient compte que plusieurs pays devant le Québec sont des pétro-économies ou des pays à forte industrie bancaire. Cependant, ce type de mesures est de plus en plus remise en question parce qu'elle ne considère pas la redistribution de la richesse parmi la population. Par exemple, les travaux combinés de l'intellectuel et maintenant député Jean-François Lisée et de l'économiste Pierre Fortin ont démontré, sans aucun doute possible, que les 99 % des Québécois les moins riches sont pourtant plus riches que les 99 % des Étatsuniens dans la même position, en ce sens qu'à temps de travail égal, les Québécois ont un revenu annuel plus élevé de près de 2 000 $ que leurs voisins méridionaux[74,75]. Dans la même veine, le Québec affiche un taux de pauvreté parmi les plus bas des pays membres de l'OCDE[76], car il occupe le 7e rang, juste derrière les pays scandinaves, la Suisse, l'Autriche et le Luxembourg[77].

On clame souvent que le Québec croule sous les impôts, ce qui annulerait les gains du labeur des Québécois. Il est vrai que le taux d'imposition est élevé au Québec, personne ne le conteste. Pourtant, les récents travaux de l'équipe du fiscaliste Luc Godbout ont montré que la charge fiscale nette, c'est-à-dire une mesure qui prend en compte les impôts, mais aussi les prestations reçues de l'État (par exemple, les allocations familiales), place le Québec, peu importe la situation familiale, en dessous de la moyenne du G7[78]. Mieux, ces travaux démontrent que dans 7 cas de figure familiaux sur 15, c'est ici que la charge fiscale nette est la plus faible[79]. Autrement dit, au Québec, le citoyen en a pour son argent !

Par ailleurs, le coût de la vie, c'est-à-dire une mesure d'évaluation du coût moyen des dépenses de consommation d'un ménage dans un lieu donné, a toujours été avantageux pour le citoyen québécois. En 2012, Montréal se classait au 87e rang mondial sur 214 villes quant au coût de la vie[80], ce qui, en soi, est une bonne nouvelle pour tous. Dans les palmarès concernant la qualité de vie, Montréal se positionnait en 2011 au 22e rang mondial, devant des villes comme Boston ou San Francisco[81], alors qu'elle se classait en 2010 au 13e rang en ce qui a trait à son caractère écologique[82]. On peut même se permettre de supputer que si la ville de Québec avait été retenue dans ces classements, elle aurait obtenu un meilleur rang que Montréal, ce qui confirme que le Québec est en général un endroit où il fait bon vivre.

Dans le prolongement des mesures de la qualité de vie, on peut considérer que le Québec est un endroit où le crime est très peu présent : par exemple, le Québec se classait, en 2010, au 2e rang des provinces et territoires canadiens pour le plus faible taux de crimes déclarés à la police[83]. Le Québec peut même s'enorgueillir d'être l'endroit au Canada où l'indice de gravité[84] des crimes commis par les jeunes est le plus bas[85].

Au chapitre des deux éternelles préoccupations des Québécois, la santé et l'éducation, on peut aussi affirmer que le citoyen québécois est bien servi. Ici, malgré un système de santé qui connaît des ratés — à l'instar de tous les systèmes de santé occidentaux —, on peut espérer vivre vieux : en 2011, l'espérance de vie à la naissance était de 81,8 années[86], ce qui aurait placé le Québec au 11e rang mondial, loin devant des pays comme le Royaume-Uni ou les États-Unis[87]. Du côté de l'éducation, un enfant de citoyens québécois aura la chance, malgré une récente réforme contestée, de fréquenter un système scolaire qui place les jeunes Québécois au 7e rang de l'OCDE en lecture[88], au 6e rang en mathématiques[89] et au 14e rang en sciences[90]. Si ce même enfant veut continuer à parfaire ses connaissances et sa formation, il pourra fréquenter un réseau d'enseignement supérieur[91] qui, en 2006, diplômait 42 % de la population[92], soit le 2e rang de l'OCDE derrière le… Canada[93].

Même dans le domaine des finances publiques la situation est probablement moins noire que l'opinion populaire veut nous le faire croire. Certes, la situation reste préoccupante : le Québec est la province la plus endettée au Canada et la marge de manœuvre est mince[94]. Cependant, une étude récente vient remettre les choses en perspective : le Québec est la province canadienne, et de loin, qui court le moins de risque de faire défaut à l'européenne (c'est-à-dire suivre le chemin de la Grèce), que ce soit dans un horizon de 20 ou 30 ans[95]. Notre faible dépendance aux revenus des ressources naturelles[96] et la faible croissance de la population âgée expliqueraient cette conclusion[97].

Finalement, les entreprises ne sont pas en reste : elles aussi, au Québec, peuvent se targuer d'évoluer dans un environnement qui leur est favorable. Dans un rapport sur la compétitivité fiscale, la firme-conseil KPMG classait Montréal au 6e rang mondial[98], notamment à cause des technologies informatiques (3e rang mondial)[99], de la recherche et du développement (1er rang mondial)[100], des services aux entreprises (10e rang mondial)[101] et même du secteur manufacturier (10e rang mondial)[102]. Dans ce contexte, on ne sera pas surpris que Montréal termine au premier rang pour la compétitivité de son milieu d'affaires en Amérique du Nord : en plus d'une qualité de vie enviable et un environnement multilingue, on considère que Montréal dispose d'un bassin de personnel qualifié, d'institutions universitaires de qualité, de groupes de clients importants, de même que d'installations portuaires et aéroportuaires de classe internationale[103].

Si je n'ai évidemment pas débité toutes ces statistiques dans mes discussions avec mes collègues étrangers, ces dernières reflètent pourtant la situation enviable vécue par les citoyens québécois. En ce sens, je n'ai jamais pu prétendre devant mes collègues, surtout ceux qui provenaient de pays émergents, que ça allait « mal » au Québec. *A contrario*, je n'ai pas non plus été capable d'affirmer ça allait « bien » : j'aurais eu l'impression de trahir le sentiment qui me tarabuste depuis quelques années déjà. Si la situation individuelle des citoyens québécois est enviable, leur situation nationale, collective, elle, l'est beaucoup moins. Où le Québec se dirige-t-il ? Quelle est sa destinée ? Quel est son projet national ? Une grande stagnation semble être ce qui le caractérise le mieux.

DES ACCUSATIONS D'IMMOBILISME
QUI RATENT LA CIBLE

Vers la fin de l'année 2005, le Québec recevait en pleine figure le *Manifeste pour un Québec lucide*. Ce texte, dont le plus illustre promoteur était l'ancien premier ministre Lucien Bouchard[104], déclarait d'entrée de jeu que le « Québec ne pouvait se permettre d'être la république du *statu quo*[105] ». Bien qu'on puisse facilement percevoir le Québec comme une société immobilisée, bien que certains soient convaincus que pour bouger, cette société doit, entre autres, augmenter les frais de scolarité et les tarifs d'électricité[106], il n'en reste pas moins que la publication de ce manifeste a quasiment cristallisé l'idée — qui perdure — que la nation québécoise souffre d'un certain immobilisme.

Il serait toutefois exagéré d'imputer à ce seul manifeste l'idée que le Québec ou certaines de ses composantes vénèrent le refus systématique du changement. La dernière décennie a apporté son lot d'exemples qui prouveraient cette théorie même avant la parution de ce texte.

Peu de temps après son arrivée au pouvoir, en automne 2003, le premier ministre Jean Charest donne la note dans une « Lettre ouverte aux Québécois[107] » où il accuse directement les syndicats de travailleurs de bénéficier d'un *statu quo* allégué et de privilégier des intérêts corporatistes au détriment de ceux de la société québécoise.

Dans la même période, le gouvernement Charest déterre un projet de centrale thermique qui avait été enterré en bonne et due forme par le gouvernement précédent. Cette centrale thermique, qu'on devait construire dans la région du Suroît, à Beauharnois, n'a jamais vu le jour, à cause du tollé que le projet a soulevé dans la population.

En 2004, on annonce la construction d'un terminal méthanier dans la région de Lévis, le terminal Rabaska. À cause de l'opposition marquée des citoyens de la municipalité qui devait accueillir le projet[108], celui-ci est retardé. Huit ans plus tard, il n'a toujours pas vu le jour.

La saga de la construction du nouveau Centre hospitalier de l'Université de Montréal (CHUM), qui a commencé dans les années 1990, en est un autre exemple. Les promoteurs du projet ont changé deux fois de site et, au terme d'une bataille serrée au sein même du gouvernement, en sont arrivés en 2005 à la sélection... du site actuel d'un pavillon du CHUM. Dans son sillage, cette saga aura laissé la désagréable impression que les grands projets sont difficiles à réaliser au Québec. Certains des anciens protagonistes de ce débat ont même avancé que « le moindrement qu'il y a un grand projet au Québec, les mécanismes ne sont pas là pour éviter une politisation rapide de tout le projet[109] ».

L'année suivante, le saltimbanque le plus populaire de la planète, Guy Laliberté, s'est plaint que le Québec « n'était pas capable de prendre des décisions[110] », après que son projet de Casino en plein cœur du quartier populaire de Pointe-Saint-Charles ait été abandonné. Cet échec a particulièrement délié les langues. Les porte-paroles d'une certaine élite économique ont tour à tour dénoncé à leur manière ce climat d'immobilisme : la Fédération des chambres de commerce du Québec, l'éditorialiste du journal *La Presse* Alain Dubuc avec son essai *L'Éloge de la richesse*, le Conseil du patronat, le président du festival Juste pour rire Gilbert Rozon, la productrice Denise Robert, en plus de l'ancien chef péquiste André Boisclair et même de l'ancien premier ministre Bernard Landry se sont lancés dans la danse[111]. La bénédiction donnée par le *Manifeste pour un Québec lucide* a certainement aidé à crédibiliser de telles assertions.

Plus récemment, le développement de la filière des gaz de schiste, ainsi que la construction d'un nouvel amphithéâtre à Québec ont, eux aussi, servi d'exemples à la thèse de l'immobilisme. Dans le cas des gaz de schiste, l'ex-ministre des Ressources naturelles, Nathalie Normandeau, a repoussé du revers de la main la demande de moratoire en statuant que le Québec devrait arrêter de se gouverner et de se développer à coups de moratoires et en assimilant cette requête à de l'immobilisme dont le Parti québécois serait le promoteur[112]. Du côté de la construction d'un nouvel amphithéâtre à Québec, les déclarations de Pauline Marois, alors chef de l'opposition, selon qui il fallait « arrêter de niaiser[113] » et du maire de la ville, Régis Labeaume, qui s'est plaint que « manifestement, certains ont décidé de stopper l'élan de la Ville de Québec[114] » font aussi explicitement référence à cette supposée stationnarité typiquement québécoise.

::

Ces accusations d'immobilisme semblent toutes formulées à l'encontre de ceux qui s'opposent à des projets dits de « développement économique ». Pourtant, chacun de ces projets méritait d'être examiné, ralenti et annulé lorsque c'était nécessaire.

La centrale thermique du Suroît n'a pas vu le jour principalement, comme l'a statué le Bureau d'audiences publiques sur l'environnement (BAPE)[115], parce qu'elle aurait drôlement compliqué le respect par le Québec du protocole de Kyoto, parce que la Régie de l'énergie — un organisme qui n'a pas pour mandat d'évaluer l'impact environnemental des projets énergétiques — a statué que le projet n'était pas indispensable[116] et parce que même au sein du conseil des ministres, le projet suscitait des désaccords importants[117].

Le projet Rabaska s'est vu ralenti par les communautés directement concernées par l'arrivée d'un tel terminal : il est tout à fait compréhensible que l'on ne laisse pas passer comme lettre à la poste l'installation d'un terminal méthanier d'une aussi grande envergure. De toute manière, malgré l'opposition des citoyens, le BAPE a émis un avis favorable sur la construction de ce site en 2007[118]. Bizarrement, la construction du terminal, qui était considéré comme essentiel à l'avenir énergétique du Québec[119], n'est plus d'actualité pour Gaz Métro[120] : les Québécois avaient donc le loisir d'attendre un peu.

Si l'on peut regretter la lenteur avec laquelle on a finalement entamé la construction du CHUM, il serait pour le moins douteux de prétendre que ce sont les groupes de pression qui ont fait dérailler le processus d'implantation du nouvel hôpital. Plutôt, il faut y voir la marque directe du nouveau gouvernement libéral qui a voulu, pour des raisons qui resteront sans doute inconnues, modifier l'emplacement précédemment choisi par l'ancien gouvernement. Une fois sa décision prise, c'est bel et bien un groupe mené par des hommes d'affaires influents qui a brouillé les cartes en proposant un troisième site, celui d'Outremont, un site excentré favorisant certainement davantage leurs intérêts[121]. Finalement, le ministre de la Santé de l'époque, Philippe Couillard, qu'on ne peut soupçonner de sympathie avec les groupes de pression, a opté pour le site de l'actuel pavillon Saint-Luc, en plein centre-ville de Montréal.

Le cas du projet de déménagement du Casino de Montréal dans le quartier Pointe-Saint-Charles, en collaboration avec le Cirque du Soleil, est encore plus symptomatique de cette propension à crier à l'immobilisme dès que les choses ne fonctionnent pas au goût des gens d'affaires. Le président du Conseil du patronat, Michel Kelly-Gagnon, avait trouvé dans ce ratage un *casus belli* pour déclarer la guerre aux groupes communautaires qui, selon lui, étaient la cause de l'échec de ce projet[122]. En examinant d'un peu plus près ce dossier, on se rend compte que ces affirmations sont plutôt frivoles. D'une part, en plus des groupes communautaires, la Direction de la santé publique de Montréal avait, elle aussi, émis de sérieux doutes quant aux effets potentiels du déplacement de l'offre de jeu dans ce quartier[123]. D'autre part, et surtout, le rapport de l'ancien haut fonctionnaire, le regretté Guy Colombe, dont la probité était sans faille, avait mis en doute « la nature des contrats et des coûts reliés à la participation du Cirque du Soleil[124] ». Sitôt cette question soulevée, le Cirque du Soleil a remballé son projet, ne voulant sans doute pas se retrouver une nouvelle fois dans l'embarras : les très immobiles villes étatsuniennes de New York et Miami avaient, elles aussi, rejeté les projets du Cirque aux motifs qu'ils étaient un peu trop gourmands en fonds publics ou en demandes de dérogation[125]...

La question des gaz de schiste fait débat partout où elle se pose, notamment à cause des nombreux impacts environnementaux négatifs et incertains associés à cette forme d'exploitation du gaz naturel. Certaines populations (notamment aux États-Unis) ont déjà souffert de l'exploitation de ce gaz[126], alors que l'Union européenne s'interroge sérieusement sur l'avenir de cette filière[127]. Le Québec peut donc, à l'instar des autres nations développées, prendre son temps pour réfléchir à la question et même, au besoin, s'abstenir d'exploiter ces « gisements », d'autant plus qu'il semble que notre exploitation ait été grossièrement précipitée et que l'on ait fait preuve de laxisme[128].

Finalement, au sujet de cette affaire d'amphithéâtre à Québec, il ne s'agit pas de décrier un projet sans doute très bénéfique pour la Capitale nationale. Malgré la valeur porteuse de ce complexe sportif, il est tout à fait loisible à l'Assemblée nationale de prendre tout le temps qu'elle juge nécessaire pour examiner en détail une demande de dérogation aux lois nationales, surtout si celle-ci vise la construction d'un édifice de plusieurs centaines de millions de dollars, et ce, même si elle est exigée par le maire le plus populaire de sa ville.

LE VÉRITABLE STATISME

Ce que l'on constate, à la lumière d'une recension sommaire des accusations récentes d'immobilisme qui ont été formulées à l'endroit du Québec, c'est que ces dernières proviennent pratiquement toujours des mêmes personnes, soit les gens d'affaires ou leurs représentants à l'Assemblée nationale. Ces accusations ne constituent en fait que le reflet de la frustration ressentie par des personnes qui n'obtiennent pas ce qu'elles désirent, aux conditions qu'elles souhaitent, dans les délais exigés. Elles ne reposent pas sur des bases solides.

Pourtant, les gens d'affaires (et leurs relais politiques) ressortent sans cesse cette assertion à la suite de leurs échecs, certes pour exprimer leur déception, mais surtout pour prévenir les insuccès possibles des projets qui nécessiteront l'approbation populaire. Comme il faut se garder de sous-estimer l'intelligence de toutes les parties prenantes de la société, on doit considérer que le recours à l'argument « immobiliste » repose sur une analyse stratégique de la situation québécoise. En d'autres mots, si l'on a souvent recours à ce vocable, c'est parce qu'il doit rejoindre une partie de ce que les Québécois ressentent à propos de la conduite des affaires de la nation ; parce qu'il fait, en somme, vibrer une corde sensible.

Dans les dernières années, plusieurs franges de la société ont lancé des cris d'alarme pour souligner un état d'immobilisme national. Après le *Manifeste pour un Québec lucide*, il y a eu la publication de sa contrepartie, le *Manifeste pour un Québec solidaire*, qui appelait à un projet quasiment contraire. Par la suite, nous avons eu droit à un buffet de manifestes avec la publication du *Manifeste pour un Québec durable*, du *Manifeste pour un Québec pluraliste*, du *Manifeste pour un plan numérique québécois* ainsi que du *Manifeste pour un Québec éduqué*, du *Manifeste pour une école compétente*, du *Manifeste sur les droits des femmes à l'égard de leur maternité* et même d'un *Manifeste pour un Québec dégrisé*. S'il faut se garder de placer tous ces manifestes sur un pied d'égalité en termes de pertinence et de retentissement, on peut tout de même estimer qu'une grande insatisfaction collective génère un tel flux de textes aussi solennels. Les deux derniers textes du genre ayant eu un retentissement au sein de la société québécoise ont été le *Manifeste du refus global*, texte phare du rejet du duplessisme, et le *Manifeste du FLQ*, dont l'esprit a longtemps influencé une frange du mouvement indépendantiste. Dans ces deux cas, des climats sociaux délétères ont généré de tels textes. Il ne saurait en être autrement aujourd'hui, malgré l'effet de mode qui a suivi la publication du *Manifeste pour un Québec lucide*. D'ailleurs, le texte fondateur de la Coalition Avenir Québec de François Legault fait reposer la nécessité de son action politique sur l'impression que « la morosité et un certain défaitisme[129] » règne au Québec.

Dans le cas éventuel où nous aurions à expliquer à un extraterrestre les enjeux qui font la politique québécoise depuis 1995, nous aurions fort à faire pour ne pas paraître obsédés par quelques sujets lancinants. La santé, l'éducation, les finances publiques et l'économie forment ce quatuor duquel les élites ne semblent pas être capables de s'affranchir : nous avons retourné ces sujets dans tous les sens depuis 17 ans, en arrivant parfois à des réussites réelles, et d'autres fois à des échecs probants. Seulement, affirmer à satiété, comme l'ont fait (et le feront encore) les élites et autres partis politiques, qu'il s'agit de priorités, voire de «premières priorités», relève de l'évidence : comment des secteurs comme la santé et l'éducation ne peuvent-ils pas être prioritaires alors qu'ils occupent 64,6 % du budget national[130] ? Viser l'utilisation efficace et efficiente de ces deniers relève de la gestion courante des affaires de l'État : ce n'est pas un projet collectif ! De même, les finances publiques sont au cœur des préoccupations de toutes les élites et ont fait l'objet de moult débats : les hausses de tarifs des services fournis par l'État, le Fonds des générations et autres plans pour assainir les finances publiques ont été la marque de commerce des deux derniers partis ayant occupé le pouvoir. Quant à l'économie, tous les gouvernements du monde en font toujours une priorité, même si, au final, ils ont moins de prise sur la réalité qu'ils ne veulent l'admettre.

Ainsi, on ne peut affirmer que ces domaines ne font pas partie des enjeux collectifs qui occupent les esprits de la nation. Ces secteurs ne sont plus des domaines où tout reste à faire : plutôt, on peut considérer, même si des réformes importantes peuvent être nécessaires, que nous sommes aujourd'hui à l'étape des ajustements. Surtout, aucun de ces secteurs ne menace réellement l'avenir du Québec : ils sont constamment au premier rang des préoccupations des citoyens, de gros moyens y sont consentis et, surtout, les élites sont sensibilisées aux écueils qui nous guettent.

On ne peut toutefois pas soutenir que l'attention et le dévouement que reçoivent ces domaines soient partagés par d'autres secteurs de la vie collective. Il faut bien constater que nos quelques obsessions nationales sont en fait l'arbre qui cache la forêt. Pendant que l'on s'égosille à retourner dans tous les sens les quelques mêmes questions, d'autres attendent leur tour dans le purgatoire national, au détriment de l'intérêt général du Québec. Les prochains chapitres en survoleront quelques-unes qui revêtent une importance primordiale pour notre avenir national.

L'AGRICULTURE QUÉBÉCOISE MALADE
DANS L'INDIFFÉRENCE GÉNÉRALE

Au milieu des années 2000, le Québec découvrait que son monde agricole était en crise. En conséquence d'années de laisser-aller, notre système agricole s'est lentement, mais sûrement, retrouvé dans une situation où les indicateurs de bien-être de la filière semblaient être dans le rouge. On la disait même « à la croisée des chemins[131] ». Fidèle à son habitude, le gouvernement du Québec a décidé de refiler la patate chaude à une commission d'étude dotée d'un mandat aussi large que possible. Les constats qu'a posés la Commission Pronovost sont inquiétants.

Au premier chef, la santé financière de la filière est pour le moins chambranlante : 30 % des entreprises agricoles ne réussissent pas à faire leurs frais[132]. En 2005, le ratio d'endettement des exploitations agricoles québécoises se situait à 32,2 %, alors qu'il était de 20,4 % en Ontario et de 11,4 % aux États-Unis[133]. En 2005, toujours au Québec, le revenu net des agriculteurs avait baissé de 24 % par rapport à l'année précédente[134]. Ces constats financiers sont d'autant plus graves que l'État québécois, par l'entremise de ses subventions et autres programmes d'aide, contribuait, en 2004, à 12,9 % des revenus agricoles, contre seulement 5,6 % en Ontario[135].

Or les tensions que vivent les agriculteurs ne sont pas que financières. Les pressions environnementales toujours plus importantes, la concurrence internationale féroce, voire la structure du marché agroalimentaire[136] — où la grande distribution est concentrée et se permet de dicter ses règles — sont toutes des facteurs rendant plus difficile une sortie de crise.

La situation générale de la filière a des effets sur les hommes et les femmes qui se défoncent chaque jour à l'ouvrage pour n'obtenir, au final, qu'une situation précaire : le niveau de détresse psychologique est deux fois et demie plus élevé chez les producteurs agricoles que dans la population en général[137]. Dans ce contexte, nous ne pouvons pas nous surprendre de constater que la relève agricole se défile : entre 1996 et 2006, les inscriptions au programme de *Gestion et exploitation d'entreprise agricole* — le programme pour devenir agriculteur — ont diminué de 52 %[138].

La Commission Pronovost a accouché, en 2008, d'un rapport salué pour sa qualité exemplaire et son audace[139]. Évidemment, face aux sérieux défis qui se posent au secteur de l'agriculture québécoise, les propositions du rapport final étaient pour le moins innovantes, trop au goût du gouvernement. Plus de quatre ans après la publication de ce rapport, le gouvernement n'y a toujours pas donné suite. Plutôt, au début de l'été 2011, le gouvernement a publié un « livre vert[140] » invitant les citoyens à soumettre leurs réflexions sur le sujet au cours d'une commission parlementaire qui s'est étirée jusqu'en 2012 (et qui est morte avec le déclenchement de la campagne électorale) : difficile d'imaginer un processus plus kafkaïen ! Pendant ce temps, certaines filières agricoles, notamment l'industrie porcine[141], s'enfoncent dans la crise.

Une chose semble toutefois certaine : le Québec ne peut pas se permettre de voir son secteur agricole péricliter. La production agricole québécoise comble 65 % de nos besoins alimentaires[142]. Plus l'agriculture québécoise sera fragilisée, plus nous dépendrons de l'extérieur. Les villages qui produisent l'agriculture québécoise sont au cœur du développement du Québec depuis 400 ans et la culture québécoise est le reflet de l'interaction constante entre ville et campagne. Quand la campagne meurt, c'est un peu de notre héritage qui y passe. Dans ce contexte, et pour un domaine aussi essentiel à la vie humaine, l'immobilisme ne peut plus constituer une option.

LES QUÉBÉCOIS ET L'ENVIRONNEMENT:
LE FOSSÉ ENTRE LA FABLE ET LA RÉALITÉ

La plupart des Québécois croient avoir une conscience environnementale plus développée que celle de leurs voisins canadiens et étatsuniens: nos barrages hydroélectriques ainsi que nos petites cylindrées nous en ont en effet convaincus. Cette croyance semblait en effet valable avant la publication en 2007 de l'essai *Le mythe du Québec vert*, dans lequel l'auteur, François Cardinal, pourfendait sans ménagement cette idée reçue. Force est de constater que si la situation s'est améliorée dans certains secteurs (par exemple, réduction de la production de GES[143] — même si la tendance s'inverse à nouveau[144] —, réduction des déchets enfouis au dépotoir[145], etc.) et que l'on a formulé l'intention de commencer à s'attaquer à des problèmes importants (rattrapage dans l'établissement d'aires protégées[146], prélèvement d'une redevance sur l'utilisation de l'eau potable[147] à des fins industrielles), les défis environnementaux auxquels le Québec refuse de faire face restent nombreux.

Qui sait que les Québécois sont parmi les plus grands consommateurs d'eau du monde? Nous comparer à nos voisins n'aide pas notre cause: nous consommons 62 % plus d'eau par habitant que l'Ontario[148]! Cela ne semble toutefois pas être encore assez pour imposer une quelconque forme de restriction sur la consommation d'eau.

En plus de l'eau, il semble que nous ne donnons pas notre place dans le secteur de l'énergie. Selon les dires mêmes de l'État québécois, le Québec, s'il était un pays, serait le troisième plus grand consommateur d'énergie par habitant, après les États-Unis et le Canada[149]. Pire, M. Cardinal nous apprend, à l'aide de données fournies par Statistique Canada (et toujours valides, car les plus récentes), que l'augmentation de la consommation québécoise d'électricité, entre 1990 et 2003, a été de 28 %, alors que la moyenne canadienne a oscillé autour de 10 % : il s'avère même que sans le Québec, la consommation d'électricité canadienne aurait baissé[150] ! Le Québec reste l'un des endroits au monde où la consommation d'électricité est la plus élevée[151].

Dans le domaine des matières résiduelles (l'euphémisme que l'on utilise maintenant pour parler des déchets…), notre performance n'est guère plus reluisante. En 10 ans, notre production de déchets a augmenté de 46 %, pour s'établir en 2008 à 13 033 000 tonnes[152] ! Inutile de mentionner que la population québécoise n'a pas augmenté à ce rythme pendant cette période. Surtout, comme l'avançait M. Cardinal, les derniers chiffres disponibles, et toujours valides aujourd'hui, montrent que nous sommes les champions canadiens de la production de déchets domestiques : nous produisons annuellement quelque 466 kg de déchets par habitant, alors que nos plus proches poursuivants, les Albertains, en produisent presque 100 kg de moins[153]. Nous avons peut-être raison de les railler pour leurs sables bitumineux, mais il semble que nous avons oublié de regarder dans notre cour.

La question des transports n'offre guère plus de réconfort : entre 1996 et 2006, le parc automobile québécois a augmenté d'un million de véhicules[154]. Les conséquences de cette hausse sont multiples. D'une part, cela rend l'atteinte des objectifs québécois en matière de réduction de gaz à effet de serre plus difficile : les émissions du secteur des transports ont augmenté de 24,8 % entre 1990 et 2005[155]. D'autre part, les émissions des véhicules ne font pas que contribuer au réchauffement climatique : la qualité de l'air s'en trouve aussi affectée. Par exemple, en 2011 à Montréal, il y a eu 69 journées où la qualité de l'air était mauvaise[156] : situation très dommageable pour les milliers de personnes qui souffrent de maladies respiratoires chroniques.

D'ailleurs, au chapitre québécois de la réduction des gaz à effet de serre, il semble que nous ne soyons pas si près d'atteindre les objectifs que nous nous sommes fixés. Le commissaire au développement durable a souligné dans un rapport récent qu'il était bien improbable que la cible de réduction de 6 % des émissions en dessous du niveau de 1990 soit atteinte[157]. Plutôt, il souligne que c'est la crise économique de la fin de la dernière décennie qui a favorisé notre rapprochement de nos propres objectifs et qu'une fois celle-ci passée, il sera très difficile de les atteindre.

On pourrait continuer à énumérer ainsi des statistiques confirmant que les enjeux environnementaux ne sont pas pris au sérieux. L'échec de l'interdiction des sacs de plastique[158], de même que celui de la consignation des bouteilles de plastique[159] ou la précipitation avec laquelle le gouvernement Charest a embrassé l'exploitation des gaz de schiste pourraient aussi s'ajouter à cette litanie.

Le but ici n'est pas de se montrer pontifiants. Seulement, il faut que le Québec, au même titre que d'autres États, prenne ces enjeux à bras le corps. À défaut de le faire, nous augmentons toujours le risque de nous retrouver dans des situations très fâcheuses aux conséquences prévisibles et imprévisibles, voire irréversibles. Comme les autres nations, nous n'avons pas le loisir de jouer à la roulette russe avec la qualité de notre environnement. Les Québécois devraient cesser de *croire* qu'ils se soucient de l'environnement, et commencer à s'en occuper réellement.

LA RÉFORME DU MODE DE SCRUTIN :
LA DÉFINITION MÊME DE L'IMMOBILISME

Il faut insister beaucoup là-dessus. Ce que cela souligne, c'est la désuétude dangereuse — parce que là, je voudrais que l'on évite les réactions qui peuvent, qui pourraient être néfastes —, la désuétude du système électoral. On s'est tué à le dire : la carte électorale du Québec est une caricature, et le système électoral n'est pas conforme à la réalité sociale d'aujourd'hui ni à la réalité politique. Alors, si on veut pouvoir éviter une démoralisation, une amertume qui pourrait être dangereuse chez les jeunes en particulier des nouvelles générations, qui veulent croire au procédé démocratique, il faudrait qu'on leur prouve que ça peut être vrai. Et je demanderais instamment au nouveau gouvernement de réaliser le plus vite possible les promesses qu'il a faites, et même d'aller un peu plus loin que certaines promesses, et de nettoyer une fois pour toutes avant qu'on ait, peut-être, des tentations dans certains milieux de dire « ça vaut pas la peine », de nettoyer la qualité démocratique de notre système de représentation. Ça, ça presse terriblement[160].

René Lévesque, au soir de l'élection générale de 1970, n'aurait sans doute jamais imaginé que, 43 ans plus tard, son allocution si précise au sujet du système électoral québécois serait toujours si juste.

Depuis 1867, nous vivons dans un système électoral — de son appellation technique, *uninominal à un tour* — qui permet à un parti de recevoir moins de voix qu'un autre parti, mais de remporter la majorité des sièges de députés. Au Québec (et au Canada), un parti politique peut donc à la fois perdre l'élection aux voix et la gagner en sièges de députés pour former le gouvernement et gouverner sans partage, comme s'il avait remporté une majorité de voix. Les élections générales de 1966 et de 1998 ont produit de tels résultats. Dans le premier cas, l'Union nationale avait remporté 51 % des sièges avec 40,82 % des voix, alors que le Parti libéral avait remporté 47,29 % des voix, mais 46 % des sièges[161]. Dans le deuxième cas, le Parti québécois avait remporté 61 % des sièges avec 42,87 % des voix, alors que le Parti libéral avait remporté 43,55 % des voix, mais 38 % des sièges[162]. Ce mode de scrutin cause de telles distorsions qu'un récent sondage plaçait le Parti québécois en terrain majoritaire… avec 33 % des intentions de vote[163].

Si le système électoral peut produire de telles inepties au détriment des grands partis, on s'imagine les injustices à l'endroit des plus petits. L'Action démocratique du Québec, pendant son existence, a constamment été victime des effets pervers de notre système : en 1998, après avoir obtenu près de 12 % des voix, elle n'avait récolté qu'un siège[164]. Dans la même veine, on peut imaginer le dégoût qu'avait ressenti René Lévesque au lendemain de l'élection générale de 1973, où son parti avait augmenté son nombre de voix de 7 %, pour le porter à 30 % du total, mais perdu 1 siège pour se retrouver avec 6 députés, soit 5 % des sièges[165]!

À cause des injustices qu'il crée, ce système électoral n'est plus utilisé que par 20,2 % des pays du monde qui permettent à leurs citoyens de voter[166]. Il existe deux manières de corriger ou d'atténuer la situation.

La première consiste à réformer le système électoral afin d'introduire un système plus juste, comme il en existe dans 80 % des autres démocraties du monde. Le Québec est probablement l'un des champions mondiaux toutes catégories des études, tentatives de réforme et promesses brisées sur la question. Depuis l'appel de René Lévesque (qui porte aussi, comme les autres, une part du blâme), les gouvernements ont tenu, produit ou organisé trois consultations parlementaires (1970, 1984 et 2002), un comité d'experts (1971), un livre vert (1979), une consultation publique (1983), des états généraux (2002), une commission spéciale (2005) en plus de commander un mandat d'étude (2007)[167] au Directeur général des élections du Québec (DGEQ). Alors que la question a été retournée dans tous les sens, jamais — souvent par couardise — les députés de l'Assemblée nationale n'ont osé ne serait-ce que soumettre un projet de réforme à la consultation populaire, et encore moins adopter une telle réforme. Pitoyable!

La deuxième manière de corriger les inégalités de notre système, lorsqu'on n'a pas le courage nécessaire pour attaquer de front le problème, consiste à modifier la carte électorale pour tenir compte des évolutions démographiques dans les différentes circonscriptions électorales. On le comprend, on a tout intérêt à garder à peu près le même nombre de citoyens dans chaque circonscription afin de ne pas générer davantage d'injustices: la loi oblige d'ailleurs à ce que le nombre d'électeurs d'une circonscription ne fluctue pas au-delà de 25 % de plus ou de moins que la moyenne de l'ensemble des circonscriptions. Jusqu'à tout récemment, les partis représentés à l'Assemblée nationale avaient été capables de s'entendre à ce sujet, notamment parce que le Directeur général des élections du Québec (DGEQ) proposait des solutions équitables. C'est sur cette base que de 1970 à 2001, la carte électorale avait été révisée à six reprises (soit une fois par cinq ans, en moyenne), la dernière réforme datant de 2001[168].

Avec le Recensement de 2006, le processus de révision devait normalement reprendre. Mais cette fois-ci, les partis représentés à l'Assemblée nationale se sont comportés comme des enfants à la garderie. Incapables de s'entendre sur la normale suppression de quelques circonscriptions et la création de nouvelles dans les endroits où la population a crû, les partis politiques, notamment les péquistes et les libéraux, ont tout fait pour bloquer le processus, allant même, en 2008, jusqu'à adopter une loi d'exception, la Loi 132, pour suspendre les pouvoirs de la Commission de la représentation électorale (CRE), l'instance qui formule les recommandations de révision[169]. Cette manœuvre cynique a été perçue comme un désaveu par le DGEQ et a poussé celui-ci à la démission. Pourtant, quelques années plus tard, les députés, toujours incapables de s'entendre, ont été obligés de laisser la proposition de carte électorale de la CRE prendre force de loi[170]. En d'autres mots, on a humilié le DGEQ pour finalement adopter sa proposition. Édifiant!

La non-réforme du système électoral constitue un scandale que les partis politiques à l'Assemblée nationale entretiennent depuis plus de 40 ans. Ce bel exemple d'immobilisme se fait surtout aux dépens des citoyens, qui vivent dans un système démocratique injuste. En 1994, le taux de participation aux élections était de 81,58 %; en 2008, il n'a été que de 57,43 %[171]. Malgré l'embellie de 2012, où le taux de participation a remonté à 74,59 %[172], ce n'est pas en se battant pour conserver la carte électorale la plus inégalitaire d'Amérique du Nord[173] ou en évacuant l'idée d'une réforme comme le Parti québécois l'a fait récemment que l'on progressera[174]. Bien qu'une éventuelle réforme ne règlerait pas à elle seule la problématique de l'abstention électorale, il est évident que les élites politiques ne peuvent plus se permettre de s'amuser à de petits jeux partisans avec notre système électoral, pierre d'assise de notre démocratie nationale.

LES INÉGALITÉS SOCIALES :
QUAND « TOUJOURS PLUS »
N'EST PAS DE BON AUGURE

L'imaginaire collectif national est rempli d'images, de mythes et de souhaits plus ou moins exaucés. La Révolution tranquille a certainement constitué une époque charnière où certains mythes ont disparu pour laisser place à d'autres, par exemple celui du « Québec, société égalitaire » (du moins, parmi celles d'Amérique du Nord). Ce mythe est en partie fondé, notamment au regard du rattrapage socioéconomique qui a été rapidement effectué par les francophones. Rappelons que la Commission Laurendeau-Dunton[175] avait déterminé que les francophones québécois étaient parmi les groupes culturels les plus pauvres au Québec, alors qu'ils en constituaient la vaste majorité des citoyens. Les réformes de la Révolution tranquille ont effacé ce déficit et ont derechef, à travers l'action de l'État, limité le développement des inégalités. Il semble aujourd'hui que le Québec soit lentement, mais assez sûrement, en train de prendre le chemin inverse.

Certes, le Québec peut s'enorgueillir d'être la province qui compte le moins de citoyens en position de pauvreté aiguë et la deuxième en situation de pauvreté moyenne parmi l'ensemble des provinces canadiennes[176]. Mieux, le taux de pauvreté québécois a diminué entre 1996 et 2006[177]. Depuis 1976, on a observé certains progrès indéniables : dans l'ensemble, les Québécois se sont enrichis et la proportion de la population dans les trois déciles de revenus les moins élevés est plus faible qu'elle ne l'a jamais été[178]. On doit toutefois résister à la tentation de fanfaronner.

En 2008, l'OCDE publiait l'étude *Croissance et inégalités : Distribution des revenus et pauvreté dans les pays de l'OCDE*. Celle-ci avançait, entre autres, que les écarts de revenus avaient augmenté significativement dans 66 % des pays membres de l'Organisation entre 1985 et 2005[179]. Malheureusement, le Canada figurait dans le peloton des pays dont les inégalités s'étaient le plus creusées[180]. Notamment, les inégalités s'y étaient particulièrement développées dans la décennie 1995-2005, pour dépasser la moyenne de l'OCDE[181]. On s'en doute, le Québec n'a pas fait exception à cette tendance.

En 2010, les journaux montréalais publiaient les résultats d'une étude sur les écarts de richesses au Québec. L'étude, intitulée *Qui s'enrichit, qui s'appauvrit*, dresse des constats inquiétants. Entre 1976 et 2006, malgré une croissance économique de 71 % et une augmentation du temps de travail de l'ordre 12,8 semaines par année, les familles québécoises qui se situent dans la moitié de la population la moins riche ont vu leurs revenus diminuer de 10,1 %[182]. De même, dans l'autre groupe, c'est-à-dire la moitié de la population la plus riche, 80 % des familles ont vu leur temps de travail augmenter de 15,5 % pour une hausse de revenus de 6,4 %[183]. Finalement, les 10 % les plus riches ont vu leurs revenus augmenter de 24 % alors que leur temps de travail a diminué de 5,7 %[184]. En somme, l'étude en question fait ressortir que 70 % des familles québécoises reçoivent une moins grande part des revenus qu'il y a 30 ans[185]. Même après les redistributions effectuées par l'État, l'augmentation des revenus après impôt des familles les moins riches n'était équivalente qu'à la moitié de celle enregistrée pour le décile le plus riche[186]. En d'autres mots, les classes moyennes et inférieures sont en train d'en prendre pour leur rhume, et ce, dans l'indifférence la plus totale : la publication de cette étude n'a suscité aucun débat collectif, ni même une fugace indignation populaire, comme les Québécois en sont tant capables.

Pourtant, il y a tout lieu de s'inquiéter de cet écart grandissant de revenus, car il ne s'agit pas uniquement des plus riches qui en reçoivent toujours plus. Ce fossé qui se creuse produit des effets indéniables qui risquent de se révéler, à court, moyen ou long termes, catastrophiques. Par exemple, cette perte de revenu semble avoir été durablement compensée par le recours au crédit : en 30 ans, le crédit à la consommation a gonflé, *en dollars constants*[187], de 316 % au Canada[188,189]. Au Québec, la situation n'est guère mieux : en 2012, le crédit par rapport au revenu personnel disponible tournait autour de 140 %, alors c'était environ 90 % dix ans plus tôt[190]. Nous savons, surtout depuis la crise économique de 2008, que le recours excessif au crédit peut pousser à la faillite personnelle et à l'explosion d'une bulle sur laquelle l'économie se dope. Bien que la situation ne soit pas aussi dramatique ici qu'aux États-Unis, rien ne doit nous encourager à suivre cette voie.

:::

Il existe une corrélation directe entre les inégalités de richesses et plusieurs indicateurs de la santé globale d'une société : par exemple, le taux d'alphabétisation, l'espérance de vie, le taux de toxicomanie ou encore le taux d'incarcération[191]. Autrement dit, la réduction des inégalités, c'est payant pour tous.

Le Québec est doublement chanceux. Chanceux d'une part parce que l'intervention de son État lui a permis de juguler la pauvreté plus efficacement qu'ailleurs en Amérique du Nord et aussi, d'autre part, parce que les inégalités sont, à ce jour, moins importantes ici qu'ailleurs[192]. En observant ce qui passe dans les autres pays du monde, on constate les conséquences que peut engendrer l'explosion des inégalités. Les élites dirigeantes n'ont aucune excuse pour ne pas s'attaquer à cette problématique.

Non seulement auraient-ils l'appui de 58 % des Québécois[193], mais encore plus, il s'agit de la clé de notre qualité de vie. La dérive actuelle, en cours depuis les années 1980, n'a donc aucune justification valable, à l'exception du manque de courage politique.

L'ÉTAT QUÉBÉCOIS ET SA FONCTION PUBLIQUE : EN ROUTE VERS LE POINT DE RUPTURE

À la toute fin de l'année 2006, l'ancienne présidente du Conseil du Trésor[194], Monique Jérôme-Forget, prononçait une allocution à Toronto qui avait pour but de vanter les partenariats public-privé, la nouvelle approche du gouvernement en matière de politiques publiques. La méthode employée afin de justifier cette manière de gouverner avait été, essentiellement, de dénigrer les compétences des fonctionnaires de l'État québécois[195]. À l'écouter discourir, un Torontois aurait pu venir à la conclusion que les fonctionnaires québécois étaient des moins que rien. Cette sortie malhabile n'avait pas produit de vagues, car elle reflétait plus ou moins la politique du gouvernement. Surtout, elle s'appuyait sur un sentiment largement partagé par la population québécoise : les Québécois n'aiment pas les fonctionnaires. Pas du tout. Les exemples à ce sujet sont légion.

DES PRÉJUGÉS À LA TONNE

Un des plus récents baromètres des professions publié par la firme de sondage Léger Marketing plaçait les hauts fonctionnaires, avec 24 % d'opinions favorables, derrière les cols bleus ou les vendeurs d'automobiles neuves[196]. Certes, la confiance envers le fonctionnaire moyen n'a pas été sondée, mais il n'existe pas de raisons de croire que l'opinion aurait été très différente.

Dans l'ensemble canadien, notre préjugé défavorable envers les travailleurs de l'État ou envers ce dernier nous distingue. Par exemple, nous sommes la province où les habitants font le moins confiance à l'État pour créer des emplois : seulement 9 % des citoyens osent exprimer cette opinion honnie[197]. Nous croyons, plus que dans toute autre province, que les fonctionnaires sont des travailleurs privilégiés : 75 % des Québécois sont de cet avis, alors que nos plus proches poursuivants sont les provinces atlantiques, qui expriment cet avis à 62 %, et que l'Alberta, dont le conservatisme historique face à l'intervention de l'État n'est plus à démontrer, ne compte que 52 % de gens en accord avec cet énoncé[198].

Sans surprise, les Québécois croient dans une proportion de 48 % que la charge de travail des fonctionnaires est moins grande que celle des travailleurs dans le secteur privé, contre 35 % qui pensent qu'elle est la même et seulement 11 % qui croient plutôt qu'elle est plus élevée[199]. Dans une suite logique, 65 % des répondants à ce sondage croient que les conditions salariales des fonctionnaires sont supérieures à celles que l'on retrouve dans le secteur privé, contre seulement 9 % qui pensent l'inverse[200]. Après avoir répondu de la sorte, les Québécois affirment à 45 % que les fonctionnaires sont trop payés, contre 40 % qui pensent que les salaires sont « juste assez élevés » et seulement 10 % qui croient qu'ils sont trop bas[201].

Évidemment, les Québécois sont ceux, au Canada, qui croient le plus que les impôts sont mal utilisés par leur gouvernement provincial : 54 % des répondants sont de cet avis, alors que la moyenne canadienne s'établit à 46 %[202]. Pire, alors que la même situation de détresse des finances publiques se produisait partout dans les économies des pays occidentaux, 64 % des Québécois étaient d'avis que le retour en zone déficitaire du premier budget national (déposé après le déclenchement de la crise économique historique de l'automne 2008) était attribuable à la mauvaise gestion gouvernementale! Il n'est pas surprenant donc, qu'en 2011, 88 % des Québécois étaient d'avis que les impôts étaient mal gérés[203].

Les préjugés anti-fonctionnaires et anti-État sont tellement forts au Québec qu'au milieu des années 1990, le chansonnier Richard Desjardins, l'un des porte-étendards les plus connus des causes progressistes (qui, paradoxalement, réclame l'intervention de l'État pour régler les problèmes qu'il dénonce...), s'était fendu d'une chanson d'une brutalité sans nom à l'encontre des fonctionnaires, *Les bonriens*[204].

L'ÉTAT ATTAQUÉ

On s'en doute, un tel climat n'est pas sans conséquence sur les fonctionnaires et l'action de l'État : plutôt, quand il n'encourage pas le saccage des capacités de l'État, il offre les coudées franches aux décideurs pour les négliger. Considérons les faits suivants.

La rémunération globale[205] des fonctionnaires québécois accusait en 2011 un retard de 6,1 % sur l'ensemble des autres salariés québécois[206], secteur privé compris[207]. Pire, l'État a laissé se développer des différences notables de rémunération globale en son sein : les salariés de l'État marquent un retard de 30,8 % par rapport aux employés des sociétés d'État, comme la SAQ ou Hydro-Québec[208]. Même chose du côté des administrations municipales, où les employés peuvent revendiquer une rémunération globale supérieure de 29,2 % à leurs collègues de la fonction publique québécoise[209]. On ne sera pas surpris d'apprendre que la rémunération globale des fonctionnaires québécois est 18,9 % moins élevée que celle des fonctionnaires de l'État canadien. Cet écart est encore plus grand chez les élus : en 2012, un député québécois gagnait 85 388 $[210], alors qu'un député fédéral, lui, engrangeait des émoluments de 157 731 $[211], soit 84 % de plus. Si les salaires des députés fédéraux sont objectivement élevés, rien ne justifie un écart salarial si défavorable aux députés de l'Assemblée nationale : leurs tâches ne sont pas moins importantes, ni moins lourdes, bien au contraire !

On pourrait se consoler si l'État québécois, en dépit de ses retards salariaux indéniables, redoublait d'efforts pour recruter les meilleurs éléments de la nation afin de les mettre au service de l'État. Il n'en est rien ! Les procédures de recrutement des étudiants, vieilles de plusieurs décennies, sont d'une absurdité consommée : il faut être inscrit à l'université, à temps plein, à la session d'automne et dans le niveau d'études visé (par exemple, pour entrer à un poste qui exige une maîtrise, il faut être inscrit à la maîtrise), pour pouvoir passer les concours de recrutement afin de figurer dans les banques de candidats[212] ! Tant pis pour ceux qui sont allés se forger de l'expérience sur le marché du travail après la fin de leurs études ou qui ont eu la mauvaise idée d'étudier à l'étranger ! Rien de tel pour l'État fédéral[213]. Ce dernier, d'ailleurs, a mis en place depuis plusieurs années déjà un programme intitulé *Recrutement des leaders en politiques* (RLP). À l'image de la majorité des pays occidentaux, le gouvernement fédéral vise ainsi à recruter les meilleurs étudiants universitaires en leur offrant des emplois à responsabilités importantes dès le début. Évidemment, l'État québécois n'a pas cru bon de se doter d'un tel programme. Peut-être trouve-t-on un peu de réconfort du côté des stages rémunérés, qui pourraient attirer les étudiants vers l'État québécois ? Il ne faut pas rêver ! Alors que les stages rémunérés sont légion au gouvernement fédéral, ce n'est pas le cas au Québec : parlez-en aux futurs enseignants des niveaux primaires et secondaires, qui ne sont pas rémunérés pendant leurs stages obligatoires où ils doivent effectuer la totalité de la tâche normale d'un enseignant[214].

Malgré les conditions de travail et les processus de recrutement, les fonctionnaires de l'État québécois disposent-ils, au moins, des ressources nécessaires pour accomplir leur travail ? Malheureusement, la réponse n'a rien pour réconforter.

Les ressources humaines se tarissent. Par exemple, un procureur de la couronne, c'est-à-dire un avocat qui poursuit, au nom de la société, les présumés criminels, est bien plus seul à la tâche au Québec que ses collègues ontariens : même avec l'addition de 94 procureurs de la couronne annoncée à la suite de la première grève de l'histoire des procureurs québécois[215], il en manquait, en 2011, toujours 114 pour arriver à la moyenne canadienne[216].

Les effectifs de la fonction publique sont en baisse depuis 2004[217], alors que la population, elle, croît. De plus, l'administration publique a pour objectif absolu de remplacer un départ à la retraite sur deux, ce qui conduira, en 10 ans, à une diminution de 20 % de l'effectif total[218]. Cette politique, qui place un moyen au rang d'objectif, est d'ailleurs décriée par les spécialistes, pour les risques inhérents qu'elle comporte, au premier chef « l'amenuisement des capacités stratégiques et opérationnelles[219] » de l'État. La récente décision de geler les embauches pour une année n'aidera certainement pas à faire contrepoids à cette tendance[220].

Dans le prolongement de la perte d'effectifs, l'externalisation des missions qui devraient normalement être accomplies par des fonctionnaires est devenue la norme plutôt que l'exception. Par exemple, après l'effondrement de la structure de l'autoroute Ville-Marie, on a appris que le ministère des Transports confiait au secteur privé 90 % des tâches d'inspection de structures, alors qu'en Ontario, c'est plutôt de l'ordre de 50 %[221]. Jacques Duchesneau, dans le *Rapport de l'Unité anticollusion au ministre des Transports du Québec* qui a tant fait de bruit, révélait les pratiques ravageuses de ce ministère : 100 % des estimations relatives aux contrats d'infrastructure routière à Montréal et 95 % dans les autres régions sont maintenant confiées au secteur privé[222] ! Pratique pour développer son expertise et ne pas dépendre des firmes extérieures, n'est-ce pas ? D'autant plus que Duchesneau démontre qu'au final, les coûts sont bien plus importants lorsque le travail d'ingénieur est confié au privé[223]. Il ne faut pas penser que le ministère des Transports est l'unique endroit où l'impartition est conduite: le gouvernement Charest avait retenu les services de consultants externes afin d'évaluer la direction à prendre pour réaliser la ré-ingénierie de l'État, parce que, semble-t-il, il ne faisait même pas confiance à ses fonctionnaires pour le conseiller[224].

Ce recours au secteur privé a tellement été intégré par le gouvernement du premier ministre Charest que ce dernier a poussé la logique jusqu'à créer un organe, l'Agence des partenariats public-privé (PPP), qui avait pour mission de centraliser toute l'expertise de l'État — donc de développer une nouvelle structure bureaucratique — en matière de PPP et d'obliger les ministères, dès qu'ils envisageaient de faire appel aux PPP, de recourir au service de ladite Agence[225]. Finalement, à la fin de 2009, le gouvernement abolissait cette agence, parce que, selon la présidente du Conseil du Trésor, «dès qu'un dossier passait par le truchement de l'Agence des PPP, on avait tous l'impression que les projets sortaient en PPP et non pas en mode traditionnel, alors que ce n'était pas nécessairement l'objectif prévu[226]». À quoi le gouvernement s'attendait-il?

Finalement, la règle lors d'un appel d'offres, dans toute administration publique, est de choisir obligatoirement le plus bas soumissionnaire[227]. Que l'on s'étonne après si la qualité des services rendus laisse à désirer et que les infrastructures s'écroulent!

LES QUÉBÉCOIS EN CONTRADICTION AVEC LEURS SOUHAITS

La condition de la fonction publique et des services de l'État, si elle est glauque, pourrait tout de même trouver un semblant de légitimité parmi la population. Certes, les Québécois n'aiment pas leur fonction publique et ne font pas confiance à leur État, mais s'accommodent-ils pour autant des services publics délabrés? Aucunement.

À la suite de la publication du *Manifeste pour un Québec lucide* et du *Manifeste pour un Québec solidaire*, le sondeur CROP a voulu savoir de quel côté penchaient les Québécois quant aux propositions des deux clans. Étonnamment, les Québécois ont paru attachés aux services publics. Une majorité de Québécois (57 %) a en effet exprimé l'idée que « l'État a aussi un rôle prépondérant à jouer pour faciliter l'accès aux services, pour la répartition de la richesse et pour l'encadrement de l'économie[228] ». De plus, le sondage démontrait « que le Québec est la province canadienne où la plus forte proportion de la population (49 %) considère que la société se porterait mieux si les gouvernements jouaient un rôle plus important. Sans le Québec, la moyenne au pays se situe à 28 %[229] ».

Lors du budget déposé en plein milieu de la campagne électorale nationale de 2007, le gouvernement avait annoncé qu'il transférerait directement en baisse d'impôts les 700 millions de dollars acquis du gouvernement du Canada au titre d'un « règlement » du déséquilibre fiscal[230]. Les Québécois se sont opposés à 70 % à cette mesure, préférant voir l'argent investi dans les services de santé et d'éducation[231]. Même en l'absence d'une mesure aussi cynique, les Québécois sont divisés quant aux choix qui s'offrent à eux. Dans un sondage aux choix binaires, ils étaient 49 % à refuser une baisse de services qui s'accompagnerait d'une baisse d'impôts, contre 47 % qui étaient prêts à accepter cette éventualité[232]. Devant un choix triple (si l'on ajoute aux deux choix précédents l'éventualité d'un surplus budgétaire), 35 % préféraient un investissement dans les services sociaux, 34 % dans la réduction de la dette et 24 % dans des baisses d'impôts[233].

Il semble donc que les Québécois soient attachés à leurs services publics, au point de refuser des baisses d'impôts afin de les financer. Il semble aussi qu'ils reconnaissent le rôle primordial de l'État dans la préservation de l'intérêt général, et même acceptent que l'État accroisse sa présence.

À l'aune de ces vœux, le Québec doit arrêter de stigmatiser ses fonctionnaires comme il le fait depuis plusieurs décennies. D'une part, par simple respect pour les gens qui œuvrent dans les services publics, dans des conditions, à tous les points de vue, défavorables, voire dantesques. Lorsque des gens sont constamment attaqués, la perte de motivation constitue l'une des premières conséquences. Par la suite, la spirale descendante est amorcée.

D'autre part, en dénigrant le service public, on encourage ceux qui le dirigent à le négliger. Que ce soit des baisses de salaire, le manque d'effectifs, la carence des moyens, le dénigrement public ou d'autres attaques plus subtiles, les conséquences de cette négligence sont multiples. Une fois que ces conditions s'installent pour de bon, les meilleurs éléments de la société ont de moins en moins envie de se diriger vers la fonction publique. Dans le cas québécois, les talents peuvent être aussi tentés de se diriger vers les autres fonctions publiques : municipales, parapubliques ou canadienne. Un service public qui n'attire plus les meilleurs s'enlise dans un cercle vicieux : moins de gens qualifiés, moins de justifications pour offrir des conditions de travail — au sens large — compétitives et ainsi de suite. Au final, c'est le service public au complet qui en souffrira, et au bout du compte, les Québécois qui écoperont.

Un État chancelant, c'est dangereux. Quand l'expertise quitte l'administration publique, cela n'empêche pas cette dernière d'en avoir cruellement besoin. Si elle ne la trouve pas en son sein, elle ira la chercher dans le secteur privé, paupérisant encore davantage l'expertise interne des administrations. En plus d'être plus dispendieux[234], le recours au privé réduit la flexibilité des administrations en période de crise et les rend globalement dépendantes des services privés. Évidemment, lorsque les services publics ne sont pas équipés pour faire face à des problématiques complexes, les solutions qu'ils soumettent aux décideurs peuvent manquer d'originalité, voire tout simplement d'efficacité. Pire, ils

risquent de ne pas avoir les reins assez solides pour contrer efficacement des idées farfelues provenant des élus ou, au contraire,
pour soutenir des décisions porteuses, mais politiquement déli-
cates. Finalement, l'affaiblissement de l'État menace l'exécution
des missions qui lui sont consenties et ouvre même la porte, si
la situation se dégrade, à la corruption et au népotisme. À cette
étape, la confiance même dans les services publics est entamée au
point d'ébranler la notion même de collectivité.

Les défis qui attendent le Québec sont multiples — on ne cesse
de se faire rebattre les oreilles à leur sujet — et nécessiteront que
les meilleurs se mettent au service de l'État. Notre attitude collective actuelle, particulièrement celle des élites dirigeantes, au sujet
de la fonction publique et de l'État ne peut que compromettre
nos chances de succès.

L'ÉTHIQUE ÉLASTIQUE DE NOS DIRIGEANTS : QUAND L'INTÉRÊT GÉNÉRAL FOUT LE CAMP

Au lendemain de l'échec référendaire de 1995, le Parti québécois s'est retrouvé sans projet, mais avec la responsabilité de gouverner. Les décisions prises par le gouvernement de Lucien Bouchard n'ont rien eu d'emballant. Si on a vu la création d'un réseau de garderies publiques dont le modèle était novateur en Amérique du Nord, le premier ministre Bouchard a surtout convié les Québécois à un grand sommet[235] visant à décider collectivement qu'il fallait cesser les déficits budgétaires : on a déjà vu plus enthousiasmant comme entreprise collective, d'autant plus que le gouvernement, quelques mois après ce sommet, a décidé de renier une partie de l'entente qui avait fait consensus, à savoir la réforme fiscale visant entres autres à produire un régime plus équitable[236]. Celle-ci n'a jamais eu lieu, mais les compressions budgétaires massives, elles, oui.

Même si l'assainissement des finances publiques s'avérait un exercice nécessaire, les décisions qu'on a prises pour sa mise en œuvre, comme la mise à la retraite massive du personnel médical, n'ont certainement pas aidé le Parti québécois à préserver son image de parti progressiste possédant un parti pris favorable envers les travailleurs des classes moyennes et inférieures.

La réforme municipale de 2000 a terminé de dilapider les quelques crédits que détenaient le Parti québécois dans le domaine des principes démocratiques et d'une certaine étiquette dans la manière de gouverner. Si cette réforme possédait des mérites évidents, son application forcée et antidémocratique[237] a laissé un goût amer dans la bouche d'un bon nombre de citoyens.

Par la suite, le scandale d'*Oxygène 9*[238] a asséné un coup fatal à la marque de commerce éthique que le Parti québécois s'était fabriquée avec René Lévesque. Ce parti est alors devenu, à tous les points de vue, un parti comme les autres.

::

Le scandale des commandites[239] qui a éclaté au grand jour en 2004 a certainement eu l'effet d'un traumatisme pour la nation québécoise. Pour la première fois depuis des décennies, elle s'est aperçue que la corruption existait toujours et que la politique québécoise en était profondément infectée. En effet, même si le scandale concerne les pratiques d'élus fédéraux, il n'en reste pas moins qu'il s'agit d'un scandale québécois : tout, dans cette histoire, de la conception du programme de commandites jusqu'aux agissements illégaux, est le fait de Québécois. Les audiences de la Commission Gomery ont d'ailleurs permis de comprendre que certaines pratiques de financement illicites ont aussi une belle place dans la vie politique québécoise[240].

Les réactions collectives ont été vives : aux élections canadiennes de 2004, le Bloc Québécois a fait élire autant de députés qu'en 1993, en pleine crise constitutionnelle. Signe ultime, l'appui à l'option souverainiste a momentanément remonté à 54 %, une première en sept ans[241]. Même si en apparence les responsables du scandale ont été les seuls à subir les conséquences de leurs actes, c'est la sphère politique québécoise entière qui a été atteinte en plein cœur.

LA DÉGRINGOLADE MORALE LIBÉRALE

Ce n'est plus un secret pour personne, le gouvernement libéral qu'a dirigé Jean Charest de 2003 à 2012 est celui qui a atteint le plus souvent et le plus longtemps des records d'impopularité[242]. Plusieurs de ses décisions ont soulevé l'ire de la population, qu'elles aient été légitimes ou non. Cependant, parmi les décisions les plus décriées, plusieurs l'étaient parce qu'elles ne satisfaisaient pas aux standards éthiques élémentaires.

En 2005, on apprend qu'en catimini, le gouvernement a décidé de financer à 100 % certaines écoles juives privées, contrairement aux règles de financement du système d'éducation québécois[243]. Surtout, cette décision survient quelques semaines après une soirée de financement des plus réussies de l'histoire du Parti libéral, où 750 000 $ ont été amassés auprès de la communauté juive[244].

En 2006, le gouvernement annonce son intention de privatiser une partie du parc national du Mont-Orford, notamment le mont en question[245]. On apprend que l'acheteur potentiel est un ami personnel du premier ministre[246]. Le gouvernement ne commencera à reculer qu'à l'issue des élections générales de 2007, où sa situation parlementaire est devenue minoritaire.

La même année, on découvre que le premier ministre a modifié les règles qui interdisaient à une entreprise privée appartenant à un ministre de faire affaire avec l'État: l'entreprise du ministre David Whisell a en effet doublé le nombre de ses contrats d'asphaltage conclus avec l'État[247], dont certains sans appels d'offres. Aussi, trois ministres du gouvernement affirment que les entreprises peuvent contribuer au financement des partis politiques, alors que la loi dicte le contraire depuis la réforme menée par René Lévesque[248].

En 2008, on apprenait que Jean Charest, alors premier ministre, touchait un supplément salarial annuel de 75 000 $ de la part de son parti politique, et ce, depuis 10 ans[249]. En plus de poser de sérieuses questions éthiques (comment peut-on être indépendant de ceux qui financent le parti si l'on est payé à même leurs dons alors qu'on exerce une charge élective?), ce salaire a surtout choqué par son aspect secret. Une fois dévoilée la situation, Jean Charest a pris plus de deux ans pour consentir à cesser de percevoir ce supplément salarial[250].

En 2009, la démission du maire de l'arrondissement montréalais de Ville-Marie et chef du parti d'opposition, M. Benoît Labonté, démarre une grande crise liée au milieu de la construction et au financement des partis politiques. En démissionnant, M. Labonté expose les méthodes de corruption qui existent dans le domaine municipal et déclare que « le financement populaire en politique québécoise, c'est une fiction[251] ». Après ces affirmations, une série d'allégations, de déclarations et de révélations font apparaître devant les yeux des Québécois une véritable galaxie aux contours flous — secteur de la construction et financement des partis politiques — dont la corruption semble constituer l'élément unificateur.

Malgré le climat créé par ce flot ininterrompu d'assertions, le gouvernement refuse obstinément, pendant plus de deux ans, de tenir une commission d'enquête sur ces sujets. Pendant cette période, il préfère s'en remettre à des méthodes qui évitent à tout prix de révéler qu'il aurait pu bénéficier de contributions provenant du secteur de la construction, manquant ainsi plusieurs occasions de mettre un terme aux pratiques mafieuses ayant cours dans ces secteurs.

En 2010, le député libéral de Rivière-du-Loup, Jean d'Amour, élu depuis moins d'un an, admet avoir enfreint la *Loi sur la transparence et l'éthique en matière de lobbyisme*: quelque mois seulement après sa retraite comme maire de la ville de Rivière-du-Loup, il s'était mis au service d'une firme d'ingénierie-conseil et avait fait des démarches pour le compte de celle-ci auprès de la Municipalité qu'il administrait quelques mois plus tôt[252]. Le Parti libéral ne sanctionne pourtant pas le député.

Cette même année, le ministre de la Famille, Tony Tomassi, est démis de ses fonctions par le premier ministre parce qu'il aurait utilisé une carte de crédit d'entreprise appartenant à l'un de ses amis[253]. Ce congédiement prend les allures d'un prétexte, car depuis des semaines, le ministre est talonné par l'opposition parlementaire et *La Presse* : des permis de garderie ont été octroyés par son ministère à des donateurs du Parti libéral et à des amis[254]. Le vérificateur général du Québec affirme d'ailleurs que cette pratique a commencé avant la nomination de M. Tomassi, lorsque Michelle Courchesne était à la tête du ministère de la Famille[255]. En 2012, l'opposition officielle révèle de nouveau que la ministre a octroyé des permis de garderie contre l'avis des fonctionnaires et dans des secteurs en surplus de places, à des contributeurs de la caisse électorale libérale[256].

Toujours en 2010, les Québécois apprennent à la faveur d'une mobilisation citoyenne relative à la révision de la *Loi sur les mines*, que l'exploitation du gaz de schiste, c'est-à-dire une forme d'extraction du gaz naturel aux conséquences environnementales et sociales majeures[257], a démarré depuis quelque temps, dans un minimum de contraintes environnementales et sociales[258]. Surtout, peu de temps après, *La Presse* révèle que les industriels de la filière du gaz de schiste ont retenu les services d'une foule d'ex-employés politiques libéraux pour faire avancer leurs intérêts auprès du gouvernement de même allégeance[259].

Le fil conducteur de toutes ces décisions est le service de l'intérêt particulier, qu'il soit électoral, financier ou qu'il vise à récompenser la clientèle qui soutient le Parti libéral. Sur le plan de la conduite des affaires de la nation, rien ne peut justifier de tels agissements. Le Parti libéral n'a pourtant jamais obtenu, ni aux élections de 2003, de 2007 ou de 2008, le mandat de favoriser l'intérêt particulier. On aurait pu imaginer que le scandale des commandites aurait mené à une rénovation des mœurs politiques au Québec : il n'en a rien été.

UN CLIMAT POLITIQUE TOXIQUE

La dégradation des mœurs politiques qui a suivi le référendum de 1995 s'est accélérée avec le scandale des commandites et l'arrivée au pouvoir des libéraux. Les atteintes répétées à l'éthique, que devraient normalement révérer les élus, ont fini par créer un climat toxique qui a détourné davantage les Québécois de la vie politique nationale.

Dans les cinq dernières années, l'Assemblée nationale est devenue la scène où se joue une mauvaise pièce de théâtre d'été : tous s'entendent pour dire que le climat n'y a jamais été aussi mauvais[260]. Dans de telles circonstances, les hommes et femmes politiques n'osent viser que le plus petit dénominateur commun dans l'espoir de grappiller les quelques voix qui s'intéressent à eux.

Les symptômes de ce dépérissement sont légion. Les Québécois ne sont plus que 11 % (!) à faire confiance aux politiciens[261]. Un tel score devrait normalement être réservé aux pays où la corruption est endémique. Fait marquant, la qualité que les citoyens recherchent en premier chez leurs élus serait l'honnêteté, bien avant la compétence, la proximité et l'expérience[262].

Conséquemment, deux des quatre derniers cycles électoraux (québécois et canadiens) ont donné des résultats surprenants, ancrés dans les sautes d'humeur et dans les priorités des Québécois, dont l'honnêteté qu'on désigne souvent par l'expression « parler vrai ». En 2007, l'ADQ, un parti qui ne présentait que des novices, mais qui avait toutes les caractéristiques d'un parti populiste, a été propulsé au statut d'opposition officielle. Un an après son élection, l'ADQ était renvoyée au rang de tiers parti parce que ses aspirations ne collaient pas avec celles de la société québécoise. Bien que cette chute ait été prévisible depuis le début[263], il semble que le « parler vrai » ait triomphé en 2007 au détriment des préférences des Québécois.

Même s'il faut se garder d'interpréter la situation politique nationale à travers le prisme des résultats d'élections canadiennes, il reste que l'élection majoritaire au Québec du Nouveau Parti démocratique (NPD) en 2011 constitue un autre exemple d'un coup de sang que les Québécois ont manifesté à leurs élites. Les Québécois ont envoyé une bande de « poteaux[264] », dont certains ne s'expriment même pas en français, à la Chambre des communes. Il semble qu'il y avait là un message à faire passer, ou alors que l'idée de changement séduisait. Voter de la sorte soulage peut-être les électeurs, mais cela ne permet en rien de bâtir quelque chose de solide. Cependant, ce vote montre clairement le malaise ambiant envers la manière dont on mène la politique au Québec.

Chaque fois que les élites politiques perdent le sens de l'intérêt général et ne gomment pas les dérives éthiques desquelles elles tirent (ou donnent l'impression de tirer) un bénéfice, elles laissent l'impression qu'elles ne travaillent pas pour les citoyens. Plus cela dure, plus il s'instille un climat propice à l'éclosion de nouvelles gabegies éthiques. Dans ces conditions, les citoyens perdent aisément le goût du politique et laissent les affaires de la nation partir à la dérive. La dernière décennie en a constitué un malheureux exemple.

LA SITUATION DU FRANÇAIS :
LA STRATÉGIE DE L'AUTRUCHE

La situation tout à fait particulière du Québec fait en sorte que le statut de sa langue nationale, le français, n'est jamais complètement assuré. Les siècles qui ont passé entre la Conquête et la Révolution tranquille auraient pu effacer la langue française du continent nord-américain : situation géopolitique, résilience historique de la nation, religion et providence l'ont préservé. Depuis les années 1960, la situation de la langue nationale a subi des cycles tantôt de progression, tantôt de stagnation, voire de régression. Aidée par la Révolution tranquille et par la législation qui lui était favorable, la langue française a fait des bonds de géant, notamment à Montréal, durant les années 1970 et 1980. Cette expansion est magnifiquement racontée dans l'ouvrage de l'Étatsunien Marc V. Levine, *La reconquête de Montréal*[265]. Cette expansion a quelque peu été arrêtée par les soubresauts de la fin des années 1980. Le jugement de la Cour suprême annulant l'obligation d'affichage unilingue[266] a été l'amorce de ce ralentissement, en dépit de l'utilisation de la disposition de dérogation (clause dérogatoire) par Robert Bourassa[267]. De toute manière, la Loi 86 adoptée en 1993, qui a finalement permis l'affichage bilingue et des exemptions à l'application de la *Charte de la langue française* dans les entreprises, a en quelque sorte sanctionné ce jugement.

Malgré ces premiers reculs, la situation de la langue française, propulsée par les réformes des années 1970, est entrée dans une sorte de plénitude, devenant ainsi un enjeu de moindre importance pour les Québécois. Après tout, ils pouvaient enfin vivre et travailler en français, en plus d'assurer une continuité chez les immigrants, avec l'école française obligatoire. C'est ainsi que la langue a cessé de faire partie des priorités gouvernementales, même si le gouvernement Bouchard, au seuil de sa sortie du pouvoir, a mis sur pied les *États généraux sur la situation et l'avenir de la langue française au Québec*. Rempli de bonnes idées (149 propositions), le rapport final de la Commission n'a débouché que sur une loi significative, la Loi 104. Sans le vouloir, cette dernière représentait un symbole de la situation linguistique québécoise : elle ne contenait que des ajustements fins et des réformes administratives sans grande envergure[268]. L'équilibre linguistique semblait alors plus ou moins atteint. Depuis quelques années toutefois, l'on sent que cet équilibre tant souhaité se délite à petit feu. Les symptômes de cette régression sont multiples.

LES EFFLUVES D'UN RETOUR DANS LE PASSÉ

D'abord, les sondages laissent entrevoir une inquiétude réelle de la part des Québécois francophones. Dans une grande étude sur la perception de l'évolution des rapports francophones-anglophones, 90 % des francophones estimaient en 2009 que la langue française était menacée à Montréal[269]. Au niveau national, 53 % des Québécois considéraient en 2011 que la situation du français s'était détériorée dans les 10 dernières années, contre seulement 13 % qui croyaient qu'elle s'était améliorée[270]. Ce constat est partagé par la jeunesse québécoise, que l'on croit à tort trop souvent détachée de ces questions : 84 % des 18-30 ans se disaient en 2008 « grandement préoccupés » par la situation de la langue française[271]. Plus parlant encore : 62 % des jeunes anglophones et allophones considèrent « qu'une menace plane sur le Québec français[272] ». Une part non négligeable des francophones est même à présent convaincue que la *Charte de la langue française* ne les protège pas (43 %, contre 47 % de l'opinion contraire), tout comme l'Office québécois de la langue française (44 %, contre 46 % de l'opinion contraire)[273].

Ensuite, il y a ces témoignages qui, pris hors contexte, pourraient passer pour anecdotiques. Par exemple cette journaliste du *Journal de Montréal* qui, en 2008, avait réussi à se faire embaucher dans 15 endroits de Montréal, dans les quartiers francophones, en déclarant ne pas savoir parler français[274]. Autre exemple : la chroniqueuse Sophie Durocher évoque la leçon « d'ouverture » que lui a assénée l'agent de bord d'une compagnie aérienne québécoise parce qu'elle voulait se faire servir en français[275]. Parlons aussi de ces prêtres (!) qui écrivent au diocèse de Montréal pour se plaindre de la « bilinguisation » à marche forcée de l'Église montréalaise[276], ou encore de l'École des Hautes Études Commerciales (HEC) de Montréal qui ouvre un programme uniquement en anglais, en affirmant que ce n'est pas grave puisque les étudiants de ce programme pourront se familiariser avec la culture francophone grâce au pâté chinois de la cafétéria[277]. Évoquons enfin les péripéties de Don Macpherson (du journal *The Gazette*, que l'on ne peut certainement pas soupçonner de cryptonationalisme) qui se retrouvent dans le célèbre *Courrier international* : ce dernier, en quelques heures, découvre avec étonnement qu'il y a des endroits au centre-ville de Montréal où l'on ne peut pas se faire servir en français[278].

Il y a des cas plus symboliques. Dans cette catégorie, on retrouve la Caisse de dépôt et placement, vaisseau amiral de l'économie québécoise, qui a embauché des dirigeants unilingues anglophones, forçant les employés sous leurs ordres à communiquer avec eux en anglais, en complète contradiction avec la *Charte de la langue française*[279]. Un mois plus tard, on révélait que le même genre de pratique existait à la Banque Nationale, la première banque québécoise[280]. La nomination d'un entraîneur unilingue anglophone pour le Club de hockey Canadien, équipe historiquement liée aux francophones, a suscité des réactions d'indignation jusque chez les analystes sportifs, en général peu portés aux commentaires politiques[281]. Sur le chantier du Centre hospitalier de l'Université de Montréal (CHUM), plus grand hôpital francophone d'Amérique, il semble que l'anglais soit la langue pour faire des affaires, alors que sur le chantier du Centre universitaire de santé McGill (CUSM), le français y est au moins aussi présent que l'anglais[282]! Bombardier Aéronautique, autre fleuron du Québec inc., a réussi à soustraire, avec l'appui de l'Office québécois de la langue française (OQLF), quelque 4000 de ses 13 000 employés à l'application de la *Charte de la langue française*[283]. Toujours dans le registre des symboles, il appert qu'en 2012, un quart des commerces de la rue Sainte-Catherine, la principale artère commerciale du centre-ville de Montréal, contrevient encore à la *Charte de la langue française*[284], un constat qui rejoint les conclusions de l'OQLF selon lesquelles 18 % des commerces du centre-ville ne respectent pas les prescriptions de la *Charte* en matière d'affichage[285]. Finalement, rappelons ce cas si poignant d'un vieillard à qui on a refusé des services en français dans une résidence pour personnes âgées de Montréal en lui répondant : « you are in Canada, sir[286] ».

En plus de ces anecdotes et ces symboles sont aussi apparus des constats beaucoup plus durs qui semblent remettre directement en cause la primauté du français au Québec. Il y a d'abord ces Anglo-Québécois qui, manifestement, n'ont toujours pas digéré la francisation de Montréal : en 2012, ils étaient 59 % (dont 77 % des 18-34 ans) à se déclarer en « paix avec l'idée que Montréal [devienne] une ville où l'anglais prédominera[287] ». Conséquemment, 72 % (80 % chez les moins de 34 ans) des anglophones sont d'avis qu'il n'est pas de leur devoir de contribuer à faire rayonner le français au Québec[288]. Le nombre annuel de plaintes déposées à l'Office québécois de la langue française a augmenté de près de

1000 pour s'établir à 3661 en 2010-2011[289]. Cette augmentation n'était pas due, selon sa présidente, à des campagnes de groupes de pression, mais à la plus grande sensibilité des citoyens[290]. L'ancien gouvernement libéral a transféré la responsabilité de dispenser la formation d'accueil aux immigrants à des organismes qui ne respecteront plus la primauté du français, l'anglais étant ainsi placé sur le même pied que la langue officielle[291].

Il est apparu que le secteur public québécois — administration publique, santé et éducation — compte une proportion d'emplois où la langue d'usage est l'anglais bien supérieure au poids démographique des anglophones. Alors que les anglophones représentent 8,7 % de la population québécoise, 13,9 % des emplois du secteur public permettent d'utiliser l'anglais comme langue de travail[292]. Déjà, une telle statistique peut faire sourciller, mais c'est lorsqu'on la compare avec ce qui se passe dans le reste du Canada que le contraste nous apparaît : en Ontario, la minorité francophone compte pour 4,4 % de la population et les emplois du secteur public dans la langue minoritaire représentent 4,9 % du total. Au Nouveau-Brunswick, les francophones comptent pour 33,4 % de la population et 31,8 % des emplois du secteur public sont en français, alors que dans le reste du Canada, les francophones (2,2 %) peuvent compter sur 1,3 % des emplois du secteur public[293]. *Le Devoir* révélait à la fin de l'année 2009 que des organismes gouvernementaux, comme la Régie de l'assurance maladie du Québec (RAMQ), la Société d'assurance automobile du Québec (SAAQ) ou Emploi-Québec, attribuaient des codes linguistiques aux immigrants, de sorte que les communications entre ces personnes et les organismes étaient systématiquement faites dans cette langue, à moins qu'elles ne fassent une demande de changement[294]. Ainsi, dans le cas de la RAMQ, c'est 27 % des immigrants qui se sont vus « codés » comme anglophones, alors que seulement 3,5 % des immigrants déclarent l'anglais comme langue maternelle[295]. C'est donc dire que l'administration publique québécoise participe directement à l'anglicisation des immigrants ! La RAMQ a d'ailleurs récemment annoncé qu'elle cessait cette pratique systématique[296] : reste à voir si les autres organismes suivront l'exemple. La SAAQ, quant à elle, a décidé qu'elle permettait le passage de l'examen de conduite théorique en arabe, en mandarin ou en espagnol, ou encore dans 30 autres langues avec l'accompagnement d'un interprète[297]. Non seulement cette mesure freine-t-elle l'intégration des communautés culturelles, mais surtout, elle est profondément injuste : que dit-on à celui qui n'a pas la chance de voir sa langue figurer dans la ste des langues permises par la SAAQ pour passer l'examen ? Quant au secteur privé, la situation n'est pas meilleure : en 2010, dans la région métropolitaine de Montréal, 87 % des francophones utilisaient le français majoritairement du temps dans leur milieu de travail, contre 93 % en 1989[298].

La publication d'une série d'études sur l'évolution linguistique du Québec à l'automne 2011 a fait ressortir des données pour le moins inquiétantes : à l'horizon de 2031, les locuteurs francophones seront minoritaires sur l'île de Montréal, passant de 54,2 % en 2006 à 47,4 %[299]. De même, dans le reste de la région montréalaise, cette proportion passera, toujours selon cette étude, de 84,5 % à 77,5 %[300]. Marc Termote, l'un des auteurs de cette étude, a même évoqué la possibilité d'une « cassure » entre Montréal et les autres régions du Québec[301]. Tous ces constats s'ajoutent à la décision débilitante de la Cour suprême du Canada d'invalider une partie de la Loi 104 qui visait à empêcher totalement le recours temporaire aux écoles privées non subventionnées anglophones comme moyen d'accès au réseau public anglophone[302]. Inévitablement, ces différents exemples poussent à penser que l'équilibre linguistique québécois, s'il a déjà été atteint par le passé, s'étiole maintenant.

::

Lorsque l'on étudie l'évolution linguistique québécoise, on distingue trois niveaux : le Québec en entier, la région métropolitaine de Montréal et l'île de Montréal. Généralement, les études sur l'évolution du français se concentrent sur l'île et la région de Montréal parce que la très grande majorité des mouvements démolinguistiques qui ont lieu au Québec se déroulent uniquement dans cette ville et sa région. Par exemple, en 2006, chez les personnes ayant une seule langue maternelle (soit 98,8 % de la population), 76 % des anglophones résidaient dans les régions administratives de Montréal, de Laval et de la Montérégie, alors que c'était le cas pour 85 % des allophones[303].

De plus, afin d'avoir le portrait le plus précis de l'utilisation des langues, on s'attarde certes à la langue maternelle, mais aussi (et surtout) à la langue d'usage. En effet, la langue d'usage est le meilleur indicateur de la vitalité d'une langue : une langue maternelle qui n'est pas employée autrement qu'entre les membres d'une même famille ou d'une même communauté ne peut pas être considérée comme une langue vivante dans la sphère publique.

Considérant ces faits, le portrait global de l'emploi du français au Québec dans les derniers Recensements (de 2001 à 2011) effectués par Statistique Canada est le suivant[304] :

Portrait de l'emploi du français au Québec

	Québec			Région métropolitaine de Montréal (RMM)			Île de Montréal		
	2001	2006	2011	2001	2006	2011	2001	2006	2011
Langue maternelle									
Français	81,4 %	79,6 %	78,9 %	68,3 %	65,7 %	64,5 %	53,2 %	49,8 %	48,6 %
Anglais	8,3 %	8,2 %	8,3 %	12,7 %	12,5 %	12,2 %	17,7 %	17,6 %	17,5 %
Autre	10,3 %	12,3 %	12,8 %	19,0 %	21,8 %	22,0 %	29,1 %	32,6 %	32,3 %
Langue d'usage									
Français	83,1 %	81,8 %	81,2 %	70,9 %	69,1 %	68,4 %	56,4 %	54,2 %	53,5 %
Anglais	10,5 %	10,6 %	10,7 %	17,3 %	17,4 %	17,1 %	24,9 %	25,2 %	25,1 %
Autre	6,5 %	7,6 %	8,1 %	11,9 %	13,4 %	12,5 %	18,6 %	20,6 %	18,9 %

On constate d'emblée à la lecture de ce tableau que les contingents de locuteurs de langue maternelle française et anglaise ont diminué à la fois à l'échelon du Québec, de la RMM et de l'île de Montréal, au profit des allophones. Dans un contexte d'immigration accrue, ce constat ne devrait surprendre personne.

Toutefois, l'utilisation du français comme langue d'usage décroît partout au Québec, notamment à Montréal et dans sa région, alors que ce n'est pas le cas pour l'anglais. En 10 ans, le nombre de locuteurs du français comme langue d'usage a diminué de 1,9 % à l'échelle du Québec, de 2,5 % dans la RMM et de 2,9 % à Montréal. Pendant cette période, l'anglais comme langue d'usage s'est maintenu ou a progressé dans les trois cas.

Le zèle libéral à s'empresser de ne rien faire

Dans de telles conditions, on s'attendrait à ce que le gouvernement mobilise les outils offerts par l'État pour retourner la situation. C'est le contraire qui s'est produit.

Peu après son arrivée au pouvoir en 2003, le gouvernement Charest réduit les fonds destinés à l'aide à la francisation des immigrants, faisant passer de 150 $ à 30 $ l'allocation hebdomadaire consentie à ceux qui suivent des cours de français, cela dans le but d'économiser aussi peu que 24 millions de dollars[305]. Considérant la petitesse des montants en jeu en comparaison de l'enjeu primordial que constitue la vitalité du français, cette décision a fait l'objet de critiques provenant de toutes parts, conduisant au rétablissement partiel des sommes retirées[306]. En quelque sorte, cela n'a été que partie remise : en 2010, le gouvernement a de nouveau trouvé une manière de sabrer les cours de francisation. Coup sur coup, le gouvernement a annoncé l'élimination de 31 classes de francisation (touchant directement 600 nouveaux immigrants)[307], suivie d'une autre réduction du nombre de classes de francisation destinées aux travailleurs immigrants (touchant

1035 immigrants)[308], tout ça pour des économies de bouts de chandelles. Ces compressions sont par ailleurs en contradiction directe avec les quelques recommandations du rapport de la Commission Bouchard-Taylor (commandé, faut-il le rappeler, par le gouvernement Charest) qui concernent le français[309].

En fait, les interventions du gouvernement Charest en faveur du français se sont quasiment toujours limitées à des actions de sensibilisation aux effets plus que modérés. Par exemple, en 2009, l'Office québécois de la langue française (OQLF) lançait la campagne « Ici, on commerce en français » visant à faire la promotion de l'usage du français dans les commerces. Appuyée par le populaire humoriste Louis-José Houde, elle visait à convaincre les commerçants d'apposer un autocollant « Ici, on commerce en français » sur les vitrines et portes d'entrée de leur commerce. Le hic, c'est que le droit d'être servi en français est prévu à l'article 5 de la *Charte de la langue française* : faire autrement, c'est contrevenir à la loi. En choisissant de sensibiliser les gens à une évidence, l'OQLF a plutôt donné l'impression qu'il pouvait s'agir d'un choix pour les commerçants. Qui plus est, advenant l'échec de cette campagne, le message qui en ressortirait serait inévitablement négatif. Justement, la campagne a été un insuccès, n'étant que très peu reprise au centre-ville de Montréal[310].

En 2008, le gouvernement réunit en grande pompe tout le monde des affaires montréalais au sein d'un *Rendez-vous des gens d'affaires et des partenaires socioéconomiques*. Cette réunion avait essentiellement pour but de mettre d'accord la communauté des affaires montréalaise quant aux mesures à prendre pour favoriser la francisation des entreprises qui comptent entre 11 et 50 employés, exclues de l'application de la *Charte de la langue française* en ce qui a trait à la francisation[311]. Deux constats s'imposent ici. D'une part, il semble que le gouvernement ait oublié de mentionner lors des travaux de ce rendez-vous que les entreprises, peu importe leur taille, étaient assujetties à l'application de la *Charte* dans le domaine du service à la clientèle, là où le bât blesse : aucune mention à ce sujet dans l'entente[312]. D'autre part, la mollesse semble avoir remporté la mise lors de ces rencontres. Les mesures contenues dans l'entente finale tenaient sur deux pages (soit autant que celles contenant les paraphes des signataires de l'entente), comprenaient cinq volets, dont « Célébrer la contribution des leaders en matière de francisation dans les petites entreprises » et « Une promotion du français axée sur la fierté[313] » : difficile de faire plus mollasson.

Récemment, toujours au rayon des mesures cosmétiques, l'Office québécois de la langue française s'attaquait au problème de la francisation des raisons sociales des entreprises[314]. Considérant les problèmes plus pressants auxquels fait face la langue française, la priorité accordée à ce champ d'action a de quoi laisser perplexe. Elle révèle surtout, au même titre que le *Rendez-vous des gens d'affaires et des partenaires socioéconomiques* et que la campagne « Ici on commerce en français », une volonté réelle de ne pas faire de vagues.

Ainsi, lorsque Christine St-Pierre, à l'époque ministre de la Culture et des Communications — responsable des questions linguistiques —, a été mise au courant des pratiques des administrations publiques qui communiquent inutilement en anglais avec les administrés, sa réaction a été l'indignation[315], mais il a tout de même fallu attendre quasiment quatre ans pour que la situation soit corrigée[316]. De plus, après l'épisode des dirigeants unilingues anglais à la Caisse de dépôt et placement, la ministre St-Pierre hésitait à soumettre les filiales la Caisse à l'application de la *Charte de la langue française*, estimant que la *Charte* s'appliquait « à toutes les entreprises au Québec[317] ». Manifestement, la Caisse de dépôt n'était pas de cet avis.

Moins d'un an après la nomination de la ministre, la presse révélait que Christine St-Pierre avait demandé à l'OQLF de ne pas divulguer plusieurs études sur l'évolution de la situation du français au Québec[318]. Apparemment, malgré la rigueur scientifique des études en question, les données qu'elles révélaient lui semblaient trop explosives pour être rendues publiques. La même situation s'était produite deux ans auparavant : les responsables de l'OQLF avaient empêché une chercheuse de publier les résultats de son étude[319]. De toute manière, la ministre St-Pierre ne se cachait pas d'exercer un contrôle politique sur l'OQLF : c'est elle qui a rejeté du revers de la main la proposition de la Commission Bouchard-Taylor de placer cet organisme sous le contrôle de l'Assemblée nationale, à la manière du Vérificateur général[320].

Lorsque l'Assemblée nationale a été contrainte par la Cour suprême du Canada d'abroger les dispositions de la Loi 104 (qui avait été unanimement adoptée par l'Assemblée nationale) concernant les écoles passerelles, le gouvernement Charest a offert un spectacle désolant.

Au lieu d'étendre l'application de la *Charte de la langue française* aux écoles privées non subventionnées, le gouvernement a préféré, avec la Loi 103, adopter une solution en complète contradiction avec l'esprit de la *Charte*. L'accès à l'école publique anglaise serait permis, moyennant un passage de trois ans dans les écoles privées non subventionnées[321]. Considérant qu'une année de scolarité dans une école privée non subventionnée coûte entre 5 000 et 10 000 $ par année[322], le gouvernement a ainsi créé la possibilité d'acheter un droit d'accès à l'école anglaise publique.

Au cours des discussions entourant l'élaboration de la loi, la ministre St-Pierre a enchaîné les énormités. Ainsi, la Loi 103 devait être adoptée pour protéger les « droits fondamentaux des Canadiens et des Québécois[323] » (depuis quand un droit fondamental s'achète-t-il ?) et pour protéger « l'image du Québec à l'étranger[324] » (la réputation internationale du Québec ne tient évidemment qu'à la question des écoles privées non subventionnées).

En fin de compte, afin d'éteindre rapidement la controverse, le gouvernement a adopté le projet de loi 115 sous la procédure du «bâillon», interdisant la poursuite des débats sur une question aussi fondamentale, sous prétexte que la situation était «urgente» et qu'il fallait éviter un «vide juridique[325]». Il est vrai que les dispositions de la Loi 104 censurées par la Cour suprême cessaient d'être en vigueur quelques jours plus tard, mais la discussion aurait pu se poursuivre quelques semaines sans que tout s'écroule. Cependant, plus les discussions se poursuivaient, plus la polémique linguistique prenait de l'ampleur, au désavantage du gouvernement en place : il fallait donc couper court à toutes les délibérations sur la question.

::

Pourquoi une telle attitude concernant la langue chez les libéraux ? Essentiellement, pour trois raisons. *Primo*, il est vrai que la philosophie libérale a toujours été de faire primer les libertés individuelles sur les droits collectifs. Claude Ryan, dans son essai *Les valeurs libérales et le Québec moderne*, plaçait ces libertés au cœur de l'action libérale[326]. Les jeunes libéraux reprenaient eux aussi ce mantra lorsqu'ils discutaient des mesures à adopter pour favoriser le français[327]. *Secundo*, c'est connu, les anglophones du Québec forment la clientèle la plus importante du Parti libéral du Québec. Chaque fois que ce dernier a pris des mesures significatives en faveur du français, il a eu droit à une rébellion en règle des anglophones. En 1976, le Parti libéral avait perdu beaucoup de votes des anglophones au profit de l'Union nationale (favorisant ainsi l'élection du Parti québécois), en raison de l'adoption de la Loi 22 qui instaurait le français comme langue officielle[328]. En 1989, un scénario analogue s'était produit après l'adoption de la Loi 178 sur l'affichage : un nouveau parti, le Parti Égalité, avait été créé et avait recueilli une large part des votes de l'électorat anglophone[329]. *Tertio*, comme l'avancement et l'épanouissement du français au Québec passent en partie par des mesures contraignantes, le Parti libéral est écartelé entre l'électorat francophone et anglophone, ce qui entraîne une situation où tout le monde est mécontent lorsqu'il finit par céder et agir. Les Lois 22 et 178 en sont de bons exemples.

Jean Charest a conduit pendant neuf années une véritable politique de minorisation et d'évitement de la question linguistique. Sachant trop bien qu'il n'était pas en mesure — et il n'en avait sans doute pas envie — de mener à bien les réformes nécessaires au sujet de la langue française, le gouvernement Charest a préféré adopter la stratégie de l'autruche. Qu'espérer d'autre d'un chef de gouvernement qui ne prend même pas la peine de prononcer des discours dans sa langue, que ce soit chez lui[330] ou dans d'autres villes francophones[331] ? En s'assoyant de la sorte sur la marmite linguistique, le gouvernement Charest a plutôt laissé la situation se désagréger au point de menacer sérieusement la paix linguistique.

LA PLACE DU QUÉBEC AU SEIN DU CANADA : RETOUR À LA NORMALE

Depuis quelques années, un petit nombre de députés de la Chambre des communes font campagne en faveur d'une loi qui obligerait les neuf juges de la Cour suprême du Canada à posséder des habiletés linguistiques dans les deux langues officielles. En d'autres mots, ces parlementaires souhaitent que tous les juges de la plus haute cour du Canada soient bilingues. Dans ce dossier, les députés fédéraux peuvent compter sur l'appui unanime de l'Assemblée nationale[332].

En effet, il apparaît tout à fait normal que les magistrats de cette cour soient bilingues : ils auront assurément, dans le cadre de leur mandat, à juger des causes dans les deux langues officielles, notamment à cause de tous les appels des décisions de la Cour d'appel du Québec. Comme les avocats peuvent s'exprimer et soumettre leurs argumentaires écrits dans la langue officielle de leur choix, il apparaît tomber sous le sens d'exiger des juges qu'ils comprennent l'anglais et le français.

Cette proposition aurait l'avantage de corriger un peu les injustices inhérentes à la Cour suprême du Canada. Déjà, la loi concernant la Cour n'oblige pas les six juges sur neuf qui proviennent de l'extérieur du Québec à connaître le droit civil québécois (tout à fait distinct de la *common law* en vigueur dans le reste du Canada). L'arrangement actuel permet donc à des juges unilingues anglophones qui ne connaissent pas le droit civil québécois de renverser une décision de la Cour d'appel québé-coise. Dans ce contexte, l'obligation de connaître l'autre langue officielle semble d'autant plus justifiée.

Malheureusement, les députés fédéraux n'ont jamais été ca-pables de faire adopter ce projet de loi. Tous les arguments leur ont été opposés : cela empêcherait le recrutement de juristes talen-tueux[333] (comme si le bilinguisme ne pouvait pas être une compo-sante du talent), ou de juristes unilingues francophones[334] (ce cas, contrairement au recrutement de juges unilingues anglophones, ne s'est jamais présenté dans l'histoire de la Cour suprême[335]), cela menacerait même l'unité du pays[336] (il faudrait qu'on nous l'explique, celle-là), etc. Cette succession d'idioties a de quoi sur-prendre. D'une part, elle montre que les anglophones du Canada tiennent à leur primauté sur les francophones. D'autre part, sur-tout, elle démontre que le Québec est en train de vivre un recul historique de sa capacité d'influence au sein du Canada.

Le jeu démographique à l'œuvre

Le déclin du poids démographique du Québec par rapport au ROC a déjà été abordé dans cet essai. Il y a plusieurs décennies que ce phénomène s'est amorcé et il n'est pas près de s'inverser, notamment parce que les autres provinces accueillent beaucoup plus d'immigrants — parce qu'elles ont la capacité de les inté-grer — que le Québec. Ce déclin n'est pas sans conséquence poli-tique, bien au contraire.

Le Québec dispose actuellement de 75 sièges sur 308 à la Chambre des communes canadienne, soit une proportion de 24,4 % des sièges. Si la *Loi constitutionnelle de 1867* prévoit, à son article 37, le nombre minimal de sièges accordés à chaque province, elle laisse aussi la possibilité, à l'article 51, d'ajouter des sièges après chaque recensement décennal afin de prendre en compte les évolutions démographiques. C'est pour cette raison que depuis 1867, la représentation du Québec est passée de 35,9 % des députés à ce que l'on connaît aujourd'hui, soit 24,4 %[337]. Et cette diminution ne s'arrêtera pas : le gouvernement Harper, fidèle à une promesse électorale, a ajouté 30 sièges à la Chambre des communes : de ces 30, seulement 3 ont été accordés au Québec[338]. Ce faisant, la représentation québécoise à la Chambre des communes passera à 23 % à la prochaine élection. Il s'en trouvera beaucoup, de toutes orientations politiques, pour crier au loup face à cette diminution. Par exemple, les nationalistes clameront qu'étant donné que le Québec forme une nation reconnue par le parlement canadien, son poids au sein dudit parlement ne devrait pas diminuer. Cet argument peut paraître séduisant, mais il est clairement antidémocratique : ce n'est pas en accordant un poids démesuré au Québec (et donc, en privant les autres provinces de leur juste représentation) que l'on protégera son caractère national.

On ne peut toutefois pas le nier, la diminution des sièges québécois à la Chambre des communes représentera une perte de pouvoir politique pour le Québec au sein de la fédération canadienne. Moins de sièges, cela signifie moins de voix au parlement, moins de possibilités de devenir ministre, etc. Néanmoins, on se trompe si l'on pense que l'influence québécoise au sein du Canada ne diminuera qu'à cause de cette nouvelle répartition des sièges à la Chambre des communes. Le changement de dynamique politique que connaît le Canada depuis l'élection de Stephen Harper est, en soi, beaucoup plus lourd de conséquences pour le Québec que la variation du nombre de sièges à la Chambre des communes.

UNE INFLUENCE POLITIQUE ÉVANESCENTE

Depuis le début de la fédération canadienne, en 1867, et jusqu'à l'élection de Pierre Elliott Trudeau en 1968, des Québécois

(Wilfrid Laurier et Louis Saint-Laurent) ont occupé pendant 24 ans sur 101 le poste de premier ministre, soit une proportion (23,7 %) correspondant pratiquement au poids démographique des Québécois au sein du Canada. Par la suite, la situation s'est grandement inversée : entre l'élection de Trudeau jusqu'à l'élection de l'actuel premier ministre Harper (2006), les Québécois ont pu prétendre au poste de premier ministre pendant 36 ans et 9 mois sur un total de 38 ans, soit 96,7 % du temps (Pierre Elliott Trudeau, Brian Mulroney, Jean Chrétien et Paul Martin). Au total, depuis 1867 et jusqu'en 2012, les Québécois ont occupé le siège de premier ministre du Canada pendant 60,75 ans, soit 42,2 % du temps. En somme, les Québécois ont occupé le poste de premier ministre proportionnellement plus longtemps que leur poids démographique au sein du Canada.

Au Canada — et, par ricochet, dans les provinces —, le poste de premier ministre, surtout depuis Trudeau, confère un pouvoir important à celui qui le détient pour influencer le cours des choses en politique fédérale[339]. Son détenteur peut décider directement de la vie ou de la mort de n'importe quel texte législatif, de l'ouverture, de la durée et de la fermeture des sessions parlementaires, de la composition du gouvernement, de la nomination du gouverneur général, des sénateurs, des hauts fonctionnaires, des présidents de la Chambre des communes et du Sénat, des juges de la Cour suprême, des juges des cours d'appel et des cours supérieures provinciales, de la date des élections, etc. Bref, le premier ministre du Canada dirige assurément la politique canadienne d'une main de fer. Il n'est pas donc déraisonnable de croire, si l'on pense que les politiciens québécois n'ont pas nécessairement les mêmes sensibilités politiques que ceux du reste du Canada, que les premiers ministres canadiens provenant du Québec ont pu influencer le jeu politique canadien en prenant davantage en compte les préoccupations québécoises. Certes, les premiers ministres canadiens doivent montrer patte blanche au sujet de la question nationale québécoise, mais cela ne veut pas dire que tous les dossiers doivent passer à travers le prisme de cette question.

Si l'on accepte ce postulat, on est obligé d'admettre que le Québec a dominé la politique canadienne depuis 40 ans, du moins du point de vue du Canada anglais. Cette domination a certainement été possible pour deux raisons. La première, et la plus importante, est la menace « séparatiste » qui plane sur le Canada depuis les années 1960. Souhaitant fortement éviter la souveraineté du Québec, le reste du Canada a consenti à élire sans sourciller quatre premiers ministres québécois. Les Canadiens ont sans doute pensé qu'il s'agissait de la meilleure manière de négocier avec le nationalisme québécois. En un certain sens, ils n'ont pas eu tort : lors des deux référendums sur la souveraineté, les deux camps ont été incarnés par des Québécois aux visions bien différentes, mais qui, au final, étaient des Québécois. On peut légitimement se demander quels auraient été les résultats référendaires si René Lévesque avait affronté Joe Clark[340] ou si Lucien Bouchard avait affronté Kim Campbell[341].

La deuxième raison qui explique le succès des politiciens fédéraux québécois avant Stephen Harper est leur bilinguisme. Après l'adoption de la *Loi sur les langues officielles canadiennes* en 1969, il aurait été impensable que le premier ministre canadien ne soit pas bilingue. Étant donné le statut minoritaire du Québec et l'obligation qui en découle pour sa population de connaître la langue anglaise, les candidats bilingues avaient de fortes chances de provenir du Québec.

L'élection du gouvernement majoritaire de Stephen Harper constitue le signe indéniable que les plaques tectoniques de la politique canadienne ont bougé. Non seulement le premier ministre canadien n'est plus Québécois, mais surtout, le Québec n'a jamais si peu voté pour le parti au pouvoir. Même en tenant compte des années fortes du Bloc québécois, pour retrouver une situation où le Québec était si peu représenté au sein du parti au pouvoir d'un gouvernement majoritaire, il faut remonter en… 1917, en pleine crise de la conscription !

Le Québec s'était certes éloigné du pouvoir avec l'élection du Bloc québécois, mais jeter son dévolu sur le NPD comme il l'a fait en 2011 concrétisera davantage ce positionnement en entraînant deux conséquences. La première, en éliminant pratiquement le Bloc, on enlève au Québec son principal moyen d'influencer le Canada, c'est-à-dire la menace de souveraineté[342]. La deuxième, et non la moindre, on montre qu'il est possible de gouverner le Canada avec une participation du Québec, au plus, symbolique. En gros, nous venons collectivement de prouver au Canada qu'il peut se passer de nous. Et nous l'avons surtout fait en votant massivement pour le NPD, parce que les valeurs du parti majoritaire au Canada ne sont pas les nôtres.

DES DIFFÉRENCES RÉELLES ENTRE LES QUÉBÉCOIS ET LES CANADIENS

Comme nous l'avons mentionné dans la première partie de cet essai, les valeurs québécoises diffèrent largement de celles des Canadiens. Sur une multitude d'enjeux, nous n'avons pas les mêmes opinions que nos voisins canadiens. Par contre, nous avons, avec le temps et l'habitude, collectivement oublié tout ce que nous devons décider avec eux.

Les lois constitutionnelles confèrent à l'État fédéral, entre autres, les responsabilités suivantes : l'assurance-emploi, les communications électroniques, la loi criminelle, le secteur bancaire, les questions autochtones, la péréquation, la nomination des juges de la Cour suprême, les transports maritimes, ferroviaires et aériens, la politique monétaire, la défense et les affaires étrangères. De plus, nous partageons avec l'État fédéral les compétences suivantes : la gestion des ressources naturelles, l'environnement, l'immigration, certains ouvrages de transports routiers et l'agriculture. Dans ces domaines, sans compter tout ce que les lois constitutionnelles canadiennes ont empêché l'Assemblée nationale d'accomplir, nous avons eu trop souvent des différends qui se sont soldés selon les désirs du Canada et au détriment du Québec.

On doit espérer que cet état de fait ne surprenne pas les Québécois : nous ne sommes que 23 % de la population canadienne. Il est tout à fait normal que les 77 % d'autres Canadiens, dans le contexte constitutionnel actuel, finissent par avoir le haut du pavé : c'est entre autres ça, le jeu démocratique. C'est pour cette raison que la menace souverainiste était utile : elle permettait au Québec de tirer son épingle du jeu dans un pays où il est minoritaire. Une fois que cette menace disparaît, le Québec retrouve sa place normale au sein de la fédération.

Il faut donc se garder de minorer les conséquences du retrait du Québec des lieux de pouvoirs canadien. Loin de prouver que le Québec est de retour dans le jeu canadien, l'élection canadienne de 2011 consacre son auto-exclusion (amorcée depuis la création du Bloc québécois), confirme (une fois de plus) sa différence et l'isole plus qu'il ne l'a jamais été. Les Québécois sont d'ailleurs conscients de cette position politique. Quelques jours après l'élection fédérale, 54 % — contre 39 % — des Québécois se déclaraient en accord avec l'énoncé suivant : « Les résultats de l'élection fédérale vont diminuer l'influence du Québec sur les décisions fédérales[343] ». Les langues des éditorialistes canadiens se sont déliées sur la question, parlant par exemple de « l'isolation profonde du Québec[344] ». Plus éloquent encore, observant lui aussi ce déclin, un militant conservateur québécois écrivait, plusieurs mois après l'élection canadienne de 2011, dans une lettre au premier ministre du Canada : « aujourd'hui, la voix du Québec est pratiquement absente des coulisses du pouvoir à Ottawa, ou à tout le moins sa voix est devenue bien faible et bien facile à ignorer[345] ». Pire, il avançait : « nous observons la lente séparation *de facto* du Québec du reste du pays, émotivement, spirituellement et intellectuellement[346] ».

Même Michael Ignatieff, ex-chef du Parti libéral canadien et délié des contraintes de son ancienne fonction, a affirmé dans une entrevue à la British Broadcasting Corporation (BBC) en parlant du Canada et du Québec : « maintenant, effectivement, nous sommes presque deux pays séparés[347] ». Ce sentiment semble confirmé par un sondage tenu à l'occasion de la fête du Canada de 2012 : 49 % des Canadiens hors Québec sont maintenant indifférents au fait que le Québec puisse se séparer[348]. Au moins, dans ce domaine, nous n'entretenons pas d'illusions.

TOUS RESPONSABLES

Cette situation politique qui s'est développée en 20 ans, depuis l'élection du Bloc québécois, aurait dû générer chez les élites politiques, surtout dans les années 2000, un sentiment d'urgence visant à revoir le pacte constitutionnel canadien. Les idées qui avaient mené aux accords du Lac Meech et de Charlottetown ne sont pas devenues caduques à cause des échecs relatifs à leur adoption : elles gardent, plus que jamais, toute leur pertinence. Malheureusement, les Québécois n'ont pu constater que l'avachissement de leurs dirigeants politiques sur ces questions.

D'un côté, le Parti québécois aurait dû profiter de la nouvelle donne politique créée par le résultat référendaire de 1995 pour commencer à revendiquer sérieusement des changements constitutionnels se rapprochant de ce qui était contenu dans les accords du Lac Meech et de Charlottetown. Cependant, emprisonné dans le dogme de la souveraineté à tout prix, des « conditions gagnantes[349] » et autre « référendum dans 1000 jours[350] », le Parti québécois n'a jamais voulu tenter cette voie, qui aurait pu ouvrir de nouveaux espaces d'autonomie pour le Québec. Au final, pendant les deux mandats de ce parti, le Québec a donc reculé.

De l'autre côté, le Parti libéral s'est obstinément refusé à aborder, d'une quelconque manière que ce soit, une réforme constitutionnelle, prétextant que le « fruit n'était pas mûr[351] ». Cette formule, politiquement bien choisie, mais qui est vite devenue surannée, résume bien la stratégie libérale visant à éviter un déclin de l'influence québécoise : on attend que le fruit tombe de l'arbre et, s'il ne tombe pas, nous n'irons pas le cueillir. Cette position, en complète contradiction avec l'histoire de l'évolution constitutionnelle canadienne, a précipité le Québec dans son plus grand recul politique depuis la Révolution tranquille. La Coalition Avenir Québec, en choisissant d'adopter un moratoire sur la question constitutionnelle est, *de facto*, dans le même camp que le Parti libéral au sujet de cette question[352].

En fait, le seul parti politique qui avait une vision cohérente (dans un contexte post-référendaire) sur la question était l'Action démocratique du Québec (ADQ). Avant sa mort, ce parti s'inscrivait toujours dans la lignée des idées constitutionnelles qui l'avaient vu naître, c'est-à-dire l'autonomisme. Cette position, sans viser la souveraineté du Québec, prônait la récupération par le Québec de plusieurs pouvoirs constitutionnels actuellement dévolus au palier fédéral. La réalisation de cet idéal politique aurait pu conjurer, au moins temporairement, la diminution de l'influence québécoise au sein du Canada.

Comme nous le savons tous, rien de tout ça n'a pris forme. Plutôt, les Québécois restent depuis 1995 dans un désert constitutionnel qui n'offre que des mirages. Pendant ce temps, notre capacité d'influence a fait des bonds de géant... à reculons.

:: :: ::

À la lecture de cette partie de l'essai, le lecteur aura compris qu'il m'a été impossible d'affirmer à mes camarades du monde entier que les choses allaient bien au Québec. Nous avons à l'évidence un niveau de vie qui permet à chaque citoyen québécois d'espérer accéder à une situation enviable non seulement par rapport au monde, mais aussi en Occident. Le nier serait faire preuve d'une mauvaise foi improductive.

En revanche, nous stagnons, nationalement, dans une impasse débilitante. Il semble que nous ayons arrêté de nous projeter collectivement dans l'avenir, comme nous le faisions auparavant depuis la Révolution tranquille, laissant plutôt un véritable statisme prendre la place. Cette inertie peut certainement engendrer des répercussions catastrophiques.

Les quelques domaines laissés à l'abandon illustrés dans cet essai comptent parmi les bons exemples de défis qui ont déjà intéressé les Québécois et qui ne figurent plus à l'ordre du jour national. Il y en a certainement d'autres, comme la dette ou la gestion des ressources naturelles. Il faut surtout retenir qu'ils sont parmi les plus graves auxquels nous faisons face : l'agriculture, l'environnement, la réforme de notre système électoral, les écarts de richesse, le dépérissement de la fonction publique, le recul du français, le délitement des mœurs éthiques des dirigeants politiques et le rabougrissement de notre influence au Canada doivent tous recevoir l'attention immédiate du peuple et de ses élites, faute de quoi l'aventure nationale québécoise en prendra un solide coup.

Surtout, et c'est peut-être la pire des conséquences, l'impression d'immobilisme qui s'en dégage est indéniable et ne contribue en rien à la reprise en main du destin national par la collectivité. L'immobilisme génère le défaitisme, le défaitisme encourage l'échec et l'échec saigne à blanc une petite nation comme le Québec. Encore une fois, celui qui ne partagerait pas la lecture de la société québécoise proposée dans la première partie resterait indifférent à ce constat. Pour les autres, il donnera froid dans le dos.

Mais pourquoi sommes-nous entrés en hibernation collective ? Qui porte la responsabilité de cette stagnation ? C'est à ces questions que la prochaine partie tentera de répondre.

TROISIÈME PARTIE
L'errance

Au fil des rencontres et des conversations, pendant mon séjour à l'étranger, j'en suis venu à développer une petite phobie. Si j'adorais discuter de l'actualité, des problèmes que les sociétés de mes camarades vivaient ou des grands projets français et européens, je n'avais pas nécessairement envie de partager ce qui occupait les esprits de la nation québécoise. Qu'aurais-je eu à raconter ?

Pendant que mon camarade marocain m'entretenait au sujet des réponses assez positives que le roi de son pays apportait aux demandes de démocratisation de son peuple, je lui aurais répondu que chez nous, le gouvernement avait mis plus de deux ans avant de réagir à des allégations très sérieuses de corruption généralisée ayant des ramifications jusqu'aux partis politiques. À mes collègues français qui, à l'image de la société tout entière, discutaient d'une réforme fiscale aux implications multiples, j'aurais rétorqué que l'Assemblée nationale était humiliée et monopolisée par le maire d'une ville et son projet d'amphithéâtre. Aux Parisiens qui débattaient avec fougue des projets de transports pour le « Grand Paris », j'aurais répondu que chez nous, cela avait pris pratiquement 10 ans pour passer la commande des nouveaux wagons pour le métro de Montréal. À ma consœur britannique, qui avait à voter sur le projet phare du vice-premier ministre, soit une réforme majeure du mode de scrutin, j'aurais dit que chez nous, un ancien premier ministre met tout son poids politique pour faire accepter une pressante… augmentation des tarifs de l'électricité[353]. Aux Finistériens qui s'inquiétaient des conséquences éventuelles d'une importante réorganisation des villes, départements et régions, j'aurais répondu que ce n'était rien en comparaison des questions fondamentales soulevées durant 20 ans au sujet de la localisation du plus important hôpital universitaire francophone d'Amérique. Bref, à tous ceux qui m'auraient entretenu de projets nationaux emballants, de réformes majeures et des réponses à apporter aux grandes problématiques de notre temps, j'aurais bien été obligé de parler, avec ô combien d'enthousiasme, de la ferveur toute québécoise autour des questions d'intendance. En vérité, j'aurais tout simplement dû avouer la petitesse qui caractérise actuellement la sphère publique, conséquence de l'état d'égarement des Québécois et de la vacuité de la politique menée par ceux qui occupent le pouvoir.

Heureusement, il semble que je ne sois pas le seul à établir ce diagnostic. Depuis quelques années, il semble maintenant qu'il soit de bon ton, dans les milieux intellectuels, d'affirmer que «le Québec se cherche[354,355]», qu'il ne sait plus où il va, «qu'il tourne en rond[356]». Le résultat très serré de l'élection générale de 2012, où les trois principaux partis ont récolté 31,96 %, 31,2 % et 27,6 %[357] des voix, reflète aussi la crispation du Québec. Si ces constats ne sont pas infondés (bien au contraire), ils comportent néanmoins une immense lacune: ils sont significativement en retard sur les mouvements de fond qui traversent la nation québécoise. Cet état collectif semblable à celui du chevreuil aveuglé par les phares d'une voiture ne date pas de quelques mois: l'errance est installée au pouvoir depuis plusieurs années déjà.

::

Après le référendum de 1980 sur la souveraineté-association, le Québec aurait souffert de ce que l'on a appelé le «syndrome post-référendaire[358] ». Ce climat délétère, sans doute aggravé par la crise économique du début de cette décennie et par l'imposition par le Canada de la nouvelle constitution, a démobilisé une génération entière, la poussant à l'individualisme et au délaissement des projets collectifs. L'échec référendaire ainsi que les événements qui l'ont suivi ont probablement ajouté plusieurs couches à la déprime collective, mais il serait sans doute exagéré de prétendre qu'ils en sont les seuls responsables. À cette époque, la montée de l'individualisme si caractéristique des décennies à venir, et attribuable en partie au mouvement politique néo-libéral incarné par le tandem Margaret Thatcher-Ronald Reagan, a certainement aussi contribué à briser les élans collectifs québécois. Si les idées économiques issues de cette idéologie, c'est-à-dire le laisser-faire, la diminution de l'intervention de l'État et le libre arbitre des individus[359], peuvent, dans certains cas, être valables, il n'en reste pas moins qu'elles comportent une prémisse qui encourage le « chacun pour soi ». Il n'est pas rare en effet que les élites épousant le néolibéralisme, dans leur attitude et leur discours, aient suggéré ou sous-entendu que l'individu est roi et que le bonheur collectif se trouve dans la somme des bonheurs individuels. Dans ce contexte, on ne peut pas se surprendre que les Québécois, comme plusieurs autres peuples (notamment occidentaux), se soient détournés des enjeux collectifs. Néanmoins, malgré ce néolibéralisme, de vastes pans de la nation ont été envahis d'un véritable sentiment d'échec à la suite du référendum de 1980.

Par contre, après le référendum de 1995, il ne semble pas que la société québécoise ait été immédiatement secouée par un abattement généralisé directement attribuable à l'échec référendaire. Quelques éléments peuvent expliquer cette différence par rapport aux événements de 1980.

Après 1980, l'épisode du rapatriement de la Constitution — où le Québec a été solidement marginalisé —, mais aussi les échecs de l'accord du Lac Meech et, dans une moindre mesure, de l'accord de Charlottetown, ont injecté une bonne dose de l'hormone « défaitiste » dans l'organisme québécois.

De plus, contrairement aux gouvernements élus depuis le début de la Révolution tranquille, tout ce qu'a entrepris le deuxième gouvernement Bourassa durant ses neuf années au pouvoir (1985-1994) ne s'est soldé que par une série d'échecs : que ce soit les négociations constitutionnelles, le reniement des conclusions des travaux de la Commission Bélanger-Campeau, la crise d'Oka, les questions linguistiques, etc. : aucun projet collectif national n'a fonctionné. Pour le reste, ce gouvernement Bourassa s'est contenté d'occuper le pouvoir.

Ainsi, les Québécois se sont quelque peu habitués pendant cette période de 15 ans aux revers, à la défaite et, conséquemment, à l'évacuation des questions collectives du débat public. Le revers de 1995 s'est seulement ajouté à ce climat, par-dessus les défaites précédentes.

Les quatre échecs sur la question nationale ainsi que les transformations que la société québécoise a commencé à traverser dans les années qui ont suivi le référendum de 1995 ont contribué à étioler et disperser la base militante qui s'était concentrée, pendant 15 ans, autour de la question nationale. D'une part, les personnes plus âgées se sont probablement mises à la retraite politique à partir de cette période, voyant que tous leurs efforts n'avaient mené strictement à rien. D'autre part, les militants qui ont suivi se sont dispersés dans différentes causes plus « sectorielles » comme l'environnement, le syndicalisme étudiant, la lutte contre la pauvreté, etc. Sans préjuger de la pertinence de ces causes, il reste que cette situation a dégarni les partis politiques, au premier chef le Parti québécois, des militants aux sensibilités variées qui les composaient auparavant et qui partageaient leur opinion sur la question nationale. Ce faisant, les partis politiques se sont retrouvés entre les mains de militants plus traditionnels axés sur la conquête du pouvoir avant tout.

Les effets de ces transformations qui ont pour catalyseur le référendum de 1995 — mais qui auraient sans doute frappé la société québécoise même si ce dernier n'avait pas eu lieu — ont affaibli sa cohésion et l'ont mal préparée à affronter les événements malheureux présentés dans la deuxième partie de cet essai.

::

Les nations connaissent des cycles qui peuvent s'avérer tantôt positifs, tantôt négatifs, à tous points de vue : économique, politique, culturel, etc. Ces cycles dépendent souvent d'éléments extérieurs aux sociétés. Par exemple, la phase d'expansion économique que l'on a nommée les « Trente Glorieuses » et qui a eu lieu après la Seconde Guerre mondiale s'explique, en grande partie, par les changements sociodémographiques résultant de cette guerre. Ou encore, on peut penser aux attentats du 11 septembre 2001 qui ont inoculé au sein des sociétés occidentales une préoccupation permanente pour la sécurité. Dans un monde aussi interrelié que celui dans lequel nous vivons, notre nation se heurtera probablement davantage à l'avenir à des éléments extérieurs qui influenceront son destin.

La probabilité croissante que des forces extérieures agissent sur les cycles de notre vie collective ne doit pas nous faire oublier que nous pouvons être à l'origine, sans pression extérieure aucune, de nos propres turpitudes. Depuis 1995, nous avons été experts dans le domaine. Ainsi, chacun porte sa part de responsabilité. Les élites politiques qui ont fait du manque d'ambition leur marque de commerce ; les élites « non politiques » qui se sont retirées de la vie politique ; les baby-boomers et les jeunes qui se complaisent dans le dilettantisme. Cette combinaison a produit comme résultat un remarquable épisode d'évitement collectif du sujet qui fâche.

LES ÉLITES POLITIQUES :
L'ACCESSION AU POUVOIR COMME FINALITÉ

Les démocraties modernes sont tiraillées entre deux modèles explicatifs en apparence contradictoires : l'approche ascendante et l'approche descendante. La première, l'approche dite « ascendante », voudrait que les débats qui animent le peuple dirigent l'action des élus ; ceux-ci ne seraient que les représentants du peuple qui tranchent les débats par des votes. En somme, la formulation des problèmes et leur règlement viendraient de la base pour remonter jusqu'aux instances. On remarque d'ailleurs que les partis politiques se réclament bien plus souvent de cette approche afin de ne pas passer pour une élite cherchant à imposer ses vues. L'approche concurrente, la descendante, stipule plutôt que les problèmes et débats sont formulés par les élites de tout acabit, au premier chef les élites politiques. Les citoyens, au bout du compte, n'auraient qu'un rôle d'approbation ou de rejet de la politique menée par les élus, à travers leur vote et la rétroaction qu'ils formulent.

On s'en doute, les démocraties sont en fait un savant mélange de ces deux approches. Parfois, ce sont les citoyens, par leur action politique au sens large — qu'elle soit communautaire, associative, syndicale, qu'elle se traduise par l'implication au sein des partis politiques ou par l'envoi d'une lettre ouverte, etc. —, qui influencent les élites politiques, mais celles-ci participent aussi à la définition des enjeux qui occupent la Cité. En conséquence, on ne peut pas complètement exonérer les élites québécoises du vide politique qui a cours au Québec : ils en sont autant tributaires que les citoyens, car leur responsabilité est d'élever le débat au-dessus des intérêts particuliers et de veiller à la primauté du bien commun.

Ce chapitre passera en revue les trois grands courants politiques qui dirigent ou qui aspirent à diriger les destinées du Québec : chacun porte une part de responsabilité dans la stagnation qui sévit depuis le début des années 2000.

Les fédéralistes et le Parti libéral du Québec : occuper la place

« Pour nous, c'est comme gagner la coupe Stanley[360]. »
— Jean Charest, ancien premier ministre du Québec,
au sujet de la hausse de la cote de crédit[361] du Québec[362]

Considérant que l'obtention de la coupe Stanley est synonyme d'ultime succès dans l'imaginaire collectif des Québécois, l'interrogation qui vient instantanément à l'esprit après la lecture d'une telle citation est la suivante : quelle serait l'image dégagée par un citoyen qui affirmerait que son but dans la vie est d'avoir un bon dossier de crédit ? Poser la question, c'est y répondre. Pourtant, c'est exactement ainsi que s'est exprimé le chef du gouvernement de la nation québécoise en 2006 lorsque l'agence de notation Moody's a haussé d'un cran la cote de crédit du Québec, sur une échelle qui en compte 21[363]. Lorsqu'on sait qu'il est impossible de savoir combien l'État aura économisé en frais d'intérêts sur sa dette grâce à cette revalorisation, que ce changement ne concernait qu'une des trois principales agences de notation et que le travail de ces dernières est actuellement et depuis la crise financière de 2008 durement critiqué[364], l'engouement du premier ministre pour cette note de crédit est tout simplement navrant.

Navrant, parce que du strict point de vue de la politique publique, le premier ministre élève la saine administration des finances publiques au rang d'objectif national numéro un. Navrant, car cette note de crédit n'améliore en rien directement la vie des citoyens. Navrant, car l'objectif ultime du gouvernement semblait la légitimation de son travail par une firme privée — étrangère, de surcroît. Surtout, navrant parce que cette déclaration ne pourrait mieux résumer la politique lilliputienne menée par le dernier gouvernement fédéraliste à avoir occupé le pouvoir, celui de Jean Charest. Bien que la société québécoise aurait sans doute aimé voir une politique plus ambitieuse de la part de ce gouvernement, il ne faut toutefois pas qu'elle se leurre : il n'aurait pas pu en être autrement.

Le sauveur-naufrageur

Après 14 ans dans la vie politique québécoise, dont 9 ans au pouvoir, nous avons probablement eu le temps d'oublier comment Jean Charest est arrivé sur la scène politique québécoise. Au lendemain du référendum de 1995, le premier ministre Jacques Parizeau démissionne et est remplacé par Lucien Bouchard, un homme politique très populaire. La crainte que Lucien Bouchard déclenche à court terme un troisième référendum sur la souveraineté, étant donné le résultat très serré du précédent, se fait alors fortement sentir chez les fédéralistes. Début 1998, Daniel Johnson (alors chef de l'opposition et du Parti libéral), démissionne aussi, sachant trop bien qu'il n'aurait aucune chance de battre Lucien Bouchard.

À ce moment, toutes les têtes fédéralistes se tournent vers Jean Charest, jeune chef du Parti progressiste-conservateur du Canada. Celui-ci, les sondages le démontrent, battrait Lucien Bouchard dans un duel électoral[365]. Seulement, Jean Charest ne souhaite pas passer en politique québécoise : « Il n'a jamais été question d'aller vers le PLQ et il ne le sera jamais non plus[366] », affirmait-il.

Une très vaste entreprise de séduction démarre donc à l'endroit de M. Charest. Pour le faire flancher, on lui fait miroiter qu'il pourrait devenir le sauveur du Canada. Des représentants du PLQ avancent que s'il ne vient pas en politique québécoise, il risque de passer pour quelqu'un « qui aurait pu sauver le pays et qui ne l'a pas fait[367] ». Les journaux du Canada anglais parlent même d'un devoir patriotique[368]. Joe Clark, l'ancien chef de son parti, déclare qu'il s'agit d'une mission pour le Canada[369]. Son mentor politique, Brian Mulroney, offre la même lecture et l'encourage à faire le saut[370].

Il est vrai que Jean Charest garantit au Canada qu'il le choisira toujours en cas de crise. N'est-ce pas lui qui présidait le comité ayant tenté de diluer au maximum l'accord du Lac Meech, provoquant même l'ire de Robert Bourassa (il faut tout de même le faire!)[371] ? De même, peu après le référendum de 1995, il a réussi à ne pas voter sur une résolution de la Chambre des communes reconnaissant le Québec comme une société distincte[372].

::

En plus du contexte très particulier de la mission dévolue à M. Charest lors de son transfert en politique québécoise, nous oublions peut-être aussi que ce dernier est l'archétype du politicien de carrière, dans sa signification la plus péjorative. Après avoir travaillé seulement 3 ans comme avocat dans un bureau de Sherbrooke[373], il se lance en politique en 1984, à l'âge de 26 ans. Qu'est-ce qui motivait son choix ? « Le plaisir de la politique[374] ». Depuis ce temps, il n'a jamais exercé une autre occupation ou un autre métier que celui d'élu, tant et si bien qu'à l'âge de 45 ans, il est devenu premier ministre du Québec.

En somme, la seule expérience professionnelle significative que Jean Charest peut revendiquer est celle de politicien.

On ne doit donc guère s'indigner que celui-ci n'ait pas été capable de voir l'action politique — et la conduite des affaires de la nation — autrement que par la lunette déformante de la politique partisane. Et cette attitude n'est pas sans effet.

Quelques semaines après sa nomination comme chef du PLQ, dans le plus grand intérêt de la chose publique, M. Charest exhortait les députés de son parti à haïr leurs adversaires[375]. C'est aussi Jean Charest qui, en l'absence de la présidente du Conseil du Trésor (opposée au projet) et sans l'accord du Conseil des ministres[376], décide en 2005 de financer à 100 % des écoles privées juives quelque temps après avoir reçu des contributions record de la communauté[377]. C'est toujours ce premier ministre qui refusait de protéger les milieux humides de Laval parce qu'il avait besoin du maire de la ville, Gilles Vaillancourt, pour gagner les élections[378]. C'est Jean Charest aussi qui n'a pas hésité à démolir des années d'efforts nationaux concernant le déséquilibre fiscal en convertissant en baisse d'impôts, sitôt le paiement reçu et en pleine campagne électorale de 2007, les 700 millions de dollars obtenus du gouvernement fédéral[379]. C'est encore cet homme qui n'avait aucun scrupule à attaquer férocement ses adversaires lorsqu'il était en tournée à l'étranger, brisant une des règles les plus sacro-saintes de la politique, à savoir que la politique interne doit rester à la maison[380]. Qui plus est, Jean Charest n'a même pas eu la décence de respecter le processus de neutralité requis par la Commission Bastarache[381], commission qu'il avait lui-même instaurée pour se blanchir des accusations de son ancien ministre de la Justice[382]. Après tout cela, il est impossible de ne pas croire que Jean Charest a laissé pourrir le conflit étudiant de 2012 à des fins électorales.

::

Dans ce contexte, cela ne surprendra personne que Jean Charest — et par extension, le Parti libéral — ait représenté l'antithèse des ambitions nationales québécoises. Tout ce qui pourrait motiver, encourager ou révéler les instincts nationalistes québécois est proscrit dans l'action politique de cet homme. Agir autrement serait risquer de mettre en péril la mission qui lui a été confiée lors de son passage en politique québécoise : celle de sauver le Canada, assimilée à celle de bloquer à tout prix le retour du Parti québécois au pouvoir.

C'est pourquoi chaque fois qu'il a été question des réformes constitutionnelles canadiennes, Jean Charest a toujours répondu, jusqu'à en devenir ridicule, que le « fruit n'est pas mûr[383] ». C'est pourquoi, sauf à une exception[384] et comme il le fait remarquer dans son autobiographie[385], il n'a jamais été tenté de s'en prendre au gouvernement fédéral plus que par quelques fugaces déclarations. C'est pourquoi il n'a même jamais rien demandé plus d'une fois au gouvernement fédéral : chaque refus courait le risque d'être perçu comme un échec du fédéralisme et, ce faisant, d'apporter de l'eau au moulin des souverainistes.

Mais plus encore, c'est pour ces raisons que Jean Charest a géré le Québec à la petite semaine, sans faire de vagues, surtout à partir des élections générales de 2007. Dès qu'il y avait une controverse, notamment sur les questions linguistiques et identitaires, le premier ministre Charest minimisait son importance[386], renvoyait à une commission[387], niait l'évidence[388], n'hésitait pas à se contredire[389], quand il ne se sauvait tout simplement pas[390]. Tout ce qui pouvait générer du mécontentement à l'endroit de son parti était évacué, au détriment même de la santé de la démocratie québécoise : le refus obstiné, pendant plus de deux ans, de tenir une commission d'enquête sur la corruption dans le milieu de la construction restera dans les annales de l'histoire québécoise comme l'une des plus évidentes soumissions de l'intérêt général à l'intérêt partisan d'un homme et de son parti. Somme toute, Jean Charest n'a jamais été un homme d'État pouvant prétendre représenter les aspirations de son peuple. Agir autrement aurait été à l'encontre des deux points cardinaux de son action politique : empêcher la réélection du Parti québécois et laisser libre cours à ses instincts éminemment partisans.

Le Parti libéral, ultime responsable

Dans le régime parlementaire de type britannique, le premier ministre détient tous les pouvoirs, à l'exception de celui de se nommer lui-même premier ministre : *de jure*, ce pouvoir est celui du représentant de la reine, mais *de facto*, c'est celui des députés du parti majoritaire en chambre. Si ceux-ci ne sont pas satisfaits de la direction exercée par le chef du parti, ils peuvent en nommer un autre parmi les députés élus et ce souhait sera relayé par le représentant de la reine. C'est ce qui arrive chaque fois qu'un premier ministre (ou un chef de l'opposition) démissionne. Face aux performances de Jean Charest, qui n'ont aucun précédent récent en termes de médiocrité, les députés du parti auraient pu le remplacer. Malheureusement, c'était trop demander au Parti libéral du Québec d'aujourd'hui.

On reproche souvent au Parti québécois, non sans raisons, d'être un parti qui mange ses chefs[391], c'est-à-dire qui ne les respecte pas et qui n'hésite pas à provoquer une guérilla interne pour les pousser vers la sortie. Au Parti libéral du Québec, c'est l'inverse : le culte du chef est une valeur fondamentale. Jamais, même lorsque celui-ci commet d'incroyables sottises, il n'y aura de critiques à son endroit. L'attitude de ce parti lors des tractations post-Meech, alors que Robert Bourassa a complètement escamoté l'opinion populaire, renié la Loi 150 qui préconisait la tenue d'un référendum sur la souveraineté, bafoué le Rapport Allaire qui proposait une réforme en profondeur du fédéralisme canadien et tenté de faire croire à tout le Québec que l'accord de Charlottetown était mieux que celui de Meech, est légendaire[392] : la seule contestation récente et véritable est venue de Mario Dumont, lorsqu'il a quitté le PLQ pour fonder l'Action démocratique du Québec, en 1994.

Sans surprise, pendant le passage de Jean Charest au sein du parti, et surtout, après son élection au poste de premier ministre, le Parti libéral a enduré les pires inepties, voire de l'incurie pure, sans broncher. Sous sa gouverne, les élus qui ont émis des opinions divergentes ont été contraints de démissionner[393] ou se sont vu marginaliser[394].

L'exemple donné par cet autoritarisme s'est propagé jusqu'aux militants du parti. Il faut en parler au délégué d'un conseil général du parti qui a proposé de *débattre* d'une proposition visant à demander une commission d'enquête sur les allégations de corruption dans l'industrie de la construction[395] : aucun des quelque 500 autres délégués n'a appuyé sa proposition[396], de peur que cela nuise au parti et à son chef. L'exemple suprême de ce culte s'est matérialisé lorsque ce parti a eu l'audace d'affubler Jean Charest du titre de « Grand bâtisseur du Québec » aux côtés de prédécesseurs comme Robert Bourassa et Jean Lesage[397, 398] !

De toute manière, ce n'est pas du Parti libéral qu'il faut attendre un quelconque renouveau ou des propositions porteuses d'évolution, de progrès. Depuis l'avènement du Parti québécois sur l'échiquier politique, le Parti libéral est devenu le parti de l'ordre établi, du *statu quo*, et ce, dans tous les domaines. Certes, Robert Bourassa a tenté, à sa manière, de régler le problème constitutionnel, et a lancé de grands projets économiques comme la Baie-James, mais en cela, il n'est pas bien différent du Parti québécois. Surtout, depuis 1995, le Parti libéral est devenu le parti d'une mission : celle d'empêcher le Parti québécois de prendre le pouvoir, rien de plus, quitte à brader les instincts nationalistes québécois. Pour le reste, que peut-on attendre d'un parti qui nomme à sa tête le chef du Parti progressiste-conservateur canadien ? De quoi nous souviendrons-nous lorsque nous penserons à l'ère Charest ? L'histoire prouvera que son maintien au pouvoir a été une bourde aux proportions monumentales et préjudiciable à l'épanouissement national du Québec.

L'élection générale de 2012 résonnera comme un grand avertissement pour le PLQ. En recueillant seulement 31,2 % des voix, les libéraux ont connu leur pire score électoral depuis… 1867[399] ! Malgré une performance meilleure que certains l'avaient escompté, on doit espérer que le parti qui a gouverné le Québec à la petite semaine pendant neuf ans profite de la course visant à remplacer Jean Charest et des années qui suivront pour procéder à une sérieuse remise en question de la finalité de son action politique. Le Québec en aurait bien besoin.

Les souverainistes et le Parti québécois : emprisonnés dans leurs certitudes

> « Je voyais l'absolue nécessité de cesser de faire de la politique dans l'irréel. C'est ce que l'on était en train de faire depuis un certain temps, c'est-à-dire… déblatérer entre nous presque du sexe des anges […]. »
> — René Lévesque, en janvier 1986[400]

Il est difficile, en lisant cette citation, de ne pas sourire un brin. Encore une fois, René Lévesque aura prouvé qu'il avait un don supérieur pour sentir et qualifier les phénomènes sociétaux qu'il constatait, et ce, en phase avec les sentiments de la population. Il est surtout ardu de réprimer un sourire parce que comme tellement d'autres phrases de cet homme politique, celle-ci décrit toujours adéquatement la réalité plusieurs années après sa formulation. Pendant la première décennie du XXIe siècle, les souverainistes se sont de nouveau enfermés dans la politique de l'irréel.

::

C'est connu, le Parti québécois, depuis sa création, est considéré comme un « parti d'idées », c'est-à-dire qu'il est motivé par une ou des « idées-forces ». Très souvent, les partis d'idées proposent de changer l'ordre établi par des réformes substantielles. Généralement, ces partis se classent dans la mouvance progressiste, donc plus à gauche sur l'échiquier politique, mais il est aussi possible qu'ils se positionnent à droite.

Étant donné la nature des changements que ces partis proposent, ils donnent souvent lieu à moult débats. Quelles mesures doit-on proposer ? Est-ce que le programme est assez campé dans « l'idée-force » que l'on représente ? Quels compromis doit-on intégrer à nos propositions si l'on veut prendre le pouvoir ? Est-ce que toutes les idées sont assez représentées pour ne pas pousser des factions à l'extérieur du parti ?

Ce genre de questionnements est courant dans les partis d'idées, justement parce que ces derniers présentent à la population des solutions susceptibles de bouleverser l'ordre établi. Tantôt, les discussions se focalisent autour du programme qu'on proposera à la population, d'autres fois c'est autour de l'élection du leader qui représente le mieux le parti.

Contrairement aux autres partis d'idées, le Parti québécois ne défend pas un projet aux contours plus ou moins flous qui peut s'accommoder de diverses tendances. Plutôt, il est le parti d'une seule grande idée, celle d'amener le Québec à sa souveraineté politique, à son indépendance. Cette idée a toujours trôné au premier rang du programme, le fameux « article 1 ». On ne peut pas débattre du bien-fondé de l'option indépendantiste sans remettre en cause l'existence même du parti, car elle constitue la raison d'être de ce parti.

Dans ces conditions, les grands débats des membres de cette formation politique se concentrent quasiment sur une seule question : par quelles modalités doit-on accéder à la souveraineté ? Depuis 1974, c'est le principal sujet qui occupe ce parti.

Les experts mondiaux de la discussion référendaire

Un an après la défaite électorale de 1973, le principe du référendum préalable à l'accession du Québec à l'indépendance est ajouté dans le programme électoral du Parti québécois. Avant cette date, seule une victoire électorale, même sans majorité absolue des voix, était nécessaire pour déclencher le processus d'indépendance. Logiquement, il a fallu déterminer un moment où ce référendum aurait lieu ainsi que les modalités entourant la question qui serait posée aux citoyens. C'est ainsi que sont nés les débats que connaît encore aujourd'hui le PQ.

En 1980, la question référendaire fait écho à ces débats. D'une part, elle comporte une offre formelle d'association avec le Canada et stipule qu'il y aura un deuxième référendum pour approuver les résultats. Certaines factions au sein du parti grincent des dents, mais l'échéance référendaire les rallie rapidement.

Après le rapatriement de la Constitution en 1982, le parti se radicalise : il retourne à l'élection référendaire et supprime l'option de l'association économique avec le Canada. Lévesque comprend qu'il s'agit d'une erreur et organise avec succès un référendum — le fameux « renérendum » — à l'intérieur du parti pour renverser cette position. Mais cette victoire est de courte durée, car les militants du PQ reviennent à la charge et refont sensiblement adopter ces mêmes positions. Lévesque est obligé de les affronter à nouveau et gagne une fois de plus. L'extrait de discours présenté en exergue de cette section fait directement référence à cet épisode.

Toutefois, Lévesque voit bien que son option n'est pas celle qui est privilégiée et qu'en faire la promotion active à la prochaine élection serait politiquement suicidaire : il décide donc d'accepter ce qui est connu comme le « Beau risque ». En gros, Lévesque remet la souveraineté à plus tard pour essayer un renouvellement du fédéralisme. Ce changement provoquera une crise majeure au sein du parti et la démission de plusieurs ministres. Le Parti québécois, et plus largement le mouvement souverainiste, en sortent divisés.

Succédant à René Lévesque, Pierre-Marc Johnson adopte la stratégie de « l'affirmation nationale » qui ne prévoit pas d'échéance référendaire. Une guérilla s'installe dans le parti et pousse rapidement Johnson à la démission. En 1988, Jacques Parizeau devient chef du Parti québécois et s'engage à tenir un référendum au cours de son premier mandat, sans proposer d'association avec le Canada. Les contingences de la deuxième échéance référendaire à venir et son possible échec obligent Parizeau à ajouter dans la question référendaire une offre de partenariat avec le Canada, afin notamment de rallier l'ADQ et le Bloc québécois. Si certains au sein du mouvement souverainiste n'en sont pas satisfaits, la campagne qui approche raccommode tout ce beau monde.

On le constate, les débats entourant la mécanique référendaire ne sont pas nouveaux dans ce parti. On pourrait croire que l'échec référendaire de 1995 — un deuxième en 15 ans — aurait changé la donne en obligeant les souverainistes à trouver d'autres voies pour étendre l'autonomie québécoise. Il n'en a rien été.

Une fuite en avant

Outre la défaite cruelle infligée aux souverainistes, le résultat serré du référendum de 1995 a offert à ces derniers un cadeau des plus empoisonnés : l'illusion que la partie est presque gagnée.

L'issue de ce référendum s'est jouée par environ 50 000 voix. Avec un tel résultat, la tentation a donc été forte de chercher la raison de cet échec. Certains rejettent particulièrement le blâme sur la région de la Capitale-Nationale, où le pourcentage de votes pour l'option du « oui » était moins élevé que dans le reste du Québec francophone (exception faite de l'Outaouais)[401]. D'autres pensent plutôt que la naturalisation rapide de plusieurs dizaines de milliers d'immigrants juste avant l'échéance aurait fait pencher la balance de l'autre côté[402]. Les fonds provenant du palier fédéral, qui auraient avantagé le camp du « non », sont également souvent cités[403]. Ces arguments ont permis à certains souverainistes de fabriquer une thèse voulant que le référendum avait été « volé[404] » et qu'il ne suffirait donc que de contrôler ces variables pour gagner le prochain. Dans la lignée des variables démographiques, le jeu des générations, c'est-à-dire le fait que les jeunes, plus souverainistes, remplaceront leurs aînés, davantage fédéralistes, a été relevé comme condition gagnante future[405]. Cet état d'esprit a entraîné deux conséquences politiques indéniables qui ont coloré le PQ des années 2000.

Primo, comme que les souverainistes ont accepté l'idée que le prochain référendum sera nécessairement gagnant, ce sont les débats concernant la mécanique référendaire qui ont continué à occuper le haut du pavé. De congrès en congrès, les chefs du Parti québécois, de Lucien Bouchard à André Boisclair en passant par Bernard Landry, n'ont pas eu d'autres choix que de se plier aux vœux des militants qui voulaient avoir un « référendum dans le premier mandat » ou le « plus rapidement possible », positions qui finissent toujours par rallier une part importante de la coalition souverainiste.

Secundo, la prise du pouvoir à tout prix est devenue une option fort intéressante étant donné qu'elle est nécessaire pour déclencher la procédure référendaire. Ce faisant, le PQ s'est lentement, mais sûrement rapproché du centre, se confondant parfois même avec le Parti libéral. Qui, lors des élections de 2003, 2007 et même de 2008, pouvait dire quelles étaient les grandes différences entre le Parti libéral et le PQ, à part le positionnement sur la question nationale ?

Dans ce contexte délétère, l'arrivée de Pauline Marois à la tête du parti, en 2008, aurait pu inverser le cours des choses. Une nouvelle chef, à la vaste expérience politique, semblait être nécessaire après la débâcle électorale subie par André Boisclair un an auparavant.

Le délitement de la coalition souverainiste

Lorsque Pauline Marois prend les rênes du PQ, elle est décidée à le mettre à sa main comme aucun autre chef de l'histoire de ce parti. Le résultat de l'élection générale de 2008 lui a permis de se bâtir une autorité[406]. Ainsi, elle organise ses députés au sein d'une opposition jugée efficace même par les députés du Parti libéral[407]. En 2009, elle fait abolir les clubs politiques à l'intérieur du parti, ce qui a pour effet immédiat de fermer le seul club politique qui se situe à la gauche du parti[408]. À la fin de l'année 2010, son parti gagne une élection partielle dans la circonscription du défunt ministre Claude Béchard, qui est libérale depuis 1985. Ce nouveau style de présidence a semblé constituer, l'instant d'un congrès, un gage de succès : en avril 2011, lors d'un vote de confiance, elle reçoit un appui de 93 %[409]. Poussant la logique jusqu'au maximum, Pauline Marois profite de la tenue de ce vote pour lui lier un programme, qui pour la première fois depuis 1985 ne promet pas obligatoirement la tenue d'un référendum sur la souveraineté. Plutôt, il sera tenu au « moment jugé opportun par le gouvernement[410] ». En soi, il s'agit d'une révolution pour les souverainistes : le principal parti qui soutient leur option ne propose pas de référendum automatique.

Ce virage vers une option souverainiste aux contours flous a fait fuir encore une partie de la coalition souverainiste, ceux que l'on qualifie de « pressés ». Prenant prétexte du dossier de l'amphithéâtre à Québec, quatre députés, dont les ténors Louise Beaudouin et Pierre Curzi, démissionnent au début de l'été 2011. Malgré des affirmations semblant indiquer le contraire[411], certains démissionnaires ont laissé entendre que l'insatisfaction au sujet de la sempiternelle approche référendaire pouvait expliquer leur geste[412]. Le plus limpide à ce sujet a été Jean-Martin Aussant, qui a créé son propre parti, Option nationale. Ce parti axé presque uniquement sur la souveraineté a réussi à capter l'une des franges les plus militantes des souverainistes. Plusieurs personnalités associées au mouvement souverainiste ont d'ailleurs appuyé publiquement la candidature du chef d'Option nationale[413]. Il fallait voir l'énergie déployée par les militants de ce parti pour faire naître leur véhicule politique : en quelques mois d'existence, Option nationale a réussi à attirer 1,9 % des voix de l'élection générale de 2012, un pourcentage qui semble faible, mais qui aurait été fort utile au Parti québécois.

::

Comme la réalisation de la souveraineté nécessite la prise du pouvoir, le Parti québécois a toujours aussi eu un programme de gouvernement complet, touchant toutes les sphères d'action de l'État québécois. Ce programme a été, au fil des ans, plutôt de centre gauche, avec des variations assez importantes. Il serait donc injuste de prétendre qu'il n'y a que des débats sur la mécanique référendaire dans ce parti. Cependant, les débats entourant ces questions de positionnements politiques à gauche ou à droite n'ont jamais entraîné la division du parti comme les débats sur la mécanique référendaire.

La défaite électorale de 2003, combinée aux faibles chances de voir la souveraineté se réaliser à court terme, a en quelque sorte « libéré » les éléments plus à droite de la coalition péquiste. Le mouvement a été amorcé par Lucien Bouchard avant 2003, mais les Jacques Brassard[414], Guy Chevrette[415] ou autres Joseph Facal[416] ont tous affiché des positions plus à droite que celles de leur ancien parti. Le dernier en lice, François Legault, en fondant sa Coalition Avenir Québec, a jeté les bases d'un tournant à gauche du PQ.

En effet, comme les éléments les plus à droite de la coalition péquiste ont quitté le navire, et que les inclinations naturelles de Pauline Marois la portent au progressisme, le programme politique adopté en avril 2011 se campait nettement plus à gauche que les autres programmes récents du PQ[417].

Ainsi, voyant que la souveraineté n'était plus à l'ordre du jour et que le parti avait consommé son virage vers la gauche, trois députés péquistes ont rejoint, de gré ou de force, les rangs de la Coalition Avenir Québec[418]. *In fine*, le PQ s'est éloigné de l'alliance de toutes les tendances «gauche-droite» qui faisait sa force et avait permis sa venue au pouvoir. On a donc vu l'éclatement de ce qui fondait la coalition souverainiste.

Condamné à naviguer à vue

En repoussant la question de la souveraineté à un avenir incertain et en se positionnant à gauche dans un «marché» politique qui comprend maintenant un parti de centre, la Coalition Avenir Québec, le Parti québécois s'est placé dans une position où la tentation de sombrer dans la versatilité confinant parfois à l'électoralisme est devenue forte.

Le meilleur exemple de cette volatilité reste la décision d'appuyer sans réserve les dérogations nécessaires au projet d'amphithéâtre à Québec. Cette décision a surpris, car elle semble aller à l'encontre de principes fondamentaux et de la cohérence politique du PQ. Rappelons que le projet de loi soutenu par le Parti québécois visait à empêcher les citoyens de poursuivre la Ville de Québec au sujet du contrat la liant à Québecor[419]. À peu près six mois auparavant, le Parti québécois avait refusé d'appuyer un projet de loi visant, entre autres, à interdire… les poursuites de la part des riverains des chemins de motoneige qui endurent bruit et pollution[420].

Pendant la campagne électorale de 2012, le Parti québécois s'est dédit à plus d'une reprise sur ses propositions les plus audacieuses. Cela a notamment été le cas au sujet des conditions d'obtention de la citoyenneté québécoise ainsi que des modalités d'exercice des référendums d'initiative populaire[421]. Pauline Marois, à une question qui lui a été posée à deux reprises au sujet de la place des conservateurs souverainistes dans son parti, a répondu deux fois que ceux-ci pouvaient voter pour deux partis « conservateurs » (le PLQ et la CAQ) avant de changer d'idée dès le lendemain[422].

Bon an, mal an, ces postures politiques, notamment le cas de l'amphithéâtre de Québec, n'ont fait que contribuer au raffermissement dans l'opinion publique de l'idée malheureuse selon laquelle le PQ est un parti comme les autres.

Le Québec, ultime victime des choix des souverainistes

Peu à peu, avec l'exercice du pouvoir, le PQ a perdu le lustre, peut-être injustement, que René Lévesque avait tant voulu pour ce parti et pour notre vie politique nationale. En « mangeant » ses chefs les uns après les autres depuis Jacques Parizeau, ce parti s'est singulièrement éloigné de l'image de respectabilité qui n'avait rien à envier au Parti libéral. Mais c'est surtout en s'enfermant dans les débats de mécaniques référendaires que le Parti québécois a lassé la population et s'est durablement détourné d'elle. Les résultats électoraux des années 2000 le prouvent[423].

En débattant des tactiques référendaires comme on discute du sexe des anges, le PQ — et le mouvement souverainiste en entier — a réussi à tellement dégoûter la population que cette dernière ne l'écoute plus dorénavant que d'une oreille inattentive. Autrement dit, le débat politique a constamment été brouillé par les discussions stratégiques portant sur la date du référendum.

La réaction du Parti québécois face à cette aversion de la population pour les débats référendaires peut sembler sensée : en ne s'engageant pas, à partir de 2011, à tenir de référendum sur la souveraineté dans un éventuel mandat, les péquistes ont probablement pensé qu'ils s'éloignaient des peurs de la population québécoise à ce sujet et que cela les favoriserait sur le plan électoral. Toutefois, ce choix a sans doute entraîné trois conséquences fâcheuses.

La première est que le débat sur la question nationale est *de facto* devenu moins pressant. Comment convaincre les citoyens de l'importance de la question nationale si l'on admet ouvertement qu'on s'en occupera dans un avenir indéfini ? Aussi, en n'indiquant pas le moment où la question nationale sera traitée par le gouvernement, cela a probablement donné aux citoyens l'impression qu'on les prendrait par surprise lorsque le gouvernement jugerait que le temps est venu. Troisièmement, ce choix a entraîné le départ d'une faction militante des souverainistes à l'extérieur du Parti québécois, minant d'autant son efficacité électorale.

Sinon, le positionnement au centre-gauche, qui peut-être à une autre époque n'aurait pas nui aux chances électorales du Parti québécois, sera probablement handicapant dans un paysage politique qui comporte une option centriste comme la Coalition Avenir Québec.

Les résultats de l'élection générale de 2012 sont le principal témoin des difficultés rencontrées par le Parti québécois : malgré l'impopularité record du gouvernement libéral, le Parti québécois, même s'il a terminé devant les deux autres principaux partis, a vu son nombre de voix recueillies reculer par rapport à l'élection de 2008[424].

:::

S'il peut être désolant que le principal parti politique progressiste se soit éloigné de son objectif premier en s'embourbant lui-même dans les pièges de son option et de la vie politique, il ne faut pas perdre de vue que c'est le Québec en entier qui a cessé d'avancer.

Les vicissitudes des choix du Parti québécois auront directement contribué au recul des aspirations constitutionnelles du Québec et à sa quête de liberté. En considérant la partie gagnée et en concentrant l'essentiel de leurs discussions sur les stratagèmes référendaires, pour ensuite mettre en suspens la question nationale, les péquistes ont oublié de parler et de débattre de la nécessité d'un plus grand espace de liberté — quelle qu'en soit la forme — pour la nation québécoise. Pendant ce temps, le Parti libéral (et plus récemment la CAQ), dans l'indifférence la plus totale, a eu le beau jeu de minorer l'existence du problème constitutionnel québécois et de ne revendiquer que des pseudo-victoires sur ce front. Certes, les péquistes n'auraient sans doute pas convaincu les autres partis politiques non souverainistes d'embrasser leur option, mais ils auraient pu au moins contribuer à la nécessaire définition des besoins nationaux québécois. Quant aux autres souverainistes — de droite ou de gauche — qui ont quitté le principal parti porteur de leur idéal, leur jeu n'aura fait que renforcer le clan du *statu quo* constitutionnel.

Le virage à gauche du PQ — conséquence de la montée en force de Québec solidaire, de la naissance d'Option nationale et du recentrage de la troisième voie, incarnée par la CAQ — comporte un écueil qui, irréductiblement, mine son option fondamentale.

En plus du fait que ce virage le dessert dans un contexte où trois partis se disputent l'arène électorale (et des volte-face à connotations électoralistes qui renforcent son image défavorable), une association malsaine est en train de se concrétiser entre le souverainisme et la gauche de l'échiquier politique. Le positionnement à gauche du PQ, s'il peut se révéler bénéfique en ce sens qu'il comble un vide dans l'offre politique québécoise, a, comme jamais auparavant, agrégé gauche et souveraineté. Les critiques de l'ex-premier ministre Lucien Bouchard — qui laisse de plus en plus paraître une amertume face à ses anciens frères d'armes et une insécurité quasi maladive face à l'avenir — semblent toutefois exactes sur un point : on ne peut pas faire triompher un projet comme l'indépendance nationale en se cantonnant d'un seul côté de l'axe gauche-droite[425]. La stratégie qu'on évoque de plus en plus (notamment à cause du résultat des élections générales de 2012), à savoir une alliance électorale entre le Parti québécois, Québec solidaire et Option nationale, concrétiserait d'ailleurs cet amalgame aux yeux de l'électorat[426].

Malheureusement, si le PQ ne choisit pas la voie de l'alliance, les victoires électorales seront plus ardues à l'avenir, minant aussi par le fait même l'option souverainiste. Par ailleurs, il faut espérer que les souverainistes qui ont choisi de quitter le Parti québécois pour se diriger vers Option nationale ou Québec solidaire auront la lucidité de reconnaître que, dans le système électoral qui est le nôtre, ce choix mène à l'affaiblissement de leur souhait politique le plus cher.

Bref, en agissant comme ils l'ont fait depuis le référendum de 1995, les souverainistes portent une grande part de responsabilité dans la stagnation nationale qui afflige le Québec. Pour remédier à la situation, ils devront sortir des sentiers battus, faute de quoi le Québec reculera.

François Legault et sa Coalition Avenir Québec : le bousillage de la troisième voie

« Je voterais non à un référendum sur la souveraineté. »
« Le Québec ne peut se permettre de perdre un autre référendum. »
— François Legault, dans la même conversation, pendant la campagne électorale de 2012[427]

C'est en répondant de cette manière à une question de son intervieweur que François Legault a en quelque sorte démontré le bout de la logique qui soutient sa nouvelle action politique. Pour cet ex-souverainiste pressé, qui a décidé de quitter le Parti québécois pour aller occuper la place laissée vide par l'ADQ, l'incohérence est de mise, surtout si elle peut servir ses intérêts partisans.

Plus largement, ce genre de déclaration illustre à merveille la personnalité politique de la Coalition Avenir Québec : celle d'un parti qui se targue de vouloir faire avancer le Québec, mais qui évite soigneusement le dossier qui fâche, c'est-à-dire la question nationale et constitutionnelle. Ce comportement politique laisse croire que le grand changement attendu par les Québécois ne viendra pas de ce côté.

La troisième voie : l'héritage de Mario Dumont

À la suite de l'échec de l'accord du Lac Meech, les tensions se font fortes au sein du Parti libéral du Québec. L'aile nationaliste du parti (oui, une telle faction a déjà existé au Parti libéral) ne digère pas ce rejet du Canada et travaille fort à l'adoption d'un rapport recommandant une refonte majeure du fédéralisme canadien. Ce rapport, intitulé *Un Québec libre de ses choix : Rapport du Comité constitutionnel du Parti libéral du Québec*[428] et mieux connu sous le vocable de « Rapport Allaire » (du nom du président du comité, Jean Allaire), préconisait une importante dévolution des pouvoirs du palier canadien vers le palier québécois. Ce rapport a été adopté en 1991 par les instances du Parti libéral du Québec, mais finalement ignoré par Robert Bourassa. Cette posture avait conduit Mario Dumont et Jean Allaire à quitter le PLQ et à créer l'Action démocratique du Québec (ADQ), un parti fondé sur la notion nationaliste « d'autonomisme », c'est-à-dire l'expression politique des recommandations issues du Rapport Allaire, et sur des idées assez conservatrices.

L'ADQ fait son entrée dans l'arène électorale en 1994 et seul Mario Dumont est élu. Sentant probablement qu'il serait marginalisé dans le référendum sur la souveraineté qui s'annonce, Dumont rejoint la coalition du «oui», non sans avoir demandé que la question référendaire comporte la possibilité d'une association économique avec le Canada. Après l'échec du référendum de 1995, Dumont propose un moratoire de 10 ans sur la tenue d'un référendum[429].

Bénéficiant d'appuis croissants dans la population, probablement à cause de la position autonomiste qui se situe entre les deux autres camps, les résultats électoraux de l'ADQ s'améliorent régulièrement à chaque élection, tant et si bien qu'à l'élection générale de 2007, l'ADQ recueille 30,8 % des voix et forme l'opposition officielle d'un gouvernement minoritaire.

Toutefois — et cela constituait son problème principal —, l'ADQ était beaucoup trop conservatrice pour la majorité des Québécois. Rappelons que c'est ce parti qui avait déjà proposé l'introduction du secteur privé en santé, un taux d'imposition universel, la création des bons d'éducation, l'affaiblissement des organisations syndicales, etc.[430]

En accédant au statut d'opposition officielle, l'ADQ n'a pas pu occulter très longtemps son fort penchant pour les idées de droite, assez éloignées du courant majoritaire québécois. Aussi, l'inexpérience manifeste de la députation a grandement nui à l'image de l'ADQ[431]. La sanction électorale est vite arrivée: à l'élection générale de 2008, l'ADQ a vu son appui électoral fondre pratiquement de moitié, pour retourner à un niveau plus bas qu'avant l'élection de 2003[432]. Cette défaite a précipité la démission de Mario Dumont, une figure bien plus populaire que son parti, laissant l'ADQ orpheline.

La course à la direction qui visait à remplacer Mario Dumont a transformé son ancien parti en cirque politique[433] et ce dernier ne s'en est jamais vraiment remis. En déclinant abruptement, l'ADQ a laissé le champ libre à une nouvelle expression de la troisième voie. Si les idées de droite de l'ADQ ont nettement été

désavouées, ce n'est pas le cas de la posture nationaliste autonomiste héritée du Rapport Allaire. La politique ayant horreur du
vide, un nouveau candidat au poste de dirigeant de la troisième
voie est rapidement apparu.

Le vide au service d'un ambitieux

En 1997, à 39 ans, François Legault a vendu les parts qu'il détenait dans Air Transat, compagnie aérienne qu'il avait fondée
11 ans plus tôt, atteignant ainsi son but de devenir million-
naire avant l'âge de 40 ans[434]. Passionné par la politique depuis
toujours — il affirme être devenu membre du Parti québécois
à l'âge de 16 ans[435] —, il fait le saut en politique active un an
après son départ d'Air Transat. D'emblée, Lucien Bouchard le
nomme ministre de l'Industrie, du Commerce, de la Science
et de la Technologie, pour le transférer à l'Éducation quelques
mois plus tard. Legault occupera ce poste pendant quatre ans,
sous Bouchard puis sous Bernard Landry. Un an avant la défaite
électorale de 2003, il est muté à la Santé et aux Services sociaux.
Ainsi, M. Legault a occupé quelques-unes des plus importantes
responsabilités ministérielles québécoises.

Rapidement, il appert que François Legault est un personnage
ambitieux. Après son arrivée en politique, il veut briller sous les
feux de la rampe, ce qui apparaît normal pour quelqu'un qui a
occupé très jeune de hautes fonctions dans le secteur privé. Seulement, son ambition le pousse à adopter des positions qui laissent
transparaître de grands calculs politiciens. Les tractations entourant la succession de Lucien Bouchard nous en ont donné un
exemple éclatant.

Lors du départ de Lucien Bouchard, au début de l'année 2001,
trois personnes sont sur les rangs pour le remplacer : Bernard
Landry, Pauline Marois et François Legault[436]. Rapidement,
Legault se rend bien compte qu'il ne pourra pas gagner seul.

Ainsi, le 16 janvier 2001, *La Presse* relate que Legault et Marois réfléchissent à l'idée de se présenter ensemble, en tandem « à l'américaine[437] ». Dès le lendemain, ce projet est abandonné, parce que Legault ne l'appuie plus[438]. Le 18 janvier, Marois fait état du coup très dur que lui a asséné Legault qui, après discussions et consultations de sondages défavorables, a finalement rejoint Bernard Landry[439]. Le 19 janvier, Legault, à la surprise générale, remet publiquement en jeu son appui à Landry, insatisfait des discussions qu'il aurait eues avec ce dernier, parlant de nouveau d'une possible alliance avec Pauline Marois[440]. Le 22 janvier, Legault endosse finalement Landry, car, selon son attaché de presse, il « sait très bien où loge son intérêt[441] ». Peu après, il déclare avoir commis des « maladresses », mais du même souffle, avoue que la dernière semaine « a été [...] très riche en apprentissages[442] ». Autrement dit, l'inexpérience et non pas l'ambition serait à blâmer pour ces agissements. Difficile de croire qu'un ministre puisse être aussi maladroit. De toute manière, la suite de son action politique, notamment après la défaite du Parti québécois en 2003, confirme ce doute.

Quelques semaines seulement après cette défaite électorale, dans une lettre envoyée aux médias, Legault se déclare candidat à la succession de Bernard Landry, tout en souhaitant que celui-ci reste en poste le plus longtemps possible[443]. Le problème est que Landry décide justement de rester le plus longtemps possible, voire de se présenter à la prochaine élection. Legault entreprend alors, par personnes interposées, de mener une guérilla contre le chef de son parti.

S'entourant d'une équipe de jeunes loups qui ont vite adopté autour de lui la culture du clan, François Legault s'évertue à livrer une intense lutte interne visant à miner le leadership de Bernard Landry, afin de pousser celui-ci à la démission. Pourtant, quelques jours seulement avant le congrès qui allait décider du sort du chef du PQ, François Legault, présageant probablement son échec, se rallie publiquement à Bernard Landry[444]. Organisée depuis des mois, cependant, la fronde à l'endroit de Landry n'a pas pu être freinée et, après un vote de confiance décevant, elle s'est finalement soldée par son départ.

Alors que tout le monde pensait que M. Legault allait se lancer dans la course à la succession de Landry, celui-ci décide plutôt, en invoquant des raisons familiales, de n'en rien faire[445]. Bien qu'il puisse être légitime de vouloir passer plus de temps avec sa famille, il est plutôt difficile de croire, après avoir tergiversé pendant deux ans, que cette décision soit entièrement imputable à des motifs familiaux, surtout qu'il avait souhaité se présenter auparavant. Son intérêt ne devait donc pas se retrouver dans une candidature à la chefferie à cette époque. Même chose lors la non-course à la chefferie qui a suivi le départ d'André Boisclair : comme une bataille de titans se profilait entre Pauline Marois et Gilles Duceppe (et que les deux tiers des appuis des députés péquistes étaient acquis à Marois[446]), Legault s'est abstenu de se lancer, sans doute de crainte de perdre la course.

::

À l'été 2008, Legault commence à mettre ses pions sur la table pour la suite des choses. Lors du caucus estival des députés du Parti québécois, il déclare que « les gens se disent : avant de m'embarquer dans un grand projet, un grand changement, y a-t-il moyen de régler les problèmes financiers, nos problèmes dans nos écoles, les inquiétudes qu'on peut avoir au niveau de notre emploi, de notre économie ? » et que « pour être capable de présenter un grand projet comme la souveraineté du Québec, il faut d'abord bâtir la confiance[447] ». Les élections approchant à grands pas et le PQ ne renonçant pas à la souveraineté, une défaite électorale cinglante aurait pu ouvrir la porte au départ de Pauline Marois et à son remplacement par Legault.

Toutefois, les résultats des élections, tenues le 8 décembre de la même année, constituent l'argument convaincant Legault de quitter le navire : la position du Parti québécois à l'Assemblée nationale se voyait grandement améliorée et on ne pouvait plus remettre en question le leadership de Pauline Marois, du moins à brève échéance.

Le 25 juin 2009, François Legault annonçait son retrait de la vie politique afin, disait-il, « de passer à autre chose et d'envisager d'autres formes d'engagement dans la société québécoise[448] ». Dans son allocution, il disait s'attrister de ce que le Québec soit engagé dans un « déclin tranquille ». Pour remédier à ce déclin, outre le règlement de la question nationale, Legault énumérait trois obstacles : « D'abord, le Québec a toujours un écart de richesse important avec les autres États en Amérique du Nord. Ensuite, nos réseaux publics de santé et d'éducation connaissent de graves problèmes d'efficacité. Et, enfin, le Québec vit une crise des finances publiques[449] ».

L'adage dit que lorsqu'on chasse le naturel, il revient au galop : dans le cas de François Legault, l'ambition de devenir premier ministre est vite revenue. Le 6 octobre 2010, soit un peu plus d'un an après sa démission, les médias font état de discussions entourant la formation d'un mouvement par François Legault. Celui-ci s'évertue alors à dire que la création d'un parti politique « n'est pas pour demain[450] ». En fait, Legault commente : « On n'est pas rendu à faire une sortie publique et on est encore moins rendu à faire un nouveau parti politique[451] ». Le 21 février 2011, Legault, lance la Coalition pour l'avenir du Québec[452]. Bien hypocritement, Legault prétend que sa coalition vise seulement à proposer des idées, et que ce n'est que si les autres partis n'intègrent pas ses propositions qu'il créera un parti[453].

Le 1er novembre 2011, soit un an après avoir déclaré que la création d'un parti n'était pas pour demain, la Coalition dépose les documents requis pour la formation d'un parti politique aux bureaux du DGEQ[454]. Au mois de décembre 2011, les dirigeants de l'ADQ, qui est maintenant complètement isolée, annonce leur intention de fusionner avec la CAQ, décision entérinée le 22 janvier 2012[455].

Comment un tel parti a-t-il pu naître si vite dans le paysage politique québécois ? En premier lieu, parce que cela a toujours été l'intention de M. Legault : son plus proche conseiller politique, Martin Koskinen, s'en ouvrait aux journalistes dans les jours qui ont suivi la création du parti politique[456]. Surtout, en s'appuyant sur les nécessaires éléments de la troisième voie : un positionnement politique distinct sur l'axe gauche-droite et une position claire sur la question nationale.

Un positionnement « centriste »

Un des aspects du discours caquiste qui choque est le refus affiché du parti de s'inscrire sur l'axe gauche-droite[457], préférant se réclamer du « pragmatisme[458] ». Cette position fâche parce qu'elle est impossible : tout parti politique se classe — par la somme de ses propositions — sur cet axe. Ainsi, cette position personnalise le débat en ramenant tout à la personne du chef. Surtout, elle prive les citoyens de repères essentiels au chapitre des valeurs qui gouverneraient Legault une fois au pouvoir : la politique étant faite au moins en parts égales de prévisions et d'imprévus, quelles valeurs gouverneront Legault lorsqu'il fera face à des situations inusitées ? Le pragmatisme ? En conséquence, le chef de la CAQ n'a pas le choix d'habiller sa Coalition de slogans qui ne peuvent pas avoir plus de sens que le pragmatisme : « Le Québec peut et doit faire mieux », etc. Même le nom du parti est vide de sens : « Coalition Avenir Québec — Équipe François Legault ». Que veut dire être en faveur de l'avenir ? Qui est contre l'avenir ? Pourquoi le Québec ringardise-t-il sa politique nationale au point de nommer un parti comme une agence immobilière ? Toutes ces acrobaties intellectuelles révèlent toutefois les grandes leçons que la Coalition de Legault a tirées de l'aventure adéquiste : pour que la troisième voie puisse avoir une chance de succès, il faut se positionner au centre du jeu politique, ou du moins le prétendre.

Malgré les débuts de la Coalition, qui ont révélé un fort penchant pour la versatilité, le programme politique qui a été présenté aux Québécois lors de la campagne électorale de 2012 se situait beaucoup plus proche du centre que celui de la défunte ADQ. Certes, on y développait des credos de la droite populiste, c'est-à-dire le dégraissage de l'État[459], une baisse des impôts pour la classe moyenne[460], davantage d'autonomie aux écoles[461] ou encore la mise sur pied d'un projet-pilote visant l'introduction du privé en santé[462], des mesures que l'on retrouve souvent dans le champ lexical de la droite. Toutefois, le programme contenait aussi des propositions que l'on trouve généralement à gauche : interventionnisme accru dans l'économie[463], augmentation de certains impôts touchant les riches et les entreprises (eh oui !)[464], augmentation des heures d'enseignement à l'école secondaire[465] ou encore établissement d'un moratoire sur l'exploitation du gaz de schiste[466].

Durant la campagne électorale, la Coalition a principalement attaqué le Parti québécois ; son discours a donc paru plus populiste et à droite qu'il ne l'était vraiment. Tout compte fait, c'est sans doute ce qui a permis à la Coalition, deux ans après sa création, de réussir un score impressionnant à sa première participation électorale, soit 27,05 %. L'obtention aussi rapide d'un tel appui a probablement été favorisée par une attitude très couarde du parti au sujet de la question nationale.

Le manque de courage au service d'une ambition

Par rapport à l'ADQ, la CAQ a innové en étant beaucoup plus timorée au sujet de la question nationale et constitutionnelle.

Plutôt que d'adopter un positionnement autonomiste, dans la lignée du Rapport Allaire, la CAQ a choisi ne pas se positionner sur la question nationale[467]. En fait, l'analyse de Legault n'est pas infondée : la persistance de la question nationale dans le débat politique est effectivement une source d'immobilisme et de crispation qui rejaillit sur toutes les sphères de la vie politique nationale. Mais c'est aussi une très grande source de problèmes limitant les possibilités de la société québécoise. Nier qu'un problème existe, comme le fait Legault avec la question nationale, ne sublime pas ce problème ni ses retombées négatives. Pire, cela oblige la CAQ à utiliser de jolis sophismes afin de fonder sa position : « le Québec n'est pas assez fort pour traiter de cette question[468] », « les Québécois ont d'autres priorités[469] », « la question divise les Québécois[470] », etc. Reste maintenant à voir quelles acrobaties intellectuelles Legault utilisera pour récupérer le champ fiscal fédéral en santé[471], abolir les écoles passerelles[472], durcir la loi criminelle[473], rapatrier les pouvoirs en immigration, en culture, en télécommunications, en environnement et en énergie[474] si les questions constitutionnelles ne doivent pas être à l'ordre du jour. Que ferait la CAQ si le gouvernement fédéral refusait de répondre à ses demandes ? Les Québécois n'ont jamais eu de réponse à cette question, outre que Legault n'entendait même pas commencer à travailler sur ces questions avant un second mandat[475].

Le véritable courage politique aurait été de proposer une solution mitoyenne qui permettait d'en finir avec cette question, comme l'ADQ en avait tracé une esquisse. Mais bien sûr, cela aurait été bien plus ardu que de succomber aux sirènes de la facilité, d'autant plus que cette posture aurait peut-être ralenti Legault dans sa marche vers la magistrature suprême du Québec.

::

La combinaison d'un certain sens politique et de l'ambition de François Legault a donc mené à la constitution d'une coalition de gens au service de la prise du pouvoir par ce dernier occupant la place laissée vacante par l'ADQ. Autrement, quel est le ciment politique qui soude cette coalition ? Des idées, des valeurs ? Favoriser l'éducation, la santé, l'économie, bref l'avenir ? Il ne doit pas se trouver beaucoup de gens pour penser que c'est une mauvaise idée.

En fait, le seul ciment politique réel de la CAQ est le rejet de la question nationale, sous toutes ses formes. Toutefois, s'il est possible de mettre ses convictions de côté pour poursuivre un objectif qui les dépasse, le contraire n'est pas vrai. Généralement, les coalitions basées sur le rejet de quelque chose s'étiolent dès qu'elles ont atteint leur objectif : cela a été particulièrement vrai dans les pays concernés par le « Printemps arabe » ou encore lors du référendum français sur la constitution européenne de 2005. Dans le cas de la CAQ, cet objectif ne peut se traduire que par la prise du pouvoir et son occupation. En soi, ce n'est pas un programme politique, et surtout pas un programme qui se démarque de celui du Parti libéral.

Au final, la Coalition Avenir Québec n'est à ce jour qu'une coalition de personnes qui ignorent la question nationale (et de quelques opportunistes qui ne sont en politique que pour gagner[476]) et qui se mettent au service de l'ambition d'un homme. Avec ses faiblesses intrinsèques et l'absence de valeurs cardinales fortement exposées lors la campagne électorale de 2012, en plus des limites imposées par le système fédéral canadien, une CAQ au pouvoir risquerait de ne pas être capable de diriger le Québec autrement que comme un vaste conseil municipal concentré sur l'intendance. On espère mieux d'un parti qui occupe maintenant une place significative sur l'échiquier politique que le bousillage de la troisième voie. La nation québécoise ne pourra pas sortir gagnante de la situation actuelle.

LES AUTRES ÉLITES POLITIQUES

Le paysage politique québécois n'est évidemment pas uniquement composé du Parti libéral, du Parti québécois et de la Coalition Avenir Québec : la maintenant défunte Action démocratique du Québec, Québec solidaire, Option nationale, les élus fédéraux et même les maires des plus grandes villes participent, à différents degrés, à la conduite des affaires de la nation, notamment par l'influence qu'ils exercent sur ceux qui sont aux commandes.

Quand un enjeu est mis en exergue par les doléances répétées d'un parti, comme l'ADQ l'a fait avec la question de la dette, cela peut influencer les choix des décideurs. Quand un député utilise la tribune de l'Assemblée nationale pour canaliser la grogne populaire, comme Amir Khadir l'a fait au sujet de l'amphithéâtre de Québec, cela peut momentanément faire dévier la trajectoire nationale. Quand le maire de la métropole gère sa ville à la petite semaine et que celle-ci est secouée par des scandales, les odeurs nauséabondes de la corruption se répandent au-delà des frontières de ladite ville.

Si l'on peut accuser des partis de diffuser des idées qui ne sont pas dans l'intérêt national ou d'agir de manière à encourager les perceptions négatives à l'endroit de la chose publique, ceux-ci ne portent pas une responsabilité aussi définitive que les élus qui gouvernent les affaires nationales — et ceux qui ont déjà gouverné et aspirent à retourner au pouvoir. Les gens au pouvoir ont toujours la possibilité d'agir pour conjurer les problèmes décriés par les tiers partis, les inepties causées par les élus des échelons inférieurs ou même les agissements du gouvernement fédéral.

De toute manière, il est beaucoup plus ardu, dans le cas des élites politiques qui ne sont pas au pouvoir, de déterminer les effets de la diffusion de leurs idées ou de leurs comportements. Ainsi, la revue exhaustive des agissements, idées et autres priorités des autres élites politiques serait sans doute trop longue pour cet essai.

LA DÉMISSION POLITIQUE DES ÉLITES

Au crépuscule de sa vie, l'intellectuel Pierre Bourgault avait profité de sa chronique quotidienne au micro d'une émission radiophonique pour mener une charge à fond de train contre la nostalgie des années 1960 et 1970[477]. Lui, une figure emblématique de cette époque, se désolait de l'esprit mélancolique qui entourait son souvenir. La glorification du passé ne pouvait pas, selon lui, être garante d'un esprit prompt à affronter les défis à venir. Cette constatation de Bourgault n'est pas dénuée de fondements : comment avancer si l'on ne regarde qu'en arrière et qu'en plus, ce passé fait figure d'idéal qui ne sera plus jamais atteint ? En même temps, le passé peut parfois légitimement servir de source d'inspiration, voire de référence. En ce qui concerne la vie politique québécoise, il est presque impossible de ne pas ressentir une certaine lypémanie lorsqu'on se souvient de l'engagement des élites dans la vie politique durant la Révolution tranquille. L'inévitable comparaison avec le Québec d'aujourd'hui mène à un constat sans appel : dans le temps, c'était mieux.

Les élites ?

La notion d'élite est assez subjective. On peut considérer qu'elles « sont les meilleurs sujets au sein d'une catégorie professionnelle ou d'un groupe social déterminé, ceux qui font preuve des qualités les plus éminentes dans l'une ou l'autre forme d'activité et dont les qualités sont des facteurs d'équilibre et d'épanouissement de la collectivité[478] ». Il ne s'agit donc pas ici de personnes nécessairement riches ou qui détiennent beaucoup de pouvoir. Plutôt, ce sont des gens qui peuvent revendiquer autre chose que l'expérience politique partisane.

Comment mesurer la participation politique de ces élites ? Les statistiques fiables à ce sujet n'existent pas. Non seulement il n'y a pas de données relatives à cette problématique bien précise, mais il est également impossible d'extrapoler à l'aide de statistiques couvrant un domaine plus large. Par exemple, les phénomènes de fuite des cerveaux et d'émigration en général sont bien difficiles à mesurer dans l'absolu, et encore plus pour une entité non souveraine comme le Québec. Il n'existe pas non plus d'organismes qui font ce genre de recension. La seule manière un tant soit peu tangible de mesurer la différence de participation politique des élites entre deux époques est donc de comparer les *curriculum vitæ* de ceux qui occupaient jadis les postes de pouvoir et de ceux qui les occupent aujourd'hui. Mais plus encore, même s'il repose sur des éléments intangibles, il est pratiquement impossible aujourd'hui de se soustraire à un sentiment alarmant de vide.

C'est en regardant documentaires et films d'archives des années 1960 et 1970 que l'on se désole du manque de profondeur de nos « élites » politiques actuelles. C'est en fréquentant les cercles de gens « engagés » que l'on se rend compte de la répulsion que leur inspire la vie politique québécoise. Par extension, il faut avoir côtoyé des universitaires de tout acabit pour constater que le service public au sens large — au sein de la fonction publique québécoise ou de l'engagement politique — n'est plus considéré comme un choix de vie. Pire, il y a même une frange des intellectuels, dont la taille et l'évolution sont difficiles à mesurer, qui considèrent, parfois à juste titre, que le bonheur professionnel et personnel ne peut pas être trouvé au Québec. En s'exilant, pourtant, ils privent leur société d'origine de leur talent et des idées qui ont jalonné leur parcours.

Des élites québécoises jadis engagées

La participation politique des « élites » d'une société constitue sans doute une bonne mesure du sérieux que la chose publique inspire dans la population. En effet, si les élites choisissent d'occuper des postes électifs, ce qui implique de mettre leur vie privée de côté et d'accepter des salaires souvent moins élevés que ce qu'elles engrangeaient auparavant, c'est signe que les affaires de l'État sont prises en haute considération. Au Québec, on peut aisément postuler que les années 1960 et 1970 ont constitué une sorte d'âge d'or en la matière.

Jean Lesage a pu mener à bien les grandes réformes de la Révolution tranquille en partie parce qu'il avait à sa disposition ce qui est resté dans la mémoire collective comme une « équipe du tonnerre ». Cette équipe comprenait de grands noms tels Paul Gérin-Lajoie, Georges-Émile Lapalme, René Lévesque, Pierre Laporte, Marie-Claire Kirkland-Casgrain et Lesage lui-même. La plupart avaient fait des études universitaires, avaient à leur actif des expériences variées, certains avaient vécu à l'étranger. La même trame s'est reproduite avec le premier gouvernement de Robert Bourassa, de 1970 à 1976. En plus de Bourassa lui-même, on y comptait des éléments comme Claude Castonguay, Jean-Paul L'Allier, Jean Cournoyer, Guy Saint-Pierre et Jérôme Choquette.

Le premier gouvernement de René Lévesque est resté dans les annales de l'histoire politique nationale comme étant le meilleur Conseil des ministres jamais formé. À l'époque, même le consul américain en poste à Québec était de cet avis[479]. Et pour cause: des 24 membres du conseil des ministres, deux seulement n'étaient pas allés à l'université, soit… Lise Payette et René Lévesque. Plusieurs ministres avaient fréquenté les plus grandes institutions universitaires du monde : Harvard, Columbia, Cambridge, Massachusetts Institute of Technology (MIT), Institut d'études politiques de Paris, London School of Economics and Political Science (LSE), Stanford et *tutti quanti*[480]. Au final, ce gouvernement comportait six avocats, cinq économistes, deux médecins, trois administrateurs, quatre professeurs (dont deux prêtres !), deux journalistes, un ingénieur et un criminologue[481]. Mieux, en lisant les biographies de ces ministres, on se rend compte des expériences de vie extrêmement variées dont ils pouvaient se réclamer : avant de s'engager en politique, la plupart avaient mené une carrière brillante dans leur domaine respectif. Finalement, en 1976, la moitié des membres du Conseil des ministres avaient moins de 40 ans et aucun n'avait plus de 55 ans[482]. Inutile après la présentation de ces faits de se demander pourquoi ce gouvernement a été le dernier grand gouvernement réformateur québécois.

Plus globalement, on peut considérer qu'avant Jean Charest, et depuis l'élection de Jean Lesage, la grande majorité des hommes politiques qui ont occupé le poste de premier ministre étaient des hommes chargés d'expériences autres que celle de la politique. Jean Lesage : dix ans de pratique du droit avant d'entrer en politique. Robert Bourassa : six ans d'emploi dans la haute fonction publique et d'enseignement, et surtout, un retour à l'enseignement après sa première défaite. René Lévesque : 20 ans de journalisme, dont certaines expériences extraordinaires[483], avant son élection comme député libéral. Jacques Parizeau : 21 ans comme professeur aux HEC, en plus de plusieurs années dans la haute fonction publique avant l'élection de 1976. Lucien Bouchard : 21 ans de pratique du droit, dont certaines expériences marquantes, telles les Commissions Cliche et Martin-Bouchard, en plus de quelques années d'expérience diplomatique comme ambassadeur à Paris. Finalement, Bernard Landry : plus de dix ans à œuvrer dans la haute fonction publique et dans la pratique du droit avant de monter dans le train politique, en plus d'être allé enseigner après sa défaite de 1985. En somme, tous avaient un bagage de vie en dehors de la politique active, en plus d'un solide *curriculum vitæ*.

Toute la place aux professionnels

L'élection générale de 2007 a fourni le meilleur exemple de la désertion de notre sphère politique par les élites. Pour la première fois depuis très longtemps, les trois principaux candidats qui aspiraient à la magistrature suprême étaient des politiciens professionnels, c'est-à-dire de carrière. Ceux-ci, Jean Charest, André Boisclair et Mario Dumont, avaient tous été élus pour la première fois dans la vingtaine et n'avaient jamais occupé une autre fonction professionnelle que celle d'élu. Ils se sont tous lancés dans l'arène politique avant d'avoir cumulé les autres expériences de vie qui auraient pu bonifier leur candidature.

Cette tendance à la professionnalisation de la politique n'est pas observable uniquement chez les chefs de partis : la députation de l'Assemblée nationale recèle un nombre significatif de politiciens professionnels[484]. L'idée ici n'est pas de clamer qu'il s'agit d'un phénomène nouveau : il n'y a qu'à regarder l'époque de Duplessis pour s'apercevoir que le renouvellement des élus n'était pas la norme non plus. Cependant, tout phénomène séculaire peut aussi, à terme, être néfaste.

Pour les politiciens professionnels, les seules expériences de vie proviennent de la politique. Cette vie professionnelle, comme n'importe quelle expérience de travail, transforme inévitablement notre façon de voir les choses, à la manière d'une lunette déformante. Les gens qui se lancent dans l'arène politique se rendent souvent bien compte des contingences désagréables, mais parfois inévitables de l'action politique : soumission de l'intérêt général à l'intérêt partisan, immobilisme ou, au contraire, réforme, dans le but de servir l'intérêt du parti, soumission et censure pour ne pas embarrasser le chef, etc. La lecture de l'autobiographie de l'ancienne ministre Lise Payette est révélatrice à cet égard[485].

C'est pourtant l'expérience en dehors de la sphère politique et partisane qui permet de conjurer partiellement ces effets négatifs. Lorsqu'on a acquis auparavant des convictions qui proviennent de nos diverses expériences de vie, il est moins risqué qu'elles s'émoussent à la faveur des intérêts partisans. Plus ces convictions sont diversifiées et riches, plus elles ont de chances de résister. Surtout, ce sont elles qui motivent l'entrée en politique et permettent parfois, au bout du compte, de changer le cours des choses.

Il n'est donc pas déraisonnable de penser que l'action de ceux qui n'ont connu que la politique soit imprégnée des leitmotivs propres à la vie partisane et parfois déconnectée de la réalité. Comment peut-on s'attendre à ce que les politiciens professionnels soient bien en mesure de saisir les courants qui traversent la société québécoise s'ils ne les ont jamais observés autrement que du point de vue de l'action politique, pour ne pas dire de la politique politicienne ? Ils n'ont jamais rien connu d'autre ! Quand les postes de pouvoir au sein du gouvernement, notamment celui de premier ministre, sont occupés par des apparatchiks, il ne faut pas être surpris des décisions si éloignées de l'intérêt général auxquelles le gouvernement libéral de Jean Charest, notamment, nous a habitués et dont il nous a lassés. La grille d'analyse partisane étant la seule qu'ils connaissent, il ne faut pas trop espérer d'eux en ce sens.

Pourquoi cette désertion ?

Cette anémie politique qui pousse à la nostalgie serait sans doute moins grave si les élites de la trempe de celles qui ont déjà gouverné le destin de la nation québécoise avaient encore le réflexe de la servir. Les grands esprits fuient l'engagement politique ; il y a 30 ans, c'était l'inverse. Il a fallu voir l'échec patent d'André Boisclair lorsque celui-ci, avant l'élection générale de 2007, a clamé qu'il cherchait à réunir une nouvelle « équipe du tonnerre » à la Jean Lesage[486] pour confirmer cette assertion. Qu'est-ce qui peut expliquer ce vide ?

D'emblée, on serait tenté de rejeter le blâme sur les changements au jeu politique imposés par un univers médiatique maintenant écrasant. Il est vrai que les « nouveaux » médias et les cycles de nouvelles, aidés par les réseaux d'informations 24/7, changent la nouvelle toutes les heures et rythment la vie politique. Rien de ce qui s'écarte de la langue de bois devenue la norme chez les politiciens ne peut passer inaperçu et rester sans conséquence.

On a aussi pointé du doigt le salaire que reçoivent les politiciens pour leurs services. Ils sont en effet moins bien payés qu'une partie d'entre eux pourraient l'espérer dans le secteur privé. De même, la perte de liberté de parole si intrinsèque à l'exercice si canadien que nous faisons de notre système parlementaire britannique en repousserait plusieurs. On pourrait même compléter ce cercle vicieux en avançant que la qualité contestable des élus repousse les candidats de qualité.

Toutefois, ces paramètres du jeu politique se retrouvent aussi dans la plupart des pays occidentaux sans que l'on y observe pour autant une telle désaffection des élites. Les deux grandes républiques, les États-Unis et la France, ne connaissent pas de tels problèmes, du moins pas avec une telle intensité. Même constat en Grande-Bretagne, voire parfois dans le reste du Canada. Michael Ignatieff en a été un bon exemple. Ainsi, ces variables nouvelles ne peuvent expliquer qu'en partie la pauvreté de notre sphère politique.

Notre imaginaire collectif l'oublie trop souvent, mais le Québec n'est toujours qu'un demi-État, ce qui fait qu'une kyrielle de sujets échappent à la juridiction de l'Assemblée nationale. Ainsi, celui qui veut s'impliquer politiquement pour changer la loi criminelle, avoir son mot à dire dans la négociation de traités internationaux, définir les grands principes environnementaux, s'opposer à la guerre en Afghanistan, réglementer le transport aérien, réorganiser le système judiciaire n'aura pas le choix de se diriger vers le palier fédéral. Il est vrai que cela n'en a jamais été autrement, mais depuis les années 1960, le zoom politique était braqué sur le Québec. En effet, la fin de la Seconde Guerre mondiale a vu le commencement, dans la plupart des pays occidentaux, du développement de l'État-providence. Le Québec n'a pas échappé à ce mouvement, d'autant plus que la Constitution canadienne confie aux provinces la plupart des responsabilités sociales (santé, services sociaux, éducation, etc.) normalement nécessaires à l'établissement d'un tel État. Même si le Québec a commencé ce développement une bonne quinzaine d'années en retard sur les autres nations occidentales, au début de la Révolution tranquille, la quasi-totalité de ses élites s'est concentrée sur ces questions pendant une bonne trentaine d'années. Couplé à l'effet emballant de la question nationale, Québec a été la destination des élites qui voulaient changer le monde.

La fin de la construction de l'État québécois, symbolisée par l'échec du référendum de 1995 et la lutte au déficit entamée l'année suivante, a lentement éloigné la nouvelle génération des élites de la politique québécoise. L'État-providence arrivé à maturité et l'échec du dernier projet collectif ont eu des effets significatifs sur cette génération. Cependant, il a fallu attendre quelques années pour que le déplacement de l'attention des élites vers le gouvernement fédéral se matérialise. L'année 2001 a certainement été l'amorce de ce mouvement. D'une part, les attentats du 11 septembre ont ouvert les yeux, surtout par la guerre qu'ils ont déclenchée, sur des réalités qui n'obtenaient pas l'attention des élites d'ici. D'autre part, le Sommet de Québec concernant le maintenant défunt projet de Zone de libre-échange des Amériques (ZLÉA) a fait comprendre à tous que c'était au niveau fédéral que

les grandes questions de notre temps se décidaient : les demandes
du premier ministre Bernard Landry, qui quémandait un siège
pour le Québec à la table des négociations[487], ont révélé l'exiguïté
des possibilités de l'État québécois quant à la conduite de ses relations internationales. Les négociations entourant les changements climatiques qui ont émaillé la dernière décennie ont une
fois de plus fait résonner ce constat. Les principaux dossiers de
notre époque sont maintenant traités à l'échelle internationale :
les élites regardent de ce côté, délaissant au passage la conduite
des affaires nationales québécoises.

Concomitamment, et malgré l'échec de 1995, la politique
québécoise est restée caractérisée par le débat sur la question
nationale, obligeant les élites à se définir par rapport à celle-ci
et à mettre au rancart certaines de leurs positions. Vers qui se
diriger lorsqu'on est de droite, mais souverainiste ? *A contrario*,
quelle est l'option lorsque le cœur bat à gauche et du côté fédéraliste ? L'apparente impossibilité de règlement de cette lancinante
question est probablement un argument de plus chez ceux qui
choisissent d'éviter la scène politique québécoise. À ce titre, le
catalogage inhérent à un débat aussi tranché est sans doute un
facteur de répulsion pour plusieurs, car il n'en vaut plus la peine,
surtout si cette étiquette reste collée longtemps au dos de celui
qui a osé se prononcer.

::

Incitées en cela par les phénomènes qui touchent toutes les sociétés, les élites québécoises ont donc déserté la scène politique
nationale. Épuisées de ce qui apparaît comme des questions
d'intendance et du sempiternel débat sur la question nationale,
elles se sont tournées vers d'autres horizons, laissant la scène
politique aux politiciens professionnels, apparatchiks ou autres
« faiseux ». Les effets de ce retrait sont difficilement quantifiables.

Il est cependant impossible de s'en réjouir. Les gens aux expériences variées, qui «en ont vu d'autres», sont capables d'orienter justement les armées de fonctionnaires qu'ils dirigent. S'ils se lancent en politique, c'est parce qu'ils ont été poussés par des idées plus fortes que l'envie de rester confortablement chez eux et qu'ils défendront ces idées le moment venu. Leur instinct partisan est moins développé et résiste donc mieux aux sirènes de la partisanerie, notamment quand l'intérêt général est en jeu. La participation politique des élites ne doit pas transformer la détention du pouvoir en oligarchie, mais son absence se fait cruellement sentir. Le Québec ne le sait déjà que trop.

DILETTANTISME CITOYEN GÉNÉRALISÉ

Il ne se trouve probablement plus âme qui vive au Québec pour ignorer le climat d'intense insatisfaction citoyenne face aux dirigeants politiques qui président à la destinée nationale. Le refrain le plus entendu est certainement que les Québécois sont devenus « cyniques » par rapport à la chose publique. Les preuves de cet état d'esprit abondent. En mai 2010, *La Presse* menait un grand sondage sur la question : 87 % des répondants considéraient que les qualificatifs « découragé » ou « rebuté » étaient les meilleurs pour décrire leur sentiment par rapport à la politique[488]. Pire encore, cette proportion montait à 94 % chez les 34-55 ans. Plus récemment, le magazine d'affaires publiques *L'actualité* consacrait un grand dossier à l'*écœurantite* des Québécois. Parmi les résultats du sondage qui accompagnait ce dossier, les réponses à une question résumaient bien l'atmosphère pourrie qui règne ici : seulement 24 % des répondants affirmaient que leurs préoccupations étaient reflétées à l'Assemblée nationale[489]. D'aucuns ont d'ailleurs souligné que ce sentiment généralisé expliquait le résultat de l'élection fédérale de 2011, où le NPD a effectué une percée majeure[490]. Cette soudaine vague ne peut pas vraiment prendre sa source ailleurs que dans un profond malaise à l'égard de ceux qui nous gouvernent.

Ces quelques statistiques — et tous les constats posés précédemment sur les défis qui se dressent devant la nation — devraient normalement annoncer des mutations de fond dans la société québécoise : manifestations, mouvements sociaux, bouleversements, grands débats, renouveau dans la participation citoyenne, etc. Pourtant, c'est loin d'être le phénomène observé. Certes, on constate parfois une montée soudaine aux barricades sur des sujets particuliers : la marche contre la guerre en Irak de 2003, où 100 000 à 200 000 personnes avaient défilé à Montréal, en est la meilleure expression[491]. On a observé le même phénomène lors de la grève étudiante de 2005 ou à l'occasion du mouvement contre la centrale du Suroît : de grandes manifestations, souvent sans suite.

Par exemple, un mouvement citoyen, le « Mouvement du 24 septembre », est né en 2011 dans le but de réclamer une commission d'enquête sur la construction et le financement des partis politiques. À sa première manifestation, ce mouvement n'a réussi à réunir que quelques centaines de personnes à Montréal et quelques dizaines à Québec[492]. Deux semaines plus tard, la participation était tombée à une centaine de personnes[493]. Déjà, cette rapide décroissance du mouvement laisse songeur… mais quand on la compare aux 75 000 personnes[494] qui ont participé à la marche en faveur du retour de l'équipe de hockey des Nordiques à Québec, elle laisse tout simplement pantois. De même, il est difficile de réconcilier le fait que, systématiquement et par une grande marge, les Québécois désignent René Lévesque[495] comme étant le meilleur premier ministre de l'histoire du Québec, avec le désir, exprimé à 40 % et loin devant les autres options, d'avoir comme premier ministre « un comptable efficace qui gère l'État[496] ». En plus d'être quelque peu désespérantes, ces contradictions, loin d'être des épiphénomènes, révèlent très bien les priorités réelles des Québécois. Ainsi, ces derniers ne peuvent échapper à la part de blâme qui leur incombe face aux problèmes collectifs qui accablent le Québec. La seule chose qui différencie les Québécois quant à la responsabilité qu'ils portent de notre marasme collectif est l'attitude qu'ils déploient face à celui-ci et qui varie selon les générations.

LA DÉMISSION GÉNÉRATIONNELLE DES BABY-BOOMERS

Plus que toutes les autres générations, celle dite du baby-boom, formée au Québec par ceux qui sont nés entre 1945 et 1960[497], a essuyé, dans les dernières décennies, son lot de critiques acerbes. Les intellectuels de la génération qui a suivi, par la bouche d'essais vitrioliques[498], et même certains baby-boomers, à travers des films caricaturaux[499], ont accusé cette génération de tous les maux qui accablent le Québec : l'état des finances publiques, la société de consommation, l'individualisme exacerbé, tout y est passé. Parfois, ces attaques ont été injustes — « ils ont trinqué leurs services sociaux au bras de l'État[500] » —, alors que d'autres fois — dans le cas des « clauses orphelines[501] » ou des droits de scolarité universitaires[502] — c'était plutôt justifié. Ces écarts entre la fable et la réalité illustrent toute la difficulté de caractériser une génération au grand complet. Il faut donc prendre une telle analyse avec des pincettes. Toutefois, il ne saurait être question d'éviter totalement l'exercice dans un essai comme celui-ci : les baby-boomers, qui représentent à eux seuls près de 30 % de la population québécoise[503], dominent encore la sphère sociale et politique.

Une génération traumatisée

Souvent, à tort, les réalisations du début de la Révolution tranquille sont attribuées aux baby-boomers. Cette affirmation est inexacte, puisque ce groupe démographique ne disposait pas encore du droit de vote à ce moment et n'occupait pas les postes de pouvoir lorsque ladite révolution s'est amorcée. Plutôt, il faut penser que la Révolution tranquille a été conçue pour eux, car ils ont été les premiers bénéficiaires de l'extension des programmes sociaux émanant de l'État, comme le chamboulement entier du système d'éducation. On peut toutefois avancer qu'ils ont pris une part plus active dans la gouverne de la société à la fin de la Révolution tranquille, en aidant fortement à la prise du pouvoir du Parti québécois. De même, on peut postuler que l'échec référendaire de 1980 constitue leur premier échec collectif, car tous les baby-boomers pouvaient alors y exercer leur droit de vote et on sait que les jeunes ont toujours appuyé l'option souverainiste davantage que leurs aînés[504]. En cela, la génération des baby-boomers québécois n'est pas si différente des autres : les rêves brisés, les baby-boomers de par le monde en sont des experts.

Ce qui singularise certainement les baby-boomers québécois par rapport à leurs homologues occidentaux est la répétition des échecs collectifs qui ont façonné leur vie active. Après la déroute de 1980, qu'ils ont connue à un âge moyen de 28 ans, les baby-boomers québécois en ont traversé d'autres : le rapatriement de la Constitution canadienne de 1982 et l'humiliation nationale qui en a découlé, l'échec de l'accord du Lac Meech, en 1990, l'échec de l'accord de Charlottetown en 1992 et l'échec du référendum de 1995 se sont ajoutés, les uns après les autres, à la liste des échecs collectifs subis par le Québec tout entier et, en particulier, par la génération des baby-boomers. Si le mouvement nationaliste québécois a toujours visé la reconnaissance du fait national par l'Autre, les cinq échecs subis à ce sujet par des baby-boomers dans la fleur de l'âge (soit entre 28 et 43 ans en moyenne[505]) auront sans doute eu des effets extrêmement négatifs sur la confiance et le volontarisme de cette génération.

Après une telle série de revers, on peut comprendre les gens de se replier sur eux-mêmes, sur leur environnement immédiat, leur confort matériel et leur bien-être individuel. Or ce désengagement n'est pas sans conséquence, surtout dans une société comme le Québec. Lorsque le plus gros contingent générationnel se met au neutre, il immobilise le reste de la société, surtout s'il occupe encore très majoritairement les leviers du pouvoir.

Chacun pour soi

Le vide politique que connaît le Québec depuis 1995 a provoqué la désertion des lieux de décisions démocratiques par ceux qui avaient à cœur l'intérêt général. Dans les différentes municipalités québécoises, la porte a été laissée ouverte aux profiteurs et autres agents corrupteurs qui ne demandaient pas mieux que de se servir au lieu de servir. Les dernières années, où les révélations de malversations, corruption et autre copinage ont commencé à retentir, ne constituent peut-être finalement que la grosse gueule de bois méritée de ce désengagement citoyen.

De même, cette vacuité a eu des répercussions notables, dont le retour de la précarité du français. Dans le but inatteignable de renverser la pyramide des âges et ainsi supposément sauver leur retraite et leur système de santé, les baby-boomers ont ouvert les vannes de l'immigration sans même se soucier des retombées sur le tissu linguistique québécois. De toute manière, manifestement, l'essentiel pour cette génération est d'avoir vécu sa vie active dans une société où le français prédominait ; après elle, le déluge.

Évidemment, les préoccupations — ou l'absence de celles-ci — des élus reflètent en grande partie celles des baby-boomers. À ce titre, la sempiternelle « santé » n'est que le prolongement intéressé d'une génération qui arrive en fin de vie, comme l'éducation était la priorité à la veille de son arrivée sur les bancs d'école. Même chose pour « l'économie », cette idée fixe et fourre-tout qui, dans cette perspective, ne sert qu'à assurer la viabilité des fonds de retraite. Aujourd'hui, l'indifférence envers les questions d'éducation, alors que c'est précisément l'éducation qui a propulsé les baby-boomers aux contrôles de l'économie québécoise, est stupéfiante.

Comme la politique du vide est allergique à ce qui est collectif, l'ensemble des problèmes soulevés dans la deuxième partie de cet essai ne trouvera peut-être pas grâce aux yeux de la génération des baby-boomers. Au premier chef, le déclin de la place du Québec au sein du Canada est devenu un sujet tabou parce qu'il fait référence directement aux échecs collectifs vécus par cette génération. Mais aussi, tous les autres obstacles décrits dans la deuxième partie de cet essai, étant donné qu'il faut consentir des efforts collectifs pour les surmonter, restent en plan et la situation se détériore.

Ainsi, le vide aura aidé l'accession au pouvoir d'un parti (le PLQ) qui promettait de ne s'occuper de rien, sauf d'économie et de santé — ce qui en soi est une lapalissade, ces secteurs relevant de la gérance de base de tout État —, de laisser les gens tranquilles… et qui a remarquablement bien atteint ses objectifs. Comment comprendre autrement l'élection et les réélections d'un parti et de son chef qui ont battu si souvent des records d'impopularité? De même, l'avènement de la Coalition Avenir Québec, qui pousse encore plus loin la promesse de vacuité, est signe que les baby-boomers n'en ont pas terminé avec le repli sur eux-mêmes.

Parfois, on a même l'impression qu'après avoir construit la société et les institutions les plus collectivistes d'Amérique du Nord, où le français occupait la place qui lui revenait, les baby-boomers ne s'occuperont pas de transmettre ce flambeau dont la passation devrait au contraire les rendre fiers. Peut-être que leur passage n'aura été qu'un gigantesque rêve ou pire, un grand *party*.

Certes, le vide n'a pas interdit aux baby-boomers de s'indigner à l'unisson avec le restant des Québécois en voyant la situation politique se détériorer. Toutefois, les traumatismes liés aux aventures collectives les ont empêchés d'aller plus loin dans la démarche en ne s'investissant pas davantage dans la chose publique.

Aucun doute, ce laisser-aller protéiforme est la conséquence de la politique du vide menée avec la complicité des baby-boomers repliés sur eux-mêmes. Ce repli a d'ailleurs été facilité par un confort matériel inégalé dans l'histoire québécoise, confort qui découle des fruits récoltés grâce à la place démesurée qu'ils ont occupée dans la société québécoise. En quelque sorte, ce vide a été possible à cause de la démission collective de cette génération : l'essentiel semble être devenu de préserver le bien-être individuel jusqu'à la fin de la vie. Seulement, puisque cette génération représente 30 % de la population, il n'est pas possible que ce retrait soit sans conséquence. Les effets de ce décrochage risquent d'ailleurs de s'aggraver si les générations qui suivent ne prennent pas en main la destinée nationale.

L'ERRANCE DES GÉNÉRATIONS X ET Y

Il arrive parfois qu'un seul discours, texte, film ou pièce de théâtre réussisse à saisir totalement les contours de la réalité qu'il tente de décrire. Le fameux « I Have a Dream » de Martin Luther King cristallisait ainsi les espérances de la minorité noire étatsunienne. Parfois même, la cible est précise, mais l'œuvre a quelque chose de plus englobant. Si l'on souhaite comprendre l'attitude des générations qui ont suivi les baby-boomers face à la politique québécoise, il suffit de lire le texte « Sorry I don't speak French » d'Émilie Dubreuil.

Publié en 2009 dans le magazine *Urbania*, le court texte y relate la frustration ressentie par la journaliste relativement à l'incapacité des Anglos-Montréalais de parler français, et leur tendance à monter sur leurs grands chevaux lorsqu'ils se heurtent à leur défaillance linguistique. Pour illustrer la situation, elle raconte cette histoire :

> Une amie m'invite à une fête, chez Amy, une cinéaste torontoise qui vit à Montréal depuis sept ou huit années. Elle vient de réaliser

un documentaire sur les femmes lesbiennes en Afrique noire. Devant ses amis, elle est fière de dire qu'elle a dû apprendre le swahili pour entrer en contact avec les gens du pays. Impressionnée, je lui demande en français si l'apprentissage du swahili a été ardu, elle me répond : « Sorry ? » avec l'air perplexe de celle à qui on adresse la parole dans une langue inconnue. Je lui repose la question en anglais avant de m'étonner : « You've been living here for seven years and don't speak french ? ![506] » complètement incrédule devant cette curiosité linguistique paradoxale. Elle me répond, sans saisir à quel point sa réponse est ironique : « French… It's really hard for me ![507] ». Débute alors une conversation animée. La plupart des convives vivent au Québec depuis plusieurs années et ne parlent pas un christ de mot de français ! Le fait que je veuille comprendre pourquoi, s'ils ne peuvent communiquer avec 85 % de la population, ils sont venus s'installer ici, les exaspère. Rapidement, l'un d'entre eux s'énerve : « les francophones sont racistes, nous avons le droit de parler anglais ici, etc. » Manifestement, ça le dérange d'être confronté [sic] à un manque de curiosité intellectuelle qu'il refuse d'admettre. Le type est musicien, a fait le tour du monde, mange de la bouffe indienne et, pourtant, l'ethnie et la langue québécoise ne l'intéressent absolument pas. L'amie francophone qui m'avait invitée à la fête était verte de honte. Elle étudiait à Concordia et était gênée de moi comme une adolescente qui ramène ses amis à la maison. Elle ne voulait surtout pas qu'il y ait de chicane, que ses amis unilingues l'associent à une lutte linguistique qu'elle désapprouvait. Stéphanie aurait souhaité qu'on admire son amie qui parle swahili sans soulever le fait qu'elle ne parlait pas le français puisqu'après tout c'était son choix et qu'il fallait le respecter[508].

En quelques lignes, l'auteure résume pratiquement l'ensemble des caractéristiques des jeunes générations québécoises : l'intérêt pour la chose politique, le relativisme quant aux questions québécoises et l'intériorisation du statut minoritaire québécois.

Une jeunesse politisée

Un des mythes les plus tenaces à l'endroit de la jeunesse québécoise (et mondiale) prétend que celle-ci est apolitique, plutôt intéressée par ses joujoux technologiques, le résultat de la dernière partie de hockey et autres téléséries bas de gamme. Qui n'a jamais entendu de pareilles platitudes ? Pourtant, cette affirmation est complètement dénuée de fondement : les questions politiques, au contraire, retiennent souvent l'attention des jeunes.

Il fallait être présent au Sommet des Amériques à Québec, en 2001, pour constater que la majorité du contingent de manifestants était des jeunes : sans eux, les dizaines de policiers déguisés en *Terminator* auraient paru encore plus superflus. Cet événement a été pour beaucoup de jeunes Québécois une initiation au militantisme, notamment sur les questions de mondialisation. De même, les jeunes d'aujourd'hui s'intéressent certainement davantage aux questions dites « internationales » que les générations précédentes. La Terre semblant maintenant beaucoup plus « petite » qu'au temps de nos parents, nous pouvons tous facilement être conscientisés aux injustices de notre monde, qui auparavant passaient facilement sous le radar. Généralement, la jeunesse se montre aussi très sensible aux enjeux environnementaux : dès la petite école, on enseigne maintenant aux enfants les rudiments du respect de l'environnement à travers la lutte à la pollution, un concept facile à saisir même pour les petits[509]. Bref, en cela, la cinéaste du texte présenté ci-dessus ressemble à la majorité des jeunes Québécois.

Suivant ces constats, on peut légitimement se demander d'où proviennent les accusations d'apolitisme fréquemment adressées à la jeunesse. En fait, la réponse saute aux yeux : si les jeunes sont sensibles aux questions politiques à dimension planétaire, ils regardent les questions politiques québécoises avec un relativisme, voire un angélisme qui se trouve en complète inadéquation à la fois avec leurs propres aspirations et le contexte québécois si particulier.

La sphère nationale éculée

Il ne faut pas croire toutefois que la jeunesse québécoise ne s'intéresse qu'aux grands enjeux planétaires. Parfois, ses préoccupations sont beaucoup plus prosaïques. La grève étudiante de 2005 en est le meilleur exemple. Le phénomène a même dépassé en importance les mouvements étudiants des années 1960 : quelque 200 000 étudiants se sont mis en grève pour protester contre la suppression de 103 millions de dollars en bourses aux études, une mesure inique qui ne visait que les plus pauvres d'entre eux[510]. Les étudiants ont d'ailleurs eu l'occasion de démontrer une nouvelle fois leur engagement au printemps 2012 lors d'une autre grève encore plus massive, aux proportions épiques, cette fois contre la hausse significative des frais de scolarité. Qui aurait pu prévoir que la jeunesse pousserait le Québec dans un mouvement social de plusieurs mois, que l'on a appelé un peu pompeusement le « Printemps érable » et qui ne s'est résolu qu'à la faveur d'élections générales ? La pugnacité dont ils ont fait étalage doit être comprise comme une preuve de leur intérêt dans les questions politiques québécoises. C'est d'ailleurs cette même génération qui a combattu, avec un succès relatif, les « clauses orphelines » abordées un peu plus haut dans cet ouvrage[511].

De manière générale, les jeunes répondent avec enthousiasme et originalité lorsqu'on leur demande de se prononcer sur des enjeux de société : en 2004, l'Université du Nouveau Monde[512] a produit 50 propositions audacieuses sur de nombreux sujets de société, comme la pratique du sport, l'intégration des immigrants, l'éducation à la citoyenneté, la protection de l'eau, etc.[513] Plus récemment, un collectif nommé « Génération d'idées », qui regroupe des jeunes de 20 à 35 ans, a commencé à se réunir chaque année pour discuter et proposer de nouvelles idées sur des enjeux politiques et sociaux. À ce chapitre, nous pouvons aussi citer l'organisme Force Jeunesse, qui met sur la place publique des enjeux très précis aux conséquences intergénérationnelles. Malheureusement, ces exemples pourraient ne représenter que le symptôme d'un refus de s'engager politiquement, de plonger dans l'action : aussi réconfortant que cela puisse paraître, discuter, débattre, tournebouler les idées en dehors des structures du pouvoir laisse bien souvent les décideurs de glace.

Quiconque fréquentant l'université et se préoccupant des questions politiques proprement québécoises sera bouleversé par le relativisme qui frappe les futures élites de notre génération. Il faut voir ces cerveaux s'émouvoir de la disparition d'un dialecte local dans un coin reculé de l'Afrique et ne pas sourciller d'un poil lorsqu'on aborde la question linguistique québécoise. Il est en effet parfois débilitant de voir l'écart entre l'indignation qui résulte de l'infériorisation d'un groupe national situé aux confins de la planète ou même la simple curiosité quasi militante face à la diversité mondiale — au demeurant justifiées — et la totale indifférence quant à l'avenir culturel des Québécois (soit eux-mêmes !) qui, font pourtant partie intégrante de cette diversité. De même, le décalage peut être impressionnant entre l'intérêt que manifestent certains pour un processus de démocratisation d'un pays du tiers-monde et leur absentéisme électoral. Ce relativisme universitaire semble parfois partagé par l'ensemble des jeunes générations.

En 2004, un groupe de trois jeunes députés du Parti québécois — qui ne siègent plus à l'Assemblée nationale aujourd'hui —, surnommés les « trois Mousquetaires[514] », avait effectué une tournée nationale afin de sonder des jeunes de tous les milieux sur la question de la souveraineté, mais aussi plus largement sur leurs attentes et aspirations politiques[515]. Les enseignements de cette tournée semblent en parfaite concordance avec ce que nous observons toujours près d'une décennie plus tard. D'abord, partout où ils sont passés, les députés ont senti les mêmes préoccupations à l'endroit de la mondialisation, de l'environnement ou encore des questions démographiques (ce qui n'est pas surprenant en soi, étant donné le matraquage médiatique dont ces dernières questions bénéficient). Surtout, les députés ont constaté que les jeunes ne se préoccupent plus des sujets nationaux qui intéressaient leurs parents, comme les questions linguistiques ou constitutionnelles. L'attitude de l'amie de Dubreuil dans le texte présenté plus haut face à l'emploi du français est donc représentative de la réalité : les combats de leurs parents seraient gagnés, donc point besoin d'être « désagréable ». Pire, la plupart ne s'intéressent pas à d'autres enjeux collectifs. Soit, pour certains — dans les milieux associatifs et militants, par exemple —, les enjeux qui les intéressent sont très sectoriels (éducation, pauvreté, environnement, etc.), soit, pour les autres, la seule chose pertinente est la condition individuelle : le collectif a foutu le camp. D'ailleurs, dans le prolongement de ce comportement, des sociologues québécois ont même démontré que l'engagement social n'était souvent chez les jeunes qu'une forme de « consumérisme politique » qui avait pour but de « faire valoir leur "Je" au sein du "Nous[516]" ».

Il n'est donc pas surprenant que les jeunes soient complètement déconnectés de la politique dite partisane, c'est-à-dire les partis politiques, les élections et l'Assemblée nationale. Certes, il est fort probable que l'omniprésence du débat sur la question nationale, en plus des questions linguistiques et identitaires, qui ont cours depuis la naissance de plus en plus de jeunes Québécois encouragent ces derniers à se détourner des enjeux qui se débattent à l'Assemblée nationale. La stagnation et l'enlisement de ces sujets ont certes quelque chose de rebutant. Le comportement des élites politiques, démontrant une éthique parfois douteuse et une tendance à se préoccuper des générations plus âgées, n'aide sûrement pas non plus. Malgré tout, il reste qu'au Québec, l'attitude des jeunes Québécois est déplorable. En 2008, on apprenait que 60 % d'entre eux n'étaient pas ou étaient peu intéressés par la politique[517]. Évidemment, un tel désintérêt se reflète dans la participation électorale des jeunes. Et de fait, les études sur la question démontrent bien leur faible participation[518].

Pourtant, les jeunes ont des opinions très tranchées sur les questions collectives, nationales. Par exemple, fin 2010, un grand sondage sur l'identité et la diversité avait fait ressortir des résultats qui contrastent avec l'attitude généralement adoptée par les jeunes : en moyenne, chez les 18-44 ans, 63 % des répondants se disent *très* attachés à la langue française[519]. Plus étonnant, ce sont les jeunes de 18-24 ans qui sont les plus susceptibles, parmi toutes les tranches d'âge, de s'identifier comme « Québécois d'abord » : 68 % des répondants expriment cette opinion[520]. Les trois Mousquetaires, quant à eux, ont relevé que les questions de diversité culturelle inquiétaient vraiment les jeunes Québécois, toutes catégories confondues[521]. Finalement, les sondages donnent constamment un avantage à l'appui de l'option souverainiste chez les jeunes[522]. Qu'est-ce qui explique un tel décalage entre les idées et la pratique ? Pourquoi ce relativisme ?

Les effets ravageurs de notre appartenance canadienne

Sans le savoir, l'amie de Dubreuil, dans le texte cité plus tôt, a bien résumé le raisonnement propre à la jeunesse québécoise quant aux questions linguistiques et, plus largement, nationales. En assimilant le fait de ne pas parler le français à un « choix qu'il fallait respecter », elle faisait ressortir un état d'esprit qui repose sur deux faits insidieusement entrés dans la tête de la jeunesse.

Le premier vient de la diffusion des valeurs véhiculées par la *Charte canadienne des droits et libertés*, qui prône le bilinguisme institutionnel, et donc qui met le français et l'anglais sur un pied de stricte égalité. En assimilant ces questions à des droits individuels (à défaut d'être collectifs), les jeunes générations, qui n'ont jamais vécu dans une société où la langue leur paraissait menacée, ne se soucient pas (du moins, bien moins que leurs parents) des répercussions sociétales de cet usage de l'anglais, alors qu'il y en a certainement un. Voilà pourquoi les jeunes générations sont si complaisantes, par exemple en n'exigeant pas de se faire servir en français dans les commerces (même s'ils trouvent cela désagréable qu'on ne leur réponde pas dans leur langue)[523] ou pire, en passant à l'anglais dès qu'ils ressentent que la maîtrise de la langue française n'est pas parfaite chez leur interlocuteur[524]. En fait, la naïveté prend souvent le dessus lorsque vient le temps de trouver des solutions aux problèmes linguistiques inhérents à notre condition. Il faut les voir considérer que la *Charte de la langue française* est très importante, mais du même souffle s'opposer à des mesures contraignantes pour la faire respecter[525]. Souvent, il ne reste plus grand-chose à part les bons sentiments : s'adresser exclusivement en anglais à certaines catégories d'immigrants en espérant qu'ils soient sensibilisés à la situation du français au Québec, transposer tous ces choix sur les individus comme si les contextes mondial, nord-américain et particulièrement canadien (où la force d'attraction de l'anglais est indiscutable) n'existaient pas, voilà autant de pratiques courantes qui minent les efforts pour faire vivre notre langue nationale.

Deuxièmement, en se dédouanant au nom de la liberté individuelle, c'est comme si une partie de la jeunesse québécoise avait définitivement intériorisé son statut minoritaire et avait décidé de vivre ainsi. Comme ils sont plus ouverts sur le monde que ne l'ont été les générations précédentes, les jeunes Québécois se rendent compte de la taille relative du Québec et de sa situation géopolitique défavorable en Amérique du Nord. Si l'on adjoint à cela les insuccès collectifs qu'ont connus les baby-boomers et qui ont lentement fait muter l'ADN national, il est possible que les jeunes générations n'aient pas nécessairement acquis la confiance propre aux gens en pleine possession de leur avenir. C'est pourquoi on trouve encore des traces d'un manque de confiance que l'on croyait révolu. Par exemple, en 2006, on a demandé aux jeunes Québécois de 18 à 34 ans si « un Québec souverain serait capable de faire face efficacement à la mondialisation ». Chose étonnante, les francophones favorisant l'option du « non » semblaient être, parmi tous les Québécois, ceux qui croyaient le moins aux capacités du Québec à ce chapitre : ils sont 74 % à croire que le Québec ne serait pas capable d'affronter la mondialisation, contre 60 % d'anglophones et 49 % d'allophones[526] ! Il est plutôt singulier qu'une partie significative du groupe majoritaire d'une société ait moins confiance en lui-même que les minorités de ladite société. On retrouve plutôt habituellement cet état d'esprit chez les peuples minoritaires. À bien y penser, dans le contexte canadien, la condition actuelle de la nation québécoise est celle d'un peuple minoritaire. Ainsi, les jeunes Québécois ne sont peut-être simplement que lucides.

:: ::

Le dilettantisme citoyen des Québécois ne fait plus doute. Il touche toutes les générations, à des degrés divers. Parfois, on assiste à des saillies, comme avec la grève étudiante de 2012, mais depuis 1995, rares sont celles qui ont eu des suites. On peut le comprendre, étant donné la mascarade des élites qui défilent chaque jour devant leurs yeux avec une intensité soutenue. Ce décrochage est d'autant plus compréhensible que les problèmes sociétaux qui affectent le Québec ne semblent pas constituer un incitatif au ressaisissement de ceux qui nous dirigent. Ce constat ne doit toutefois pas servir d'exonération aux citoyens qui détiennent encore, faut-il le rappeler, le pouvoir politique.

Ainsi, les attitudes des Québécois de tous âges ne peuvent pas être garantes, à l'heure actuelle, d'un retournement de la situation politique. Le repli sur sa condition individuelle qui affecte principalement la génération des baby-boomers ne peut que conduire à la production d'un environnement où les élites politiques se sentent déliées des impératifs sociétaux. La même conséquence est prévisible si les jeunes se concentrent sur des enjeux très sectoriels ou au contraire trop lointains. Et pour toutes les générations, le fait de dénigrer systématiquement ceux qui occupent des fonctions politiques n'aidera pas au redressement de notre vie publique.

LA QUESTION « NATIONALE »

Au terme de l'épisode référendaire de 1995, beaucoup ont pensé que les discussions et autres projets de réformes entourant la place du Québec dans le Canada étaient terminés, du moins éclipsés pour plusieurs années. Comment pourrait-il en être autrement après cinq échecs sur la question en une courte période de 15 ans ? N'importe quel peuple normalement constitué aurait envie d'écarter le sujet, le temps de reprendre ses esprits. En effet, les Québécois ont vu les priorités de leur gouvernement national changer, avec la course à la réduction du déficit qui a caractérisé la fin des années 1990. Par la suite, malgré les promesses intenables du premier ministre Bernard Landry, la question nationale a disparu de l'écran radar politique, principalement en raison de l'à-plat-ventrisme historique de Jean Charest. Parallèlement, nous avons assisté à une formidable campagne visant à discréditer cette question auprès de la population.

Nous avons tendance à l'oublier, mais du point de vue constitutionnel, les lendemains du référendum de 1995 ont été rocailleux. Au pouvoir depuis seulement un peu plus d'un an, les souverainistes ont été tentés, dans les mois qui ont suivi octobre 1995, de déclencher un autre référendum sur la question de la souveraineté : l'ancien conseiller du premier ministre Lucien Bouchard, Jean-François Lisée, a souvent évoqué publiquement cette possibilité[527]. Devant cette possible menace, les fédéralistes, menés par les politiciens québécois au pouvoir à Ottawa, ont répliqué avec ce que l'on a appelé le « Plan B ». Essentiellement, ce plan signé Stéphane Dion[528] a abouti à l'adoption de la « loi fédérale sur la clarté », nom commun de la *Loi donnant effet à l'exigence de clarté formulée par la Cour suprême du Canada dans son avis sur le Renvoi sur la sécession du Québec*. Cette loi prescrit deux paramètres préalables à la reconnaissance par le gouvernement fédéral d'un référendum sur la souveraineté : la question doit être « claire », de même que le résultat. Prenant prétexte de la nécessaire mise en loi d'une opinion de la Cour suprême du Canada, l'objectif de cette stratégie était de donner un corps, une expression à trois peurs inscrites dans le subconscient national québécois : l'incertitude, l'échec et, surtout, la « chicane », cette expression typiquement québécoise qui désigne le conflit, la bisbille. En effet, en cas de référendum sur la question de la souveraineté, il est maintenant à peu près certain que le gouvernement fédéral s'appuiera en campagne référendaire sur cette loi pour tenter d'exacerber l'incertitude et de mettre l'accent sur la chicane qui découlerait d'un résultat gagnant, afin d'encourager l'échec de l'option souverainiste.

Même si cette posture illustre l'extrême pauvreté des positions fédéralistes à l'égard de l'avenir constitutionnel du Québec, les tenants du *statu quo* ont remis au goût du jour les arguments relatifs à la peur du conflit, de l'échec et de l'incertitude dans le débat Québec-Canada. C'est ainsi que depuis 1995, les fédéralistes ont insisté tour à tour sur ces points sensibles qui provoquent des réflexes pavloviens chez nos concitoyens. Paul Martin, lors de la campagne électorale fédérale de 2004, accusait le NPD de vouloir « rouvrir de vieilles blessures » lorsque Jack Layton avait fait sienne la proposition d'abolir la Loi sur la clarté[529]. Stephen Harper, encore en 2011, assimilait les demandes constitutionnelles québécoises à de « vieilles chicanes constitutionnelles[530] ». Michael Ignatieff, quant à lui, utilisait sensiblement les mêmes termes : la question constitutionnelle est « un débat et des chicanes qui ne sont pas productifs[531] ». Quelques heures après le dévoilement des résultats de l'élection générale de 2012, qui ont vu le Parti québécois former un gouvernement minoritaire, Stephen Harper s'est empressé d'affirmer que « les Québécois ne veulent pas rouvrir les vieilles chicanes constitutionnelles du passé[532] ».

Jean Charest n'a pas été en reste, lui qui a toujours décrit les débats constitutionnels québécois comme étant des chicanes génératrices d'incertitudes. Dès la campagne électorale de 1998, il affirme que le choix de Lucien Bouchard comme premier ministre est en fait le choix de l'affrontement, de la division et de la chicane[533]. C'est lui qui a affirmé, en 1995, que le lendemain d'un référendum gagnant serait un trou noir et qui n'a pas hésité, en 2007, à agiter le spectre de la partition, en cas de victoire du « oui[534] ». Cette peur est si ancrée chez les Québécois, et si payante politiquement, que M. Charest a tenté activement, depuis la création de la Coalition Avenir Québec de François Legault[535] et surtout pendant la campagne électorale de 2012[536], d'associer la coalition à la « chicane », malgré le fait que Legault ait clairement affirmé son choix de ne pas aborder la question constitutionnelle durant un éventuel mandat ! Non content que l'on utilise cette stratégie à son endroit, Legault, pendant la joute électorale, a cherché à dépeindre son adversaire Pauline Marois comme quelqu'un dont l'action politique consistait « à provoquer chicane après chicane[537] ».

Parallèlement à cette offensive, les souverainistes ne se sont pas aidés. En n'abordant le problème constitutionnel qu'à travers des questions de dates et de stratégie, ils ont donné résonance aux propos tenus par les promoteurs du *statu quo* : les référendums québécois, quels qu'ils soient, ont été synonymes d'échecs et de déchirements inutiles, car ils n'ont jamais connu d'issues positives. Pire, ils ont ouvert la porte à leurs adversaires, qui ne demandaient pas mieux que d'exiger des moratoires sur les référendums.

Face à ce matraquage idéologique, il est compréhensible que les Québécois aient intégré l'idée selon laquelle la question nationale n'est plus un problème qui mérite l'attention des politiciens. En effet, 77 % des Québécois seraient maintenant d'accord pour imposer un moratoire sur le débat constitutionnel (comme si cette question était le sujet de l'heure depuis des années[538]…) Chez les jeunes, qui sont habituellement plus prompts à avoir une opinion sur la question, celle-ci est complètement escamotée : par exemple, et à l'image des autres organismes du genre, les jeunes de Génération d'idées ont réussi à ignorer cette problématique lors de leur premier sommet, alors qu'ils aspirent « à responsabiliser la relève québécoise vis-à-vis des nombreux défis qui attendent le Québec[539] ». L'appui à la souveraineté serait même à la baisse chez les jeunes[540]. Bien sûr, on cherche à rationaliser cette attitude : il y a des problèmes plus urgents à régler dans le monde, il est temps de passer à autre chose, l'économie mondiale est trop instable, etc.[541] Combien de fois avons-nous entendu cette turlutaine dans la dernière décennie ?

Malheureusement pour ceux qui la promeuvent et ceux qui l'utilisent pour s'autodisculper, cette rationalisation n'est rien d'autre que la manifestation du plus grand épisode d'évitement[542] — au sens psychologique du terme — collectif qui a frappé le Québec dans les dernières décennies. Les échecs successifs des tentatives québécoises pour conquérir des espaces de liberté, que ce soit au sein ou en dehors de la fédération canadienne, font maintenant figure de véritables traumatismes dans l'imaginaire national. Menés par la génération des baby-boomers, qui a vécu tous ces échecs, il semble que nous ayons maintenant collectivement choisi de faire comme si la question nationale n'existait pas. Beaucoup ont même avancé que le Québec était passé d'un débat national à un débat « gauche-droite ». Conséquemment, nous tentons d'ignorer aussi les effets ravageurs de l'existence de cette question sur notre vie politique.

L'évitement est une tactique temporaire aux probabilités de succès très minces, car les problèmes évités ont souvent tendance à rester présents, voire à dégénérer du fait qu'ils n'obtiennent pas l'attention méritée. Au nombre de trois, les conséquences néfastes qui perdurent et se dégradent malgré notre évitement de la question nationale doivent être rappelées.

UNE DISTORSION EXTRÊME DE NOTRE ARÈNE POLITIQUE

Nous avons déjà vu, dans la deuxième partie de cet essai, que le fonctionnement de notre système électoral favorise le bipartisme, c'est-à-dire le partage du pouvoir en alternance entre deux grands partis politiques parapluie qui regroupent diverses tendances. Généralement, dans les dernières démocraties occidentales qui utilisent encore ce système (nommément les États-Unis et la Grande-Bretagne), les forces sont plutôt réparties entre deux grands partis, l'un de centre gauche et l'autre de centre droit. Évidemment, le centre n'est pas toujours placé au même endroit selon les sociétés, mais cette répartition est bien réelle. De plus petits partis existent, mais ils ne peuvent pas prétendre jouer un rôle important tant qu'ils n'ont pas réussi à remplacer l'une des deux grandes forces politiques qui occupent l'espace, comme le Nouveau Parti démocratique (NPD) est peut-être en train de le faire sur la scène canadienne. La partisanerie est généralement bien présente dans ces systèmes, étant donné que le choix pour l'électeur est binaire et que les alliances ne sont pas possibles entre les partis : « vous êtes avec ou contre nous ». Le Québec n'y échappe pas.

Depuis plus de 40 ans, les deux grands partis qui occupent le pouvoir, le Parti libéral et le Parti québécois, reproduisent très bien ce schéma. Le premier est de centre droit ; le second, de centre gauche. D'autres forces politiques existent, parfois importantes, mais ne parviennent pas à chambouler le jeu politique, car elles n'atteignent pas le seuil critique nécessaire pour renverser un grand parti. Le dernier à avoir réussi cet exploit est le Parti québécois, lorsqu'il a chassé l'Union nationale, dans le courant des années 1970. Par la suite, le bipartisme québécois s'est réaligné sur une question encore plus fondamentale que la droite et la gauche : le choix du pays.

On le sait, le Parti libéral soutient le maintien du Québec au sein du Canada, alors que le Parti québécois croit que le Québec devrait devenir un État souverain, en dehors du Canada. Avec un enjeu aussi crucial et aussi binaire que le choix d'un pays, le débat politique s'est vu transformé, réorienté autour de celui-ci. Cependant, les questions qui se règlent sur l'échiquier gauche-droite — c'est-à-dire, essentiellement, tout le reste ! — n'ont pas disparu d'elles-mêmes pour la simple raison que le débat sur la question nationale est devenu le critère de différenciation des partis. Dans notre système bipartisan, les Québécois se retrouvent donc devant deux courants politiques : un de centre droit et fédéraliste (représenté par le Parti libéral et, *de facto*, par la Coalition Avenir Québec) vis-à-vis un autre, de centre gauche et souverainiste (le Parti québécois, avec à sa gauche Québec solidaire et Option nationale). On le remarque : les citoyens souverainistes qui soutiennent des idées de droite sont laissés pour compte, au même titre que les citoyens de gauche et fédéralistes. Déjà, il est problématique pour la vie démocratique d'une nation d'obliger à ce point des citoyens à renoncer à certaines de leurs valeurs fondamentales pour participer au jeu démocratique : peu de sociétés connaissent pareille distorsion. Une telle situation génère assurément de l'insatisfaction et du désabusement pour les citoyens qui la vivent, surtout quand ils s'y enlisent depuis des décennies. Mais il y a pire.

Depuis les années 1970, ces deux courants ont tenté de faire prévaloir leur option, en essayant de composer avec le sentiment national québécois qui se situe exactement entre les deux. Nous l'avons vu, toutes ces tentatives se sont soldées par des échecs. Toutefois, il s'en est fallu de peu, notamment lors du référendum de 1995, pour que l'option de l'un des deux camps l'emporte définitivement. La conséquence de ce résultat serré a été la cristallisation de notre joute politique en un exercice qui atteint des sommets de partisanerie.

Certes, la partisanerie qui habille notre vie politique résulte d'une multitude de facteurs qui semblent toucher toutes les démocraties occidentales. Le rétrécissement du champ des possibilités d'action — mondialisation et convergence des politiques publiques aidant — pousse les élus à se battre sur le terrain des personnalités plutôt que sur celui des idées. Les groupes d'intérêts et autres corporations savent s'organiser et mettre de la pression sur les élus, réduisant d'autant plus leur marge de manœuvre. L'environnement médiatique contemporain, alimenté par les médias qui roulent 24 heures sur 24 et les possibilités infinies d'Internet encouragent les acteurs politiques à la surenchère afin de percer ce battage. Ces constats sont accentués par notre système politique où, traditionnellement, deux grands partis dominent : la collaboration avec l'autre ne saurait être une option viable, sous peine de ne plus se distinguer assez aux yeux de l'électeur. La table est donc mise pour ce climat exécrable qui écœure tant l'électorat.

Et puis, le Québec est malchanceux : en plus du reste, la grande question qui sépare les partis politiques est le choix d'un pays. Comme ce choix suscite des réactions viscérales et que les nuances ne sont pas vraiment possibles — c'est oui ou c'est non —, la conquête et la possession du pouvoir deviennent une fin en soi, car celui-ci permet d'atteindre l'objectif ultime, ou d'empêcher qu'on l'atteigne. Le court terme devient donc l'horizon politique de référence. Les effets de cette particularité ne sont pas toujours exactement ceux que l'on croit. Certes, cela génère davantage des phénomènes partisans décrits plus hauts. Mais, avant tout, cela provoque une course aux mesures clientélistes éloignées de l'intérêt général et sape toute initiative un tant soit peu risquée sur le plan politique.

Comment expliquer autrement la saga de l'amphithéâtre à Québec, où le Parti québécois a bradé l'autorité de l'Assemblée nationale en échange de potentiels votes dans la région de Québec? Même constat du côté de Jean Charest qui, en 2007, n'a pas hésité un instant à nuire à la crédibilité du Québec en transformant *illico* en baisses d'impôts les transferts du fédéral visant à « régler » le déséquilibre fiscal. Dans la même veine, l'intransigeance maladive dont a fait preuve son gouvernement envers les étudiants, lors de la grève de 2012, n'avait pour but que d'instiller un climat conflictuel favorisant un naturel ralliement autour du gouvernement dans les situations de crise. La traditionnelle liste d'annonces d'investissements qui précède les élections s'inscrit aussi dans cette logique. Les inepties du genre qu'a connues le Québec dans les dernières décennies sont détestablement trop nombreuses.

Par ailleurs, l'inaction qui découle de cet environnement politique statufié cause encore plus de dommages. Les défis qui se dressent devant nous et que nous avons soulevés dans la deuxième partie de cet essai — de même que tous ceux qui n'y sont pas mentionnés — nécessitent du courage et/ou de la marge de manœuvre politique, car leur résolution pourrait rendre impopulaires ceux qui les mettent de l'avant, du moins le temps d'une élection. L'inaction devient dans ce cas bien attrayante.

Les années qu'aura prises le gouvernement Charest pour déclencher une commission d'enquête sur l'industrie de la construction ne peuvent s'expliquer que par la crainte de perdre le pouvoir et de le remettre au Parti québécois. Ce n'est que quand le gouvernement a calculé qu'il serait incontestablement plus dommageable pour lui de ne pas déclencher de commission d'enquête qu'il a finalement plié.

C'est aussi sous cet angle qu'il faut déchiffrer la mollesse historique qu'a démontrée Jean Charest sur toutes les questions qui auraient pu favoriser le courant nationaliste québécois et le retour au pouvoir du Parti québécois. Relations avec le gouvernement du Canada, questions constitutionnelles, recul du français, initiatives qui accentueraient le caractère singulier du Québec : le statisme du Parti libéral en ces domaines est directement proportionnel à sa peur d'alimenter des passions qui lui feraient perdre le pouvoir, et ce, au plus grand détriment de notre épanouissement national. Ainsi, la non-action est un choix conscient érigé en politique publique.

Face à ce blocage, la tentation est grande de mettre au rancart la question nationale et constitutionnelle, position dont la Coalition Avenir Québec de François Legault s'est faite le promoteur. En excluant cette question et toutes ses ramifications, peut-être pourrions-nous débloquer un peu le jeu politique ? Cette position est tentante, mais malsaine. En plus de prétendre être capable de sublimer instantanément une entrave qui existe depuis plus de 200 ans, elle suinte d'irresponsabilité, car elle donne crédit à l'évitement que nous pratiquons. Surtout, elle ignore les autres écueils qui découlent de cet éternel problème et qui minent eux aussi notre vie politique.

Une bride à notre liberté collective

L'imaginaire national québécois regorge de mythes. L'un des plus tenaces prétend que le Canada est une association libre entre deux peuples fondateurs à l'intérieur de laquelle ces deux peuples, d'égal à égal, décideraient des voies à prendre dans les domaines de compétence partagée, tout en se laissant mutuellement la paix dans les domaines provinciaux. Malheureusement pour ceux qui en vivent politiquement et pour les Québécois qui s'en bercent, ce mythe n'a aucune espèce de fondement historique, politique ou juridique. L'auteur Stéphane Paquin, dans un essai sur la question, montre hors de tout doute que la fondation du Canada tel que nous le connaissons depuis 1867 ne reposait pas sur un pacte de deux nations égales[543]. Par exemple, la nouvelle Constitution ne protégeait que les minorités linguistiques et religieuses québécoises et ontariennes, laissant en plan celles des autres provinces[544]. John A. Macdonald, considéré comme le grand leader de la création du Canada et premier premier ministre de celui-ci, souhaitait ouvertement l'absorption des provinces par le gouvernement fédéral[545]. Même George-Étienne Cartier, à l'époque le plus grand défenseur de la Confédération canadienne, et de surcroît francophone, n'a jamais affirmé qu'il s'agissait d'un pacte entre deux nations, mais bien d'un arrangement qui permettait au Québec de protéger sa religion, ses richesses naturelles et son système d'éducation[546].

Le mythe du pacte a plutôt été inventé de toutes pièces par des Québécois qui souhaitaient que leur province gagne de l'autonomie à l'intérieur d'un Canada manifestement contrôlé par une autre nation. Créé par Henri Bourassa, en réaction aux initiatives anti-francophones du début du siècle dernier[547], ce mythe a été repris par tous ceux qui étaient insatisfaits du statut du Québec, mais incapables d'envisager sa séparation du Canada. Tour à tour, Lionel Groulx[548], Maurice Duplessis[549], Jean Lesage[550], Daniel Johnson père[551], Claude Ryan[552], Gil Rémillard[553,554] ou encore Jean Allaire[555,556] ont brandi cette théorie pour appuyer leurs revendications politiques à l'endroit du Canada. Inévitablement, après un siècle de matraquage, cette idée est parvenue à occuper une place de choix dans le panthéon des idées politiques québécoises, et ce, malgré le fait qu'elle ne repose que sur une construction *a posteriori* des faits entourant la création du Canada.

Pas étonnant qu'encore aujourd'hui, le fossé entre les Canadiens et les Québécois prouve qu'ils n'entretiennent pas la même vision du pays : la majorité des seconds considèrent que sans le Québec, le Canada n'existerait plus, alors que les premiers croient plutôt que le Canada continuerait d'exister, même sans le Québec[557]. Une relation d'égal à égal n'engendrerait pas un tel décalage.

Faux et usage de faux : le mythe de l'égalité Québec-Canada

Depuis la fondation du Canada, par quels actes le gouvernement canadien a-t-il prouvé cette relation d'égalité ? On n'en retrouve véritablement qu'un seul, l'adoption en 1969 par le Parlement canadien de la *Loi sur les langues officielles*, dont une partie de l'esprit a été repris dans la *Charte canadienne des droits et libertés* de 1982. Cette loi a notamment fait de l'anglais et du français les deux langues officielles du Parlement canadien et de l'administration publique canadienne, tant du point de vue du citoyen que de celui du travailleur. L'adoption d'une telle loi constituait une recommandation de la Commission Laurendeau-Dunton, qui visait entre autres à répondre aux aspirations des minorités francophones du Canada, elles-mêmes alimentées en grande partie par le nouveau nationalisme québécois.

Quarante ans plus tard, quels sont les résultats ? Graham Fraser, le commissaire aux langues officielles, dans son rapport annuel publié lors du 40e anniversaire de la loi, dressait plusieurs constats d'échec. Par exemple, sur 16 grandes institutions fédérales (notamment des ministères) auditées par le commissaire, 10 ont obtenu des notes de D ou E sur la question de la promotion de l'anglais ou du français[558]. Ou encore, réédition annuelle de la même complainte, le commissaire écorche la performance d'Air Canada quant à ses services en français[559]. La situation s'est peut-être améliorée un peu depuis les années 1970, mais les exemples d'échecs de cette politique abondent encore. Il semble qu'à chaque année, le commissaire aux langues officielles ressasse les mêmes revers. De toute manière, les Québécois ont pratiquement tous vécu, un jour ou l'autre, l'inégalité des rapports linguistiques canadiens.

Combien de fois avons-nous lu des histoires relatant que les francophones ne sont pas capables de se faire servir en français dans les ambassades canadiennes à l'étranger, à la douane, auprès d'Air Canada ou à Ottawa, la capitale du Canada? Qui a vraiment été surpris de voir le français si marginalisé lors de la cérémonie d'ouverture des Jeux olympiques de Vancouver de 2010? La nomination récente d'un vérificateur général fédéral unilingue anglophone ou l'impossibilité d'adopter une réforme obligeant les juges de la Cour suprême à être bilingues sont-elles des pratiques hors de l'ordinaire? Qu'ont fait les députés canadiens lorsque Radio-Canada a décidé en 2004 d'abolir la traditionnelle diffusion du match du Canadien de Montréal le samedi soir, alors que *Hockey Night in Canada* est toujours diffusé à la Canadian Broadcasting Corporation (CBC), à grand renfort de commentaires xénophobes à la Don Cherry? Non seulement cette décision inique oblige-t-elle les francophones à payer pour visionner les matchs du Canadien en français (ou alors à regarder les matchs en anglais), mais elle est d'autant plus scabreuse quand on découvre que la CBC s'est déjà offert le luxe de diffuser sur Internet des matchs en italien, en mandarin, en cantonnais et en inuktitut[560] et qu'elle continue toujours la diffusion en panjabi[561]!

La longue liste des échecs de cette loi, tant symboliques que réels, pourrait faire l'objet d'un essai à elle seule. *Nolens volens*, en bout de course, une seule statistique permet de résumer l'échec de la *Loi sur les langues officielles*. Abordée dans la première partie de cet essai, elle donne l'étendue du fiasco: les jeunes anglophones de 15 à 19 ans hors Québec se déclaraient bilingues à un taux de 11,2 % en 2011 alors que c'était 16,3 % en 1996[562]. Après 42 ans d'existence de cette loi, le bilinguisme serait donc une tendance… à la baisse!

Le rêve d'un Canada bilingue, où le couple des « nations fon-datrices » converserait tantôt en anglais, tantôt en français (ou même en « bilingue »), ne sera jamais plus qu'une fumisterie. Pré-tendre le contraire irait à l'encontre de toute logique géopolitique de base : dans ce domaine (comme dans bien d'autres), quand il n'y a pas de besoin, les gens ne changent pas leurs habitudes. Il n'existe d'ailleurs pas d'exemple de pays où une majorité de 77 % apprend la langue de la minorité de 23 %, surtout quand ladite majorité partage la langue du continent et que la minorité est repliée dans un sanctuaire, comme c'est le cas pour le Québec. C'est dans l'autre sens que la relation s'établit, parce que la mino-rité, elle, n'a pas le choix. Nous ne le savons que trop.

:::

À l'exception de cette égalité linguistique de façade, où se situe la prétendue relation d'égal à égal qui façonnerait les rapports entre les deux nations fondatrices du Canada ? À force d'en chercher des manifestations, on n'en trouve plutôt que des contre-exemples.

Au premier rang de ces « anormalités » se trouve le proces-sus de prise de décision politique pour les domaines d'action qui sont mis en commun, qui touchent toutes les sphères de la vie en société et de l'organisation de la fédération canadienne. Si la relation entre les deux nations fondatrices était construite sur l'égalité, des mécanismes permettraient de faire en sorte que les deux parties s'entendent avant d'adopter une décision concer-nant les domaines de compétence partagée. Au pire, une règle pourrait stipuler le droit du Québec de refuser que certaines dé-cisions prises au niveau fédéral s'appliquent sur son territoire, ce qui aurait l'avantage de permettre aux Canadiens anglais d'avan-cer dans la voie qu'ils préfèrent sans brimer l'autre nation. Or rien de tel n'existe au sein de la fédération canadienne. Plutôt, les décisions concernant les domaines partagés sont soumises aux seules voix du Parlement, où le Québec n'a actuellement que 24,4 % des sièges. Ainsi, il se soumet pleinement et entièrement à la volonté d'une autre nation, sans pouvoir y faire vraiment quelque chose, à part se plaindre.

C'est ce que nous avons fait d'ailleurs lorsque le gouvernement du Canada a décidé de durcir le Code criminel : nous avons même envoyé notre ministre de la Justice pour faire de longs plaidoyers, sans succès[563]. C'est ce que nous avons fait aussi au sujet de l'abolition du registre des armes à feu, sans succès[564]. C'est ce que nous faisons partout sur la planète au sujet du protocole de Kyoto, sans succès, c'est le moins que l'on puisse dire[565] ! De toute manière, c'est la même ritournelle qui se joue depuis des années sur tant de sujets : l'Afghanistan, la gestion de la caisse d'assurance-emploi, l'application de la *Charte de la langue française* dans les domaines de juridiction fédérale, la place de la monarchie, les sempiternelles questions fiscales et de redistribution des revenus, l'intrusion du gouvernement canadien dans les champs de compétences québécois — comme dans le cas de « l'Union sociale[566] » —, les questions de droits d'auteur, etc. Nos plaintes ont-elles fait infléchir ces décisions ? Aucunement, parce que de toute manière, nous nous plaignions et nous nous plaignons encore, en quelque sorte… de la démocratie. Quoi de plus normal qu'une majorité décide du sort d'une minorité quand les institutions n'empêchent pas cette possibilité, voire qu'elles la favorisent ? C'est ce qu'avait prévu le pacte supposément conclu d'égal à égal en 1867 et que sont venues renforcer les dispositions de la loi constitutionnelle de 1982.

::

Plus fâcheuses pour le Québec sont certaines clauses de ce pacte et leurs ramifications qui vont à l'encontre d'une élémentaire égalité. Outre le fait éminemment négligeable que la seule version officielle de la *Loi constitutionnelle de 1867* soit rédigée en anglais[567], cette dernière induit des déséquilibres qui désavantagent le partenaire d'égal à égal que devrait incarner le Québec. Par exemple, où est la logique de laisser le Québec administrer et organiser son système de justice, particularisé par la présence du droit civil, mais de confier au gouvernement canadien le soin de nommer les juges des cours supérieures et de la Cour d'appel, notre tribunal national suprême[568]? En d'autres mots, les Canadiens anglais choisissent les juges des cours supérieures québécoises. Dans un environnement anglo-saxon hyper judiciarisé comme le nôtre, où la neutralité idéologique des juges est une vue de l'esprit, cette disposition semble assurément contraire à toute forme d'égalité entre deux peuples.

La boucle de cette disposition a été bouclée avec la mise en place de la Cour suprême du Canada. Cette cour composée de neuf juges nommés par le gouvernement du Canada peut casser n'importe quelle décision émanant de la Cour d'appel du Québec. Même si trois juges proviennent traditionnellement du Québec, il n'en reste pas moins qu'une majorité de six juges, qui peuvent être unilingues anglophones et débutants en droit civil, est en mesure d'avoir le dernier mot sur les questions judiciaires québécoises! De toute manière, comme c'est le gouvernement canadien qui nomme les juges avec une inclinaison idéologique particulière, les juges québécois ne sont bien souvent que des suppôts du Canada anglais[569]. Ainsi, chaque fois que la Cour suprême du Canada casse une décision de la Cour d'appel du Québec, c'est l'équivalent direct d'une nation qui impose ses vues à une autre par le truchement du système judiciaire. Cette possibilité n'est pas qu'une conception théorique: combien de fois la Cour suprême du Canada ne s'est-elle pas permis de charcuter la *Charte de la langue française*, d'étendre les prérogatives du gouvernement canadien au détriment des provinces, donc du Québec, ou d'aller à l'encontre des interprétations de la Cour d'appel et du gouvernement québécois[570]? À ce sujet, le tableau de chasse de la Cour suprême du Canada est bien garni.

La *Loi constitutionnelle de 1982*, qui comprend la *Charte canadienne des droits et libertés*, n'est pas en reste. C'est cette pièce législative qui a durement attaqué le premier principe concernant la langue d'éducation de la *Charte de la langue française*, voulu par René Lévesque et connu sous le nom de « clause Québec[571] », et qui a transformé cette dernière en « clause Canada[572] ». Pire, l'article 59 de la *Loi constitutionnelle de 1982* prévoit spécifiquement pour le Québec un mécanisme de « cliquet[573] » concernant la langue d'éducation : un gouvernement québécois (et non pas l'Assemblée nationale) pourrait retourner à l'époque antérieure à l'avènement de la *Charte de la langue française* et il serait impossible pour les gouvernements suivants d'annuler cette décision[574]! Quel beau cadeau de la part de ceux qui ont rédigé et adopté cette loi! Il ne faudrait toutefois pas se surprendre de ces pratiques. La juriste Eugénie Brouillet, dans son ouvrage *La Négation de la nation*, a remarquablement bien décrit comment l'architecture constitutionnelle et juridique canadienne a évolué vers un régime qui nie la spécificité québécoise[575]. Nous sommes maintenant loin d'un pays dont les institutions reconnaissent les deux peuples fondateurs.

Justement, les Québécois pourraient encore croire un tant soit peu légitimement à la fable des deux peuples fondateurs si la Constitution avait été adoptée conformément à cette allégorie. On le sait, et Paquin l'a démontré[576], ce n'est pas vraiment le cas pour la *Loi constitutionnelle de 1867*. Lorsque nous avons voulu rediscuter de ce pacte 115 ans plus tard, la *Loi constitutionnelle de 1982* a été adoptée sans l'approbation du Québec. À ce jour, d'ailleurs, celui-ci ne l'a toujours pas signée, encore moins ratifiée, notamment à cause de la *Charte canadienne des droits et libertés*.

Les tentatives pour remédier à la situation, soient l'accord du Lac Meech et l'accord de Charlottetown, ont toutes deux échoué et emporté avec elles le rêve de la relation d'égal à égal entre le Canada et le Québec. Alors, le Canada : un pays basé sur un respect mutuel issu d'une relation égalitaire entre deux nations ? Certes pas. Un tel pays n'accepterait jamais qu'une situation si inégalitaire perdure aussi longtemps.

Absence d'égalité rime avec absence de liberté

Le corollaire de ces péripéties politiques, juridiques et constitutionnelles réside dans l'absence de liberté collective qui afflige la nation québécoise. À cause de la conception des institutions canadiennes et de notre poids démographique — qui, en plus, va en déclinant —, nous nous soumettons aux décisions d'une autre nation, sans pouvoir vraiment y faire grand-chose. Parfois, il est vrai que nous parvenons à influencer le jeu, mais généralement nous subissons les décisions du reste du Canada. Il importe ici de lever une ambiguïté : le *Rest of Canada* ne base pas ses relations avec le Québec sur de la haine ni sur une profonde antipathie à son endroit (même si les éditoriaux haineux régulièrement publiés dans la presse du ROC nous laissent parfois penser le contraire). Il ne fait que poursuivre son chemin, bien souvent à notre détriment, parce que, démocratiquement, cela lui est possible. Les désaccords qui nous déchirent émanent des idées distinctes que nous avons sur l'avenir de notre vieux mariage de raison et la perception, réelle ou faussée, que le Québec souhaite se mettre en travers de la route. Qu'à cela ne tienne, les bons sentiments ne subliment pas la réalité : le ROC est collectivement libre, le Québec ne l'est pas. En plus de réduire parfois drastiquement nos possibilités et nos choix, les répercussions de cette bride sont davantage pernicieuses que l'on veut bien l'accepter.

UNE USINE À GÉNÉRER LE DÉSABUSEMENT

La question nationale est, depuis 40 ans, le plus cuisant synonyme d'échec collectif depuis les rébellions des Patriotes de 1837-1838. Cet essai l'a déjà évoqué : peu de nations, en dehors des situations de guerre, peuvent se targuer d'avoir un tel palmarès d'échecs collectifs sur une si courte période de temps. Si ces écueils ont assurément laissé des traces dans la psyché de la génération des baby-boomers, qui a été au cœur de ces bouleversements, les plus jeunes générations paient également le prix. Comme les précédentes, les jeunes générations ont, *de facto*, intégré ce traumatisme à leur idée de la politique nationale. L'évitement devient donc une option tentante. Ainsi, ceux qui exploitent ce filon politique, au premier chef la Coalition Avenir Québec, ne font, finalement, que demander aux Québécois : « Désirez-vous que nous cessions de vous parler de vos traumatismes politiques ? » N'importe qui, sauf bonne dose de courage, vous répondra par la positive, car personne n'aime tripatouiller dans ses souffrances. Cette (im)posture politique opportuniste peut paraître bien commode, sauf qu'en bout de course, elle encourage — directement et indirectement — le désabusement politique collectif

Le choc du rêve et de la réalité

En 2004, le défunt Conseil permanent de la jeunesse[577] a publié un document intitulé *Québec 2018 : Idées et projets pour demain*. D'une rare profondeur, ce recueil proposait un véritable projet de société en abordant une foule de sujets qui sortaient des sentiers battus. Les propositions, variées et innovantes — il y avait déjà une section sur l'éthique en politique municipale —, comportaient souvent une caractéristique singulière : elles étaient impossibles à mettre en œuvre sans l'accord du Canada. Réforme profonde du système de justice, dont la suppression des procès avec jury, légalisation de la marijuana, réouverture de l'aéro-port de Mirabel, ratification d'un traité de libre-échange entre le Québec et l'Union européenne, etc.[578] Huit ans plus tard, le *Journal de Montréal* sondait les Québécois en leur demandant quelles devraient être les priorités des gouvernements. Les réponses recevant le plus d'appuis, devant les questions d'éducation et de santé, étaient les suivantes : « être plus sévères à l'égard des criminels » (90 % d'appui), « diminuer les gaz à effet de serre » (88 % d'appui), « légaliser l'euthanasie » (78 % d'appui) et « ne pas envoyer de soldats en Afghanistan » (77 % d'appui)[579]. Encore une fois, des souhaits qui nécessitent tous l'assentiment du Canada et dont, sauf pour la question de la sévérité des peines pour les criminels (et encore), nous n'avons jamais obtenu la réalisation.

Plus largement, il suffit d'avoir été actif dans des groupes militants, d'avoir eu des discussions politiques avec des jeunes pleins d'idées ou d'avoir recueilli les désirs des plus vieux pour l'avenir de la société québécoise pour se rendre compte que, bien souvent, la réalisation de ces souhaits dépend de l'accord du Canada. Et comme cet accord ne vient quasiment jamais, le champ des possibles en est tronqué. On rêve de projets de « société environnementale » sans pouvoir négocier les modalités des ententes internationales en la matière et en confiant la moitié de la règlementation à ce sujet à une autre nation. On souhaiterait une meilleure intégration des immigrants, mais sans avoir de prise sur les institutions qui sont responsables de leur accueil et en soumettant les quelques lois qui touchent ce domaine au couperet d'une Cour suprême contrôlée par d'autres. On voudrait développer notre propre approche quant à la criminalité, mais nous n'avons aucun pouvoir sur les lois concernant cette problématique. Pire, quand le Québec revendique ouvertement le transfert de pouvoirs, la non-application d'une réforme fédérale sur son territoire ou quand il formule des critiques à l'endroit de la politique tenue par le gouvernement canadien, la réaction du Canada est souvent empreinte d'hostilité.

Dans cet environnement politique bouché, les souhaits irréalisables ne peuvent que générer le désabusement. En effet, si ce que l'on souhaite ne se matérialise que rarement, le dépit prend graduellement de l'expansion dans l'imaginaire collectif. Sachant que plusieurs rêves sont hors d'atteinte, les mêmes sempiternels thèmes prennent toute la place dans la discussion politique nationale. Au Québec, depuis 1995, la santé, l'éducation et « l'économie d'abord » constituent, ensemble, un oligopole sur le « marché » des idées politiques, notamment lors des campagnes électorales. Certes, d'autres sujets font parfois surface, comme les questions d'éthique ou, récemment, les questions relatives à la langue française. Seulement, elles le font négativement, c'est-à-dire qu'elles se faufilent parce qu'elles sont des feux à éteindre plutôt que des propositions visant à construire. Le désabusement s'en trouve encore renforcé, car les citoyens voient les mêmes questions rabâchées année après année, décennie après décennie. Rien qui pousse à espérer un renouveau de notre destinée collective.

Ce désabusement, quoique regrettable, serait acceptable pour la nation québécoise si la perception qu'elle a d'elle-même était en concordance avec la réalité : une société sous la tutelle d'une autre qui accepte des accrocs à sa liberté. Étonnamment, ce n'est pas le cas.

::

« Le Canada anglais doit comprendre de façon très claire que, quoi qu'on dise et quoi qu'on fasse, le Québec est, aujourd'hui et pour toujours, une société distincte, libre et capable d'assumer son destin et son développement. »
— Robert Bourassa, premier ministre fédéraliste, le 22 juin 1990 à l'Assemblée nationale, après l'échec de l'accord du Lac Meech

Cette citation de Robert Bourassa est, à n'en point douter, sa plus célèbre. Il s'agit d'un prodigieux paradoxe, car elle ne reflète en rien la politique menée par ce dernier : profondément fédéraliste, celui-ci n'a jamais osé mettre en application les préceptes de cette déclaration, même quand ses projets de réformes constitutionnelles se sont heurtés au mur de la réalité canadienne. Mais Bourassa était fin renard ; il savait viser exactement où il fallait dans la psyché collective québécoise. Cette déclaration est d'ailleurs un modèle de cet « art » : Bourassa a ici admirablement bien cerné la perception collective qu'ont les Québécois d'eux-mêmes.

Un des principaux produits de la Révolution tranquille réside dans l'idée que les Québécois forment une société libre, adulte, qui peut naviguer où bon lui semble sur les eaux de son existence. En effet, les progrès vécus par la société québécoise durant cette période de son histoire ne sont attribuables qu'à son propre volontarisme. L'amélioration de la situation économique des individus, la construction d'institutions politiques, culturelles et médiatiques ont renforcé cette impression de liberté et d'indépendance. Couplé à cette idée que le Canada est un pacte conclu d'égal à égal entre deux nations, l'ensemble de ces phénomènes a complété cette sensation de liberté.

Pourtant, il est évident que nous ne sommes pas libres : la démonstration a maintes fois été faite. Cette dichotomie entre ce que nous sommes vraiment et la perception que nous avons de nous-mêmes nous place en situation collective de « dissonance cognitive » permanente. La dissonance cognitive est une théorie relative à la psychologie qui stipule que lorsque des opinions, des croyances, des connaissances de l'environnement et des connaissances de gestes et sentiments d'un individu entrent en contradiction les unes avec les autres, elles produisent un état de tension désagréable qui pousse l'individu en question à adopter des stratégies mentales visant à réduire cette tension[580]. En utilisant cette grille de lecture, on pourrait avancer que la croyance qu'entretiennent les Québécois au sujet de leur prétendue liberté collective et la connaissance qu'ils ont de la réalité, exprimée à travers la question nationale, produisent une tension négative. Le mécanisme utilisé pour évacuer cette tension est l'évitement, mentionné plus haut.

Cet évitement a certes permis aux Québécois de ne pas se placer en position de subir d'autres épreuves blessantes, mais il n'efface pas tout. Le décalage entre les espérances et la réalité sera toujours plus fort que les stratagèmes que nous employons pour nous soustraire à nos traumatismes. L'impossibilité de décider pour soi-même sera toujours un puissant générateur de désabusement, même si l'on nie le problème originel. Malgré la tentation, lâcher prise est la pire des solutions si nous désirons nous prendre en main.

:: :: ::

La pauvreté de la discussion politique nationale n'est pas étrangère aux courants qui traversent toutes les sociétés occidentales. Portés par les contingences de notre époque, nous ne pouvons pas vraiment nous y opposer, à moins de refuser la modernité. Toutefois, notre errance collective porte une plus grande responsabilité dans cet état que les conjonctures de notre époque.

Que ce soit, d'un côté, l'opportunisme et de l'autre, l'attentisme des hommes et femmes politiques qui nous gouvernent, la démission de nos élites, le repli sur soi des citoyens ou la question nationale, tous ces phénomènes dégradent notre vie politique et nous placent en position stationnaire. Bien sûr, on pourrait se poser la question suivante : qu'est-ce qui influence quoi ? Est-ce que le retrait des élites de la vie politique encourage la nomination de personnes moins douées ou est-ce que c'est plutôt l'inverse ? Le repli sur soi des citoyens favorise-t-il l'évitement de la question nationale ou est-ce plutôt le contraire qui est à l'œuvre ?

Ces questionnements, bien qu'en apparence intéressants, sont en fait plutôt oiseux : les réponses n'existent probablement pas.

Un fait appert incontestable, cependant : ces phénomènes sont à l'origine de la stagnation constatée dans la deuxième partie de cet essai, en plus de constituer la cause et l'effet de l'un et l'autre. Quand une population décroche, le désordre s'installe et engendre en lui-même davantage de décrochage. C'est un cercle vicieux.

Certes, la question nationale joue probablement un plus grand rôle étant donné qu'elle est si déterminante dans notre vie de peuple minoritaire. Un tel accroc à notre liberté, qui est aussi synonyme de tant d'échecs, ne peut avoir aucun effet positif. Néanmoins, notre société se porterait mieux si même une seule des tendances décrites dans cette partie s'inversait.

Dans ces conditions, que nous reste-t-il à faire ? Nous laisser voguer au gré des vents ? Abandonner le plus possible notre destinée à des forces extérieures ? Accepter notre course à la décadence collective en nous regardant complaisamment ? Pleurnicher et accuser les autres de notre dissipation ? Ces voies sont attirantes, mais d'autres choix s'imposent. Il ne tient qu'à nous de les faire nôtres.

QUATRIÈME PARTIE
Un impératif volontarisme

Dans ma courte vie, je n'ai pas souvenir d'une décennie qui s'est amorcée sous des auspices si sombres. Crise économique majeure en Europe, situation à peine plus jojo aux États-Unis — où l'élection présidentielle a montré dans toute sa splendeur un mouvement conservateur franchement dangereux —, changements climatiques qui s'accélèrent, crise qui se profile avec l'Iran, Russie qui se dirige davantage vers la dictature : la décennie s'annonce mémorable… pour toutes les mauvaises raisons ! Plus proche de nous, nous subirons le premier mandat complet de pouvoir majoritaire des conservateurs canadiens : l'obsession de la sécurité, le nouvel amour de la monarchie britannique, les menaces à l'environnement et la dérive antidémocratique se poursuivront sans doute, aux côtés de nouvelles surprises toutes aussi désagréables les unes que les autres. Chez nous, au Québec, les élections générales de 2012 ont abouti sur un match nul paralysant pour l'avenir national.

Malgré la morosité ambiante et les lugubres constats consignés dans cet essai, l'espoir d'un redressement national vit toujours en moi. L'histoire récente est remplie d'exemples de peuples qui ont fait face à l'adversité et qui s'en sont sortis la tête haute. De nombreux pays — l'Allemagne et le Japon au premier chef — ont été dévastés pendant la Seconde Guerre mondiale et sont redevenus des puissances économiques en quelques dizaines d'années.

L'Allemagne n'a pas hésité à se réunifier lorsque le mur de Berlin est tombé, même si l'intégration de l'Allemagne de l'Est était un défi immense, qui n'est pas encore complété. L'Argentine, au début des années 2000, a été acculée à la faillite technique, mais s'est relevée : une dizaine d'années plus tard, la pauvreté a reculé de manière spectaculaire et le pays est maintenant l'un des moteurs de l'Amérique du Sud. Les Est-Timorais, petit peuple blotti au sein de l'archipel indonésien, qui ont enduré pendant 27 ans une dictature brutale, ont vu leur résilience payer lorsqu'ils sont devenus indépendants en 2002. Les trois pays baltes — Lettonie, Lituanie et Estonie — ont connu sensiblement le même sort pendant 45 ans, mais se sont finalement émancipés du joug soviétique qui menaçait leur identité. La liste des peuples qui ont réussi à renaître alors qu'on les croyait perdus est longue et ne pourra que s'allonger.

Les défis collectifs posés aux Québécois ne se comparent pas nécessairement, du moins dans leur gravité, à ceux relevés plus haut. Il faudrait être malhonnête pour prétendre que les sévices qu'ont subis les Est-Timorais sont équivalents aux périls du Québec. C'est toutefois précisément pour cette raison qu'il est légitime de croire que nous pouvons surmonter les obstacles exposés dans cet essai. D'une part, objectivement, rien dans notre condition ne pourrait nous empêcher d'agir comme nous le souhaitons : nous ne sommes pas sous le joug d'une dictature, notre économie n'est pas plus mal en point qu'ailleurs en Occident (au contraire), etc. D'autre part, nous ne sommes ni meilleurs, ni moins bons que les peuples qui ont surmonté des difficultés autrement plus imposantes que les nôtres : cela nous place donc d'emblée en bonne position pour la suite. D'ailleurs, lorsque nous avons été placés devant des choix déterminants, nous avons parfois réagi avec la fougue nécessaire : la Révolution tranquille en est, à ce jour, le meilleur exemple.

Ma confiance en l'avenir est d'autant plus renforcée que les solutions ne me semblent ni hors d'atteinte, ni même trop complexes à mettre en œuvre. Au fil de mes pérégrinations, mes interrogations, mes discussions, mes débats, mes doutes et mes réflexions, j'en suis arrivé à la conclusion que nous portons chacun la responsabilité de la situation dans laquelle nous sommes plongés. Que les réponses se trouvent principalement en nous. Qu'il faut essentiellement que nous outrepassions nos automatismes malsains et que nous affrontions nos démons. En ce sens, on me reprochera peut-être la simplicité de certaines des prescriptions présentées dans cet essai : ceux qui s'attendent à un traité exposant des propositions complexes seront sans doute déçus. En effet, ce ne sont pas nécessairement des politiques publiques aux multiples variables qui nous feront avancer. D'autres diront qu'il n'y a rien de nouveau dans les propositions formulées dans cette partie : ils n'auront pas tort, car certaines ont même figuré dans les programmes électoraux des partis en lice à l'élection de 2012. Cependant, ce n'est pas l'effet de nouveauté qui est recherché ici, mais bien l'évocation de solutions porteuses pour le Québec.

Simplicité et ancienneté ne sont pas toujours synonymes de facilité. Pour se sortir de leur torpeur collective, les Québécois devront faire preuve d'un volontarisme qu'ils ont perdu, mais qui n'est ni impossible à retrouver, ni dépassé.

DE NÉCESSAIRES CHANGEMENTS
D'ATTITUDES

La troisième partie de cet essai fait état des causes probables à la mascarade qu'est devenue la vie publique nationale. S'il n'y a rien d'original à clamer que chacun porte une responsabilité individuelle dans notre conduite collective, plusieurs ont probablement été surpris de constater que l'une des sources de cet état de fait est l'attitude déployée par chacune des différentes strates de la population québécoise. Certes, ce que l'on appelle péjorativement la « classe politique » est porteuse d'une part considérable de responsabilité, mais elle n'est pas seule coupable. Les citoyens, parties prenantes de l'aventure nationale, doivent aussi, inévitablement, accepter leur part du blâme. Partout, c'est l'attitude déployée chaque jour face à la chose publique qui fait mal. Et c'est le vide qui en résulte qui nous plonge en partie dans ce que nous vivons actuellement. À nous d'y remédier.

LES BABY-BOOMERS : LES RAISONS D'ESPÉRER

Pour les jeunes gens de ma génération qui s'intéressent un tant soit peu à l'histoire, la génération des baby-boomers est, dans leur imaginaire, autre chose que ce que nous avons devant les yeux aujourd'hui. Les images de cette jeunesse qui se prend en main dès la fin des années 1960 et jusqu'aux années 1980 sont entrées dans la légende. Manifestations monstres, spectacles de la Fête nationale gigantesques, styles de vie alternatifs, prise de contrôle de l'économie, projets monumentaux : une génération faisait littéralement bouger le Québec à elle seule. Même les congrès politiques, particulièrement ceux du Parti québécois, prenaient l'allure de grandes messes collectives qui visaient littéralement à refaire le monde : une simple lecture des cahiers de propositions des congrès de ces années donne le vertige.

Ces images sont conformes à la fresque brossée par François Ricard dans son essai *La génération lyrique*. Passant au crible les étapes de la vie de la génération du baby-boom, l'auteur fait état des qualités et des défauts de cette génération. Parmi ses qualités, notons une réelle liberté de pensée[581] et un net penchant pour le politique : « le « service public » apparaissait comme un engagement dont le sens dépassait — sans le faire disparaître pour autant — celui qu'ils [les baby-boomers] accordaient à leur bien-être personnel et à leur « plan de carrière »[582] ». Il faut surtout reconnaître à cette génération que la conscience qui l'anime est bardée, entre autres, « d'un sentiment d'un pouvoir illimité sur le monde et les conditions de son existence[583] ».

Pour renverser la vapeur, affronter les défis qui nous attendent et, en quelque sorte, terminer le travail amorcé dans les décennies précédentes, ce sont précisément ces traits de caractère ayant déjà dominé le paysage qui devront ressurgir. Objectivement, rien ne peut empêcher le retour des attitudes si caractéristiques de cette génération.

Même s'ils ont connu des échecs et que, sur certains sujets, les baby-boomers québécois sont polytraumatisés, les idéaux qui ont façonné leur génération ne sont pas tous partis en fumée. Bien souvent, quoiqu'encore très présents, ils s'expriment différemment. Les baby-boomers restent en grande majorité des idéalistes. Plus platement, ils seront bientôt tous à la retraite : on nous rebat assez les oreilles avec cet inévitable phénomène démographique. Cependant, ils seront à la retraite plus longtemps

et vraisemblablement en meilleure santé que ceux qui les ont précédés, ce qui veut dire qu'ils devront meubler leurs temps libres.

C'est la combinaison de ces deux facteurs qui ont poussé certains à prédire que les baby-boomers n'ont pas dit leur dernier
mot. C'est notamment le cas de Serge Cabana, qui, avec son essai
Babyboomerang, avance que ces derniers pourraient bien, une
fois à la retraite, provoquer une ultime révolution[584]. S'appuyant
sur « leur poids démographique, leur richesse et leur relative
bonne santé[585] », Cabana prétend qu'une néo-renaissance pourrait être lancée par les baby-boomers : environnement et lutte
contre le gaspillage, droit de mourir dignement, promotion de la
démocratie et combat contre la rectitude politique, entre autres,
en constitueraient le menu[586]. Si les cibles de cette nouvelle révolution énumérées par l'auteur sont mondiales, il n'en reste pas
moins que l'attitude nécessaire à ce nouveau bouleversement
pourrait nettement profiter au Québec.

Avant de chambarder à nouveau le cours des choses, peut-être
que les baby-boomers québécois auront des scrupules quant à
ce qu'ils lègueront à leurs enfants. La société si unique dont ils
ont hérité eux-mêmes mérite d'être équipée des meilleurs outils
pour prospérer et pour se projeter dans l'avenir. On peut donc
espérer que les gens de cette génération auront envie de tout
faire pour que la langue française progresse, pour débarrasser le
monde politique de ses scories, pour juguler la montée des écarts
de richesse, pour éviter de transmettre un appareil étatique en
décrépitude, voire même pour contribuer à finalement vaincre
les traumatismes liés à la question nationale : de cette manière, le
Québec sera façonné comme il aurait dû l'être il y a 15 ou 20 ans.
S'ils parviennent à renverser la tendance et à impulser une erre
d'aller à ces questions, on pourra considérer que les boomers auront vraiment fait progresser la société québécoise.

Si, d'aventure, les baby-boomers ne retrouvent pas une partie
de ce qu'ils ont déjà été, il faut espérer qu'ils auront la bienséance

de laisser rapidement aux générations qui suivent les rênes du pouvoir, en leur faisant confiance et en les laissant faire leurs expériences. Il suffirait en effet que les baby-boomers ne placent pas uniquement leurs propres préoccupations au centre du jeu politique pour que ceux qui les suivent puissent s'exprimer. Mieux, s'ils ne veulent pas prendre part au changement, les baby-boomers pourraient, par une bienveillante et tacite approbation, encourager ceux qui les suivent à non seulement prendre le pouvoir, mais aussi, et surtout, mettre en branle leurs projets et leurs rêves. Avouons tout de même qu'il est plus réjouissant de prendre part à l'aventure plutôt que d'observer passivement son déroulement. De toute manière, le Québec n'a pas les moyens de se passer de cette génération ayant le plus lourd poids démographique.

La réalité rattrapera les jeunes générations

Devant une société dont ils ne contrôlent encore que des parcelles, les jeunes Québécois, à l'instar de beaucoup de leurs contemporains des pays occidentaux, peuvent céder à la tentation de décrocher de la vie politique, et même pour certains de ne jamais y accrocher. L'attitude particulière des baby-boomers québécois et la situation politique propre au Québec, caractérisée par l'omniprésence des débats linguistiques et constitutionnels, risquent même d'aggraver ce sentiment lancinant que les choses sont bloquées et qu'elles le resteront. Ces conclusions ne constituent toutefois en rien des excuses pour justifier l'attitude actuelle des plus jeunes générations.

Plus tôt que tard, les jeunes Québécois devront faire face à la réalité et retrouver le chemin de la politique nationale. Malgré tout ce que l'on peut entendre et lire chez les adeptes du prêt-à-penser, qui aiment clamer que la mondialisation rend les États impotents, c'est bel et bien au niveau de ceux-ci que l'on règle la grande majorité des problèmes. Et même lorsque les instances internationales deviennent des lieux de décision, c'est par l'inter-médiaire des États que les peuples s'expriment et négocient — et que sont appliquées les décisions internationales.

L'Assemblée nationale du Québec reste donc le cœur des possibilités de changement pour les jeunes générations. Celles-ci doivent s'y tourner de nouveau si elles veulent influencer la société à la mesure de leurs aspirations. Bien que l'Assemblée nationale ne puisse pas toucher à tous les sujets qui sont générale-ment gérés par les gouvernements normaux, il reste que bien des domaines sont encore sous sa juridiction : l'éducation, la majorité des programmes sociaux, la majorité des questions concernant l'environnement, les transports et l'aménagement du territoire, une partie de la politique d'immigration, les affaires culturelles — y compris les questions linguistiques —, les questions de vie en société guidées par le Code civil, etc. On y trouve même un embryon de diplomatie internationale. Dans ce cadre, ignorer ce qui se passe dans notre parlement national est une grave erreur que les jeunes Québécois devraient éviter, notamment s'ils ne veulent pas voir leurs rêves, fussent-ils planétaires, leur échap-per. En d'autres mots, les Québécois contrôlent pleinement ce qui est sous la juridiction de l'Assemblée nationale, autant mieux en profiter. Le « Printemps érable » de 2012 aura peut-être sonné comme un rappel de cette réalité.

Il est vrai que les sempiternels problèmes identitaires et lin-guistiques, en plus du débat sur l'avenir constitutionnel du Québec, peuvent s'avérer singulièrement soporifiques. Rares sont les nations qui ont ces débats inscrits dans leurs gènes comme le Québec. Néanmoins, ces questions existent parce qu'elles re-présentent de vraies tensions qui engagent l'existence même de notre différence culturelle et de notre liberté nationale, c'est-à-dire la possibilité d'agir selon nos désirs et nos envies. D'ail-leurs, les jeunes générations auraient intérêt à ne pas relativiser ou minorer ces questions, car cela risquerait de faire considérer des solutions un peu exigeantes ou contraignantes comme extré-mistes, repoussant d'autant plus le règlement des problèmes.

De toute manière, ce n'est pas en reproduisant l'attitude d'évi-tement des générations plus âgées ou en accolant ces questions à une autre époque que les plus jeunes générations s'en débarrasse-ront. Au contraire, les problèmes qu'elles engendrent continue-ront à nous hanter et se compliqueront même au fil du temps. Sans se laisser décourager par les attitudes de leurs prédéces-seurs, les jeunes Québécois devraient les encourager, pendant qu'ils sont encore capables de faire la différence, à tenter une fois pour toutes de leur léguer une société plus mature et plus libre.

LES ÉLITES « NON POLITIQUES » : SUS AUX FAUX-FUYANTS !

Les raisons objectives abordées précédemment[587] qui peuvent ex-pliquer le détachement des élites ne sont pas nombreuses et, bien souvent, ne tiennent pas la route. Par exemple, on avance sou-vent que la vie politique québécoise est stagnante, notamment à cause des questions nationales et linguistiques et qu'en soi, cela constitue un motif pour refuser de s'engager. Il est vrai que ces sujets peuvent paraître rébarbatifs, mais ce n'est certainement pas en laissant les mêmes personnes s'en occuper pendant 20 ans que l'on peut espérer voir les choses débloquer ! Ce n'est pas en se soustrayant volontairement à l'engagement que l'on se place en position d'influer sur la conduite des affaires nationales. Cette proposition est un vice logique.

Les contingences de la vie politique moderne sont régulière-ment évoquées pour justifier un refus de l'engagement : horaires aliénants, renoncement à la vie privée, interactions difficiles avec les médias, soumission aveugle au chef de parti, etc. Ces excuses ne sont pas nouvelles, du moins pas depuis 40 ans. D'autres bril-lants esprits ont affronté de telles conditions et ils en sont sortis vivants. Du moment que l'on ne souhaite pas faire toute sa vie en politique, ces contrariétés, bien que réelles, ne sont pas éternelles.

On avance parfois que les conditions salariales des élus québécois laissent à désirer. Il est vrai qu'en comparaison du palier fédéral[588] ou des salaires que certains peuvent espérer gagner dans le secteur privé, les émoluments consentis aux députés de l'Assemblée nationale sont en retard. On peut même légitimement affirmer que la rémunération d'un député devrait refléter sa première responsabilité, c'est-à-dire voter la loi qui s'appliquera à tous les citoyens de la nation. Toutefois, on ne peut arguer que les salaires des députés mettent ces derniers dans une situation de précarité telle que la fonction devient repoussante. L'indemnité annuelle de base liée à la fonction de député est de 85 388 $[589], alors que le revenu moyen des Québécois gagnant un salaire était en 2009 de 34 427 $[590]. À la vue de cette simple comparaison, il devient périlleux d'utiliser cet argument.

Donner au suivant

Comme les autres segments de la société québécoise, les élites doivent retrouver le goût du service public et de son prolongement le plus significatif, celui de l'engagement politique. Il en va du salut de notre vie politique nationale.

Le Québec a beaucoup bénéficié de l'apport de gens de talent qui se sont investis en politique active. René Lévesque en est l'exemple le plus probant, mais il y en a d'autres. Aurait-on pu progresser en éducation sans la profondeur de caractère de Paul Gérin-Lajoie ? Est-ce que la réforme de l'assurance maladie se serait matérialisée si elle n'avait pas été portée par un actuaire émérite comme Claude Castonguay ? Que serait-il advenu de la réforme si nécessaire de l'assurance automobile si Lise Payette n'y avait pas investi toutes ses habiletés de communicatrice ? La *Charte de la langue française* aurait-elle été si transformatrice si sa naissance ne s'était pas appuyée sur l'obstination forgée par les années de réflexion du docteur Camille Laurin ? Il semble raisonnable d'affirmer que le bagage intellectuel de ces personnes a participé au succès des réformes qu'elles ont portées. Un tel apport dans le Québec d'aujourd'hui ne serait pas de trop.

Plus encore, le service public et l'engagement politique doivent être considérés comme un devoir qui ne saurait pas échapper à ceux qui ont le plus reçu de la société. En effet, la grande majorité de ceux qui ont obtenu du succès dans leur parcours personnel ou professionnel en sont redevables aux conditions sociétales objectives qui permettent de tels succès : un climat de sécurité où la criminalité est basse, un système d'éducation de qualité, un système de santé globalement efficace, des écarts de richesse assez réduits pour permettre à tous d'espérer gravir les échelons de l'échelle sociale, etc. À cela, il faut ajouter qu'ils ont déjà récolté les fruits de leur situation : stabilité financière et train de vie conséquent, reconnaissance de leurs pairs, privilèges associés à la fonction occupée, etc., pour lesquels ils sont également en partie redevables à la société.

En d'autres mots, les gens qui composent l'élite doivent une grande partie de leur succès à la société qui les a vus éclore. Que l'on ne se méprenne pas sur le propos : les succès des élites reposent aussi bien souvent (mais pas toujours) sur l'effort individuel que ces personnes ont consenti au relèvement de leur condition et sur des dons de la nature comme une intelligence particulièrement vive ou des talents techniques indéniables. Toutefois, sans les caractéristiques singulières de la société nationale, il est probable que le succès n'aurait pas été au rendez-vous. En cela, les élites devraient toujours considérer qu'elles sont redevables à la nation. Toutefois, il existe plusieurs façons de contribuer à la société : les impôts, la charité, le bénévolat, etc. L'une des plus nobles reste tout de même le don temporaire de sa personne aux fonctions électives (ou dans le service public), quel que soit le palier de gouvernement. Qu'on le veuille ou non, dans notre système démocratique, c'est encore l'endroit où l'on peut le plus concrètement faire avancer les choses, que ce soit en apportant des réformes novatrices ou en ayant le courage de cristalliser dans les textes législatifs les changements qui ont déjà eu lieu dans la société.

Il ne s'agit pas d'exiger que l'Assemblée nationale devienne un parlement non représentatif de la population. Par exemple, si l'on souhaite que les jeunes s'engagent dans la vie politique québécoise, on ne saurait leur demander de présenter préalablement un *curriculum vitæ* bien garni. Aussi, il faut que les préoccupations de tous, à travers des candidatures reflétant la diversité socio-économique du Québec, puissent être prises en compte. Tout de même, le décalage entre ce que nous avons connu et ce qui a cours aujourd'hui saute aux yeux.

Bien que l'élection de 2012 ait donné des signes intéressants d'un éventuel retour des élites vers le service public[591], le Québec, contrairement à d'autres sociétés occidentales, souffre encore d'un trop grand effacement des élites de la vie politique, et ce, à son plus grand détriment. Rien ne justifie pourtant ce retrait. Ces personnes doivent reprendre le chemin du service public, par devoir et pour faire fructifier la société qui leur a permis d'être ceux qu'ils sont. Les Québécois auront ainsi l'impression justifiée que ceux qui ont le plus bénéficié des vertus nationales participent eux aussi à la perpétuation et au développement de cette société.

:: ::

Il peut paraître singulier de suggérer que le premier remède à notre errance politique réside dans un changement d'attitude traversant toutes les couches de la société. Avancer que les baby-boomers doivent sortir de leur torpeur pour finir leur travail et passer la main aux générations qui suivent, proposer que les jeunes générations n'adoptent pas les attitudes d'évitement de leurs parents, cessent de relativiser et redécouvrent les possibilités de l'État québécois et recommander aux élites de se réinvestir dans le service public n'est peut-être pas un parangon d'originalité. Pourtant, après analyse, de telles évolutions pourraient provoquer des changements plus que salutaires.

Le regain d'intérêt pour la chose politique pourrait essentiellement pousser plus de Québécois à renouer avec le service public, quelle qu'en soit la forme. Le travail pour l'État québécois, prolongement de l'action publique, redeviendrait attrayant. La politique québécoise constituerait de nouveau un sujet de discussion constructif où l'on ne fait pas que déverser son fiel. Le militantisme au sein des partis deviendrait l'une des méthodes de choix pour mener les débats relatifs aux affaires publiques. Le travail au sein des cabinets ministériels ne serait pas accaparé par des militants lentement « cultivés » depuis leur passage au sein des ailes « jeunesse » des partis politiques. La compétition pour l'accès aux fonctions électives serait renforcée.

Ce renouveau de la vie politique engendrerait aussi des effets collatéraux. Voyant leurs actions scrutées par davantage de personnes, les élus actuels auraient probablement plus de scrupules au sujet des questions éthiques. Du coup, les apparatchiks de tout acabit verraient leur influence un peu recalée. Surtout, le renouveau mettrait en place les conditions globales nécessaires pour que le Québec ose, risque, innove, affronte ses démons, bref qu'il se sorte de son atonie.

DE MODESTES PROPOSITIONS VISANT
À PARFAIRE LA COMMUNAUTÉ NATIONALE

Les changements d'attitude, personnels ou collectifs, peuvent être à la source de grands retournements, d'évolutions, voire de révolutions. Si les Québécois décident que la stagnation dans laquelle ils baignent constitue une raison valable pour faire preuve de courage, les possibilités qui s'offriront à eux seront nombreuses, emballantes et structurantes. Certes, la société québécoise fait face à de nombreux défis sectoriels, mais leur règlement ne tient en rien de la chimère. Les peuples ont de tout temps surmonté de grands défis et rien n'indique que la nation québécoise est chroniquement médiocre. En outre, le Québec possède un avantage que d'autres sociétés n'ont pas : sa petite taille.

Une idée reçue voudrait que les petites nations soient dépendantes des plus grosses, que ces dernières les écrasent sous leur poids immense tout en leur dictant leurs politiques publiques. Soumises à la volonté des autres, les petites nations n'auraient pas grand-chose à dire sur leur destinée. Si cette proposition est parfois vraie, elle est surtout la transposition directe de considérations géostratégiques, de rapports de force militaires (où la taille des nations revêt une importance) et de considérations de politique interne. Pourtant, dans ce dernier domaine, la taille des nations ne constitue pas un facteur déterminant. En fait, c'est plutôt le contraire.

Dans la dernière conférence qu'il a donnée avant sa mort, le regretté historien britannique Tony Judt se demandait ce qui était encore vivant dans la social-démocratie aux États-Unis. D'entrée de jeu, il signalait que les systèmes sociaux des petits pays avaient plus de chance de succès, car leur homogénéité rendait moins probable la suspicion mutuelle des principales composantes de la collectivité inhérente aux grandes sociétés[592]. Ainsi, plus la société est vaste, plus il y a de risques que des tensions existent entre des intérêts divergents, rendant les réformes difficiles. Deux économistes qui ont étudié les déterminants de la grosseur des pays arrivent aux mêmes conclusions : non seulement l'hétérogénéité des grandes sociétés est génératrice de désaccords limitant la mise en place de réformes[593], mais en plus, lorsque les petits pays ont accès à des libres marchés économiques, il est encore plus facile pour eux de définir leurs politiques publiques internes[594].

En somme, le Québec, en mettant à profit sa petite taille, peut et doit engager des réformes audacieuses qui mettront fin au laisser-aller collectif. Ces réformes constitueront chacune de petits projets de société qui, combinés, auront le potentiel de parfaire la communauté nationale québécoise en mettant le collectif au centre des débats.

L'AGRICULTURE : ARRÊTER DE TOURNER EN ROND

L'agriculture est essentielle à la vie : ce truisme n'émeut plus personne. La mondialisation des échanges aidant, l'abondance et la variété des produits issus de l'agriculture au sens large masquent plusieurs réalités : notre dépendance accrue aux échanges internationaux — qui se révélerait dans toute sa cruelle réalité advenant une crise internationale ayant des effets sur le transport —, les coûts environnementaux du transport cachés dans le prix des aliments, les normes environnementales qui varient grandement selon les pays, l'utilisation parfois insouciante des OGM, etc. Cette abondance cache surtout l'état de crise de l'agriculture québécoise. Depuis plusieurs années, la situation se dégrade dans l'indifférence générale ; la deuxième partie de cet essai en fait état. Heureusement, le gouvernement québécois a pris conscience de cette problématique et a confié à une commission d'experts le soin de faire le point et d'émettre des propositions. La Commission Pronovost a donc accouché d'un rapport gigantesque qui propose de profondes réformes visant à assurer la pérennité de notre agriculture nationale.

Au menu des recommandations de la Commission se trouve une panoplie d'idées brillantes : soutien universel à tous les agriculteurs, soutien à la production biologique, changement de statut de l'Institut de technologie agroalimentaire (ITA) afin de permettre aux acteurs de l'industrie de participer à la formation de la relève, mesures de perfectionnement professionnel destinées aux agriculteurs actuels, renforcement de plusieurs mesures de soutien à l'innovation, spécialisation des futures recherches sur le respect de l'environnement, préoccupations relatives à la santé, règles « d'écoconditionnalité » pour l'attribution d'aide financière, protection des terres agricoles, fin du monopole de l'Union des producteurs agricoles (UPA) et bien d'autres[595].

Probablement à cause de cette dernière proposition — la fin du monopole de l'UPA —, le gouvernement Charest n'a pas osé endosser les propositions de la Commission Pronovost et a commencé un nouveau processus de consultation. Pourtant, les solutions existent ! De la manière la plus neutre possible, dégagée de toute déviance idéologique, la Commission Pronovost a produit un rapport dont les qualités sont indéniables et les propositions, plus que réalistes. Ce que le rapport souligne surtout, c'est que le Québec est en mesure, s'il en avait la volonté, de transformer lui-même une grande partie de son agriculture afin d'assurer sa viabilité. Les solutions sont esquissées, il ne reste qu'à les mettre en œuvre. Malheureusement, le manque de courage politique en a retardé indéfiniment l'application.

Mais il y a le Canada…

Le rapport de la Commission Pronovost souligne, sans en avoir l'objectif, l'une des grandes limitations du Québec. En effet, de nombreuses recommandations concernent des demandes que le gouvernement du Québec doit adresser au Canada — et pas des moindres : bonification de l'aide financière relative à la stabilisation des revenus et en cas de catastrophe, meilleur encadrement des travailleurs saisonniers étrangers, grandes questions entourant les OGM (recherches sur leurs effets, renforcement du processus d'homologation, généralisation de l'étiquetage des produits contenant des OGM, etc.), amélioration de l'étiquetage des produits alimentaires, renforcement du système d'inspection des aliments et un meilleur leadership du Canada sur la scène internationale concernant ces questions[596]. On le constate, le Québec n'est finalement pas si libre de faire ce qu'il entend en agriculture, notamment parce que celle-ci, ainsi que les questions relatives au commerce international, relève du gouvernement du Canada.

Le commerce international est d'ailleurs un champ de compétence où le Québec est souvent réduit à espérer que le Canada adopte des positions qui représentent ses intérêts lors de négociations commerciales internationales. Jusqu'à présent, nous avons été relativement chanceux : par exemple, le Canada adhère encore publiquement au système de la gestion de l'offre[597,598] et tente de le sauvegarder dans les négociations commerciales de libre-échange avec l'Union européenne ou les pays de la zone du Pacifique. Rien n'empêche cependant le gouvernement du Canada de revenir un jour sur cette décision ; le Québec ne pourra pas faire grand-chose pour l'en empêcher. Le premier ministre québécois aurait beau répéter *ad nauseam* que la «gestion de l'offre n'est pas négociable[599]» ou nommer un «négociateur en chef» pour le Québec[600], dans ce domaine, comme dans bien d'autres, si le Canada change d'idée, nous ne pourrons que subir.

L'ENVIRONNEMENT : UNE CONCERTATION POUR UNE PLUS GRANDE COHÉSION

Les Québécois ont depuis longtemps la prétention d'avoir le cœur vert : comment pourrait-il en être autrement dans ce grand pays de forêts, de lacs et de rivières ? En fait, chaque fois qu'on les sonde pour obtenir leur opinion sur les questions environnementales, ils répondent presque toujours positivement.

En 2002, le gouvernement a sondé les Québécois sur leur niveau de préoccupation environnementale. Ceux-ci se disaient : désireux de recycler davantage (84 %), en faveur du covoiturage (62 %), évitant d'acheter des produits dont les emballages ne sont pas recyclables (61 %), réceptifs à différentes mesures suggérées pour économiser l'eau potable (60 %) et en faveur d'une limitation de l'accès des véhicules aux centres-villes (53 %)[601]. Plus récemment, les Québécois, dans une proportion de 70 %, se disaient plus enclins à l'économie d'énergie qu'à l'augmentation de sa production[602]. Dans le même sondage, 68 % des répondants considéraient que les gouvernements n'investissaient pas assez dans les énergies renouvelables. Les Québécois se permettent même d'être optimistes par rapport à l'avenir : lorsqu'on leur a demandé quel type de voiture ils conduiront dans 10 ans, «35 % ont répondu une voiture hybride, alors que 25 % ont choisi l'auto tout électrique[603]». Après tout, 55 % des Québécois se disent «environnementalistes[604]».

Parfois même, les Québécois se montrent volontaristes et lucides sur la question. Par exemple, 80 % d'entre eux «accepteraient de payer plus cher des produits dont la valeur bénéfique sur l'environnement est démontrée» et 96 % voudraient «forcer les industriels à utiliser des emballages faits de matières recyclées ou prêts à 100 % au recyclage[605]». Lucides, 71 % des Québécois croient «que la crise [économique de 2008] a été causée par le fait de sacrifier la justice sociale et les préoccupations environnementales au profit des gains économiques[606]». Sans surprise, ils sont 56 % à penser que l'environnement doit passer avant le développement économique[607].

Pourquoi y a-t-il donc un tel décalage entre ce que les Québécois pensent d'eux-mêmes et leurs pratiques, explicitées dans la deuxième partie de cet essai ? On répond généralement que les Québécois seraient de grands parleurs, mais de petits faiseurs : les principes, c'est bien beau, mais si cela demande des efforts, alors là, c'est une autre histoire. À ce sujet, les sondages sont moins loquaces, même s'ils apportent des pistes de réponses. D'abord, le Québec compterait 33 % de «consommateurs verts prêts à agir pour l'environnement», 35 % de «verts mous», c'est-à-dire «ouverts à l'écologie, mais pas à des frais supplémentaires pour y accéder» et un autre tiers n'ayant finalement aucun intérêt pour la chose[608]. De plus, il est bien connu que les gens offrent souvent aux sondeurs l'image qu'ils aimeraient qu'on ait d'eux-mêmes.

Dans une étude assez complète sur les habitudes environnementales des Québécois, le sondeur Léger Marketing a tenté de comprendre ce qui pouvait expliquer ce décalage. Cette étude confirme en effet que les Québécois sont souvent prompts à justifier de mille façons leur comportement parfois irresponsable en regard de l'environnement. Par exemple, ils réclament «une meilleure information sur le recyclage et le compostage (63 % affirment que cela les inciterait à modifier leur comportement), une collecte publique des déchets organiques (61 %), des bacs à recyclage plus grands (55 %), ou encore de l'équipement pour faire leur compost à domicile (54 %)[609]». Dans la même veine, «50 % affirment qu'ils pourraient changer leurs habitudes si l'on ouvrait de nouvelles infrastructures de transport en commun, 50 % si l'on augmentait la fréquence de passage des trains et autobus, 48 % si le service était carrément gratuit et 43 % si l'on en réduisait les tarifs. Enfin, 43 % envisageraient d'utiliser le transport en commun si les sociétés de transport amélioraient leur service à la clientèle[610] ». Les Québécois affirment même, un brin défiants, qu'ils seraient « 30 % à être influencés par une facturation au poids des ordures produites dans leur foyer et seulement 24 % modifieraient leurs habitudes si le prix de l'essence subissait une augmentation draconienne[611] ». Les contradictions sautent aux yeux : comment peut-on affirmer à 43 % qu'une réduction des tarifs modifierait les habitudes de transport en commun, mais qu'une hausse importante des prix de l'essence ne toucherait que 24 % des Québécois ? Ce genre de réponses n'est possible que lorsqu'on se considère comme exogène à un problème : « ce n'est pas de ma faute, mais celle des autres, de la société, etc. »

C'est probablement ce sentiment que l'on doit combattre si l'on désire vraiment que le Québec avance en matière environnementale. Il faut que tous les Québécois, peu importe la région où ils habitent ou leur statut social, se sentent concernés par un projet englobant dans lequel ils n'ont pas l'impression d'être les seuls (ou l'impression de faire partie d'une catégorie de gens qui sont les seuls) à subir les inconvénients des mesures contraignantes parfois nécessaires quand il s'agit d'environnement. Bref, il faut qu'un comportement responsable devienne la norme. Voilà pourquoi les réactions se font à l'occasion violentes quand les politiciens annoncent des mesures sectorielles : une partie de la population peut se sentir visée et réagir si fortement qu'elle décourage de nouvelles initiatives, car les coûts politiques sont trop élevés. C'est notamment ce qui arrive très souvent lors de l'installation de nouvelles turbines éoliennes : les citoyens concernés, sentant qu'ils seront les seuls à en subir les désagréments, font tout en leur pouvoir pour en empêcher le déploiement.

Dans ce contexte, les voies d'action ne sont pas multiples. Il s'agit de créer les conditions pour que toute la nation se sente concernée et interpellée par les problématiques environnementales, autant dans les conséquences positives que négatives des solutions à adopter. Pour en arriver là, le Québec doit organiser un grand sommet environnemental qui visera à définir clairement ses objectifs, ainsi que les solutions retenues pour les atteindre. En s'assurant que tous pourront y être entendus, que tous contribueront à l'effort et que tous pourront en goûter les fruits, les chances d'arriver à des résultats concluants augmentent sensiblement.

Cette proposition peut sembler facile et peu engageante, car elle renvoie à la tenue d'un éventuel sommet les propositions et le choix des solutions à retenir. Or il n'en est rien. Dans le domaine environnemental, des solutions existent déjà. Mieux, dans le cas qui nous préoccupe, les Québécois semblent disposés à agir. Il ne reste donc qu'à faire le saut et à trouver le meilleur moyen d'y parvenir. La proposition d'un sommet semble une solution porteuse pour que les Québécois, collectivement, décident de foncer. Ils ne seraient d'ailleurs pas les premiers. En 2007, le gouvernement français a organisé un grand sommet, le Grenelle Environnement[612]. Concluant plusieurs mois de travail préalable, le sommet final s'est soldé par la prise d'une série d'engagements dans tous les domaines de l'activité humaine concernés par les questions environnementales. Ces engagements, qui ont été officialisés dans cinq lois, font dorénavant l'objet d'une mise en œuvre serrée et d'une évaluation des résultats[613].

Si le Grenelle Environnement n'a pas encore atteint tous ses objectifs, il n'en reste pas moins que la France a indéniablement avancé dans la bonne direction. Il n'y a pas de raisons objectives qui empêchent le Québec de s'en inspirer.

Mais il y a le Canada…

Bien que cela ne doive pas constituer une justification pour ne pas agir, il reste qu'il y a effectivement une raison objective pour laquelle le Québec n'est pas en position idéale pour travailler sur les questions environnementales : son appartenance au Canada. En effet, beaucoup des compétences attribuées au gouvernement canadien touchent directement les questions environnementales.

Au premier chef, la majorité des questions relatives aux transports, si centrales lorsqu'il est question des changements climatiques, relèvent du ministère canadien des Transports. Les transports de masse, tels l'avion et le train, sont sous sa responsabilité. Même chose pour les transports maritimes et la définition des normes relatives à la pollution des véhicules automobiles. En outre, c'est aussi au gouvernement du Canada que la Constitution a confié les responsabilités relatives aux océans et aux pêcheries. Le ministère canadien de l'Agriculture et de l'Agroalimentaire, pour sa part, détient entre autres des responsabilités relatives à la règlementation des aliments, à la protection des végétaux et au domaine de l'agriculture en général. Pour couronner le tout, le ministère de l'Environnement du Canada vient littéralement doubler son homologue québécois, en endossant sensiblement les mêmes responsabilités, auxquelles s'ajoute la règlementation sur les produits toxiques.

Inutile de dire que, en plus de créer un imbitable mille-feuille administratif où les responsabilités s'enchevêtrent au point de rendre l'imputabilité très imprécise pour le citoyen, les institutions canadiennes qui s'occupent des questions environnementales entravent la marge de manœuvre québécoise en la matière. C'est ainsi que les berges et le littoral des milliers de lacs du Québec sont sous la responsabilité de l'État québécois, alors que la navigation sur ces derniers est sous la juridiction du gouvernement canadien : difficile de se concerter pour la préservation des lacs avec cet arrangement bancal.

Si on ajoute à cela que le gouvernement du Canada a la responsabilité de la conduite des affaires internationales en ces matières, on ne peut que constater que la liberté québécoise est restreinte en matière environnementale. Le retrait du Canada du Protocole de Kyoto[614], qui nous a couverts de honte, ne constitue que le plus récent épisode où notre voix n'a pas été entendue.

LE SERVICE PUBLIC : LUI REDONNER
SES LETTRES DE NOBLESSE

Lorsque vient le temps de considérer le service public, c'est-à-dire les fonctionnaires et l'État, les Québécois ont l'attitude de ceux qui veulent le beurre et l'argent du beurre. Malheureusement pour eux, une telle attitude conduit rarement au succès. Dans le cas du service public, cette posture, c'est-à-dire vouloir les meilleurs services tout en dénigrant les fonctionnaires et l'État, n'a évidemment jamais fonctionné. Nous avons tant bien que mal réussi à nous aligner directement vers le point de rupture[615].

Il ne s'agit pas ici de crier au loup : l'État québécois n'est pas en complet délitement. Il s'engage toutefois sur une voie hasardeuse dont il s'extirpera de plus en plus difficilement si la tendance ne s'inverse pas. Si l'on choisit la voie courageuse du retournement de situation, quels moyens s'offrent à nous ?

En premier lieu, les Québécois doivent réconcilier leurs aspirations à des services publics de qualité avec l'opinion qu'ils ont de l'État et des fonctionnaires. On ne peut pas continuer à avoir une telle attitude et espérer que cela n'ait aucun effet sur la qualité des outils collectifs que nous nous sommes donnés. D'ailleurs, le travail au service de l'État a une réelle valeur, que l'on doit reconnaître : bien souvent, les gens qui assument ces fonctions pourraient gagner plus d'argent dans le secteur privé, mais préfèrent se mettre au service de la collectivité. Cette forme d'abnégation doit être reconnue par les citoyens. En d'autres mots, il faut cesser le dénigrement et honorer la noblesse du service public. Évidemment, une évolution des mentalités ne peut pas tout accomplir à elle seule. Sans tomber dans les technicités, voici quelques propositions susceptibles d'inverser la tendance.

Un rattrapage salarial

La deuxième partie de cet essai en fait état : les employés de l'administration publique québécoise accusent un retard de rémunération globale sur l'ensemble des salariés québécois de l'ordre de 6,1 %[616]. Plus spécifiquement, les salariés du gouvernement canadien ont une rémunération globale 18,7 % plus élevée que ceux de la fonction publique québécoise, alors que c'est 29,2 % de plus pour les employés des administrations municipales et 30,8 % de plus dans les « entreprises publiques » comme la SAQ ou Hydro-Québec ! Comment l'État a-t-il pu laisser se creuser de telles différences salariales ? D'une part, il semble intolérable que des disparités si criantes existent dans les domaines sous sa juridiction, soit les municipalités, les universités et les entreprises publiques. Des différences salariales si nettes ne peuvent que conduire à un transfert, lent mais certain, des compétences de l'administration publique de l'État vers les autres secteurs. D'autre part, même s'il ne contrôle pas ce qui se passe au gouvernement canadien, en laissant une telle disparité se créer, l'État québécois est littéralement en train de perdre au jeu des salaires, laissant fort probablement plusieurs talents offrir leurs ressources à l'État fédéral.

Dans ce domaine, il faut donc appliquer deux solutions. D'abord, ne jamais laisser les salaires du gouvernement fédéral dépasser ainsi ceux de l'État québécois à hauteur de quasiment 20 %.

Un rattrapage doit être entrepris pour ne laisser subsister que des différences marginales. Tant que l'État canadien ne se lance pas dans une guerre des salaires — une possibilité réelle, étant donné les moyens dont il dispose —, l'atteinte de cet objectif reste réaliste.

Les écarts salariaux entre les différentes entités publiques sous la juridiction du gouvernement québécois — soit les municipalités, les sociétés parapubliques, les universités et, bien sûr, la fonction publique de l'État — devraient être jugulés de deux manières. La première est la diminution pure et simple de l'écart par un rattrapage au bénéfice des employés de l'État combiné à une légère stagnation des salaires des autres entités. Une fois cette récupération complétée, une commission paritaire permanente regroupant l'ensemble de ces organisations devrait déterminer des mécanismes pour éviter qu'un écart renaisse de nouveau.

Capter et retenir les talents

La question salariale est toujours soulignée lorsqu'il est question d'attirer les gens de talent dans une organisation publique ou privée, non sans raison. Mais il n'y a pas que ce volet qui influence le désir d'une personne talentueuse de joindre le service public. Plusieurs autres incitatifs et mécanismes peuvent changer la donne. Généralement, à ces chapitres, le Québec échoue lamentablement, notamment en regard de ce qui se fait au gouvernement fédéral ou dans les grandes démocraties occidentales. Voici quelques suggestions :

Éliminer les obstacles au recrutement. On l'a vu plus précédemment, pour ceux qui ne sont pas inscrits aux études à temps plein, il est pratiquement impossible d'entrer dans la fonction publique à travers les banques générales de candidatures[617]. La problématique est d'ailleurs assez sérieuse pour que Radio-Canada y ait consacré un reportage, qui relate des cas qui dépassent l'entendement[618]. Le gouvernement du Canada ne s'embarrasse pas de ces règles stupides[619]. Il est grand temps que le gouvernement du Québec l'imite en ce domaine.

Offrir des stages de qualité et variés. Les stages et les emplois d'été sont bien souvent la porte d'entrée dans un emploi, car ils permettent au stagiaire et à l'employeur de se jauger mutuellement. La situation au Québec gagnerait certainement à s'améliorer. D'une part, les stages et emplois d'été, à l'instar des salaires des fonctionnaires, sont moins bien rémunérés au gouvernement du Québec qu'au gouvernement du Canada[620]. D'autre part, même s'il est impossible de comparer efficacement les offres de stages ou d'emplois d'été des gouvernements du Québec ou du Canada[621], il suffit d'avoir fréquenté un cégep ou une université — ou même de visiter les sites Internet des deux gouvernements — pour constater la différence. D'un côté, le gouvernement canadien, avec des programmes pour étudiants diversifiés, qui génèrent moult offres, et de l'autre, le gouvernement du Québec avec son offre si maigre qu'elle passe souvent inaperçue. L'un gagnerait certainement à s'inspirer de l'autre.

De plus, on pourrait instaurer, sur le modèle des programmes White House Fellows et White House Internship de la Maison-Blanche, un programme de stages prestigieux visant à permettre à des jeunes de travailler auprès d'un ministre ou d'un dirigeant d'organisme public. Il existe certes la fondation Jean-Charles Bonenfant, qui permet annuellement à cinq jeunes de vivre une expérience auprès des parlementaires, mais ce programme est très limité et axé sur le fonctionnement de l'Assemblée nationale. Un programme de stages d'excellence auprès des décideurs qui seraient reconnus autant à l'intérieur qu'à l'extérieur de la fonction publique rehausserait l'attrait du service public.

Créer un programme de recrutement de l'élite. La plupart des pays occidentaux possèdent des programmes ou des méthodes de recrutement qui permettent aux gens qui présentent des dossiers exceptionnels, après réussite d'un concours souvent difficile, de suivre une procédure accélérée afin d'accéder rapidement à des postes de très haute responsabilité. Le gouvernement du Canada a son Programme de recrutement de leaders en politiques ; la France, la prestigieuse École Nationale d'Administration (ÉNA) ; le Royaume-Uni, le Fast Stream, etc. Rien de tel au Québec. Évidemment, en mettant en place un programme semblable, le gouvernement du Québec rehausserait d'emblée son attraction comme employeur.

Offrir des expériences variées. Une des peurs que suscite une carrière dans l'administration publique est sa rigidité : difficile de faire un réel détour à l'extérieur sans risquer de perdre son emploi. Pourtant, il y a fort à parier qu'une carrière qui offrirait la possibilité d'aller voir ailleurs pour ensuite revenir dans la fonction publique et y voir cette expérience reconnue serait bénéfique à la fois pour l'employé et pour l'État. Ainsi, il serait positif de favoriser des détachements dans d'autres emplois de la fonction publique, dans le secteur parapublic, au sein des cabinets ministériels, au sein des organisations internationales et, oui, dans le secteur privé aussi, et ce, pour plusieurs années par détachement.

Il existe certes, dans les conventions collectives et dans la *Loi sur la fonction publique*, des dispositions ouvrant la porte à ce genre d'expériences, mais elles sont minimales et, sauf dans le cas des activités politiques, autorisées pour un maximum d'un an à la fois. Toutefois, il est bien rare que quelqu'un puisse véritablement tirer une expérience ou un bénéfice d'un séjour d'un an : le temps de s'acclimater, l'année est déjà terminée. Plutôt, l'État devrait, en partenariat avec d'autres organisations, développer des liens permettant le détachement pour plusieurs années, afin que cela en vaille la peine, et faire en sorte que l'expérience soit reconnue au retour. D'ailleurs, même si les congés pour des « activités politiques », c'est-à-dire du travail en cabinet ministériel, sont permis, ils sont bien souvent considérés comme des freins plutôt que des accélérateurs de carrière : on devrait voir à opérer un renversement de ce réflexe.

Finalement, l'État devrait considérer que l'expérience acquise à l'extérieur du Québec est bénéfique. Ainsi, on devrait mettre en place des programmes d'échanges de fonctionnaires entre deux États pour des périodes d'au moins un an, et également garantir la reconnaissance au Québec d'un concours d'embauche de certaines fonctions publiques étrangères.

Développement d'une culture de l'expertise interne

L'administration publique est perçue à tort comme un repaire d'incompétents incapables de prendre du recul et de faire leur autocritique, car ils auraient un intérêt à ne pas dénoncer leurs turpitudes alléguées. Cette théorie a même inspiré tout un courant, celui des « choix publics », dans l'étude de l'administration publique[622]. Le recours fréquent à des consultants externes pour effectuer des missions qu'on pourrait aisément confier à la fonction publique ou l'aura dont bénéficie le Vérificateur général confirment, sans le vouloir, cette perception.

Pourtant, il serait bénéfique que l'administration publique mène elle-même ses mandats d'audit, d'enquête ou de consultation sur des problématiques précises. En agissant de la sorte, elle développerait une expertise interne qui coûterait au final moins cher que le recours au privé, en plus d'offrir des défis professionnels stimulants aux fonctionnaires.

Pour mener à bien ces missions, l'État québécois devrait avoir à sa disposition un corps de consultants internes, inspiré du modèle des corps d'inspection français[623]. Ces derniers, au nombre de trois, regroupent certains des meilleurs éléments de la fonction publique et effectuent des missions d'audit et de conseil pour le compte de plusieurs ministères. Prestigieux, ces corps disposent d'une totale liberté d'action et de parole, ce qui garantit la qualité des travaux qu'ils accomplissent. Ils se distinguent toutefois d'un vérificateur général en ce sens qu'ils sont beaucoup plus spécialisés dans leur secteur respectif.

LES INÉGALITÉS SOCIALES : RENVERSER LA TENDANCE

Alors qu'on les croyait nettement diminuées pendant la période des « Trente Glorieuses », les inégalités sociales ont fait un retour subtil dans les années 1980 et elles se sont lentement accrues depuis. Même si ces inégalités semblent moins criantes au Québec qu'ailleurs en Amérique, il reste qu'elles se développent tout de même dans l'indifférence générale[624]. Probablement que les effets positifs de ces écarts de richesse réduits, par le confort social qu'ils ont généré, ont participé à nous faire oublier ce que pouvait être une société inégalitaire. Nous avons néanmoins encore la chance d'agir avant que la situation ne s'envenime à notre plus grand préjudice.

Au Québec, sans trop d'originalité, lorsqu'on parle de la richesse collective, on oppose systématiquement la création de la richesse à sa répartition. Pour les uns, le Québec est assez riche et il faut plutôt s'occuper de la répartition de cette richesse[625]. C'est à travers l'État et ses programmes sociaux (système de santé, éducation, sécurité du revenu, garderies, etc.) que cette répartition peut s'opérer. Notamment, un système d'imposition progressif permet de respecter la capacité financière de tous, peu importe leur revenu.

Pour les autres, la création de la richesse doit passer avant sa répartition[626]. En effet, la captation d'une partie de la richesse par les mécanismes de répartition comme les impôts, taxes et autres tarifs nuirait à la création de la richesse, car celle-ci, au lieu de se retrouver dans les mains de l'État, pourrait servir à investir dans l'économie. Ce raisonnement peut se tenir lorsqu'on aborde la fiscalité des entreprises (et encore), mais lorsqu'il s'agit de la fiscalité des individus, il se justifie beaucoup moins. Certes, celui qui se retrouve avec plus d'argent en poche peut encourager la création de richesse en achetant des biens ou en investissant dans des entreprises d'ici. Toutefois, il est aussi vrai que les surplus d'argent favorisent l'épargne ou l'investissement dans des fonds de placement, dont l'effet sur l'économie d'ici, dans le système de la haute finance mondialisée, est bien difficilement mesurable.

Dans ce débat plus que bancal, ceux qui souhaitent préserver une certaine forme de répartition de la richesse se heurtent à bien des difficultés, parce que le résultat annoncé de ce partage — des services sociaux de base pour tous, une société moins criminalisée, une plus grande égalité des chances, etc. — apparaît parfois tout aussi intangible que les promesses de la création de la richesse. Dans les dernières décennies, il semble d'ailleurs que le gouvernement québécois ait plutôt penché du côté de ceux qui favorisent la création de la richesse, car il a consenti aux réformes qui suivent ce courant. Lorsque l'État change son fusil d'épaule et considère qu'un réajustement de la fiscalité touchant plus spécifiquement les riches devrait être mis en branle, il a droit à un barrage de critiques qui le font reculer : cela a notamment été le cas avec le gouvernement Marois à l'automne 2012.

Des reculs...

Des baisses d'impôts substantielles. On a mentionné dans cet essai que le premier ministre Jean Charest, en pleine campagne électorale de 2007, avait transféré directement l'argent reçu du gouvernement du Canada en règlement du déséquilibre fiscal, c'est-à-dire environ 700 millions de dollars[627], en baisses d'impôts. Ce montant ajouté aux baisses d'impôts déjà prévues de 250 millions cette année-là, ce sont maintenant 950 millions de dollars (plus l'inflation) que le budget du Québec décaisse chaque année comme manque à gagner depuis lors[628]. Toutefois, contrairement à ce qui paraît intuitif, c'est le Parti québécois qui, dans les 15 dernières années, a le plus diminué les impôts. En 2000, le gouvernement dirigé par Lucien Bouchard a annoncé des baisses d'impôts pour un montant total de 4,5 milliards de dollars réparti sur trois ans[629]. En 2008, en additionnant toutes les baisses d'impôts mises en place depuis 2000, l'État s'était privé d'une somme avoisinant les 10 milliards de dollars[630]. Ces baisses d'impôts ont de plus suivi un mouvement général de baisses d'impôts durant la décennie 1992-2002. Contrairement aux États-Unis, où la part des revenus de l'État provenant de l'impôt est passée de 36,1 % à 42,3 %, au Québec elle est descendue de 39,7 % à 36,8 % pendant cette période[631]. Ainsi, cela fait au moins 20 ans que les impôts baissent au Québec, soit en part relative du budget, soit nominalement.

Une diminution des paliers d'imposition. L'une des raisons qui expliquent les baisses d'impôts est la nette diminution des paliers d'imposition. Afin que l'impôt sur le revenu soit progressif, les États l'opérationnalisent en établissant des paliers d'impôts, c'est-à-dire des seuils de revenu à partir desquels un contribuable paie plus d'impôts[632]. Ainsi, ceux qui ne gagnent pas un revenu important ne sont pas imposés au même taux que les plus riches. Plus il y a de paliers, plus le système est progressif et protège les gens aux revenus les moins élevés. Dans les années 1980, le système fiscal québécois comptait 16 paliers d'imposition[633]. En 1988, le gouvernement Bourassa a supprimé 11 paliers; la principale conséquence de cette réforme a été que tous ceux qui gagnaient un revenu supérieur à 50 000 $ ont encaissé une baisse d'impôt[634]. Dix ans plus tard, le gouvernement de Lucien Bouchard a abaissé le nombre de paliers à trois seulement. Les contribuables qui ont un revenu de plus de 50 000 $ annuellement ont alors vu leur taux d'imposition augmenter (mais sans rejoindre celui d'avant 1988), tout comme ceux qui gagnent… moins de 14 000 $ par année[635]. En ce début de 2013, le régime fiscal québécois fonctionne toujours sous les barèmes créés en 1998.

Un taux d'imposition réel déficient. Les taux d'imposition qu'on retrouve dans la législation fiscale sont appelés les taux nominaux. Ils traduisent certes l'intention du gouvernement dans sa politique fiscale, mais dans les faits, il s'agit d'une lunette qui déforme la réalité. Pour avoir un portrait plus précis de la part payée par chacun, il faut plutôt prendre en compte le taux réel d'imposition de chaque palier. En effet, les différents crédits d'impôts et déductions fiscales ont pour effet de faire baisser le montant final d'impôts à payer. Malheureusement, un faisceau d'indices tend à montrer qu'au Québec, le taux d'imposition réel est déséquilibré.

Tout d'abord, le déséquilibre est présent au Canada. Entre 1992 et 2004, le taux d'imposition réel des 5 % les plus riches a baissé de 29 % à 27 % (fédéral + provincial)[636]. À titre d'exemple, les individus gagnant entre 100 000 $ et 150 000 $ payent en moyenne 15,5 % d'impôts, alors que ceux qui font plus de 300 000 $ payent 14,5 % (fédéral seulement)[637]. Au Québec, le taux effectif marginal d'imposition (TEMI)[638] peut fournir des éléments de réponses. En 2011, le taux effectif marginal d'imposition (fédéral + provincial) était de 42,1 % pour les familles gagnant entre 35 000 $ et 60 000 $, de 40,8 % pour les familles ayant un revenu compris entre 60 000 $ et 100 000 $ et, finalement, de 42,4 % pour celles engrangeant un revenu de plus de 100 000 $[639]. Alors qu'une imposition progressive devrait produire une augmentation des taux en fonction des revenus, ce n'est pas très clair ici. On ne sera d'ailleurs pas surpris d'apprendre que ces taux ont baissé pour toutes les tranches de revenu entre 1999 et 2011, mais davantage pour les familles à revenu élevé.

Plus troublantes encore sont les conclusions résultant des recherches menées pendant des années par le Centre québécois de formation en fiscalité sur les taux effectifs marginaux d'imposition, qui démontrent l'existence de déséquilibres réels au détriment des classes moyennes. Par exemple, pour certaines familles gagnant entre 31 000 $ et 45 000 $, le TEMI est pratiquement toujours au-dessus de 60 %[640]. Dans certains cas, c'est même proche de 100 %[641]. Évidemment, les recherches ne montrent pas le même phénomène pour les gens qui disposent de revenus supérieurs. De tels résultats ont commencé à être relayés dans la presse à la faveur du débat sur la fiscalité qui s'est engagé à l'automne 2012[642], même si les recherches du Centre québécois de formation en fiscalité montrent depuis des années l'existence d'un tel phénomène.

::

Du strict point de vue d'un comptable, les décisions fiscales qui privent l'État de revenus importants ne seraient peut-être pas remises en question si la société québécoise traversait une période de grande prospérité et disposait de surplus inutilisés. Ce n'est toutefois pas le cas, du moins dans le discours ambiant. « Le Québec est trop endetté », « les déficits s'accumulent », « le choc démographique nous frappera de plein fouet, il n'y aura pas assez de gens pour payer les soins de santé », etc. Évidemment, les besoins de l'État n'ont pas diminué, au contraire. Un transfert s'est donc opéré vers les autres sources de revenus de l'État, soit la taxation à la consommation et la tarification des services publics.

Au Québec, la principale taxe à la consommation est la Taxe de vente du Québec (TVQ). Introduite par le deuxième gouvernement Bourassa et en vigueur depuis le 1er janvier 1992, la TVQ est passée de 4 % à son introduction à 9,5 % aujourd'hui. Ainsi, en 20 ans, son taux a plus que doublé. Fait à mentionner, la Taxe sur les produits et services (TPS) canadienne a plutôt diminué, passant de 7 % en 1991 à 5 % aujourd'hui — un champ fiscal que le Québec a toujours fini par reprendre.

La tarification des services publics a aussi connu un essor dans la dernière décennie. À leur arrivée au pouvoir, les libéraux ont augmenté le tarif journalier des garderies de 5 $ à 7 $, malgré une promesse de gel[643]. L'éducation universitaire est un des domaines les plus touchés par les hausses de tarifs. Alors que les droits de scolarité s'établissaient à 1667 $ par année en 2007, les libéraux ont imposé deux hausses qui auraient fait culminer ces droits à 3793 $ par année à l'horizon 2016, soit une augmentation de 126 %, si ce n'était de l'intervention du gouvernement péquiste[644]. Poussant la logique tarifaire à son maximum, le gouvernement libéral a imposé une «contribution santé» uniforme de 200 $ à tous les contribuables québécois, brisant ainsi la tradition bien établie de financer le système de santé par l'impôt[645]. Cette mesure était probablement la plus inéquitable adoptée par le gouvernement Charest (Raymond Bachand, le ministre des Finances qui a implanté cette taxe, a avoué, après la défaite électorale, que «ce n'était pas la mesure du siècle[646]»). Quelques semaines après son entrée en poste, le gouvernement Marois a tenté de l'abolir. Comme la solution passait par une plus grande taxation des plus hauts revenus, les habituels lobbys défenseurs des riches se sont organisés et, à la faveur du gouvernement minoritaire, ont partiellement fait maintenir la taxe[647].

En plus des augmentations annuelles des tarifs d'électricité consenties à Hydro-Québec (résultant en grande partie de la pression constante de l'actionnaire unique : l'État) et qui totalisaient en 2008, soit une augmentation de 20 % en 6 ans[648], le gouvernement libéral de Jean Charest avait annoncé d'importantes hausses de tarifs à l'horizon 2014[649]. En renonçant au bloc patrimonial d'électricité[650], qui garantissait aux Québécois des prix parmi les plus bas en Amérique du Nord, le gouvernement avait consenti, sur 5 ans, à des hausses annuelles de 3,7 %, soit un total de 18,5 %, en plus des hausses normales d'Hydro-Québec[651]. Le nouveau gouvernement de Pauline Marois a aboli cette hausse, tout en consentant à une indexation au coût de la vie[652].

Évidemment, le problème avec la taxation et la tarification est qu'elles sont régressives, c'est-à-dire qu'elles ne tiennent pas compte des revenus des gens qui paient. Elles frappent donc plus durement ceux qui ont de faibles revenus. S'il ne faut pas s'opposer tous azimuts à la taxation et à la tarification, il reste qu'il s'opère actuellement au Québec un transfert des sources de revenus de l'État de l'impôt vers la taxation et la tarification. Ce transfert aggravera les inégalités sociales déjà existantes.

Des pistes d'action

Afin d'inverser la tendance au creusement des inégalités sociales, les élites doivent prendre cette problématique à bras le corps et revenir à des principes de progressivité qui ont une réelle influence sur le phénomène.

Renverser la tendance tarificatrice. La tendance qui consiste à transférer la masse des prélèvements obligatoires de l'impôt vers la taxation et la tarification doit être renversée. Bien que ces deux sources de revenus aient parfois leur utilité et que l'indexation de certains tarifs tombe sous le sens, l'augmentation massive de ces derniers ne peut que conduire à une plus grande disparité sociale. Il faut donc stopper ce mouvement. Logiquement, il faudra songer à hausser les impôts légèrement pour compenser ce manque.

Revoir la table d'imposition pour une plus grande progressivité. Ce qui frappe vraiment lorsqu'on étudie la table des paliers d'imposition québécoise est justement le faible nombre de paliers. Le Québec compte trois paliers, contre quatre pour l'État canadien[653], où le quatrième palier concerne les revenus de plus de 132 406 $. Mieux, la moyenne du nombre de paliers d'imposition de 33 des 34 membres de l'OCDE est de cinq[654]. Le 34e, l'Allemagne, ose même utiliser une formule mathématique qui assure une réelle progressivité, peu importe le revenu[655]. Si l'efficacité d'une table d'imposition ne dépend pas uniquement de son nombre de paliers, celui-ci reste le meilleur gage d'une réelle progressivité. Une révision à la hausse du nombre de paliers s'avère donc une nécessité.

Modifier certains mécanismes fiscaux qui ne semblent favoriser que les riches. Un consensus se dessine chez les fiscalistes : certains mécanismes fiscaux ne favorisent que les riches et baissent le taux d'imposition réel[656]. Au Québec, c'est notamment le cas des déductions concernant les gains en capital imposables et les déductions relatives aux placements financiers. En 2009, bien qu'ils ne constituaient que 4,1 % des contribuables[657], ceux qui gagnaient plus de 100 000 $ ont réclamé 565 millions en déductions relatives aux gains en capital, soit 83 % du total des déductions[658]. Quant aux déductions relatives aux placements financiers, 390 millions de dollars ont été réclamés par cette catégorie de contribuables, soit 57 % du total[659]. Ces exemples, qui ne sont pas les seuls, démontrent l'iniquité de certaines mesures fiscales : une réforme de celles-ci doit s'opérer, même si certains lobbys s'y opposent, comme ce fut le cas lors de la tentative avortée de modifier ces déductions qui a eu lieu à l'automne 2012.

Procéder à une révision de fond en comble de la fiscalité québécoise. Les deux mécanismes fiscaux décrits au paragraphe précédent ne sont probablement que la pointe de l'iceberg de la complexité du système fiscal. En effet, les travaux du Centre québécois de formation en fiscalité tendent à démontrer que les nombreux crédits, déductions et autres mécanismes fiscaux contribuent fort probablement à générer des iniquités fiscales. Les politiciens aiment beaucoup annoncer des crédits d'impôt et autres gadgets du genre, parce qu'ils sont faciles à concevoir et à comprendre[660]. Le problème, c'est qu'à la longue, ces mécanismes s'empilent et finissent par altérer la progressivité de l'impôt. Pire, en interagissant entre eux, ils peuvent tout simplement annuler d'autres changements apportés au régime fiscal général. Un gouvernement qui a à cœur l'équité fiscale devrait impérativement s'occuper de cette question.

Aller plus loin

La lutte aux inégalités sociales ne passe pas uniquement par des réformes de la fiscalité. Une multitude d'autres comportements ou phénomènes sociaux sont à la fois causes et symptômes de l'inégalité sociale : dans ce domaine, il y a littéralement une mine de champs d'action possibles. En voici quelques-uns trop souvent oubliés.

L'explosion de l'endettement personnel. Dans les dernières années, à la faveur de la crise économique européenne, nous avons beaucoup entendu parler des ravages de l'endettement étatique. Cette problématique en a éclipsé une autre de la même famille : l'endettement personnel. Les conséquences de ce phénomène n'ont pas encore été toutes démontrées, mais certains indices laissent croire que, à l'instar des États, nous n'en retirons rien de positif. En effet, en plus d'exposer davantage les ménages aux aléas de l'économie (et de menacer l'équilibre de cette dernière), l'endettement personnel mine directement les possibilités d'un État endetté, car ce dernier n'a plus de marge de manœuvre en cas de problème. Au Québec, nous devons prendre connaissance de l'ampleur du problème, en trouver les causes et appliquer des mesures qui le feront reculer.

Le traitement de l'itinérance. À Montréal, il y aurait environ 30 000 itinérants[661]. À Québec, selon les derniers chiffres disponibles, cela tournerait autour de 11 000[662]. Évidemment, d'autres villes au Québec comptent aussi une population itinérante. Le tiers des sans-abri souffriraient de maladies mentales et 80 % auraient des dépendances à l'alcool et aux drogues[663]. Face à ce problème qui va en s'agrandissant, le gouvernement du Québec n'a toujours pas adopté de politique en bonne et due forme[664], seulement un plan d'action assorti d'une mirobolante somme de... 13 millions de dollars (alors qu'il consent combien en crédits d'impôts sur les gains en capital, déjà ?)[665]. Si le problème de l'itinérance est complexe, qu'il requiert beaucoup de moyens et qu'il s'agit probablement d'un combat sans fin, l'État ne doit quand même pas encourager la marginalisation de cette partie de la population.

En 2009, la Commission des droits de la personne et des droits la jeunesse du Québec diffusait une vaste étude démontrant que les personnes itinérantes étaient victimes de profilage social et d'une « surjudiciarisation[666] ». La Commission dénonçait l'approche répressive dont faisaient l'objet les itinérants. La surjudiciarisation a été confirmée par une autre étude un an plus tard : « 25 % des contraventions pour des entraves à des règlements municipaux ont été données à des sans-abri en 2010, même si ces derniers représentent moins de 2 % de la population montréalaise », soit 6 fois plus qu'en 1994[667]. Pire, 72 % de ces contraventions mèneraient à la prison, pour cause de non-paiement[668]. Cette situation, encouragée par l'État, est scandaleuse, car elle n'aide en rien le retour à la vie normale des itinérants, en plus de les marginaliser davantage (et de gaspiller au passage des fonds publics). L'abandon de cette pratique devrait constituer une priorité absolue et une première étape dans la prise en charge sérieuse du problème de l'itinérance.

Lutte au jeu pathologique. En 2011, Loto-Québec a remis à l'État la rondelette somme de 1,25 milliard de dollars en dividendes[669]. Le fait que le jeu soit contrôlé par Loto-Québec, donc par l'État, et que ce soit ce dernier qui encaisse les bénéfices, nous fait souvent oublier les ravages qu'il peut causer chez les gens à faible revenu. C'est notamment le cas des appareils de loterie vidéo (ALV).

Toujours en 2011, Statistique Canada révélait que si 8 % des ménages canadiens ayant un revenu annuel de moins de 20 000 $

jouaient aux appareils de loterie vidéo, la somme annuelle moyenne dépensée par ceux-ci était de 840 $, soit nominalement plus que toutes les autres catégories de revenus, à l'exception de ceux qui font plus de 80 000 $ par année[670]. Cette statistique n'est pas surprenante, car les personnes qui jouent aux ALV sont les plus susceptibles de devenir joueurs pathologiques[671], en plus du fait qu'en général, ce sont les personnes à faibles revenus qui sont les plus à risque de développer des problèmes de jeu[672]. Dans ce contexte, il n'a pas été surprenant d'apprendre que les ALV étaient beaucoup plus accessibles dans les quartiers pauvres que dans les quartiers riches[673]. Devant ces constats, la question qui vient à l'esprit est la suivante : pourquoi ne pas interdire ces appareils ?

Le problème, c'est que Loto-Québec est elle-même accro aux appareils de loterie vidéo : en effet, s'ils ne représentent que 27,2 % de son chiffre d'affaires, ils génèrent pourtant 48 % de ses bénéfices nets, devant les loteries et les casinos[674]. En outre, la société d'État a versé 215 millions de dollars en commissions aux établissements qui hébergent ces appareils, les rendant bien souvent tout aussi accros[651] : en 2010, le président de la Corporation des tenanciers de bars avouait que certains établissements en tiraient jusqu'à 98 % de leurs revenus[676] ! En d'autres mots, avec les ALV, tous tirent un profit sur le dos des plus démunis, une population à risque plus élevé de sombrer dans le jeu pathologique. Dans un souci de justice sociale, une réflexion doit s'amorcer afin de trouver les moyens de graduellement guérir notre dépendance collective aux revenus tirés de ces appareils.

Mais il y a le Canada…

À l'instar des questions environnementales et agricoles, lorsqu'il est question d'inégalités sociales, la marge de manœuvre nationale est très réduite. En tenant pour acquis que l'État a un rôle central à jouer dans la réduction des inégalités, les moyens dont il dispose et les responsabilités qui lui sont accordées sont primordiaux. Encore une fois, nous sommes bien obligés d'admettre que nous ne contrôlons qu'une partie des outils nécessaires pour établir une politique complète en la matière.

D'abord, les moyens. Au Québec en 2010, les administrations publiques fédérale, québécoise et municipales ont prélevé quelque 108,6 milliards de dollars en taxes et impôts[677]. De ce montant, 11 % sont prélevés par les villes, 38 % par le gouvernement fédéral et la balance par l'État québécois. Plus parlant encore, lorsqu'on isole les impôts sur le revenu, on arrive à une somme de 52,2 milliards, dont seulement 51,4 % reviennent au Québec[678]. Ainsi, près de la moitié de l'impôt direct s'en va dans les mains d'un gouvernement que les Québécois ne contrôlent pas. Les modalités de perception (par exemple, sa progressivité) de cette part de l'impôt nous échappent aussi.

Évidemment, ces sommes sont utilisées dans des programmes sociaux administrés par le gouvernement du Canada, les trois plus importants étant la Pension de sécurité de la vieillesse, l'assurance-emploi et la prestation fiscale canadienne pour enfants (PFCE). Ces trois programmes soulignent d'ailleurs élégamment l'impossibilité d'élaborer des politiques publiques cohérentes. Par exemple, la Pension de sécurité de la vieillesse, réservée aux plus de 67 ans, s'ajoute au régime général de retraite québécois, administré par la Régie des rentes. La PFCE, elle, s'ajoute en quelque sorte au Régime québécois d'assurance parentale (RQAP). Quant à l'assurance-emploi, l'arrangement est encore plus abracadabrantesque : le gouvernement du Québec s'occupe de tout ce qui entoure le marché de l'emploi (placement, banque d'emplois, mesures d'accompagnement, aide aux employeurs, etc.), alors que le gouvernement du Canada verse le chèque d'assurance-emploi et en détermine donc les modalités d'obtention.

Pire est la question des transferts fédéraux. Composés de la fameuse péréquation[679] et d'autres transferts qui ciblent des secteurs plus précis (santé, éducation), ils comptaient en 2010 pour 25 % de l'ensemble des revenus de l'État québécois[680]. Le problème avec les transferts fédéraux est qu'ils fluctuent souvent[681], car ils reposent sur des calculs complexes, voire obscurs. En plus de constituer une manière détournée d'influencer les responsabilités dévolues aux provinces par la Constitution, leur administration est à la merci de la volonté du gouvernement du Canada. L'imprévisibilité relative qui en découle ne permet pas au Québec de se projeter dans un avenir trop lointain, ne sachant pas de quoi seront faits les prochains budgets fédéraux.

En somme, il n'est pas question ici de critiquer les politiques publiques du gouvernement du Canada en matière de lutte aux inégalités sociales. Parfois, il y a de bons coups (une table d'imposition un peu plus progressive) ; d'autres fois, des actions beaucoup moins brillantes (le pillage en règle de la caisse de l'assurance emploi pendant les années 1990 et 2000 en est un excellent exemple[682]). Il s'agit simplement de souligner notre soumission à des arrangements institutionnels qui réduisent notre marge de manœuvre, nous privant notamment de concevoir des politiques sociales cohérentes et qui, surtout, refléteraient nos propres choix.

L'ÉTHIQUE PUBLIQUE : UN ÉTAT D'ESPRIT

Nous avons abordé précédemment la lente mais constante dégradation de l'éthique publique québécoise. Plusieurs décisions prises par les dirigeants politiques sont apparues contraires à l'intérêt général. Le climat politique québécois s'est lentement détérioré et une chape de plomb y est tombée. Bien qu'impérativement nécessaire, la Commission Charbonneau, qui distille à petites doses scandales et actes de prévarication, ne pourra pas à elle seule inverser la tendance.

La principale conséquence du climat pourri qui sévit actuellement est la perte de confiance à l'endroit du processus démocratique. Les niveaux de confiance abyssaux[683] accordés aux politiciens minent la qualité de notre système, notamment parce que ceux qui semblent honnêtes, qui semblent «dire les vraies affaires» reçoivent d'emblée la confiance du public, et ce, peu importe leur message. Les démagogues peuvent donc y faire leurs choux gras, de même que ceux qui paraissent incarner la nouveauté sans apporter quoi que ce soit d'original.

Une autre répercussion de cette ambiance est l'empressement avec lequel sont adoptées les réformes visant à colmater les trous révélés par les scandales. Non seulement ces réformes sont-elles bien souvent incomplètes, mais elles ne suscitent pas l'adhésion de ceux qu'elles visent. Adoptées bien souvent à la hâte, sans concertation préalable avec les personnes concernées, les nouvelles règles imposées par d'autres niveaux juridictionnels sont rejetées et leur application en souffre. Par exemple, il est difficile de comprendre autrement certaines réactions négatives de municipalités lorsqu'on leur a récemment imposé d'adopter un code d'éthique[684]. Pourtant, il n'y a pas plus basique qu'un code d'éthique.

Or la bonne gouvernance et l'éthique relèvent avant tout d'un état d'esprit. Il y a des combats qui seront sans fin, tant que l'humain sera humain et que les institutions qu'il a créées (pouvoir, argent, etc.) existeront. La corruption, les malversations, les questions éthiques et morales font partie de ceux-là. C'est pourquoi il faut leur porter une attention constante, proactive, et cette attention se décline en trois volets. D'abord, il faut garder la certitude que les problèmes ne sont jamais réglés pour de bon. Même après une série de réformes, il faut rester vigilant et toujours chercher à s'améliorer. Ensuite, on doit admettre que les combats à mener se jouent presque autant sur les apparences que sur les certitudes. Comme les apparences peuvent être vraies, ceux qui occupent une position de pouvoir doivent toujours éviter de laisser paraître qu'ils agissent au bénéfice d'un intérêt particulier. Enfin, certains mécanismes de répression peuvent s'avérer efficaces : ceux qui sont tentés par des manœuvres illégales doivent savoir qu'ils courent un risque réel d'être pris la main dans le sac et d'en subir de sérieuses conséquences.

S'inspirer des meilleures pratiques

Suivant les principes définis plus haut, les réformes possibles abondent. Les organisations internationales et les différents États de par le monde établissent tous de bonnes pratiques en matière d'éthique et de bonne gouvernance. Sauf la volonté politique, rien n'empêche le Québec de se mettre au diapason de ces manières de faire. Les solutions existent ailleurs, elles sont répertoriées et éprouvées. Il ne reste plus qu'à faire le pas en avant. La plupart étant assez techniques, cependant, en dresser la liste et expliquer les tenants et aboutissants de chacune serait sans doute trop long pour cet essai. Retenons toutefois quelques principes qui s'avéreraient extrêmement bénéfiques pour le Québec.

La transparence comme valeur cardinale[685]. C'est souvent lorsque l'on « découvre » des informations au sujet des élus ou de leurs décisions qu'une odeur de scandale se répand, même s'il n'y a pas de scandale en soi. Par exemple, la rencontre d'un élu avec le promoteur d'un projet controversé prendra une tout autre dimension si elle est « découverte » après coup par des journalistes ou des politiciens de l'opposition. Afin d'éviter les soupçons, les élus — des députés de l'Assemblée nationale jusqu'aux commissaires scolaires — devraient avoir le réflexe de divulguer le plus d'informations possible sur leurs faits et gestes reliés de près ou de loin à leur fonction. C'est ainsi que, par exemple, les rencontres avec des lobbyistes ou des représentants d'organisations devraient être consignées dans un agenda public, à l'instar de ce qui se fait à la Maison-Blanche.

En matière de financement des partis politiques, on devrait systématiquement dévoiler de manière proactive tous les rapports financiers et toutes les dépenses électorales, de même que les salaires, indemnités, enveloppes couvrant des frais de représentation et rapports de dépenses. Il faudrait rendre obligatoire pour les élus la production d'une déclaration de patrimoine et d'intérêts, et exclure systématiquement du processus de décision quiconque étant susceptible d'en tirer des bénéfices. La transparence exercée doit aussi être proactive, c'est-à-dire que les documents et autres données ne doivent pas être disponibles uniquement sur demande (certains dans la liste citée plus haut existent déjà et sont publics), mais accessibles et diffusés gratuitement sur Internet.

Certes, la transparence ne constitue pas une panacée. Elle n'empêche pas la commission d'actes délictueux. Elle a toutefois deux vertus : le désamorçage de soupçons infondés sur les motivations des décisions politiques, et la modification des comportements. En effet, lorsqu'un acteur sait qu'une information le concernant sera publique, cela peut conduire à une efficace autorégulation de ses comportements.

Une réforme du financement des partis politiques. Dans son autobiographie *Attendez que je me rappelle*, René Lévesque disait, en parlant de la réforme du financement des partis politiques : « de toutes les réformes que nous avons pu mener à bien, voilà celle dont je serai toujours le plus fier[686] ». Et pour cause. Avant l'avènement de cette loi, le Québec ressemblait à un petit Far West où les caisses occultes régnaient sur la vie politique. René Lévesque y avait personnellement goûté lorsqu'il s'était présenté pour la première fois contre la machine de l'Union nationale. À l'époque de son adoption, en 1977, la *Loi régissant le financement des partis politiques* était probablement la plus avancée du continent nord-américain. En fait, on avait envoyé une délégation québécoise aux États-Unis, notamment en Californie, avec l'objectif de trouver les meilleurs principes à appliquer pour la loi québécoise[687]. Ces derniers sont simples : seuls les électeurs sont habilités à donner à un parti politique ; le montant maximal annuel des contributions est plafonné à 3000 $ (ce qui équivaut, en dollars constants, à 11 245 $ en 2012[688] !) ; toute contribution de plus de 100 $ doit être divulguée publiquement ; les partis politiques reçoivent une allocation publique annuelle de 0,25 $ par vote reçu à la dernière élection. À cela s'ajoute une déductibilité fiscale des contributions, ce qui diminue l'impact financier personnel.

À l'époque, ces règles paraissaient vraiment novatrices, car elles avaient réellement évacué l'influence indue de l'argent sur le processus démocratique, du moins l'argent occulte et provenant des corporations. Avec l'obligation de rendre publics les dons de plus de 100 $, la loi prêtait à l'acte de financer un parti politique un côté sérieux qu'il n'avait pas — ou n'avait plus. Sauf que rapidement, le temps a fait son œuvre et l'on a appris à contourner les règles. Les prête-noms ont fait leur apparition, permettant à des personnes très riches ou des corporations de faire des dons par l'intermédiaire d'employés ou d'amis.

Après une décennie ou deux d'accalmie, l'argent semble avoir repris sa place dans l'univers politique national. Les dernières années ont révélé que tous les dirigeants de firmes d'avocats, d'ingénieurs ou de comptables donnaient le maximum possible aux partis politiques[689]. Des ministres en exercice ont affirmé publiquement que les entreprises pouvaient contribuer financièrement aux partis politiques[690]. Le premier ministre Charest avait fixé des cibles très discutables de financement — 100 000 $ par ministre annuellement[691]. Conséquemment, le Parti libéral a réussi à amasser, une fois au pouvoir, deux fois plus d'argent que le Parti québécois lorsque ce dernier formait le gouvernement[692].

Parfois même, les décisions gouvernementales ont été remarquablement bien agencées avec les questions de financement : pensons par exemple au financement par l'État des écoles privées juives[693] ou aux permis de garderie[694].

Il est vrai qu'il n'y a pas nécessairement de lien direct entre les contributions politiques et les décisions gouvernementales, mais il peut y en avoir. De toute manière, l'humain étant ce qu'il est, il faut avoir une probité à toute épreuve pour ne pas favoriser les gens qui vous ont soutenu financièrement. C'est pour cette raison que l'Assemblée nationale a abaissé le montant maximal des contributions annuelles à 1000 $ à la fin de 2010[695]. Sitôt après l'adoption de cette loi, le Directeur général des élections du Québec déclarait avec une certitude à tout casser : « À 1000 $, [...], tout le monde conviendra qu'on ne peut pas acheter un parti ou un décideur politique. Pas avec un montant comme celui-là[696] ». Si c'est le cas, à quel montant peut-on acheter un élu ? À cette question rhétorique, point de réponse parfaite. Surtout que « l'achat » n'est pas toujours individuel : les 750 000 $ amassés en une seule soirée par le Parti libéral auprès de la communauté juive, et le changement apporté peu de temps après au financement de leurs écoles privées[697] sont-ils des actes individuels ? Bien sûr que non. On peut se sentir redevable à un groupe autant qu'à un individu. De toute manière, quelqu'un peut certainement être acheté pour 1000 $, voire probablement pour beaucoup moins.

Pour éviter ces situations, le financement des partis politiques devrait être réellement public, c'est-à-dire provenir presque exclusivement de l'allocation prévue dans la Loi électorale, quitte à l'augmenter. De très petites contributions pourraient subsister, afin de couvrir les coûts de traitement d'une demande d'adhésion. En choisissant cette voie, les citoyens seraient pratiquement égaux devant leur capacité à financer les partis politiques : en effet, actuellement, même lorsque les contributions sont déductibles d'impôts, elles ne représentent pas une charge équivalente sur le portefeuille des différents électeurs.

Toujours dans le domaine du financement, les prêts personnels devraient être interdits, ou du moins limités, afin que cette pratique favorisant les riches disparaisse. Il est anormal qu'un individu puisse prêter autant d'argent qu'il le souhaite à un parti politique, même si le remboursement doit se faire, selon la loi électorale, au taux d'intérêt du marché[698]. Avec de telles dispositions, les riches ont un avantage certain sur les moins nantis dans le financement électoral.

De ces manières, l'influence de l'argent serait définitivement gommée du processus politique. Certains diront que, conceptuellement, cela rapproche trop les partis politiques de l'État et ils n'ont pas tort. Mais de deux maux, il faut choisir le moindre.

Une commission permanente. Périodiquement, le Québec met sur pied des commissions d'enquête sur des problématiques bien précises : par exemple, la Commission d'enquête sur le crime organisé (1972-1976), la Commission Cliche (1974-1975) sur les pratiques syndicales en matière de construction, la Commission Bastarache (2010-2011) sur le processus de nomination des juges ou encore la récente Commission Charbonneau (2012-…) concernant l'octroi et la gestion des contrats publics dans l'industrie de la construction. Si ces commissions ont produit d'excellents résultats, il reste qu'elles se heurtent à deux écueils. Le premier est leur fréquence trop irrégulière. Par exemple, 37 ans se seront écoulés entre la fin de la Commission Cliche et le début de la Commission Charbonneau. Les mauvaises pratiques auront eu le temps de se métamorphoser plusieurs fois pendant cette période. Le deuxième est la nature éminemment politique des décisions entourant leur formation. Souvent, on met ces commissions sur pied parce que la marmite menace de sauter et d'emporter le parti au pouvoir. Cependant, comme les gens concernés par la commission voient venir sa création, ils ont le temps de s'y préparer et d'éluder les questions compromettantes.

Le Québec pourrait à ce chapitre faire preuve d'innovation, à l'image de l'État de la Nouvelle-Galles du Sud (New South Wales), en Australie. Cet État a mis sur pied, en 1998, l'Independant Commission Against Corruption (ICAC). L'ICAC a trois mandats : examiner les allégations de corruption concernant l'administration publique, prévenir la corruption grâce au conseil et à l'assistance et éduquer les administrations publiques sur les problématiques de corruption[699]. Dotée d'un budget annuel de 20 millions de dollars australiens[700], elle détient de manière permanente les pouvoirs d'une commission d'enquête. Avec le temps, l'ICAC est devenue un excellent incubateur d'idées pour la lutte à la corruption en exposant des dizaines de cas de corruption ou de malversation. Son rayonnement a dépassé le cadre de l'Australie et elle constitue dorénavant une référence en la matière. Rien n'empêche le Québec de faire la même chose et de devenir à son tour un modèle. Rien ne serait mieux pour sa confiance en lui-même.

Vitalité du français : renouer avec la vaillance

La langue française est le socle de notre différence nationale : pour l'instant, rien ne définit davantage la nation québécoise que son volet culturel, où la langue occupe la place principale. Et pour cause. Le Québec est le foyer de la langue française en Amérique. Aucune autre société autonome de ce continent ne la fait vivre comme le Québec. Lorsqu'on demande aux Québécois (toutes langues confondues) à quel élément d'identification ils sont le plus attachés, ils sont 91 % à répondre la langue française[701]. Dans un certain sens, il est normal de se sentir de l'attachement pour l'élément qui a uni les Québécois pendant des siècles et dont la survivance aujourd'hui paraît en quelque sorte tenir de chances inouïes accordées par l'Histoire.

Inévitablement, notre langue nationale reste prisonnière d'une logique cyclique attribuable à sa situation si particulière. Depuis le début de la Révolution tranquille, donc depuis la fin de l'emprise du clergé et l'entrée pleine et entière du Québec dans la modernité, la langue française est ballotée au gré des cycles qui tantôt la favorisent, tantôt la défavorisent. Depuis maintenant une dizaine d'années, elle semble entrée en période de turbulences, comme nous l'avons vu dans la deuxième partie de cet essai. La principale caractéristique de cette période n'est pas tant un déploiement d'attaques frontales à la langue française, mais une inertie qui lui nuit quasiment autant.

Dans le contexte qui est le nôtre — c'est-à-dire celui d'une minorité ne contrôlant pas complètement les pouvoirs relatifs à la langue et comptant pour 1,7 % de la population d'une Amérique du Nord qui a pour langue première la *lingua franca* de notre siècle —, chaque instant où nous relâchons notre attention peut avoir de fâcheuses conséquences, dont nous ne sommes pas en mesure d'évaluer l'ampleur. Individuellement, lorsque nous n'adoptons pas des attitudes démontrant que notre langue est importante, nous la banalisons. Collectivement, quand notre gouvernement national minore la question linguistique, temporise, s'aveugle volontairement et brise des consensus, il crée des conditions favorisant les troubles, le délitement de la cohésion nationale et le recul durable de la langue française.

Si l'on accepte le postulat qu'il faut protéger la langue française, il n'existe pas des dizaines d'options. La première consiste à adapter nos comportements individuels à l'objectif que nous poursuivons, dans les limites imposées par le respect des autres. Collectivement, il s'agit d'utiliser les outils disponibles, au premier chef la puissance de l'État, pour atteindre l'objectif de protéger et d'assurer la prédominance de la langue française, dans le respect des principes démocratiques. Mais avant d'aborder directement les propositions touchant la langue, nous jugeons utile de faire une brève analyse de quelques considérations toutes québécoises concernant cette problématique.

D'abord, la question linguistique ne concerne pas uniquement Montréal, mais tout le Québec. Intuitivement, étant donné que la grande majorité des tensions linguistiques se produisent dans la région métropolitaine, les citoyens établis dans les autres régions pourraient croire que la vitalité du français ne les concerne pas. Or une métropole où le français serait devenu l'égal de l'anglais ou, pire, une langue subordonnée à celui-ci n'augurerait rien de bon pour la vitalité de la langue française dans tout le Québec. Comme Montréal est le principal endroit d'affaires du Québec, toute activité économique qui dépasserait le cadre régional finirait par se faire en anglais, rendant l'utilisation du français caduque, même en région. Autrement, une différenciation linguistique entre Montréal et le reste du Québec couperait celui-ci en deux, rendant la cohésion nationale difficile, voire impossible. La « folklorisation » du reste du Québec pourrait bien découler d'une telle césure et serait bien sûr catastrophique pour ceux qui la subiraient.

Ensuite, la vitalité du français concerne directement Montréal. Ceux qui exaltent le caractère bilingue de Montréal comme étant l'une de ses forces intrinsèques oublient trop souvent que ce caractère a été préservé à cause de l'architecture linguistique québécoise. S'il n'y avait pas eu de mesures visant la protection du français, cette vision idyllique de la métropole bilingue n'existerait probablement plus. Dans l'environnement géolinguistique qui est le nôtre, baisser la garde quant à la protection du français menace le caractère bilingue de Montréal.

Certains trouvent dégradant de légiférer sur la langue, une pratique qui n'a pas cours dans toutes les sociétés, du moins pas autant qu'au Québec. Cette impression est même partagée par des hommes politiques. En 1977, quelques jours seulement après l'adoption de la *Charte de la langue française*, René Lévesque déclarait : « Cela m'humilie. Je me sens humilié. Je me dis : pourquoi notre maudit contexte nous oblige à faire cela ? Mais il nous oblige[702] ». Encore aujourd'hui, ce sentiment est valable. L'adoption de lois qui restreignent les droits individuels n'est jamais à prendre à la légère. Mais parfois, lorsque des intérêts collectifs sont en jeu et que l'on se trouve dans une situation aussi unique et anormale que le Québec, cela se transforme en obligation. Et il faut passer par-dessus cette humiliation tant et aussi longtemps que la situation ne revient pas à la normale. Dans la même veine, il faut aussi avoir le courage de passer outre les accès de colère du reste du Canada face à nos projets. Quand on compare les réactions hystériques qui ont eu lieu après l'adoption de la *Charte de la langue française* au fait qu'aujourd'hui, même les plus libéraux croient qu'il s'agit d'une « grande loi canadienne[703] », on comprend qu'il faut prendre un recul nécessaire lorsqu'on aborde l'épineux sujet linguistique.

De toute manière, on ne peut pas rester passif jusqu'à ce que le point de rupture soit atteint, et ce, pour deux raisons. La première, c'est qu'une fois ce point de rupture atteint, la situation ne sera probablement pas réversible. Le déclin des communautés francophones nord-américaines en dehors du Québec en constitue la preuve ultime[704]. La deuxième est tout aussi importante : nul n'est capable d'affirmer hors de tout doute le moment précis de l'atteinte de ce point de rupture. Comme trop de variables entrent en ligne de compte, il faut s'en tenir le plus loin possible.

C'est sur ces principes que se basent les propositions présentées ici. Comme la question linguistique québécoise se répercute dans plusieurs sphères de la vie collective québécoise, les propositions qui suivent se répartissent par champ d'application.

Ne pas être gêné d'être soi-même

En 2008, le politologue Christian Dufour a publié un petit essai intitulé *Les Québécois et l'anglais. Le retour du mouton*[705]. Avec son style bien à lui, Dufour voulait souligner la relation trouble des Québécois avec l'anglais, notamment une espèce d'adoration du bilinguisme qui devenait une fin et non pas un moyen. Il recensait les comportements laxistes des Québécois, jeunes et moins jeunes, faisant ressortir que la langue française s'installe dans la négation de soi et, en quelque sorte, dans la honte. La difficulté avec de telles conclusions, c'est qu'elles ne reposent souvent que sur des anecdotes et des impressions difficiles à prouver hors de tout doute. Néanmoins, ce n'est pas parce qu'elles manquent d'assises scientifiques qu'elles sont infondées.

Par exemple, il faut avoir fréquenté l'université francophone pour savoir que souvent, dans des scènes surréalistes, des groupes entiers de francophones sont contraints de passer à l'anglais à cause de la présence d'un seul locuteur anglophone dans la salle. Certains francophones, dans de telles situations, n'osent pas demander que l'on parle dans leur langue de peur de passer pour des gens qui ne comprennent pas l'anglais ou pour des fanatiques, et ce, même s'ils ont choisi d'étudier en français, dans une université francophone.

C'est un peu le même phénomène qui se produit lorsque des francophones passent automatiquement à l'anglais lorsqu'ils font face à des locuteurs qui semblent ne pas maîtriser parfaitement le français. Cette mauvaise habitude provoque soit de la frustration chez ceux qui tentent d'apprendre cette langue, soit une sournoise confirmation que le français n'est au Québec qu'une langue parmi tant d'autres. Parfois même, comme dans le récit d'Émilie Dubreuil évoqué dans la troisième partie[706], ce sont les francophones qui semblent les plus réfractaires à exiger que l'on s'adresse à eux en français.

D'ailleurs, même lorsqu'ils se font accueillir en anglais dans les commerces, les francophones ne réagissent souvent tout simplement pas. Seulement 38 % des Montréalais francophones exigent d'être servis en français lorsqu'ils sont abordés dans une autre langue[707].

Ainsi, et c'est la thèse de Dufour, ces comportements découlent d'une survalorisation du bilinguisme dans l'espace public, survalorisation provenant des Québécois eux-mêmes. Dans une étude aux conclusions étonnantes, le Conseil supérieur de la langue française (CSLF) révèle à ce sujet quelques tendances bien inquiétantes. Par exemple, les Québécois sont 34,1 % à penser que la connaissance de l'anglais est un gage de réussite individuelle, contre 33,1 % pour le bilinguisme et 32,8 % pour le français[708]! Étonnamment, les Québécois sont d'avis — à plus de 60 % et contre les dispositions de la *Charte de la langue française* à ce sujet — que les entreprises devraient avoir le droit de communiquer en français ou en anglais avec l'État[709]. Encore pire, ils sont 55,6 % à penser que l'État devrait envoyer des formulaires bilingues aux citoyens dont la langue n'est pas connue[710].

Dans ce climat, la décision contestable du gouvernement Charest d'obliger les élèves de 6e année à effectuer une immersion en anglais, alors que le français est souvent mal maîtrisé à cet âge, contribue à renforcer cette impression que la connaissance de l'anglais est le seul gage de la réussite individuelle. Chez les allophones, le message est ravageur : la connaissance de l'anglais serait perçue comme « la voie royale », aux dires mêmes d'un commissaire scolaire allophone de Montréal qui doit travailler à l'implantation de cette immersion[711].

Surtout, cette ambiance conduit les Québécois à intérioriser une image négative d'eux-mêmes s'ils ne sont pas complètement bilingues, ce qui les pousse en quelque sorte à vouloir prouver qu'ils sont capables de parler en anglais. Plus tristement, des gens de langue maternelle française se voient marginalisés parce qu'ils n'osent plus affirmer qu'ils comprennent mieux le français que l'anglais, de peur de passer pour des arriérés ou des gens englués dans un lointain passé.

Faut-il rappeler que seulement 38,2 % des francophones québécois sont bilingues[712], et que parler une seule langue n'est pas une tare, mais la caractéristique normale d'un peuple normal ? Chaque fois que les francophones abdiquent dans l'utilisation de leur langue nationale, ils banalisent non seulement la place du français au Québec, mais ils placent surtout leurs compatriotes unilingues francophones en position de faiblesse. Au Québec, personne ne devrait se trouver désavantagé parce qu'il est unilingue francophone.

Que l'on ne méprenne pas le propos : on doit apprendre l'anglais, ne serait-ce que pour converser et faire des affaires avec nos voisins nord-américains, en plus des ouvertures qu'il procure sur le monde. Toutefois, on ne doit pas viser le bilinguisme intégral, car il supplanterait *de facto* la primauté du français. Une fois cette étape franchie, il serait impossible de revenir en arrière.

Les francophones devraient donc faire vivre leur langue au maximum, c'est-à-dire assurer le plus possible sa primauté dans le respect des autres. Par exemple, on devrait choisir une raison sociale en français lorsqu'on démarre un commerce, ou refuser le passage à l'anglais pour ne satisfaire qu'une minorité dans un auditoire. Au minimum, il faut éviter de passer automatiquement à l'anglais lorsqu'on nous accueille dans cette langue dans un commerce à Montréal. Imitons le Château Laurier de Québec, qui s'est donné l'étiquette de « francoresponsable » afin de faire découvrir la francophonie et le caractère unique de Québec[713]. Encourageons les locuteurs non francophones, particulièrement ceux d'ici, à apprendre le français. Bref, refusons ce qui apparaît comme la solution facile et instantanée au détriment des conséquences à plus long terme de nos gestes. Enfin, tout simplement, restons nous-mêmes.

Faire des enfants… et vivre vieux !

Ce n'est plus un secret pour personne, cela fait plusieurs décennies que le taux de fécondité québécois est en dessous du taux de renouvellement naturel, soit 2,1 enfants par couple. Seulement, le taux de fécondité des francophones est inférieur à celui des anglophones et des allophones. Les dernières données disponibles, soit celles de 2006, démontrent que même sur l'île de Montréal, l'écart est de 0,5 enfant par couple, le taux de fécondité s'établissant à 1,32 pour les francophones, à 1,7 pour les anglophones et à 1,73 pour les allophones[714]. Pour le Québec en entier, l'indice synthétique de fécondité était respectivement de 1,61 pour les francophones, de 1,69 pour les anglophones et de 1,72 pour les allophones[715].

De même, l'espérance de vie à la naissance est plus faible chez les francophones que chez les autres groupes linguistiques. À Montréal, les francophones peuvent espérer vivre 79,9 ans, les anglophones 83,2 ans et les allophones 86,1 ans[716]. Dans le Québec entier, l'écart se rétrécit un peu : 80,7 ans pour les francophones, 82,8 ans pour les anglophones et 85,6 ans pour les allophones[717].

Il ne s'agit évidemment pas ici de mettre en place des mesures discriminatoires favorisant les francophones, mais seulement de démontrer que nos habitudes de vie influencent la démographie et donc le nombre de locuteurs francophones. En d'autres mots, les francophones auraient avantage à faire des enfants et à soigner leur hygiène de vie !

Aller au bout de la logique en éducation

Le secteur de l'éducation a été le fer de lance de l'intégration linguistique depuis l'adoption de la *Charte de la langue française*, en 1977. En obligeant les enfants de parents n'ayant pas reçu leur éducation en anglais au Canada à fréquenter l'école française, le Québec a su préserver un équilibre linguistique précaire mais réel. Lorsque ce fragile équilibre a été menacé par le recours aux écoles passerelles — ces établissements privés et non subventionnés qui, après leur fréquentation pendant une année scolaire, permettaient aux enfants de retourner à l'école publique anglaise, contournant ainsi la *Charte de la langue française* —, l'Assemblée nationale a adopté, à l'unanimité, la Loi 104 pour bloquer ce « tour de passe-passe[718] ». Canada oblige, cette disposition a été invalidée par la Cour suprême en 2009, forçant l'Assemblée nationale à trouver une autre solution que l'interdiction de l'utilisation des écoles passerelles. Évidemment, la décision de la Cour suprême a brisé un consensus québécois. Tout aussi évidemment, la décision du gouvernement libéral a été la plus molle possible dans les circonstances, c'est-à-dire qu'il a appliqué bêtement la solution imposée par la Cour suprême : permettre le recours aux écoles privées non subventionnées et évaluer « l'authenticité » du parcours scolaire à l'aide d'une grille de pointage[719]. Cet arrangement de bric-à-brac reste la pire des solutions. D'une part, on ouvre ainsi la porte à « l'achat » d'un parcours scolaire en anglais, au clair détriment de l'esprit de la *Charte de la langue française*. D'autre part, l'introduction d'une grille d'évaluation qui contient certains critères très subjectifs nous fait retourner aux tests linguistiques des années 1970, qui avaient tant fâché les anglophones.

S'il est probable que ces mécanismes n'ouvrent pas complètement les vannes comme cela était le cas avant l'adoption de la Loi 104, il reste que les principes de la *Charte de la langue française* ont été durement attaqués : l'accès à l'école publique anglaise ne doit être réservé qu'aux enfants de parents ayant reçu leur éducation en anglais, au Canada, comme la Constitution canadienne le prévoit[720]. Le consensus atteint autour de la Loi 104 étant brisé par la Cour suprême, le Québec ne dispose plus que d'options plus radicales pour rectifier la situation. La première consisterait à demander au Canada un amendement constitutionnel pour intégrer les dispositions de la Loi 104 à la Constitution canadienne. Les chances de succès étant minces, la deuxième voie qui reste au Québec est l'application de la *Charte de la langue française* à l'ensemble de l'éducation primaire et secondaire, même complètement privée. Les risques d'attaques juridiques étant très forts, une telle mesure devrait s'accompagner de la disposition de dérogation (clause dérogatoire). D'une manière ou d'une autre, l'égalité de tous devant la loi sera préservée, même si cela se fait au prix de règles plus contraignantes.

::

Avec le climat de dégradation qui frappe la langue française, il était inévitable que la proposition d'étendre l'application de la *Charte de la langue française* aux collèges d'enseignement général et professionnel (cégeps) survienne un jour. Dans les dernières années, les débats entourant cette question ont souvent fait surface, notamment au sein du Parti québécois[721]. Les statistiques semblent souligner qu'une part encore importante d'allophones quittent le réseau scolaire francophone pour le cégep anglophone : en 2009, 35,8 % de ceux-ci fréquentaient les cégeps anglophones[722], alors que la même année, seulement 5,6 % des francophones avaient choisi cette voie[723]. Il est vrai que la situation ne semble pas catastrophique. En fait, elle s'améliore : en 1998, c'était 56,2 % des allophones qui fréquentaient les cégeps en anglais[724], donc environ 20 % de plus. L'obligation de fréquenter le cégep francophone pourrait apparaître comme superflue, notamment parce que la situation s'améliore par elle-même.

En plus de cette statistique, les opposants sérieux à la fréquentation obligatoire du cégep en français sont souvent prompts à souligner que d'autres facteurs plus forts que la langue d'enseignement au cégep influencent le choix de la langue d'usage chez les allophones, nommément le pays d'origine, la langue des parents, la langue des études universitaires ou la langue du marché du travail visé[725]. Le problème ici, c'est qu'à moins de sélectionner strictement les immigrants selon leur provenance géographique ou en fonction de la langue qu'ils parlent, l'État n'a pas vraiment d'influence sur ces facteurs. Lorsqu'il applique les critères de la *Charte de la langue française*, il contourne justement ce problème.

Le mathématicien Charles Castonguay a démontré que l'âge des immigrants dits « anglotropes[726] » à l'arrivée au Québec influence significativement leur propension à utiliser et à adopter la langue française : plus ils arrivent jeunes, plus ils utilisent le français, au point où ceux qui sont arrivés entre 0 et 9 ans se comportent comme des « francotropes[727] ». Il coule de source que les nouveaux Québécois arrivés plus jeunes ont effectué davantage d'années scolaires en français, étant donné les dispositions de la *Charte de la langue française*. On peut supposer sans trop risquer de se tromper que deux ou trois années d'études supplémentaires dans un établissement francophone ne nuiraient certes pas à une meilleure intégration linguistique, d'autant plus que la langue d'enseignement au collégial semble être intimement liée au choix de la langue d'enseignement universitaire.

Étonnamment, le CSLF — qui recommande pourtant le maintien du libre choix — admet que « peu importe la langue d'enseignement du cégep, plus de 80 % des étudiants prévoient poursuivre des études universitaires dans la même langue [que le cégep][728] ». Ce choix n'est pas anodin pour la société : en 2003, date des dernières données disponibles sur la question, 93,8 % des francophones choisissaient l'université en français, contre 55 % des anglophones et 50,7 % des allophones[729]. Ainsi, des années de scolarisation supplémentaires en français permettraient sans doute d'influer davantage sur l'adoption d'une langue d'usage par la suite.

Tout comme c'est le cas pour l'enseignement primaire et secondaire, en obligeant les étudiants à fréquenter les institutions collégiales de langue française, on affirme qu'il est inacceptable de favoriser l'anglicisation des allophones (et des francophones) à même les fonds publics. Les cégeps sont assujettis au même régime de gratuité scolaire que les écoles primaires et secondaires. Comme ils constituent un passage obligé pour l'accession aux études universitaires et aux formations techniques, environ 36 % de la population québécoise les ont fréquentés[730] ; il n'y a aucune raison de s'opposer à l'extension de l'application de la *Charte de la langue française* à ces établissements.

Après une telle démonstration, l'extension des dispositions de la *Charte de la langue française* aux universités québécoises pourrait s'avérer tentante. Cependant, la situation est différente. L'étudiant contribuait déjà à 12,7 % des revenus globaux des universités en 2008-2009[731]. On peut certes le déplorer, mais la logique de l'utilisateur-payeur est en voie de s'installer durablement dans l'enseignement universitaire, ce qui rendrait exagérée l'imposition des dispositions de la *Charte de la langue française* aux universités. Autrement, le monde des universités est soumis à une telle compétition mondiale — ce qui n'est pas le cas du réseau collégial —, que l'imposition d'une langue d'enseignement pourrait avoir des conséquences néfastes sur la rétention d'une part des étudiants.

L'État devrait toutefois surveiller et empêcher la pratique émergente des universités francophones d'offrir des cours, notamment aux études supérieures, entièrement en anglais, quand ce ne sont pas des programmes complets comme la maîtrise en science de la logistique de l'École des hautes études commerciales[732]. Les universités francophones du Québec ne doivent pas devenir des universités bilingues. D'abord, ceux qui les fréquentent choisissent la langue française comme langue d'enseignement ; ils n'ont pas à subir que leurs cours soient dispensés en anglais, ni à demander la permission d'avoir des cours en français. Surtout, les universités francophones doivent rester le fer de lance de la primauté du français dans l'espace public. Les universités anglophones restant les dépositaires des programmes en langue anglaise, les universités francophones n'ont pas à prendre leur relais.

La langue de l'administration publique : l'anglais, une exception

Parmi les cas qui ont fait la manchette dans les dernières années au sujet de la langue française, certains concernaient l'administration publique québécoise, comprise au sens large. Deux de ceux-ci, relatés dans la deuxième partie de cet essai, font ressortir des problématiques qui doivent être corrigées.

Le premier cas est celui des cadres unilingues anglophones à la Caisse de dépôt et placement du Québec, qui obligeaient leurs subalternes à transiger avec eux en anglais. Cette pratique était rendue possible à cause d'un trou dans la *Charte de la langue française* : celle-ci n'oblige pas les organismes parapublics (ou les ordres professionnels) à utiliser la langue française dans leurs communications internes, comme c'est le cas pour les ministères et autres organismes du gouvernement[733]. Il faudrait donc assujettir ces organismes publics aux mêmes règles que les ministères, au même titre que leurs filiales dont les bureaux sont situés au Québec.

Plus choquante toutefois est la pratique qui consiste pour les services publics québécois à s'adresser aux immigrants en anglais sans leur accord, poussant ces derniers à communiquer leur vie durant avec l'administration publique québécoise dans cette langue[734]. On a déjà vu mieux dans le domaine de l'intégration! La question des communications entre l'Administration et ses citoyens est largement escamotée dans la sphère publique. Pourtant, elle est fondamentale.

Pour les immigrants, les premières interactions avec le pays d'accueil se passent très souvent avec l'Administration: c'est normal, étant donné toutes les formalités complexes qui accompagnent le processus d'immigration. Obligés de transiger dans la langue du pays d'accueil, les immigrants entament du bon pied leur processus d'intégration et comprennent la valeur d'apprendre la langue du pays. Ce processus se fait d'ailleurs naturellement dans la plupart des pays.

Le problème vient du fait que le bilinguisme semble quasiment institutionnalisé dans les administrations publiques québécoises, au point que la primauté du français n'est plus assurée. Non seulement on projette l'image que le français et l'anglais ont des statuts égaux au Québec, mais l'État participe directement à l'anglicisation des immigrants, ce qui constitue un scandale en soi. La Commission des états généraux sur la situation et l'avenir de la langue française[735] et le Conseil supérieur de la langue française ont déjà soulevé cette problématique[736], qui n'est pas une vue de l'esprit: par exemple, 31,46 % des allophones qui s'installent dans la région de Montréal choisissent l'anglais comme langue de correspondance avec la RAMQ[737]. Que l'on soit clair: on ne doit aucunement blâmer les immigrants de faire un choix parmi des options qu'on leur propose. Il faut toutefois reconnaître que cette possibilité a des effets négatifs sur les efforts d'intégration à leur endroit. Ce qui étonne d'autant plus, c'est que rien n'oblige l'État québécois à agir de la sorte: ni la *Charte de la langue française* ni la Constitution canadienne, qui n'oblige que les administrations fédérale et néo-brunswickoise à offrir des services bilingues[738]. Toutes les autres administrations provinciales sont libres de faire comme elles l'entendent. C'est à se demander pourquoi le Québec ne décide tout simplement pas de communiquer en français avec tous les immigrants.

Compte tenu du contexte québécois et des possibilités offertes par la Constitution canadienne, la solution semble simple : l'Administration ne devrait permettre les communications par écrit en anglais qu'avec ceux qui en font la demande expresse et qui sont nés au Québec. Ce mécanisme, calqué sur les dispositions de la *Charte de la langue française* concernant la langue d'éducation, aurait l'avantage de protéger la minorité anglophone sans encourager l'anglicisation des allophones. Cette proposition peut sembler drastique et, en quelque sorte, elle l'est. Des citoyens se verront privés de ce qui leur apparaît comme un droit. Néanmoins, elle vise un objectif dont l'atteinte nécessite de causer ce désagrément : s'assurer que l'État n'encourage pas directement, au détriment de l'intérêt général, l'anglicisation des immigrants. De toute manière, si l'on accepte et même que l'on célèbre la disposition de la *Charte* qui oblige la fréquentation d'établissements scolaires francophones, l'obligation de communiquer par écrit avec les services de l'État en français ne devrait pas apparaître comme radicale.

Élargir le monde du travail en français

Un autre domaine où la situation linguistique au Québec a connu une évolution est la langue employée au travail. On admet généralement que l'obligation pour un employé de travailler dans une langue le poussera à adopter celle-ci dans la vie de tous les jours, étant donné que son succès économique y est lié. Ce postulat est probablement plus véridique pour les immigrants, mais reste sans doute vrai pour tous.

Le problème avec notre situation toute québécoise, c'est que l'anglais semble dorénavant synonyme d'une amélioration plus marquée du niveau de vie pour les immigrants. En effet, à l'aide de données de Statistique Canada, le mathématicien Charles Castonguay a démontré que la situation économique des immigrants est plus enviable, après quatre années au Québec, pour ceux qui ont un niveau intermédiaire d'anglais plutôt que de français[739]. Surtout, plus le revenu des immigrés est élevé, plus ils sont susceptibles de choisir l'anglais comme langue d'usage[740]. Nous avons donc intérêt à favoriser la francisation des entreprises afin de réduire au maximum cette dynamique où l'anglais apparaît comme la langue de l'enrichissement.

Au Québec, plusieurs centaines de milliers d'employés sont *de facto* exclus de l'application de la *Charte de la langue française*. D'abord, en 2005, 424 512 personnes occupaient des emplois dans des lieux de travail sous la compétence du gouvernement fédéral[741]. En 2006, on estimait qu'il y avait au Québec 1 251 290 employés travaillant dans des entreprises comptant 1 à 49 employés[742]. Même s'il faut se garder d'additionner ces deux nombres pour obtenir le nombre total d'employés qui travaillent dans des endroits non assujettis à la *Charte de la langue française*[743], on peut sans doute estimer qu'environ 1,5 million de travailleurs québécois sont exclus de l'application des dispositions de la *Charte de la langue française*. Si l'on considère qu'il y avait, en 2011, 3 953 600 travailleurs au Québec[744], on peut conclure que 38 % d'entre eux ne sont pas couverts par les prescriptions de francisation de la *Charte de la langue française*. Ce nombre semble énorme, notamment en regard de l'image collective que nous entretenons au sujet de l'étendue de la *Charte de la langue française*. Bien sûr, cela ne veut pas dire, loin de là, que tous ces employés sont contraints de travailler en anglais. Seulement, ceux qui sont dans cette situation ne disposent pas des mêmes recours, ce qui, en quelque sorte, signifie qu'ils ne disposent pas du « droit » de travailler en français.

Or les Québécois francophones considèrent à 93 % que le français devrait être la langue de travail obligatoire au Québec, sans ou avec quelques exceptions[745]. Fait étonnant, 42 % des anglophones sont aussi de cet avis[746]. Consciente de cette réalité, mais surtout de ses effets positifs sur l'intégration des immigrants à la société québécoise et de leur adoption de la langue française, la Commission Bouchard-Taylor avait jugé utile de « relayer » la proposition d'étendre l'application de la *Charte de langue française* aux entreprises de 20 à 49 employés[747]. En adoptant une telle mesure, la Commission Bouchard-Taylor évaluait à 400 000 le nombre de citoyens qui seraient touchés : ces chiffres concordent tout à fait avec les estimations de la Fédération canadienne de l'entreprise indépendante, qui plaçait ce nombre à 413 930 employés[748]. Comme il y a 1,5 million de Québécois qui travaillent dans des entreprises non assujetties à la *Charte de la langue française*, le fait d'amputer ce nombre de 413 930 personnes représenterait certainement un progrès dont la langue française au Québec pourrait bénéficier. Évidemment, une telle réforme devrait s'accompagner du soutien adéquat de l'État pour les PME qui en auraient besoin.

Inverser l'exode de Montréal vers les banlieues

On le sait, il existe depuis plusieurs années une dynamique d'exode de Montréal vers les banlieues : chaque année, les chiffres nous rappellent cette réalité. Par exemple, pour la période comprise entre 2005 et 2011, Montréal a subi un solde migratoire net de -133 395 personnes[749]. Les chiffres du plus récent Recensement semblent confirmer cette tendance : alors que la population de la ville de Montréal a augmenté de 1,8 %, celle de la Rive-Sud et de la couronne nord a gonflé de 8,8 %[750]. Cette explosion démographique a évidemment des effets urbanistiques importants : perte de terres agricoles, construction d'infrastructures, intensification du trafic automobile, destruction de milieux humides, développement effréné de certaines villes, etc.

Par contre, ce que l'on sait moins, c'est que cette migration exerce aussi une influence directe sur la vitalité de la langue française à Montréal, car ce sont les francophones qui, en très grande majorité, s'exilent en banlieue. En 2010, Statistique Canada calculait que « 17 % des francophones de 25 à 44 ans ont quitté Montréal pour ses banlieues entre 2001 et 2006[751] ». Pire, entre 1986 et 2006, il y a pratiquement 180 000 « locuteurs francophones[752] », soit 76 % des « exilés » (un pourcentage plus élevé que leur proportion dans la population montréalaise) qui ont quitté l'île de Montréal[753]. Comment un immigrant qui débarque dans un quartier-transition comme Côte-des-Neiges peut-il être incité à parler français et s'intéresser à la culture québécoise si tous ses voisins sont dans la même situation et que la plupart ne parlent pas français ? En somme, les choix des francophones sont probablement un facteur-clé dans cette régression du français à Montréal.

Évidemment, il ne s'agit pas ici de présenter ces données pour ouvrir la porte à une forme quelconque de discrimination, en mettant en place, par exemple, des incitatifs à s'établir à Montréal destinés aux francophones. Il s'agit seulement de faire prendre conscience aux francophones que c'est en partie à cause de leurs comportements que le français décline à Montréal. De même, rappelons-nous qu'en combattant l'étalement urbain, on favorise la rétention des francophones à Montréal.

L'immigration : affronter les réalités d'une politique publique

Lorsqu'on étudie sérieusement la question linguistique québécoise, on ne peut pas faire l'économie des migrations, qu'elles soient intracanadiennes ou internationales. Malgré la situation géopolitique particulière du Québec, nous devons nous pencher sur cette question sereinement afin d'en tirer toutes les conséquences.

D'emblée, on constate que les migrations intracanadiennes n'expliquent pas le déclin du français au Québec, car la dynamique est favorable aux francophones. Même si les chiffres concernant les allophones ne semblent pas exister, on évalue que le solde migratoire net[754] a toujours été à l'avantage des francophones depuis 1966, même s'il diminue à chaque période de recensement[755]. De toute manière, si ce volet de la question avait des effets majeurs, nous n'y pourrions pas grand-chose, étant donné les dispositions de la Constitution canadienne — au demeurant tout à fait normales pour un État souverain — qui garantissent la libre circulation des citoyens partout au pays.

Maintenant, qu'en est-il du côté des migrations internationales, c'est-à-dire essentiellement de l'immigration ? Quelle est la situation québécoise ? En 2010, le Québec a reçu 53 981 immigrants[756]. Cette même année, la population québécoise atteignait 7 905 679 personnes[757]. Ainsi, cette année-là, le Québec accueillait l'équivalent de 0,68 % de sa population totale en immigration[758]. Au regard des comparaisons internationales, ce taux d'immigration est significativement élevé : aux États-Unis, cette proportion s'établit à 0,36 % de la population[759], en France à 0,32 %[760] et au Royaume-Uni à 0,38 %[761]. En plus de gommer totalement les prétentions selon lesquelles le Québec serait une société fermée, ces chiffres démontrent surtout que nous avons des aspirations intégratrices très élevées. On peut toutefois se poser la question : le Québec est-il capable d'intégrer convenablement ces nouveaux immigrants, sans bouleverser l'équilibre linguistique national ? Il semble que la réponse à cette question soit négative, sans équivoque.

Tout d'abord, avant d'étudier plus en profondeur la relation entre l'immigration et la vitalité de la langue française, il faut admettre le postulat suivant, avancé par le Conseil supérieur de la langue française : « l'immigration est [donc] un élément important parce qu'elle modifie la composition linguistique de la population et le capital linguistique accumulé[762] ». Ne pas admettre cette donnée fondamentale compromet toute chance d'avoir une discussion sérieuse à ce sujet.

Lorsque l'on étudie la vitalité de la langue française au Québec, il faut s'attarder aux transferts linguistiques (ou, plus justement, à l'assimilation), c'est-à-dire au nombre d'allophones qui décident d'employer le français ou l'anglais comme langue d'usage dans la vie quotidienne, en comparaison de la proportion de locuteurs de langue maternelle. Il s'agit de la meilleure façon de mesurer la possibilité d'un transfert linguistique permanent. Or, on l'a vu dans la première partie, les allophones sont plus nombreux à choisir l'anglais que le français[763].

Ensuite, afin de bien prendre le pouls du décalage d'intégration qui existe entre les francophones et les anglophones, il faut étudier le « gain linguistique » obtenu par chaque groupe linguistique. Le tableau suivant en présente les données.

Déjà, quelque chose cloche : les francophones n'ont obtenu que 49 % du total des transferts linguistiques, alors qu'ils représentent 90,5 % des locuteurs des langues maternelles historiques québécoises, le français et l'anglais. Il y a donc un net avantage pour le groupe linguistique anglophone. Mais il y a pire. Lorsque le gain linguistique est mis en relation avec le poids démographique des francophones de langue maternelle, ceux-ci n'attirent que l'équivalent de 2,9 % de leur poids démographique. Chez les anglophones, cette proportion s'établit à 28,9 %. C'est donc dire qu'en proportion de la taille de leur groupe linguistique, les anglophones québécois accueillent 9,64 fois plus de locuteurs de langue tierce que les francophones[764] !

Transferts linguistiques au Québec en 2011[765]

	Langue maternelle (LM)		Langue d'usage (LU)		Gain linguistique absolu (GAL) (LU – LM)		Gain linguistique relatif (GLR) (GAL/LM)
	Nombre	%	Nombre	%	Nombre	%	%
Français	6 164 745	90,5 %	6 344 795	88,4 %	180 050	49,0 %	2,9 %
Anglais	647 655	9,5 %	834 950	11,6 %	187 295	51,0 %	28,9 %
Total	6 812 400	100,0 %	7 179 745	100,0 %	367 345	100,0 %	

Encore une fois, il ne s'agit pas de blâmer les allophones pour ces choix: le contexte si particulier du Québec semble tout faire pour empêcher une intégration normale des immigrants à la société québécoise. Il s'agit seulement de se rendre compte que l'immigration a réellement un effet sur la composition linguistique nationale, et ce, au détriment des francophones.

Selon certains, il s'agit d'un mal pour un bien. En effet, le Québec aurait besoin d'une immigration élevée pour conjurer les effets du vieillissement de la population: à peu près tout ce que le Québec compte d'élite dirigeante partage cet avis. Qui n'a pas entendu ce refrain et n'y adhère pas? Cette immigration accrue viserait non seulement à empêcher un déclin de sa population, mais surtout à la gonfler et ainsi, à faire croître l'économie et augmenter les rentrées fiscales utiles pour absorber les coûts dudit vieillissement. C'est pour cette raison, entre autres, que le nombre d'immigrants reçus annuellement a récemment atteint son seuil historique des 60 dernières années[766]. Deux jeunes auteurs, Benoît Dubreuil et Guillaume Marois, ont décidé d'étudier la question froidement et sans *a priori* afin de déterminer les répercussions économiques réelles de l'immigration au Québec. Les conclusions de leur essai, *Le Remède imaginaire*[767], sont sans appel: l'immigration n'a pas d'effets économiques positifs, ni même d'effet substantiel sur la pyramide des âges. Les conclusions sont étayées de démonstrations éloquentes.

Par exemple, pour restreindre le pourcentage de personnes âgées de 65 ans et plus à moins de 25 % de la population totale (actuellement, au Québec, ces personnes constituent 15 % de la population, et ce chiffre passera à 28 % en 2050), il faudrait que le Québec accueille le double du nombre actuel d'immigrants, soit plus de 100 000 personnes par année, en plus de maintenir un taux de fécondité de 1,6 enfants par femme[768]. Empêcher le déclin de la population semble possible, mais inverser la pyramide des âges, non. D'ailleurs, les auteurs n'ont trouvé aucune étude prouvant une quelconque corrélation entre le niveau de vie et la taille de la population[769].

Les auteurs prennent la peine de nous rappeler une évidence : les perspectives d'emploi et l'immigration sont des variables indépendantes. En d'autres mots, l'une ne détermine pas l'autre[770]. Études à l'appui, les auteurs démontrent que l'immigration n'a aucun effet sur le taux de chômage, l'emploi, le taux d'activité et les salaires[771]. En plus, chaque augmentation de 1 % de la population immigrante aurait des répercussions négatives sur la balance commerciale du Canada[772].

L'essai de Dubreuil et Marois fournit des statistiques sur la situation économique parfois déplorable des immigrants d'ici. En 2006, ils étaient deux fois plus nombreux à être en situation de chômage que les natifs, alors que les immigrants récents (arrivés dans les cinq dernières années) étaient pratiquement quatre fois plus nombreux en situation de chômage que les natifs[773]. Dans la même veine, les revenus moyens des immigrants étaient, en 2005, près de 13 % inférieurs à ceux des natifs[774]. On s'en doute, ces situations dramatiques ne sont sans doute pas les plus optimales pour améliorer les finances de l'État, étant donné que les citoyens au chômage dépendent de l'État durant leur période d'inactivité.

Finalement, les deux auteurs nous mettent en garde contre ce qui semble être des solutions faciles pour améliorer la situation économique des immigrants : la reconnaissance des acquis[775], une meilleure sélection[776] ou l'accroissement du nombre d'immigrants investisseurs[777] n'y changeraient rien.

Le mot de la fin revient à un éminent économiste québécois[778], Carlos Leitao, lui-même immigrant, qui, interviewé par Vincent Brousseau-Pouliot affirme que « pour la pénurie de main-d'œuvre, la solution numéro un reste la formation de la main-d'œuvre. Dans ce contexte-là, on peut toujours aller chercher des immigrants dans des domaines spécialisés, mais l'immigration ne réglera pas la pénurie de main-d'œuvre de façon générale[779] ».

À la suite de ces constats, la question qui nous vient à l'esprit est la suivante : pourquoi personne, au sein des élites politiques québécoises (à l'exception de certains membres de feu l'ADQ, qui n'avaient toutefois pas remis en question son bien-fondé économique), n'a-t-il remis en cause la doxa à propos de l'immigration ? Certainement, parce que la plupart y croient, mais peut-être aussi parce que l'immigration, au Québec, est une question taboue et éminemment politique. On l'a déjà vu, les allophones appuient en grande majorité le Parti libéral du Québec et son option constitutionnelle : ce n'est pas pour rien qu'il y a eu une formidable accélération des processus menant à l'octroi de la citoyenneté canadienne dans les deux années précédant le référendum de 1995[780]. Quant au Parti québécois, qui est peut-être plus sensible à ces questions, il a tout fait pour conjurer les effets dévastateurs du regrettable discours de Parizeau au sujet de « l'argent et du vote ethnique » : la baisse du nombre d'immigrants accueillis aurait eu l'effet dans l'opinion d'une reconnaissance de cette triste déclaration.

Remettre en question ce qui est maintenant devenu un dogme, soit l'idée qu'il faille accueillir davantage d'immigrants pour conjurer le vieillissement de la population, pourra coûter cher à celui qui le fait : on l'accusera de xénophobie, voire de racisme. Pourtant rien n'est plus faux : reconnaître que l'immigration n'a probablement pas d'effets économiques positifs et qu'elle peut, lorsque trop importante, modifier le tissu linguistique national n'est en aucun cas xénophobe. C'est simplement analyser, comme dans n'importe quelle politique publique, les bienfaits et les externalités de ladite politique. Surtout, c'est prévenir au lieu de guérir : lorsque c'est possible — et dans le cas de notre politique d'immigration, ça l'est —, il vaut mieux éviter de jouer avec l'équilibre linguistique, car le recul du français ne peut pas être une option. Une situation dégradée peut entraîner de fâcheuses conséquences qu'une nouvelle commission Bouchard-Taylor ne pourrait pas conjurer. L'attitude du gouvernement Charest, qui a établi les seuils d'immigration déjà très élevés pour la période 2012-2015[781], ressemblait à celle d'un apprenti sorcier. Le refus d'affronter la réalité en face n'est pas de bon augure, surtout quand il s'agit d'un problème si délicat. De même, on ne rend service à personne si on accueille des gens sans pouvoir leur offrir des conditions décentes, que ce soit en termes d'emploi ou d'intégration sociale.

Heureusement, quelques scientifiques commencent à remettre en question la politique d'immigration québécoise : nous accueillerions, selon eux, deux fois trop d'immigrants[782]. Le Québec pourrait en effet se permettre de réduire de moitié le nombre d'immigrants qu'il reçoit chaque année. De ce fait, il rejoindrait la moyenne d'accueil des pays mentionnés plus haut[783] et diminuerait le nombre absolu de locuteurs qui transfèrent vers la langue anglaise.

Par ailleurs, l'essai de Dubreuil et Marois souligne de graves lacunes quant à la place qu'occupent les connaissances en français dans le processus de sélection du ministère de l'Immigration et des Communautés culturelles. D'abord, la connaissance de la langue française pour un travailleur qualifié en couple ne compte que pour 16 points sur 123, soit 13 % du total[784]. Au niveau canadien, la connaissance des langues officielles vaut pour 24 points sur 100[785], soit quasiment le double. Au bout du compte, il y a lieu de mettre sérieusement en doute les prétentions du ministère québécois de l'Immigration, selon lesquelles 64,3 % des immigrants admis auraient une connaissance du français, d'autant plus que cette connaissance prétendue ne se fonde que sur une autoévaluation des candidats[786].

Il faudrait donc augmenter la pondération accordée au français dans l'évaluation des candidats à l'immigration, au moins jusqu'au niveau du gouvernement du Canada. Évidemment, les libéraux ont rejeté du revers de la main les propositions visant à

augmenter la sévérité des contrôles linguistiques dans le processus de sélection, sous prétexte que cela réduirait le nombre d'immigrants admissibles[787]. S'il est vrai qu'un tel resserrement aurait
probablement un effet à la baisse sur les admissions — même
Dubreuil et Marois sont d'accord sur ce point[788] —, il est probablement futile d'espérer que les fédéralistes auront la force morale de contester les présupposés de l'immigration économique,
d'autant plus qu'ils en bénéficient sur le plan électoral.

Finalement, une fois arrivés ici, les immigrants devraient avoir
accès au plus grand nombre possible de ressources pour se franciser. Le retour des sommes retirées par le gouvernement et qui
étaient destinées aux cours de francisation[789] apparaît comme un
minimum.

Voir plus loin que le bout de son nez

Le Québec semble avoir tendance à considérer que le fleurisse-
ment de la langue française le concerne uniquement, comme si
nous étions des Danois ou des Ouzbeks. Or le français est encore
une langue internationale qui compte 220 millions de locuteurs
répartis dans 75 États, principalement en Afrique[790]. C'est une
langue très souvent présente dans les organisations internationales, au premier chef à l'ONU. Nous avons accès à une organisation internationale (OIF) en principe dédiée au français, et une
chaîne de télévision diffusée partout dans le monde, TV5. Bref,
les frontières du français sont bien plus lointaines que Gatineau
ou Pohénégamook. Jean-Benoît Nadeau, un des auteurs les plus
prolifiques au sujet du français, a déjà fait remarquer qu'il y aurait entre 20 et 30 millions de locuteurs francophones dans les
Amériques[791]. Bien sûr, il ne s'agit pas seulement de personnes
de langue maternelle française ; c'est même quasiment mieux :
ce sont des gens qui ont choisi d'apprendre le français. Nadeau
nous invite donc à saisir cette opportunité, à la fois pour faire

rayonner notre culture en dehors de nos frontières, mais aussi pour recruter le plus possible de francophones dans nos entre-prises, dans les métiers en manque de main-d'œuvre, etc. Il nous invite à « conquérir » et à « occuper » le territoire de la francopho-nie. Puisse-t-il être entendu.

Mais il y a le Canada...

Si tout un monde s'offre à nous en ce qui concerne la langue fran-çaise, il semble que le Canada n'en fasse pas partie. D'une part, parce que le français en dehors du Québec — sauf au Nouveau-Brunswick — est en train de devenir folklorique et d'autre part, parce que le Canada empêche structurellement le Québec de faire comme il l'entend à ce sujet.

Le peu de place accordé au français lors des cérémonies des Jeux olympiques de Vancouver en a scandalisé plus d'un[792]. Il est vrai que pour un pays bilingue et un mouvement olympique dont le français est l'une des langues officielles, cette prestation était pour le moins révoltante. Le flot de réactions hostiles envers les passagers d'Air Canada qui ont obtenu un dédommagement parce qu'ils n'avaient pas été servis en français a aussi choqué[793]. Pourtant, en y regardant de plus près, nous ne devrions plus être surpris.

Les chiffres issus du Recensement de 2011 démontrent qu'il y a maintenant presque autant de locuteurs de langues maternelles non officielles que de locuteurs de langue maternelle française dans tout le Canada[794]. Entre 1971 et 2011, le poids relatif des francophones de langue maternelle est passé de 26,9 % à 21,7 % de la population[795]. Pire, le poids des francophones (langue d'usage) est passé de 25,7 % à 21,0 %[796], ce qui souligne qu'un nombre significatif de francophones s'assimilent.

Voilà pourquoi, en 2011, seulement 39 % des Canadiens (y compris les Québécois à 84 % d'accord avec cette affirmation) croyaient qu'il était important de parler couramment l'autre langue officielle[797]. Plus particulièrement, 72 % des Anglo-Canadiens considèrent qu'il n'est pas important de parler l'autre langue officielle[798]. Il ne faut donc pas se surprendre que le français perde du terrain au Canada et que nous percevions un manque d'attention à son égard : cela n'est que le résultat de rapports de force démographiques. Déjà, les Anglo-Canadiens se préparent à « l'après ». Dans une chronique intitulée « The dénouement of French-Canada », l'influent commentateur du *National Post*, David Frum, évoquait sans états d'âme particuliers que les changements démographiques allaient réduire encore plus l'influence des Franco-Canadiens, au premier chef des Québécois[799]. Maintenant, il est possible de gouverner le Canada sans le Québec, imaginez la suite, disait-il. À bon entendeur, salut.

Au moins, les Québécois pourraient espérer que l'État canadien devienne le protecteur de la langue française, comme l'État québécois l'est au Québec. Malheureusement, malgré les apparences, c'est loin d'être le cas. Certes, les principes de la *Loi sur les langues officielles canadiennes* de 1969, constitutionnalisés ensuite par la *Loi constitutionnelle de 1982*, ont mis sur un pied d'égalité théorique le français et l'anglais, dans les interactions des Canadiens avec l'État fédéral. Cependant, cette égalité est défaillante depuis l'adoption de la loi[800], notamment parce qu'elle n'assure en rien la primauté du français au Québec. Au contraire, cette égalité l'affaiblit structurellement.

Dans le contexte géodémographique qui est le nôtre, l'égalité ne suffit pas : l'anglais exerce une trop grande force d'attraction. On l'a vu, malgré la *Charte de la langue française*, l'anglais au Québec est presque dix fois plus attirant que le français lorsqu'on choisit une langue d'usage. Ainsi, comment espérer que pour les immigrants, par exemple, les interactions avec le gouvernement canadien se fassent magiquement en français si on lance le message que les deux langues sont égales au Québec ? Non seulement,

pour accepter un immigrant au Canada, on évalue indistincte-
ment ses compétences linguistiques en français ou en anglais,
mais une fois ici, cet immigrant communiquera en français ou en
anglais de manière presque équivalente. D'ailleurs, malgré ce que
l'on pense, le gouvernement fédéral sélectionne encore 25 % des
immigrants québécois[801]. En somme, pour favoriser l'intégration
en français, le gouvernement fédéral ne sert à rien : il nuit.

L'État canadien a même souvent lutté directement contre les
efforts de l'État québécois pour promouvoir la langue française.
Les nombreux jugements de la Cour suprême du Canada qui
ont tailladé la *Charte de la langue française* en témoignent admirablement[802]. Et même quand les députés fédéraux du Québec
demandent au Parlement canadien de légiférer pour étendre les
dispositions de la *Charte de la langue française* aux entreprises
sous juridiction fédérale et à leurs 400 000 travailleurs — une mesure recevant l'appui de 90 % des Québécois[803] —, ils reçoivent
un refus obstiné : cette proposition a été rejetée à trois reprises
depuis 2009[804]. Manifestement, il n'y a rien à attendre du Canada
pour l'épanouissement du français au Québec.

ÉDIFIER LA NATION POLITIQUE : UN SOCLE COMMUN EN PLUS

Pour se guider, les êtres humains peuvent se tourner vers quelque
chose qui les dépasse, de plus grand qu'eux. Pour les uns, c'est la
religion, pour d'autres, un corpus de valeurs, alors que pour certains, c'est la référence à un groupe qui sert de repère. Bien souvent, c'est un habile mélange des trois. Les nations ne fonctionnent
pas bien différemment : elles se réfèrent aussi à des éléments plus
grands qu'elles leur permettant de fixer des idéaux et de baliser un
tant soit peu le destin national et les règles du vivre ensemble.

Parmi les éléments qui peuvent souder une nation — ethniques,
culturels ou politiques —, les aspirations politiques semblent certainement les plus fortes et les plus durables. Les États-Unis et la

France comptent parmi les plus anciens et meilleurs exemples de républiques démocratiques basées sur des idéaux fédérateurs qui transcendent tous les courants politiques, souvent d'une extrémité du spectre à l'autre.

Même de nos jours, alors que nous sommes tous si prompts aux railleries et au cynisme, il ne faut pas chercher à minimiser l'influence des préceptes qui guident les nations politiques. En fixant des idéaux qui paraissent au-dessus de tout débat partisan, on établit une référence vers laquelle tous doivent tendre. Ces idéaux peuvent donc devenir mobilisateurs et accroître le sens de la communauté. Une fois établis, ils servent évidemment à orienter les actions de l'État dans tous les domaines, donnant plus de cohérence à son action.

Le Québec est une nation politique embryonnaire. La *Charte des droits et libertés de la personne*, la *Charte de la langue française* et le *Code civil* forment de bonnes bases, mais c'est encore trop peu. On évoque souvent le « modèle québécois », mais celui-ci n'est jamais vraiment sorti d'un cadre théorique où tout le monde peut y ajouter ce qu'il désire. Afin de parfaire la communauté nationale, il nous faut mettre en place des éléments qui édifient peu à peu la nation politique québécoise. Ce faisant, nous parviendrons sans doute à installer dans la sphère publique une atmosphère appelant les élus et les citoyens à plus de respect pour nos institutions et notre avenir national.

C'est cet esprit qui anime les propositions qui suivent. Celles-ci visent à donner du corps à la nation québécoise en lui insufflant l'idée d'une destinée collective et en participant à définir nos valeurs communes.

Des cours d'histoire dignes de ce nom

Il arrive fréquemment que les gouvernements mettent en place des réformes qui passent plutôt inaperçues ou qui semblent cantonnées dans un débat d'experts indifférant le citoyen lambda parce que justement trop techniques. C'est le lot des démocraties modernes, qui adoptent énormément de réformes et qui confient de plus en plus les questions élémentaires à des spécialistes. Ce n'est toutefois pas parce que lesdites réformes ne créent pas de grandes polémiques qu'elles n'ont aucun effet significatif. Les changements récemment apportés aux cours d'histoire à l'école secondaire entrent dans cette catégorie.

Au mois d'avril 2006, le quotidien *Le Devoir* révélait que le gouvernement libéral songeait à réformer l'enseignement de l'histoire au niveau secondaire en rendant celle-ci « moins politique », « non national[e] » et davantage « plurielle[805] ». Les objectifs de la réforme, selon certains de ses défenseurs, sont « de sortir du cadre habituel d'une histoire structurée autour des conflits entre les francophones et les anglophones pour faire une histoire plus rassembleuse » et « d'en finir avec l'espèce de vision misérabiliste qui perdure dans la vision historique des Québécois[806] ». Dès le lendemain de la publication de cette nouvelle, le ministre de l'Éducation de l'époque, Jean-Marc Fournier, de même que de nombreux historiens, ont récusé la tendance non nationale de ce projet, même si les manuels étaient déjà en préparation[807]. Malgré tout, en 2007, le nouveau programme a été lancé, au plus grand détriment de la connaissance réelle des événements marquants de l'histoire du Québec.

C'est ainsi que le nouveau programme joue avec les mots et tord les réalités. Les jeunes Québécois apprennent désormais que les Français venus s'établir en Nouvelle-France n'étaient que des immigrants qui s'intégraient à une nouvelle société et non pas des colons conquérant un territoire[808]. La Conquête de la Nouvelle-France par les Anglais n'est qu'un changement d'empire[809]. L'Acte de Québec de 1774 est devenu un acte de « conciliation » qui ne reconnaît surtout pas la communauté francophone québécoise[810]. Évidemment, on occulte complètement la visée assimilatrice avérée de l'Acte d'Union de 1840, cet arrangement politique qui découle des recommandations du tristement célèbre rapport Durham[811]. Par la suite, jamais il n'est question dans ce programme de l'autonomie gagnée par le Québec avec la Confédération de 1867, et les conditions économiques inférieures des Canadiens français n'y sont pas abordées[812].

Le portrait de la période moderne, c'est-à-dire allant de 1960 à aujourd'hui, est encore plus scandaleux. La Révolution tranquille n'est présentée que comme l'avènement de l'État-providence[813]. La nationalisation de l'électricité est complètement occultée[814]. En fait, la citation de Jean Lesage choisie pour illustrer cette période est la suivante : « Nous devons envisager les changements dans le contexte d'une situation mondiale. Demain, les communications et les besoins auront rapproché, comme jamais auparavant, les hommes de toutes langues, races ou religions[815] » ! Le programme réussit l'exploit de ne pas mentionner le nom de Robert Bourassa ou de René Lévesque[816] ! On ne sera pas surpris dès lors que les débats constitutionnels ayant émaillé la période de 1980 à 1995 et qui persistent aujourd'hui soient ravalés au rang de « questions [qui] restent en suspens, notamment celles du chevauchement de compétences fédérales et provinciales, du partage des pouvoirs et du financement des opérations gouvernementales[817] ».

Ce cours d'histoire secondaire complètement dénationalisé, où le Québec n'est qu'un territoire sur lequel se trouvent des individus, semble être la consécration, le trophée de guerre, d'une certaine minorité d'historiens québécois. Leur pensée, que l'auteur Mathieu Bock-Côté a remarquablement bien décrite dans l'essai *La Dénationalisation tranquille*, vise surtout à supprimer le concept de la « nation » de l'histoire québécoise, pour la « canadianiser » davantage[818]. En délaissant le cadre national québécois, il devient très facile de justifier l'adhésion des citoyens au multiculturalisme canadien, qui, justement, n'a jamais reconnu la nation québécoise. Le problème, c'est que pour arriver à cet eldorado, il faut, selon ces historiens de pacotille, explicitement nier l'existence de la nation québécoise[819]. La seule manière d'arriver à une conclusion aussi surprenante est «l'abandon d'une perspective sur le passé et d'un mode de mise en narration de ce passé[820]». Il faut avoir l'esprit particulièrement tordu pour suggérer une telle avenue.

On ne doit sous aucun prétexte occulter les faits marquants de l'histoire nationale pour servir une option politique : les sociétés matures doivent affronter leur passé, aussi peu glorieux soit-il, si elles veulent comprendre les forces qui façonnent le présent et qui orientent l'avenir. Comment pourrait-on comprendre l'histoire des États-Unis si le *Civil Rights Act* de 1964, qui a aboli la ségrégation raciale, n'était que le résultat d'une « conciliation » ? Ou celle de la France, si la présidence de Charles de Gaulle n'était même pas mentionnée dans les cours d'histoire des jeunes Français ? Avec ce nouveau cours d'histoire québécoise, c'est précisément à ce type d'acrobaties que nous nous soumettons.

Nous devons retourner à des cours d'histoire qui placent au centre de leurs cursus l'évolution de la nation québécoise, avec tous les événements qui l'ont engendrée. Certes, l'histoire québécoise est sans doute davantage tragique qu'héroïque, notamment parce qu'elle fait ressortir que depuis 1760, notre destin est soumis aux vœux des autres. Mais ce n'est pas une raison valable pour nier son existence. De toute manière, le Québec s'est reconnu comme une nation le 30 octobre 2003, par une motion unanime de l'Assemblée nationale. Le parlement du Canada a fait de même le 28 novembre 2006. Occulter cette réalité et les événements qui la justifient dans les cours d'histoire destinés à la jeunesse est immoral, car cela ne les prépare en rien à affronter les défis de leur génération, en plus de nier l'identité de notre peuple.

Un service civique

L'idée de développer chez les jeunes gens un sens d'appartenance à la collectivité existe depuis très longtemps dans l'histoire des nations. Pendant des siècles, le service militaire a poursuivi cet objectif. En plus de potentiellement servir de chair à canon, ces jeunes étaient mis devant plus grand qu'eux : la collectivité. L'embrigadement pour parfois plusieurs années les obligeait à reconnaître qu'ils faisaient partie d'un ensemble duquel ils ne constituaient qu'un maillon.

La modernisation des mœurs a heureusement montré que l'armée véhiculait aussi des valeurs qui n'étaient pas universelles. Placés devant cette évolution, les États ont de plus en plus permis aux jeunes de transmuer le service militaire en un service civique. Tout aussi axé sur le collectif que le service au sein d'une unité militaire, le service civique permet de contribuer tout autant, et peut-être même plus directement, au bien-être de la société.

Pendant la Seconde Guerre mondiale, les Étatsuniens ont commencé à permettre à des conscrits qui réussissaient à démontrer qu'ils étaient de réels objecteurs de conscience d'effectuer leur service militaire autrement. Grâce au *Civilian Public Service*, les jeunes pouvaient éviter de servir dans des unités de combat et mettre leurs efforts dans des travaux d'intérêt général. Dans les années 1970, les Allemands et les Autrichiens ont perfectionné le concept avec l'établissement d'un *Zivildienst* (service communautaire), une véritable option de rechange au service militaire obligatoire. Ceux qui ne voulaient pas servir au sein de l'armée pouvaient se consacrer au service de la collectivité dans des organismes à mission sociale tels les foyers pour personnes âgées, la Croix-Rouge ou les organismes d'utilité publique. Dans les pays où le service militaire est aboli, il existe encore aujourd'hui des organisations similaires, comme le Service civique en France ou les *AmeriCorps* et *Peace Corps* aux États-Unis. Basées sur le volontariat, ces organisations offrent aux jeunes des expériences uniques et reconnues, basées avant tout sur le service à la collectivité, que ce soit dans leur pays ou à l'étranger.

Le Québec aurait tout intérêt à mettre sur pied un programme analogue. En misant sur la collectivité, les citoyens en devenir pourraient se mettre au contact des réalités régionales, sociales ou encore économiques propres à la nation québécoise, voire à certains pays étrangers. Sortir de son univers immédiat pour rencontrer et découvrir la collectivité ne peut pas nuire. Les expériences tirées de ce genre de programme pourraient de plus bonifier les *curriculum vitæ* des volontaires en développant leur sens des responsabilités, de l'organisation et de la direction.

Bien sûr, l'instauration d'un tel programme ne pourrait probablement pas être assortie d'une obligation « d'enrôlement » pour tous les jeunes Québécois. Cette voie comporte trop d'incertitudes et nécessiterait des aménagements assez complexes des parcours scolaires de la jeunesse québécoise. Toutefois, il serait tout à fait possible d'imaginer des mécanismes encourageant la participation des jeunes. Par exemple, celle-ci pourrait être obligatoire pour un jeune qui ne termine pas son secondaire et qui ne poursuit pas ses études au niveau professionnel. Ou encore, une contrepartie tel un rabais substantiel sur les droits de scolarité universitaires pourrait être consentie à ceux qui décident de servir pendant une année. Dans tous les cas, il s'agirait de faire en sorte qu'une part significative de la jeunesse participe à un tel programme. La société québécoise s'en trouverait assurément renforcée.

Une personnalité sur la scène internationale

Si les valeurs portées par les nations servent à définir le contrat social de ce qui se passe en leur sein, elles jouent également un autre rôle. Sans tomber dans l'angélisme, on peut considérer qu'elles définissent aussi l'action des États sur la scène internationale. Ceux-ci cherchent à transmettre leurs valeurs et à convaincre les autres nations du bien-fondé de leurs idées. En même temps, à travers un phénomène de rétroaction, cette expérience internationale forge elle aussi la personnalité et les aspirations nationales. À la manière d'une personne qui quitte le domicile familial pour se frotter à la société, le Québec a tout à gagner en se déployant le plus possible hors de ses frontières.

Bien que la présence officielle dans les grandes officines des relations internationales soit en principe réservée aux États souverains, le Québec s'est graduellement ouvert au monde dans les 50 dernières années. De l'ouverture de la première délégation générale du Québec à Paris en 1961 en passant par la première signature d'entente gouvernementale en 1965 et par la première participation autonome du Québec dans une organisation internationale en 1971[821], l'action internationale du Québec a été originale et dynamique. C'est par exemple le Québec qui a été parmi les fers de lance pour l'adoption en 2005 de la *Convention de l'UNESCO*[822] *sur la diversité culturelle*[823]. Cette convention internationale, unique en son genre, vise à créer une exception culturelle qui échappe aux traités de libre-échange. Toutefois, on sent que l'action internationale du Québec a désormais atteint un certain plafonnement. La majorité de cette action est consacrée au développement économique : la dernière politique internationale du gouvernement du Québec semble placer cet axe en priorité[824].

Pourtant, le Québec a probablement beaucoup à offrir au monde. Nos valeurs démocratiques, environnementales, de respect de la diversité culturelle, de solidarité doivent elles aussi trouver leur place à côté des actions économiques. L'expérience acquise sur la scène internationale n'est jamais vaine, autant pour l'État que pour les individus qui en bénéficient. Il nous faut donc maintenant dépasser ce que nous avons déjà accompli. Pour ce faire, deux voies principales s'offrent au Québec.

La première consiste à appliquer fidèlement la « doctrine Gérin-Lajoie ». Établie par le ministre libéral Paul Gérin-Lajoie en 1965, celle-ci avance que le Québec peut agir et conclure des ententes avec des États dans ses domaines de compétences, sans attendre la bénédiction du gouvernement du Canada[825]. C'est ce qui a permis la conclusion de plusieurs centaines d'ententes avec différents États ou encore l'obtention d'une place d'observateur dans la délégation canadienne à l'UNESCO. C'est aussi ce principe qui a justifié les interventions du Québec en complète contradiction avec celles du Canada lors de la 12e conférence de l'ONU sur les changements climatiques, qui s'est tenue à Nairobi en 2006[826]. À l'époque, le gouvernement du Québec jugeait que la position du Canada au sujet des changements climatiques allait foncièrement contre les idéaux québécois et il l'avait clamé à qui voulait bien l'entendre. Le Québec ne doit pas hésiter à exposer sa position publiquement chaque fois que celle du Canada est en contradiction avec ses intérêts. Il devrait aussi réclamer une présence au sein des délégations canadiennes, comme il l'a fait à l'UNESCO, dans toutes les organisations qui traitent de près ou de loin de sujets qui relèvent de sa compétence.

L'autre champ en friche dans le domaine des relations internationales est sans contredit l'aide au développement. Celle-ci est plus que nécessaire et ne représente qu'une mince contrepartie en retour de ce que les pays développés retirent des pays en voie de développement. Ainsi, le Québec, une nation parmi les plus riches de la planète, doit contribuer à sa part dans l'aide aux nations défavorisées. Et dans ce domaine, il y a place à une nette amélioration.

Depuis 1969, l'ONU recommande officiellement que les pays développés consacrent l'équivalent de 0,7 % de leur revenu national brut (RNB) en aide publique au développement[827]. Malheureusement, le Canada n'a jamais atteint cet objectif. En 2010, il y avait consacré 0,34 % de son RNB, pour un montant de 5,2 milliards de dollars[828]. Sachant que cet argent provient autant des Québécois que des Canadiens, nous pouvons considérer que les Québécois doivent investir encore 0,36 % de leur RNB pour atteindre les objectifs de l'ONU. Cette somme représente approximativement 985 millions de dollars[829]. Le Québec, de manière autonome, a versé en 2009-2010 quelque 46,42 millions de dollars en aide publique au développement[830]. On constate donc qu'il reste une marge significative pour l'amélioration. Sans combler immédiatement ce manque, le Québec pourrait mettre en place une agence comme l'Agence canadienne de développement international (ACDI) et se donner comme objectif d'atteindre la cible de 0,7 %. En plus de contribuer au développement du monde, les programmes qui résulteraient de l'établissement d'une « AQDI » permettraient aux Québécois et à leurs valeurs de se faire connaître davantage sur la planète. Considérant la récente politisation de l'aide publique au développement canadienne[831], l'avènement d'une « AQDI » serait plus que salutaire, autant pour les Québécois que pour les étrangers qui bénéficieraient de notre aide.

Une réforme du mode de scrutin

La deuxième partie de cet essai aborde la question devenue lancinante d'une réforme du mode de scrutin servant à désigner les députés de l'Assemblée nationale[832]. Les distorsions qui résultent parfois du mode de scrutin actuel sont telles que la volonté populaire peut y être carrément détournée. C'est pour cette raison que l'on discute depuis si longtemps d'une réforme des modalités du scrutin.

On a souvent émis l'idée qu'une réforme du mode de scrutin serait un antidote au cynisme ambiant : si le vote de chacun comptait, les citoyens qui boudent les urnes retrouveraient, croiton, le chemin des bureaux de vote. Bien que rien ne garantit que la mise en place d'un scrutin proportionnel changerait la dynamique électorale québécoise, la littérature scientifique en science politique évoque effectivement des taux de participation plus élevés dans les pays démocratiques qui ont adopté des systèmes proportionnels[833]. Cette constatation ne doit toutefois pas faire perdre de vue que d'autres facteurs institutionnels influencent aussi la participation électorale[834], dont le fait, surtout, que cette dernière est en baisse partout dans les pays démocratiques, nonobstant le système électoral utilisé[835]. Cela étant dit, ce ne sont pas des raisons pour ne pas agir sur ce front.

Malgré les injustices patentes de notre système électoral et les preuves démontrant que les systèmes proportionnels suscitent généralement une plus grande participation, ils se trouvent au Québec des intellectuels pour refuser une réforme du mode de scrutin. Organisés autour du politologue Christian Dufour, ceux-ci ont signé l'*Appel des cinq* lors des discussions portant sur la réforme du mode de scrutin en 2005. Dans cet appel, les cinq personnalités (Henri Brun, Claude Corbo, Christian Dufour, Joseph Facal et Jean-Claude Rivest) avancent qu'une telle réforme risquerait « de faire du Parti libéral du Québec (PLQ) le parti permanent de gouvernement au Québec[836] ». Du même coup, cela donnerait un pouvoir disproportionné aux Anglo-Québécois, qui se rangent toujours massivement derrière le PLQ, et mettrait à mal la possibilité pour les francophones d'assurer le contrôle de leur État national. Enfin, ce manifeste rappelle que les modes de scrutin ne sont pas que théoriques et qu'ils peuvent en toute légitimité poursuivre des buts divers et variés[837].

Cette inquiétude est légitime : notre mode de scrutin produit des gouvernements très forts qui ont permis à la majorité francophone d'adopter sans encombre des réformes importantes comme la *Charte de la langue française*. Autrement dit, dans un contexte minoritaire, le système uninominal à un tour a permis aux francophones de prendre le contrôle de l'État et de se protéger. Il s'agit en soi d'une excellente raison pour préserver le mode de scrutin actuel. Le problème avec cette position est qu'elle ne repose sur aucune preuve, aucun motif autre que la peur du changement. Ce groupe d'intellectuels n'avance aucun chiffre, aucun argument expliquant ou appuyant leurs conclusions. Or le politologue Pierre Serré arrive pour sa part aux résultats inverses dans son essai *Deux poids, deux mesures*. Selon lui, le mode de scrutin actuel favorise une division du Québec selon un axe Montréal-régions[838]. Pire, il risque de défavoriser les francophones et d'avantager indûment les non-francophones, donc le Parti libéral[839]. Grâce à une réforme du mode de scrutin, les francophones pourraient voir leurs opinions politiques mieux reflétées à l'Assemblée nationale, et surtout, leur emprise sur le destin national s'en trouverait renforcée[840]. De toute manière, il y a fort à parier que les libéraux auraient déjà enclenché une réforme du mode de scrutin si cela pouvait les avantager.

Suivant ces conclusions, il semble acquis que le Québec doit réformer son mode de scrutin. Non seulement cela rendrait le système électoral plus juste, mais cela permettrait également aux francophones de raffermir leur contrôle sur le seul outil collectif qu'ils détiennent, l'État québécois. Une telle réforme reçoit d'ailleurs l'appui de 65 % des Québécois[841]. Mais quelles modalités précises devrions-nous adopter? Difficile à dire, mais une chose est certaine : un parti ou une coalition ne devrait pas être en mesure de gouverner en ayant obtenu moins de voix que son plus proche adversaire. De toute manière, le processus menant à l'adoption d'un nouveau mode de scrutin devrait s'inspirer de la Colombie-Britannique. En 2004, une assemblée citoyenne de cette province a étudié en profondeur les modes de scrutin[842]. Choisis au hasard selon des critères qui assuraient une représentation de toutes les composantes de la société, les membres de cette assemblée ont finalement proposé un mode de scrutin « à vote unique transférable ». Soumise au référendum, cette proposition a finalement été rejetée[843]. Il est indéniable qu'un processus semblable, au Québec, notamment advenant un résultat provoquant un changement, constituerait un excellent exercice d'édification de la nation politique québécoise.

Une modernisation des institutions politiques

Héritées du parlementarisme britannique, nos institutions politiques n'ont pas évolué depuis 1867, si ce n'est que nous avons procédé en 1967 à la suppression de notre sénat non élu, le Conseil législatif. Autrement, elles gardent une série de caractéristiques qui semblent de plus en plus en décalage avec les institutions démocratiques modernes. Lorsque l'on prend un peu de temps pour y réfléchir, leurs défaillances sautent aux yeux.

Dans le système politique québécois, il n'y aucune séparation réelle entre le palier législatif, qui vote les lois, et le palier exécutif, qui les exécute. En effet, le premier ministre et les ministres sont aussi députés. Le contrôle de l'Assemblée nationale sur le travail de l'exécutif pourrait s'améliorer. De même, la quasi-totalité des projets de loi émane du gouvernement, transformant l'Assemblée nationale en une assemblée de béni-oui-oui.

C'est aussi le premier ministre qui peut déclencher les élections (même s'il existe une loi prévoyant des élections à date fixe), ce qui lui confère un outil de contrôle supplémentaire. En effet, si le premier ministre sent que la discipline vient à manquer, il peut brandir à son caucus la menace électorale pour ramener tout le monde au bercail[844].

Conséquemment, comme c'est le premier ministre qui désigne les ministres et les personnes qui occupent les autres postes parlementaires, et comme il peut décider de la date des élections, il détient un pouvoir exorbitant sur les députés et ministres de son parti. Il en résulte une très forte discipline de parti et la dissidence n'est généralement admise qu'au douloureux prix d'un départ du parti, comme en fait foi la démission des députés du Parti québécois dans la foulée de l'affaire de l'amphithéâtre à Québec. La dissidence s'avérant impossible, les débats qui devraient se faire publiquement se déroulent derrière des portes closes, au grand détriment de la transparence requise en démocratie. En effet, comment les citoyens peuvent-ils jauger l'action de leurs députés si ceux-ci sont obligés de marcher dans le sillon tracé par leur chef ? Comment les différentes idées peuvent-elles émerger si elles sont soumises au veto des chefs de parti ? Comment espérer que les partis politiques fonctionnent vraiment différemment des institutions politiques ?

En réponse à la vague de désabusement qui traverse le Québec et pour conjurer les effets négatifs de notre système politique archaïque, certains politiciens avancent des propositions visant à pallier les déséquilibres causés par nos institutions politiques. En 2010, l'ADQ a proposé l'élection du premier ministre au suffrage universel[845]. Plus récemment, le député péquiste Bernard Drainville a suggéré l'instauration des référendums d'initiative populaire, idée qui a été retenue par son parti politique[846]. Malheureusement, de telles propositions ne sont souvent traitées que comme des gadgets électoraux par les chefs de parti et se trouvent rapidement abandonnées une fois que ces derniers ont accédé au pouvoir, notamment parce qu'elles présentent des défectuosités qui les rendent incompatibles avec nos institutions politiques. L'élection du premier ministre au suffrage universel en est le meilleur exemple.

Comme pour la réforme du mode de scrutin, une assemblée citoyenne devrait être constituée avec le mandat d'étudier la situation et de proposer des améliorations à nos institutions politiques. En premier lieu, cette assemblée devrait se pencher sur les problèmes qui affectent réellement notre système politique et minent la confiance des citoyens en celui-ci, pour ensuite proposer des solutions adaptées pour y remédier. Les propositions devraient bien entendu être entérinées par référendum, ce qui, en faisant participer tous les citoyens québécois, ne manquerait pas non plus d'édifier notre nation politique.

Définir les modalités de la laïcité québécoise : ça presse !

S'il y a un débat qui a monopolisé le Québec depuis le milieu de la décennie 2000, c'est celui concernant les « accommodements raisonnables ». Avec l'augmentation de l'immigration et la diversification de sa provenance, les religions des minorités sont naturellement devenues plus apparentes. L'expression publique des pratiques religieuses a été encouragée par un multiculturalisme canadien ayant strictement égalisé tous les groupes culturels[847]. Certaines minorités religieuses ont commencé à réclamer des accommodements qui ont fait la manchette et surpris bien des Québécois. Assez rapidement, ces accommodements ont fait l'objet d'un traitement médiatique de plus en plus fréquent et tapageur.

C'est ainsi, entre autres, que les Québécois ont appris qu'une famille de confession sikhe avait obtenu de la Cour suprême le droit pour son enfant de fréquenter l'école en portant un kirpan, un petit couteau qui a une signification religieuse[848]. Des étudiants musulmans de l'École de technologie supérieure ont demandé et obtenu, après une résolution de la Commission des droits de la personne et des droits de la jeunesse, l'instauration d'un lieu de prière. Deux ambulanciers ont été expulsés du café l'Atrium de l'Hôpital général juif, car les repas qu'ils consommaient n'étaient pas casher. Le YMCA du Parc a fait installer des vitres givrées dans une salle d'entraînement parce qu'une communauté juive se disait indisposée par la vue de femmes s'entraînant en tenue considérée légère. Toujours dans un YMCA, on a prié des hommes qui assistaient à l'examen de natation de leur enfant de quitter les abords de la piscine pour ne pas indisposer certaines femmes musulmanes qui s'y baignaient en même temps. Un patient juif orthodoxe a bénéficié d'un passe-droit dans une clinique de Laval, passant devant les autres patients sous prétexte qu'il devait rentrer tôt pour respecter le sabbat. La Société d'assurance automobile du Québec a autorisé les membres de la communauté juive à exiger des évaluateurs masculins lors des examens de conduite. Certains employés de confession religieuse musulmane ou juive ont eu droit à quelques jours de congé supplémentaires à la Commission scolaire de Montréal.

Ces cas d'accommodements — et bien d'autres — ont interloqué les Québécois, car ils y ont perçu un retour en force de la religion dans l'espace public et l'octroi de traitements de faveur aux minorités religieuses. Malheureusement, cette situation a provoqué de réels débordements, comme l'adoption par le village de Hérouxville, situé en Mauricie, d'un « code de vie » tout aussi infantilisant que stupide à l'intention des immigrants. Incapable de mettre le couvercle sur la marmite, notamment à cause des tiraillements provoqués par son attachement à sa clientèle traditionnelle composée d'anglophones et d'allophones et de la nécessité de soigner ses relations avec la majorité francophone s'il veut garder le pouvoir, le gouvernement libéral a confié à une commission composée de deux experts le mandat d'étudier la question des accommodements et de faire des propositions. Les conclusions de la Commission Bouchard-Taylor ont choqué bien des gens, parce qu'elles semblaient en dissonance totale avec les souhaits de la population québécoise. En effet, le rapport avait l'air d'avancer que c'était aux Québécois dits « de souche » de faire le plus de concessions[849]. Même certains représentants des communautés culturelles ont eu des propos sévères à l'endroit des commissaires[850].

Les sondages démontrent depuis plusieurs années déjà que les Québécois sont plutôt fermés à l'idée des accommodements raisonnables. En 2006, 58,6 % d'entre eux considéraient la société québécoise trop accommodante en matière religieuse[851]. En 2007, 55 % des Québécois disaient qu'il ne fallait accorder aucun accommodement religieux[852]. La même année, 61 % des Québécois se disaient « préoccupés » par la question des accommodements et 73 % craignaient que «les pratiques d'accommodements reliés aux différences culturelles ne dérapent et deviennent hors de contrôle[853]». Deux ans plus tard, 68 % des Québécois estimaient qu'il y avait trop d'accommodements, et 59 % avançaient même que l'on «devrait bannir tout port de signe religieux dans un endroit public[854]». En 2010, 75 % des Québécois trouvaient que «le gouvernement du Québec est «trop accommodant» relativement aux demandes d'accommodements liés à des motifs religieux[855]».

Inutile de mentionner que, dans ce contexte, 72 % des Québécois considèrent que le rapport de la Commission Bouchard-Taylor n'a rien clarifié[856]. Encore pris entre l'arbre et l'écorce, le gouvernement n'a pas pu mettre en œuvre les recommandations importantes de la Commission, à l'exception de l'intégration du principe d'égalité de traitement des hommes et des femmes dans la *Charte québécoise des droits et libertés de la personne*[857]. Le Projet de loi 94, qui baliserait les pratiques religieuses dans les administrations publiques, présenté en mars 2010, a erré dans les limbes législatifs pendant deux ans après sa présentation[858], pour finalement mourir avec l'élection générale de 2012. Toujours est-il que rien n'est réglé. La récente polémique au sujet de la généralisation alléguée de l'abattage des animaux de boucherie selon le rituel halal, où ceux qui ont soulevé bien maladroitement (en parlant d'une «dérive inquiétante[859]») le problème ont été associés au Front national français, en constitue une malheureuse illustration[860].

Le problème de la situation actuelle est double. Tout d'abord, le fait que chaque problématique soit traitée individuellement crée des standards inégaux et attise la frénésie médiatique tout comme l'agitation populaire. Surtout, cela produit un climat très malsain où l'invective, la suspicion, l'intolérance et la rectitude exagérée entrent en conflit, au détriment de la cohésion de la société. Il n'est pas du tout souhaitable, notamment lorsqu'il est question des interactions avec les institutions publiques, que les accommodements soient perçus — à tort ou à raison — comme des privilèges accordés à certaines communautés. Cela n'est rien pour favoriser un vivre ensemble harmonieux.

L'adoption d'une charte de la laïcité est une impérieuse nécessité. Celle-ci viendrait définir la laïcité à la québécoise et permettrait d'en finir avec ce climat malsain qui nuit à la nation en entier. En effet, une charte de la laïcité permettrait de définir le plus clairement possible les interactions entre la religion et la sphère publique. Son adoption ne réglerait pas tout, mais permettrait au moins d'établir des balises qui éviteraient que chaque situation individuelle soit analysée sous des critères variables menant à la création de doubles standards. Ainsi, l'hystérie collective qui découle de chaque (pseudo)-scandale ressorti par les médias s'en trouverait sans doute apaisée. En outre, cela participerait assurément à définir davantage la nation politique québécoise.

Afin d'éviter les écueils qui guettent une commission composée uniquement d'experts, des citoyens devraient également participer à la rédaction de la charte, assurant une stricte représentation de la société. La charte qui résulterait d'une telle commission pourrait être ensuite adoptée par l'Assemblée nationale, avec ou sans référendum. Ainsi, la question irritante des accommodements raisonnables serait balisée par des principes unificateurs, au plus grand bénéfice de la cohésion nationale.

La citoyenneté, ce formidable outil civique

En 2007, l'intellectuel et maintenant député Jean-François Lisée reprenait l'idée, à la fin de son essai *Nous*, de l'instauration d'une citoyenneté québécoise[861]. Cette proposition n'était pas nouvelle : en 2001, la Commission des États généraux sur la situation et l'avenir de la langue française au Québec avait proposé l'instauration d'une telle citoyenneté[862], une année après que le gouvernement québécois avait organisé un Forum national sur la citoyenneté et l'intégration qui avait pour mission de réfléchir à la question[863]. Presque simultanément à la publication de l'essai de Lisée, la nouvelle chef du Parti québécois, Pauline Marois, endossait cette proposition dans un projet de loi sur l'identité québécoise[864]. Les réactions négatives à ce projet ont été nombreuses : très grand risque politique[865], mesure inapplicable dans le contexte canadien[866], création d'un injuste régime de citoyenneté à deux vitesses[867], etc. Les critiques acerbes envers ce projet de citoyenneté ont masqué les effets potentiellement très positifs susceptibles d'émerger de son instauration.

L'octroi d'une citoyenneté confirme, plus que tout autre symbole, l'appartenance à une nation politique, notamment par les droits qu'elles confèrent. Toujours, c'est la citoyenneté qui permet d'exercer le droit de vote aux élections nationales et qui donne le droit de se présenter aux élections. La nation ne peut pas vraiment consentir de plus grand droit que celui de participer à son administration. Souvent, la citoyenneté permet aussi au nouveau citoyen de bénéficier pleinement des services sociaux, d'accéder aux emplois de la fonction publique, d'agir comme juré dans un procès, d'éviter l'expulsion du pays, d'obtenir un passeport, etc. Bref, l'appartenance à la communauté nationale de ceux qui détiennent la citoyenneté est pleine et entière.

Dans la totalité des démocraties occidentales, la naturalisation[868] vient couronner un processus d'intégration généralement assez long. Tout d'abord, les immigrants doivent justifier des années de résidence sur le territoire national avant de pouvoir déposer une demande de citoyenneté. Souvent, on exige une bonne conduite, c'est-à-dire aucun démêlé avec la loi, et des conditions économiques. Une fois la demande acceptée, l'aspirant-citoyen doit se soumettre à diverses conditions. Par exemple, aux États-Unis[869], en Allemagne[870], en Lituanie[871], en France[872] et au Canada[873], l'intéressé doit passer un test prouvant sa connaissance de la (ou des) langue nationale. Par ailleurs, en Australie[874] et au Royaume-Uni[875], tout comme au Canada, aux États-Unis et en Lituanie, les candidats doivent se soumettre à des «tests de citoyenneté». En France, le candidat doit même «justifier de son assimilation à la communauté française» au cours d'un entretien avec le personnel préfectoral[876]. Tous doivent conclure ce processus par un serment d'allégeance ou de citoyenneté lors d'une cérémonie publique. Il ne faut pas banaliser ces étapes: elles participent elles aussi à finaliser le processus d'intégration, tout en projetant l'idée qu'une telle décision est sérieuse.

À partir du moment où l'on reconnaît que la citoyenneté et les conditions qui lui sont rattachées constituent des principes souhaitables pour une communauté politique ou nationale définie, il n'existe aucune raison objective pour empêcher la mise en place d'une citoyenneté pour un plus petit groupe à l'intérieur de cette communauté, notamment si le groupe en question est de nature nationale. Le monde compte plusieurs exemples de régime de citoyenneté qui concernent des groupements restreints à l'intérieur d'un plus grand État. Par exemple, les îles finlandaises d'Åland disposent d'une autonomie leur permettant d'avoir une citoyenneté propre. Appelée «droit de domicile», cette citoyenneté est nécessaire pour voter, se présenter aux élections, exercer certaines professions. Elle s'obtient après avoir résidé sur l'archipel durant une période de cinq ans sans interruption et après avoir démontré un certain niveau de maîtrise du suédois (la seule langue officielle des Åland)[877]. En Nouvelle-Calédonie, territoire français situé en Océanie, il existe une citoyenneté néo-calédonienne qui constitue un préalable pour voter et se présenter aux élections de l'Assemblée territoriale, et qui nécessite un séjour préalable d'au moins dix ans sur l'île[878]. Les îles Norfolk, qui font partie du Commonwealth Australie, possèdent un régime semblable[879]. En Suisse, la citoyenneté est triple: la naturalisation pour le pays en entier n'est acceptée qu'après que le candidat a aussi atteint les «aptitudes» requises par son canton et sa commune de résidence[880]. Porto Rico, Hong Kong et Macao possèdent aussi des systèmes de citoyenneté interne. L'exemple le plus proche de nous reste l'octroi de droits, par le gouvernement du Canada, à la communauté autochtone Nisga'a de Colombie-Britannique. En vertu d'un traité signé entre cette nation autochtone, le gouvernement du Canada et celui de la Colombie-Britannique, les Nisga'a ont obtenu (entre autres) le droit d'édicter une citoyenneté et de déterminer ses conditions d'octroi[881].

Le Québec aurait tout à gagner à mettre en place sa propre citoyenneté, dont l'obtention représenterait une véritable étape dans l'intégration des nouveaux Québécois. Les conditions rattachées à son obtention ne devraient pas être plus contraignantes que celles déterminant la citoyenneté canadienne : connaissance de la langue officielle et des institutions québécoises. La connaissance de la langue française comme condition d'octroi d'une citoyenneté recueillait d'ailleurs l'appui de 72 % des Québécois en 2007[882]. Mais plus encore qu'un outil d'intégration, la citoyenneté québécoise pourrait devenir un élément majeur d'unification de tous les Québécois, sans exception : la confirmation d'appartenance à une société unique en Amérique du Nord.

Constitution québécoise : en retard de 40 ans !

Lorsque l'on souhaite bâtir la nation politique, il n'existe pas de meilleur moyen que d'établir une constitution, la loi suprême sur laquelle toutes les autres s'appuieront. Les constitutions énoncent souvent très clairement les valeurs porteuses de la nation et prescrivent un fonctionnement des institutions politiques conformes à ces valeurs. Il ne faut pas sous-estimer la force d'une constitution. Elle peut véritablement souder les citoyens et définir leur identité. En 2002, à l'occasion du 20e anniversaire de la *Charte canadienne des droits et libertés* (une partie significative de la Constitution canadienne), 81 % des Canadiens la

considéraient comme « un symbole important de l'identité canadienne[883] ». Aux États-Unis, le symbole est si fort que les soldats
de l'armée américaine jurent avant tout fidélité à la Constitution
dans leur serment d'engagement[884].

Les constitutions ne sont pas réservées aux seuls États :
certaines composantes infranationales ont aussi la leur. Par
exemple, les 50 États des États-Unis ont tous une constitution ;
même chose pour la Colombie-Britannique. La Constitution
canadienne prévoit d'ailleurs explicitement cette possibilité
pour les provinces[885]. En quelque sorte, on peut même considérer que les villes ont leur constitution : la Charte de la Ville de
Montréal joue ce rôle.

Il serait faux de prétendre que le Québec ne dispose d'aucun
texte à valeur constitutionnelle : les juristes ont depuis longtemps
établi que la constitution du Québec est probablement éparpillée
un peu partout dans divers textes législatifs : Constitution canadienne, *Charte des droits et libertés de la personne*, *Charte de la
langue française*, etc.[886] Mais il n'existe aucun texte qui soit une
constitution officielle rassemblant l'ensemble des prescriptions
de ces lois, pas plus qu'il en existe un qui établisse clairement les
valeurs nationales, comme les constitutions de par le monde ont
coutume de le faire.

Ainsi, l'idée de doter le Québec de sa propre constitution n'est
pas nouvelle. Dans une revue historique exhaustive sur la question, le constitutionnaliste Daniel Turp a fait ressortir que Joseph-
Charles Taché, député conservateur à la chambre du Canada-Uni,
a le premier, en 1858, formulé le souhait d'établir une constitution pour le Québec (et pour toutes les provinces canadiennes[887]).
Elle est revenue en force en 1965 avec Daniel Johnson, alors chef
de l'Union nationale[888]. Depuis lors, tous les partis politiques
québécois majeurs, à l'exception de la Coalition Avenir Québec,
ont proposé l'adoption d'une constitution : le Parti libéral, par la
bouche de Paul Gérin-Lajoie[889], le Parti québécois, dès 1968[890],

l'Action démocratique du Québec en 2004[891], Québec solidaire en 2006[892] et Option nationale en 2012[893].

En 2000, l'Assemblée nationale, sous l'impulsion des attaques régulières du gouvernement du Canada, a adopté la *Loi sur l'exercice des droits fondamentaux et des prérogatives du peuple québécois et de l'État du Québec*, qui avait la charpente d'une constitution. Toutefois, le gouvernement n'avait pas jugé opportun de lui donner une vraie valeur constitutionnelle et elle demeure une loi qui exprime des souhaits. Plus récemment, en 2008, lors des soubresauts entourant les accommodements raisonnables, le Parti québécois et l'Action démocratique ont même proposé ensemble au gouvernement Charest d'entamer un processus de conception de la constitution afin d'établir, une fois pour toutes, les valeurs québécoises. Sans surprise, le gouvernement a décliné cette idée, prétextant, en substance, qu'une telle démarche était longue[894].

Qu'est-ce qui explique qu'aucun gouvernement n'ait jamais tenté d'entamer sérieusement le processus ? La réponse la plus plausible reste la « pollution » du débat politique par la question nationale. Pour les fédéralistes, adopter une constitution serait un pas de plus vers l'inévitable reconnaissance du caractère distinct du Québec, en plus de simplifier grandement le processus d'accession à la souveraineté : il ne resterait que quelques changements à y apporter advenant un référendum gagnant. Pour les souverainistes, c'est l'inverse : l'adoption d'une constitution avant l'avènement de la souveraineté équivaudrait à confirmer le fonctionnement du fédéralisme canadien et repousserait encore l'avènement de cette souveraineté tant attendue.

Malheureusement, ces réflexions à courte vue ont privé les Québécois d'un document fondamental dans l'édification de leur nation politique. En plus de les empêcher de cristalliser dans un texte officiel leurs valeurs nationales, ces postures proprement politiciennes ont rendu plus difficile la mise en œuvre de certaines des mesures présentées plus haut. Il est en effet plus ardu de faire reposer une citoyenneté sur des valeurs floues que sur la tangibilité d'une constitution. Le même constat s'applique lorsqu'il est question de laïcité, d'institutions politiques, voire de relations internationales.

Ceux qui détiennent le pouvoir doivent lancer un processus d'adoption d'une constitution. Certes, il faut donner corps à la nation politique, mais il faut surtout définir les valeurs québécoises, comme le font les autres nations sur la planète. Évidemment, pour l'élaboration d'une constitution, il serait souhaitable d'organiser une assemblée constituante[895] qui aurait pour tâche de proposer le nouveau texte aux Québécois. Une fois le texte rédigé, on devrait le faire adopter par un référendum, afin que sa légitimité ne soit pas remise en question. Que l'on ne se trompe pas : les Québécois se disent ouverts à l'idée d'établir une constitution. Questionnés à ce sujet en 2007, ils ont répondu positivement à 63 %[896]. Il ne reste plus qu'aux politiciens à prendre acte de ce souhait et à embrasser une idée qui ne peut nuire à personne, bien au contraire.

Mais il y a le Canada…

Même si la volonté politique semble le principal obstacle à la création d'institutions qui auraient pour objet de densifier les attributs politiques de la nation québécoise, il reste que le cadre constitutionnel canadien imposerait assurément beaucoup d'obstacles aux projets décrits plus haut.

La première institution politique que les Québécois aboliraient s'ils en avaient l'occasion serait sans doute la monarchie et ses transpositions politiques que sont le gouverneur général et le lieutenant-gouverneur. Lors de la dernière visite royale, celle du couple William et Kate, on a questionné les Québécois et les Canadiens sur leur attachement aux institutions monarchiques.

D'une part, 58 % des Québécois étaient d'avis que l'on devrait couper tout lien avec la monarchie britannique (33 % pour l'ensemble du Canada, incluant le Québec[897]). D'autre part, 70 % des Québécois pensent que les institutions comme le gouverneur général et son pendant québécois, le lieutenant-gouverneur, devraient être abolies (40 % pour l'ensemble du Canada, incluant le Québec)[898]. Malheureusement pour les Québécois, la Constitution canadienne exige l'accord de la totalité des provinces et du gouvernement canadien pour mener des réformes touchant la monarchie, et ce, même pour le lieutenant-gouverneur du Québec[899]. Vu l'attachement historique des Canadiens à cette institution, il est quasiment impossible que la monarchie disparaisse un jour.

Étant donné que la monarchie ne peut pas être supprimée et qu'il en découle un régime parlementaire absolu, plusieurs réformes politiques demeureront impossibles. Dans un texte sur la question, un intellectuel d'allégeance souverainiste, André Binette, postulait justement que plusieurs réformes des institutions politiques ne pourraient jamais éclore dans le système politique canadien[900]. Par exemple, les cours ne valideront sûrement pas l'élection du premier ministre au suffrage universel, parce qu'en vertu de notre système politique, le premier ministre obtient sa confiance du Parlement et non pas des électeurs. Par ailleurs, les référendums d'initiative populaire « décisionnels » ont déjà été invalidés par les cours dans le cas du Manitoba : au Canada, un parlement ne peut pas déléguer sa fonction législative. Ainsi, toute réforme allant dans ce sens ne devrait autoriser que des référendums consultatifs. Même les élections à date fixe, légalement possibles, peuvent être contournées par un premier ministre qui perd la confiance du Parlement et qui demande au représentant de la monarchie de déclencher des élections.

L'idée de citoyenneté québécoise véritable — c'est-à-dire avec des contraintes comme la connaissance du français ou la réussite d'un test de connaissances sur le Québec — ne serait pas possible sans l'accord du Canada qui, le cas échéant, devrait amender la Constitution. La *Charte canadienne des droits et libertés* stipule bien que tout citoyen canadien possède le droit de vote aux élections fédérales et provinciales[901]. Dans le cas d'un refus, nous risquerions d'être obligés d'instaurer une citoyenneté symbolique.

Bien qu'une charte de la laïcité constituerait certainement une avancée très importante pour la cohésion sociale québécoise, il reste qu'elle ne résisterait probablement pas aux attaques du système juridique canadien, surtout si certains articles sont perçus comme restreignant la liberté de religion. Sachant que la jurisprudence canadienne en la matière est proprement acrobatique, voire singulièrement déséquilibrée[902], il y a fort à parier qu'une charte traitant de laïcité soit charcutée. La lenteur du gouvernement Charest à déposer des projets de loi sur la question s'explique probablement par cette menace juridique.

La même conclusion est aussi vraie dans le cas de la doctrine Gérin-Lajoie et même dans celui de l'établissement d'une « AQDI »[903] : il est fort probable, les affaires étrangères étant une prérogative royale fédérale, que de telles actions de la part du gouvernement du Québec soient attaquées devant les cours de justice.

Malgré les menaces juridiques qui pèsent sur notre capacité d'action, le Québec ne doit pas hésiter à mettre en œuvre des réformes ayant pour but de parfaire les institutions politiques de notre nation. Au demeurant, le Québec devra peut-être consacrer des ressources juridiques pour se défendre jusqu'en Cour suprême du Canada, et même utiliser au besoin la disposition de dérogation (clause dérogatoire) pour échapper à des jugements qui lui seraient défavorables. Peut-être que cela paraîtra belliqueux, mais une fois que la majorité des projets auront été adoptés par référendum, ceux qui se pourvoiront devant les cours auront le loisir d'attaquer directement la volonté populaire. Et si, après les attaques politiques et juridiques, il ne reste que la moitié des propositions avancées plus haut, le Québec aura indéniablement progressé dans la construction de son identité politique.

:: ::

Les propositions présentées dans ce chapitre s'écartent certainement du triptyque « santé-éducation-économie » qui monopolise habituellement le débat politique national. Le choix a ici été conscient : à force de toujours discuter des mêmes sujets, on en vient à renforcer la perception qu'il n'y a que ceux-ci à mériter notre attention. De toute manière, quoi que l'on fasse, ces sujets continueront d'accaparer une part significative de l'attention des décideurs.

Par ailleurs, on pourra reprocher à cet essai de ne pas avoir abordé des questions plus précises, par exemple la gestion des ressources naturelles ou le sort que l'on réserve aux aînés. Ces questions revêtent bien sûr une importance capitale et font en quelque sorte respectivement partie des domaines de l'environnement et de la santé. Plutôt pointues, elles n'atteignent pas directement l'une des finalités de cet essai, qui est de replacer le progrès national au cœur du débat politique afin d'améliorer le sentiment de vivre ensemble, de cohésion et ainsi de se soucier davantage de l'avenir de la communauté nationale. C'est dans cet esprit qu'il faut comprendre l'insistance sur les questions qui y sont soulevées.

Sans une agriculture en santé, on laisse dépérir une partie de la population en plus de s'exposer davantage aux aléas des crises internationales en ce qui concerne un besoin vital, celui de se nourrir. Si l'on ne s'occupe pas des questions environnementales, on se rapproche du point de rupture après quoi il ne fera plus bon vivre au Québec (ni sur cette planète). La minorité qui pourra se payer un cadre de vie décent générera dès lors frustrations et envie chez la majorité restante. Un service public en déplétion peut empêcher l'État de servir adéquatement la communauté nationale et même encourager la mise en place d'un cercle vicieux de méfiance à son égard. Des inégalités sociales grandissantes menacent la stabilité d'une société et créent les conditions de dislocation du sentiment d'appartenance à une communauté nationale au destin commun. Des attaques continuelles à l'éthique publique sans réplique adéquate minent la confiance du public en ses institutions et encouragent le repli sur soi. Le recul du français constitue une triple menace : maintien d'un éternel questionnement sur l'avenir d'une partie de nous-mêmes, lent rapprochement d'un point de non-retour indéfini où l'anglais deviendra plus attrayant pour les francophones et désagrégation de notre ciment national. Finalement, l'absence d'institutions politiques distinctes et forgées selon ses aspirations démocratiques prive la société québécoise d'outils lui permettant non seulement de se forger d'autres repères collectifs, mais aussi d'assumer pleinement sa destinée.

Agir sur ces sujets est loin d'être futile. En proposant de parfaire la communauté nationale, on peut donner au Québec la cohésion nécessaire pour quitter l'univers des chicanes de clocher, si caractéristiques de notre gestion de l'intendance, et celui des ajustements fins, propres aux systèmes d'éducation et de santé. Il serait en effet plus difficile de remettre en cause des décisions controversées si l'on acceptait qu'elles proviennent d'institutions représentatives et si elles ne paraissaient pas favoriser un groupe aux dépens d'un autre. Quand on a l'impression de partager la même aventure que ses voisins plus riches ou ses compatriotes qui résident à des milliers de kilomètres de distance, les sacrifices individuels au profit du groupe paraissent plus tolérables. Les « vraies affaires » qui intéressent le « vrai monde » y trouveraient donc leur compte.

Le perfectionnement de la communauté nationale produira des fruits sans doute impalpables, mais porteurs d'avenir.

Lorsqu'une collectivité reste engluée dans l'immobilisme, elle en vient à oublier que c'est en affrontant l'adversité et en prenant des risques calculés qu'elle parviendra à progresser, à faire des gains qui profiteront à tout le monde. Les défis qui se dressent devant nous requièrent une plus grande adhésion de tous à l'idéal collectif et national : il s'agit donc de donner corps à cette aspiration. Une collectivité en contrôle de son destin est certainement plus encline à prendre des risques. Même chose pour celle qui a confiance en elle-même : elle cesse de regarder nerveusement en arrière et sur ses côtés pour fixer ce qui se trouve devant elle. Bref, c'est ce dont le Québec a terriblement besoin.

LA QUESTION NATIONALE :
AVANCER UNE BONNE FOIS POUR TOUTES

Tout au long de cet essai, le lecteur aura remarqué que notre relation avec le Canada est intimement liée à la situation politique québécoise, et ce, malgré tous nos efforts pour nier cette réalité. Pourtant, s'il y a un fil conducteur de notre aventure collective, c'est bel et bien la présence perpétuelle de la question nationale (ou constitutionnelle).

Dans la première partie, on a abordé le déclin démographique des Québécois, des francophones au Canada et des francophones dans l'espace nord-américain, une constante qui ne s'est jamais inversée depuis la création du Canada en 1867. Surtout, on a démontré que le Québec forme une nation culturelle et politique en devenir, aux opinions très différentes de la nation canadienne voisine[904].

Dans la deuxième partie, on a constaté que notre poids démographique déclinant se traduit aussi par une perte d'influence politique au sein du Canada. Cette perte d'influence ne s'exprime pas seulement par la diminution de la proportion des sièges de la Chambre des communes accordés au Québec, mais aussi par des effets politiques plus directs. Ainsi, Stephen Harper est le premier premier ministre majoritaire et élu à ne pas provenir du Québec depuis Trudeau, soit depuis 1968. Surtout, la dernière élection canadienne de 2011 a démontré, plus que jamais, qu'il est tout à fait possible de gouverner le Canada sans une participation significative du Québec. La marginalisation du Québec est amorcée et constitue un retour à la normale.

La troisième partie de cet essai fait quant à elle état du poids exorbitant qu'exerce la question nationale sur notre vie collective, au point d'en avoir empoissé les rouages. En premier lieu, la présence de la question nationale dans le débat politique québécois biaise celui-ci en associant irrémédiablement les positions plus à droite avec l'option fédéraliste et les positions plus à gauche au souverainisme. Cela se combinant à un système politique qui génère le bipartisme, les électeurs québécois restent prisonniers d'un échiquier qui ne permet pas à toutes les tendances de s'exprimer, en plus d'attacher indûment les options constitutionnelles à des tendances idéologiques. Inévitablement, pour un parti politique donné, la présence d'une question aussi vitale dans le débat politique rend la prise du pouvoir cruciale à la mise en œuvre de son option constitutionnelle, ce qui pousse souvent les partis politiques québécois dans un clientélisme malsain qui se fait au détriment de l'intérêt général.

La troisième partie a également démontré que le Canada d'aujourd'hui est une bride à la liberté collective des Québécois. Au premier chef, il faut reconnaître que le Canada n'a jamais fondé son existence sur un pacte entre deux peuples fondateurs, les anglophones et les francophones. Au mieux, cela a plutôt été un pacte entre provinces. La résultante de ce malentendu est que les attentes générées par ce prétendu pacte chez les Québécois ne sont pas au rendez-vous, bien au contraire. Le français n'a jamais réussi à s'imposer au Canada, malgré la *Loi sur les langues officielles*. Naturellement, comme il n'existe pas de modalités exigeant un consensus binational avant d'adopter des décisions communes et que le Québec ne compte que 24,4 % des députés à la Chambre des communes, une pléthore de décisions se prennent contre l'avis du Québec. Durcissement des lois criminelles ; retrait du protocole de Kyoto ; maintien des troupes en

Afghanistan ; abolition du registre des armes à feu ; mise en valeur de la monarchie ; gestion de la caisse d'assurance-emploi ; application de la *Charte de la langue française* dans les domaines de juridiction canadienne ; questions fiscales et de redistribution des revenus ; ou intrusion dans les champs de compétences du Québec (comme dans le cas de l'Union sociale) sont d'excellents échantillons des résultats de ce malentendu et de la position minoritaire des Québécois au sein du Canada. L'écart entre les souhaits des Québécois et la réalité est d'ailleurs surprenant, étant donné les déséquilibres induits par la Constitution canadienne : système judiciaire québécois à moitié contrôlé par le gouvernement du Canada, Cour suprême ayant juridiction sur des questions civiles étrangères à la majorité des juges y siégeant, dispositions désavantageuses concernant la langue, etc. De toute manière, si le Canada était véritablement un pacte entre deux peuples d'égal à égal, jamais la réforme constitutionnelle de 1982 n'aurait été adoptée sans l'approbation du Québec. Au mieux, les différentes tentatives pour remédier à cette injustice qu'ont été Meech et Charlottetown auraient été couronnées de succès, d'autant plus que les demandes qu'on y apportait étaient minimales.

La troisième partie de cet essai montre finalement que la question nationale est probablement un formidable générateur de désabusement pour les Québécois. D'une part, parce qu'elle résonnera toujours comme le plus puissant producteur d'échecs collectifs que la nation québécoise n'ait jamais connu : trouver un autre peuple qui, en si peu de temps, a subi de telles défaites collectives est une tâche difficile. Discuter de ce sujet revient à s'engouffrer de nouveau dans nos traumatismes. D'autre part, elle constitue une frontière invisible à nos aspirations collectives, ce qui nous place dans la position de celui qui espère l'avènement de projets et de réformes qui ne viendront jamais. Le Canada et le Québec ont pris des chemins divergents, mais c'est celui du Canada qui s'impose, par la force du jeu démocratique et des prescriptions de la Constitution. Même lorsqu'on veut agir et proposer des changements dans des domaines en principe réservés au Québec, comme on le fait dans la présente partie de cet essai, on comprend vite que le cadre constitutionnel canadien mettra probablement plusieurs « sabots de Denver » à ces propositions. Dès lors, nous nous retrouverons cantonnés à l'intérieur d'un horizon des possibles composé du trio « santé-éducation-économie » (et encore, nous ne disposons pas de la pleine autonomie en économie et en santé).

Ainsi, les Québécois demeurent dans une situation de dissonance cognitive où leurs aspirations ne peuvent être conjuguées avec la peur bleue qu'ils ont développée au sujet des questions constitutionnelles. Malheureusement, c'est cette phobie qui l'a emporté jusqu'ici, ce qui a fait de nous les champions du sur-place, à notre plus grand détriment. Pendant que nous sommes figés, c'est l'ensemble de notre aventure collective qui en prend un coup. En refusant d'attaquer de front la question constitutionnelle, nous avons un peu tourné le dos à ce qui apparaît comme l'essence de notre collectivité. Que l'on ne se surprenne pas si ce climat mène au recul du français ou à des comportements éthiques douteux de la part de nos dirigeants. Que l'on ne s'indigne pas du manque de courage des élus ou de la faible participation des élites à la vie collective nationale. Que l'on ne s'époumone pas sur l'absence de « projets de société » ou sur le fait que les conservateurs canadiens imposent des idées contraires à celles des Québécois. Bref, que l'on ne s'apitoie pas sur notre sort : tout cela n'est attribuable qu'à notre manque de volonté.

De nouveaux espaces de liberté nationale

Afin de redémarrer sa vie politique nationale, le Québec doit chercher à occuper de nouveaux espaces d'autonomie qui lui ouvriront des possibilités inespérées. En gagnant plus de liberté, les

Québécois pourront satisfaire leurs aspirations et quitter l'univers désabusé dans lequel ils sont plongés depuis maintenant près de 20 ans. La découverte de domaines inexplorés générera, à l'image de la Révolution tranquille, une effervescence qui rendra de nouveau attirante la chose publique. Plus prosaïquement, la quête de nouveaux espaces de liberté collective permettra simplement aux Québécois de façonner une société dans laquelle ils se reconnaissent et d'avoir foi dans l'efficacité de leurs institutions nationales.

On l'aura compris, pour avancer et progresser collectivement, il faudrait absolument que nous acceptions d'affronter la question nationale. Dans le Québec du XXIe siècle, il s'agit de la seule porte d'accès à cette autonomie renforcée et à la redéfinition de la relation entre le Québec et le Canada. À cause de la pratique toute canadienne aussi exaspérante qu'improductive de ne jamais toucher à la Constitution, de laisser les tribunaux trancher les litiges sociaux les plus importants et de s'en remettre à des ententes administratives qui ne vivent que par la volonté de leurs signataires, les Canadiens et les Québécois ont fini par oublier qu'une constitution reste le document fondamental d'un pays. C'est ce contrat social qui balise le fonctionnement de la nation, la répartition des pouvoirs et les limites imposées à l'État dans l'application des politiques publiques. Il ne faut donc pas minorer son influence, mais bien reconnaître son caractère si primordial. On doit aussi admettre que la nation québécoise est arrivée, depuis bien longtemps déjà, aux limites des possibilités offertes par la Constitution et que s'il existait d'autres moyens de gagner véritablement en autonomie, ils auraient déjà été tentés.

Ainsi, les Québécois doivent se rendre à l'évidence : rien, à l'exception d'une modification majeure des textes constitutionnels canadiens, ne peut satisfaire leurs réelles ambitions collectives. C'est pour cette raison que leurs élus ont tenté, pendant une quinzaine d'années, de tracer de nouvelles balises aux rapports entre le Québec et le Canada en modifiant, à des degrés divers, l'alliance constitutionnelle des deux peuples. C'est aussi parce qu'il est impossible d'affirmer que la question constitutionnelle est dissociée de l'avenir national des Québécois qu'elle structure encore très fortement notre débat politique. C'est finalement parce qu'elle représente le prolongement moderne de la quête d'existence historique des Québécois qu'elle ne disparaîtra pas d'elle-même.

Une chose reste certaine : le règlement de la question nationale n'adviendra pas de lui-même ni par l'intermédiaire des autres. Puisque le désir d'autonomie émane des souhaits politiques les plus profonds des Québécois, ils sont seuls à pouvoir amorcer un nouveau cycle porteur de progrès dans ce domaine. Inutile d'attendre une conjoncture favorable, comme l'élection majoritaire d'un parti canadien ouvert aux aspirations québécoises ou, au contraire, l'élection d'un parti fondamentalement opposé aux intérêts québécois, qui génèrerait insatisfaction et frustrations. Faire dépendre son destin des décisions des autres n'a jamais servi la nation québécoise, et ce, depuis la Conquête. Son existence contemporaine n'est due qu'à la persévérance, l'opiniâtreté, l'obstination de nos ancêtres et, il faut bien le dire, à une bonne part de chance. Malgré les échecs, il reste que l'entièreté des discussions constitutionnelles canadiennes récentes ne résulte que de l'action des Québécois, fédéralistes ou souverainistes.

C'est en ayant en tête tous les faits, enseignements, conclusions et autres idées présentées dans cet essai que la proposition présentée ci-dessous a été pensée. Ce n'est pas la première méthode visant à régler la question nationale qui ait été suggérée dans l'histoire du Québec, ni probablement la dernière. Sauf que celle-ci a une caractéristique assez singulière : une fois enclenchée, peu importe son résultat, elle risque de mettre un point final à la question nationale, et ce, pour au moins quelques générations. La présence de la question nationale dans le débat politique québécois étant quasiment aussi dommageable pour les Québécois que les écueils qu'elle vise à corriger, on peut considérer que d'une manière ou d'une autre, le Québec aura avancé à la fin du processus. Soit il aura gagné en autonomie, soit il aura décidé de remiser cette question une bonne fois pour toutes. L'échec, cette fois, n'aura pas été une option : le progrès, oui.

La méthode

Le chemin proposé s'inspire des forces et des faiblesses de chacune des tentatives d'augmentation de l'autonomie québécoise effectuées depuis 1980, ainsi que de deux propositions avancées au fil des ans par des intellectuels. Une petite recension de ces tentatives et propositions s'impose, afin de définir les paramètres de la méthode qu'on suggérera par la suite.

En 1980, le gouvernement dirigé par René Lévesque mettait de l'avant un processus en deux étapes, comme en témoigne la question référendaire[905]. L'idée était d'obtenir, par un référendum, le mandat de négocier la souveraineté-association, pour ensuite faire entériner par les Québécois, lors d'un deuxième référendum, le résultat des négociations. Il s'agissait d'une méthode éminemment démocratique, à l'image de René Lévesque. Elle avait l'avantage, advenant la victoire du « oui » et selon les termes du Québec, de forcer le Canada à négocier : en effet, celui-ci, face au verdict populaire, n'aurait pas pu refuser de négocier, au risque de passer pour un paria antidémocratique sur la scène internationale. La méthode contenait toutefois deux écueils importants. *Primo*, elle forçait le Québec à se prononcer d'entrée de jeu sur la souveraineté, un pas trop important pour les Québécois, ce qui, on l'a vu, a augmenté de beaucoup les risques d'échec. *Secundo*, le processus présentait un vice important : à chaque étape, autant lors du premier référendum que lors du second éventuel, il y a avait une possibilité que le *statu quo* l'emporte. Ainsi, cela laissait la chance aux tenants de cette option de s'exprimer deux fois et de faire reculer le Québec.

En 1987, le gouvernement Bourassa est parvenu, avec l'aide essentielle du premier ministre du Canada, Brian Mulroney, à convenir avec les autres provinces d'un accord constitutionnel, l'accord du Lac Meech. Celui-ci reprenait les principales revendications historiques du Québec[906] et laissait aux provinces trois ans pour son entérinement, qui devait être unanime. Juste avant la fin de l'échéance, le Manitoba n'a pas pu entériner l'accord à cause de l'opposition d'un député, ce qui a permis au premier ministre de Terre-Neuve, Clyde Wells, farouche opposant à l'accord, de renier la signature de sa province et de faire échouer tout le processus. La principale force de cette tentative est d'avoir proposé une réforme qui correspondait probablement assez bien aux souhaits d'une pluralité de Québécois. Cependant, les faiblesses de Meech étaient nombreuses. Tout d'abord, la proposition de réforme émanait du gouvernement québécois et non pas d'un mandat direct du peuple, ce qui a sans doute permis que l'on remette en question la volonté réelle des Québécois de revendiquer de telles demandes. En outre, elle misait beaucoup sur la bonne volonté du gouvernement canadien, nécessaire vu l'absence de mandat populaire. Par ailleurs, cette méthode remettait le destin du Québec entre les mains des autres, c'est-à-dire qu'elle ne prévoyait rien en cas d'un échec provoqué par les autres provinces : la tentation de tout faire foirer a été trop forte pour ses opposants.

En 1992, le tandem Bourassa-Mulroney a tenté de faire conclure un nouvel accord constitutionnel. Afin de boucler le tout avant la fin de leur deuxième mandat respectif, Bourassa et Mulroney ont proposé une nouvelle entente constitutionnelle, l'accord de Charlottetown. Celui-ci, d'une longueur de 27 pages, reprenait les thèmes de Meech et en développait beaucoup de nouveaux. À la lecture du texte de l'entente, on peut considérer que Robert Bourassa avait réalisé par rapport à Meech des gains dans certains secteurs, mais avait aussi encaissé des reculs dans d'autres[907]. Surtout, ce qui frappe le plus, c'est que la grande majorité des points devaient être officialisés de manière légale dans des textes constitutionnels encore inexistants. Le texte de l'accord, soumis à un référendum pancanadien[908], a été rejeté à 54,3 %. L'analyse des résultats résultat du vote a montré que le « non » l'a emporté au Canada parce que l'entente en donnait trop au Québec, alors que pour les Québécois, ce n'était que trop peu, trop tard.

Plusieurs problèmes inhérents à la démarche de Charlottetown ont miné ses chances de succès dès le début. En négociant une entente avec un autre partenaire, pour la soumettre ensuite à un référendum, le gouvernement du Québec ouvrait la porte à un désaveu populaire de son action, ce qui est finalement arrivé. Évidemment, après ce désaveu, le Québec était de retour à la case départ : comment se faire prendre au sérieux comme gouvernement si l'on négocie avec un partenaire une entente qui est ensuite désavouée par un référendum ? L'idée de soumettre à l'approbation référendaire un texte d'entente dont la très grande majorité des dispositions restaient à être écrites officiellement faisait craindre que des disparités entre les textes de l'entente et ceux de la Constitution apparaissent après le référendum. Non seulement cela aurait pu trahir les vœux exprimés par le vote, en plus de permettre aux opposants d'avancer un peu n'importe quoi, mais cette approche faisait courir le risque d'un rejet éventuel par une province du texte de la réforme constitutionnelle sous prétexte qu'il ne concordait pas avec l'accord originellement signé. En outre, l'accord constituait une initiative de deux premiers ministres en fin de deuxième mandat et impopulaires, ce qui a partiellement transformé le référendum sur l'accord en consultation sur Mulroney et Bourassa.

En 1995, Jacques Parizeau déclenche un deuxième référendum sur la souveraineté avec une question qui ouvrait la possibilité d'un partenariat avec le Canada[909]. Parizeau avait réussi le tour de force d'élargir le camp du «oui» à des éléments à l'extérieur du Parti québécois : l'Action démocratique du Québec s'était jointe à la coalition. En bout de course, la victoire a été ratée de peu.

Le principal bon coup de cette tentative est d'avoir réussi à réunir une coalition, laissant apparaître un mouvement qui dépassait les lignes partisanes. Deux points négatifs ont toutefois miné ses chances de succès. Premièrement, la question allait peut-être trop loin pour la majorité des Québécois. Deuxièmement, ce processus risquait de placer le Québec une nouvelle fois devant rien, en cas d'échec, ce qui est finalement arrivé.

En 2000, l'actuel député Jean-François Lisée a proposé une autre démarche afin de sortir de l'impasse, dans son essai *Sortie de secours*[910]. En gros, il s'agissait de tenir un référendum sur les demandes constitutionnelles québécoises, pour ensuite demander au Canada d'y réagir. Une fin positive, c'est-à-dire l'adoption des demandes québécoises par l'ensemble des provinces, entraînerait la signature par le Québec de la Constitution canadienne. Une réponse négative provoquerait une réaction encore indéfinie du Québec.

Cette proposition présente d'indéniables avantages. Tout d'abord, comme les demandes constitutionnelles découlent directement des souhaits de la population québécoise, cela augmente les chances de succès du référendum. Elle permet, si la proposition est adoptée par la consultation populaire, de cristalliser les demandes québécoises et de leur donner une légitimité à toute épreuve. Elle force (quoique pas complètement) le Canada à discuter selon les termes du Québec.

Cependant, la « méthode Lisée » comporte un très grand désavantage : une fois la volonté québécoise exprimée, l'initiative est laissée au Canada, sans directives claires et sans échéancier. Le

Canada peut donc prendre son temps ; faire jouer les conjonctures politiques ; refuser de négocier (ou déposer une contre-
offre insatisfaisante) et espérer qu'il ne se passe rien, etc. Bref, la
suite de la démarche manque de clarté et de certitudes pour les
Québécois si hésitants que nous sommes.

En 2007, les intellectuels Alain-G. Gagnon et Raffaele Iacovino,
dans l'essai *De la nation à la multination*, proposaient une démarche très semblable à celle de Lisée[911]. Le Québec devrait lancer un processus de vaste consultation citoyenne interne visant
à faire émerger une proposition de constitution pour le Québec,
constitution qui balise son autonomie au sein du Canada. Une
fois cette proposition adoptée, par référendum ou par un autre
processus, le Québec la soumettrait ensuite au Canada pour discussion, et éventuellement pour adoption. Les discussions devraient être empreintes de respect mutuel pour qu'il y ait une
chance de succès. Essentiellement, cette proposition comporte
les mêmes avantages et désavantages que celle de Lisée, à l'exception du fait que l'expression d'une autonomie québécoise issue
de cette démarche serait encore plus forte.

Tirant leçon des forces et faiblesses de ces tentatives et propositions, la méthode proposée dans le présent essai s'articule autour de trois axes très simples : quoi, qui et comment.

Quels espaces de liberté ?

Il s'agit de la grande question tourmentant ceux qui tentent de
comprendre les souhaits constitutionnels des Québécois : « Que
veut le Québec ? » Pour y répondre, il faut partir du début.

Essentiellement, les Québécois semblent se diviser depuis
quelques décennies en trois groupes : ceux qui s'accommodent du
statu quo, ceux qui veulent plus d'autonomie au sein du Canada
et ceux qui opteraient pour la souveraineté. Les trois sondages
suivants en attestent :

Question : Si vous aviez le choix entre la souveraineté du Québec, le renouvellement du fédéralisme et le statu quo, laquelle de ces options choisiriez-vous ? (2005)[912]	
Souveraineté du Québec	42 %
Renouvellement du fédéralisme	27 %
Statu quo	19 %
Ne sait pas/refus	12 %

Question : Aujourd'hui, laquelle des options suivantes vous apparaît-elle la plus souhaitable pour le Québec ? (2011)[913]	
Se retirer de la fédération canadienne pour devenir un pays indépendant	25 %
Rester dans la fédération canadienne à condition que la Constitution de 1982 soit amendée pour devenir acceptable au gouvernement du Québec	34 %
Rester dans la fédération canadienne, peu importe que la Constitution de 1982 soit amendée pour devenir acceptable au gouvernement du Québec	41 %

Question : Et s'il y avait un référendum et que vous aviez le choix entre la souveraineté du Québec, que le Québec ait plus de pouvoir tout en demeurant dans le Canada et maintenir la situation actuelle du Québec dans le Canada, laquelle des trois options préféreriez-vous ? (2012)[914]	
Souveraineté du Québec	30 %
Que le Québec ait plus de pouvoir tout en demeurant dans le Canada	39 %
Maintenir la situation actuelle du Québec dans le Canada	21 %
Ne sait pas/refus	10 %

Ce que l'on constate d'emblée, c'est que le camp de ceux qui recherchent davantage d'autonomie pour le Québec — composé des souverainistes et de ceux qui désirent améliorer le fédéralisme ou obtenir plus de pouvoirs — recueille entre 59 % et 69 % des appuis, alors que ceux qui réclament le *statu quo* ne dépassent jamais 41 %. Cela concorde d'ailleurs avec ce que les Québécois réclament constamment dans d'autres sondages. En effet, récemment questionnés sur les éléments que devrait contenir une réforme de la Constitution, ils ont répondu à 69 %[915] et 73 %[916] qu'une réforme devrait donner plus de pouvoirs au Québec et à son Assemblée nationale. Ainsi, on peut considérer que la demande faite au Canada contiendrait assurément une demande de dévolution de pouvoirs significative.

La question des pouvoirs à réclamer est sans fin et cet essai n'a pas pour objet de les définir précisément : seul un processus reflétant la volonté populaire pourrait y arriver. On peut toutefois suggérer des pistes visant à formuler des propositions. Deux sources d'inspiration sont présentées ici.

La première est un grand sondage réalisé pour le compte des Intellectuels pour la souveraineté (IPSO) et du Bloc Québécois à l'occasion du 20ᵉ anniversaire de Meech. Ce sondage avait testé plusieurs hypothèses, présentées dans le tableau à la page suivante.

Ce que l'on constate, c'est que ces réclamations recueillent toujours un large appui dans la population québécoise : aucune n'obtient moins que 70 %. Même si cette liste peut sembler ambitieuse, il faut se rappeler qu'à part peut-être la possibilité de signer des traités, elle reproduit grossièrement ce qui était demandé dans l'accord du Lac Meech et surtout dans celui de Charlottetown. Il n'y a donc ici rien de radical ou d'extrémiste.

20 ans après Meech (section La distribution des pouvoirs)[917]		
Question	En accord	En désaccord
La Constitution canadienne devrait reconnaître au Québec un droit de veto sur toute modification constitutionnelle.	72 %	28 %
La Constitution canadienne devrait reconnaître au Québec un droit de retrait avec compensation financière pour tout programme fédéral.	70 %	30 %
La Constitution canadienne devrait reconnaître au Québec pleine juridiction sur l'immigration sur son territoire.	78 %	22 %
La Constitution canadienne devrait accorder au gouvernement du Québec le pouvoir de choisir trois juges de la Cour suprême du Canada.	83 %	17 %
Le Canada devrait s'engager à remettre au Québec une portion plus large des revenus fiscaux.	76 %	21 %
Le gouvernement québécois devrait disposer de plus de pouvoirs pour protéger la langue et la culture françaises.	82 %	18 %
Le Québec devrait avoir le plein contrôle de la culture et des communications sur son territoire.	84 %	16 %
Le Québec devrait avoir le droit de s'exprimer de façon autonome sur le plan international en signant ses propres traités dans ses champs de compétence.	70 %	30 %
Le Canada devrait s'engager à donner plus de pouvoirs au gouvernement du Québec sur son territoire.	81 %	19 %
Il faut négocier un nouveau partage des pouvoirs et des ressources entre Québec et Ottawa afin de reconnaître au Québec un statut particulier.	73 %	27 %

D'ailleurs, la meilleure proposition constitutionnelle dans les annales historiques québécoises reste jusqu'à ce jour ce qui était contenu dans le « Rapport Allaire[918] ». Adopté par le Parti libéral[919] après l'échec de l'accord du Lac Meech, il a été savamment torpillé par Robert Bourassa. Reproduisons ici simplement le tableau expliquant la redistribution des pouvoirs souhaitée par les libéraux de l'époque, pour constater qu'un tel partage serait encore tout à fait pertinent aujourd'hui[920].

Compétences exclusives du Québec		
Affaires sociales	Énergie	Recherche et développement
Affaires urbaines	Environnement	
Agriculture	Habitation	Ressources naturelles
Assurance-chômage	Industrie et commerce	Santé
Communications		Sécurité publique
Culture	Langue	Sécurité du revenu
Développement régional	Loisir et sports	Tourisme
Éducation	Main d'œuvre et formation	
	Politique familiale	
Compétences partagées (ou réparties selon compétences)		
Affaires autochtones	Justice	Poste et télécommunications
Fiscalité et revenu	Pêcheries	
Immigration	Politique étrangère	Transports
Institutions financières		
Compétences exclusives du Canada		
Défense et sécurité nationale	Monnaie et dette commune	
Douanes et tarifs	Péréquation	

Finalement, un règlement du litige constitutionnel ne saurait se matérialiser sans une reconnaissance officielle de la nation québécoise dans la Constitution canadienne. Chaque fois que l'on a récemment demandé aux Québécois s'ils souhaitent voir reconnue cette réalité matérielle, ils répondent par l'affirmative à 73 %[921].

Qui peut aller chercher ces espaces ?

Dans *Sortie de secours*, Lisée rappelle un sondage de 1992 qui avançait que les Québécois appuieraient la souveraineté à 72 % dans des conditions idéales, c'est-à-dire sous l'égide d'une grande coalition bipartisane[922]. Le résultat reflète sans doute l'esprit souverainiste qui animait alors le Québec, mais aussi l'idée qu'une grande coalition qui dépasse le cadre habituellement bipartisan du parlementarisme québécois serait certainement la condition idéale pour maximiser les probabilités de succès de l'opération.

À une certaine époque, une alliance temporaire, une sorte de futur gouvernement d'union nationale, composée de tous ceux qui cherchent plus d'autonomie pour le Québec, aurait certainement produit un effet bœuf. En regroupant Québec solidaire, le Parti québécois et l'Action démocratique du Québec au sein d'une même coalition, les Québécois auraient certainement été tentés par l'aventure constitutionnelle, d'autant plus que la confiance inspirée par cette alliance aurait rejailli sur tous. Aujourd'hui, cette alliance ne serait sans doute plus possible, étant donnée la position de neutralité intéressée de la Coalition Avenir Québec sur la question constitutionnelle, mais qu'à cela ne tienne. L'idée n'est pas de rêver en couleur, mais de souligner que la plus large coalition possible est éminemment souhaitable. La seule condition préalable au fonctionnement de cette coalition résiderait dans l'adhésion totale de ses membres au processus proposé dans cet essai, du moins jusqu'à la deuxième étape.

Plus largement, il semble couler de source qu'il faille associer le plus grand nombre possible de citoyens à la définition des souhaits constitutionnels du Québec. Que ce soit par l'établissement de forums citoyens, d'une commission parlementaire itinérante ou même d'une assemblée constituante nommée et/ou élue, un mécanisme ratissant large est essentiel. Non seulement cela mène les citoyens à s'approprier le résultat du processus, qui est assis sur une légitimité incontestable, mais cela permet aussi de s'extirper de la vision très présente de l'avènement d'un « messie » qui par son seul charisme réussirait à tout faire seul. Au final, on augmente ainsi grandement les chances de succès de la première étape.

Comment procéder ?

La méthode proposée ici se déroule en deux phases.

La première phase s'ouvre avec une promesse faite par la coalition porteuse de la démarche (ou, à défaut, le parti politique) de mettre en branle, une fois au pouvoir, un processus visant à définir clairement les demandes québécoises en matière constitutionnelle. Cela pourrait prendre la forme d'une constitution québécoise à la sauce Gagnon-Iacovino, une esquisse de constitution canadienne modifiée ou encore une liste des demandes constitutionnelles du Québec.

Quoi qu'il arrive, ces demandes seraient entérinées au bout d'une année par un référendum portant sur le mandat de transmettre ces demandes au Canada en vue d'une ratification et d'une signature par le Québec de la Constitution canadienne modifiée. À la vue des sondages présentés plus haut, il y a fort à parier que l'issue d'un référendum serait positive, surtout si la formulation des demandes résulte d'un processus impliquant les élites et les citoyens. Le premier référendum pourrait même être bénéfique pour les citoyens en faveur du *statu quo*, car ils pourraient s'exprimer largement et tenter de convaincre leurs concitoyens du bien-fondé de leur position.

Si la proposition est adoptée par le premier référendum, le processus entrerait dans sa deuxième phase. Les demandes québécoises seraient officiellement présentées au reste du Canada. Celui-ci disposerait d'un délai de deux ans pour adopter les réclamations du Québec et pour modifier la Constitution canadienne en conséquence. À son choix, le Canada pourrait décider d'adopter une autre proposition, mais quoi qu'il fasse, les modifications constitutionnelles devront être adoptées par l'ensemble des provinces avant le délai de deux ans.

À l'expiration du délai de deux ans (ou avant, s'il constate que le Canada ne veut pas coopérer), le Québec tiendrait un deuxième référendum sur un choix bien simple : soit le Québec accepte et ratifie la Constitution canadienne telle qu'elle est modifiée, soit il opte pour la souveraineté. Ainsi, il n'y plus de possibilité pour le Québec de se retrouver une nouvelle fois devant le *statu quo*.

::

Cette méthode élimine beaucoup des écueils qu'ont connus les autres tentatives et propositions présentées plus haut. D'abord, elle permet aux trois grands courants qui structurent la vie politique québécoise (le *statu quo*, l'autonomisme et le souverainisme) de s'exprimer au moins une fois dans le processus, et aux extrêmes (le *statu quo* et le souverainisme), d'avoir une solution de repli pendant la phase où leur option n'est pas directement sur la table. Dans cette lignée, elle permet même aux différentes composantes de la coalition de s'exprimer sur le choix qu'elles préfèrent au deuxième référendum : en effet, pendant la deuxième phase, la coalition ne serait plus nécessaire et tous pourraient militer et voter selon leur conscience.

Puisque l'entièreté du processus tient à l'intérieur d'une période d'environ trois ans, on soustrait la démarche aux aléas d'une élection générale québécoise qui pourrait déstabiliser le processus. Ainsi, le Canada ne pourrait pas miser sur cette éventualité pour se libérer de la pression générée par la démarche québécoise.

Si le processus dépasse le premier référendum, les demandes constitutionnelles du Québec seront enfin définies et, quoi qu'il arrive pour la suite, il y a aura eu un vrai moment fondateur de l'histoire politique du Québec. Enfin, nous pourrons expliquer clairement ce que nous voulons ! Surtout, toutes les actions du Canada face aux demandes du Québec seront jugées directement en fonction de nos souhaits.

En prenant ainsi l'initiative, le Québec pousserait certainement le Canada à adopter une attitude conciliante dans son approche constitutionnelle. Comme le Canada peut lui-même adopter sa propre contre-proposition, il sera libre d'ajouter d'autres mesures aux demandes québécoises, par exemple des questions relatives aux Autochtones ou aux autres provinces : bref, une fenêtre d'opportunité s'ouvrirait aussi pour lui. Dans le cas où le Canada répondrait par une fermeture totale, il s'exposerait à une explosion des appuis à la souveraineté, comme ce qui s'est vu à la suite de l'échec de l'accord du Lac Meech. Avec l'échéance référendaire inéluctable qui opposerait l'accession à la souveraineté à la proposition du Canada, une telle attitude serait suicidaire.

À la fin du compte, il est certain que la question constitutionnelle avancera, en ce sens qu'elle sera probablement définitivement réglée si elle ne passe pas la première étape, ou que le Québec gagnera en autonomie si elle se rend à la deuxième phase. Le Québec est donc assuré de progresser, ce qui ne s'est pas vu depuis l'arrivée du dossier constitutionnel dans la vie politique nationale.

Éliminer les dernières excuses/hésitations/ atermoiements/etc.

Avec une démarche aussi volontaire, les questionnements dilatoires ne manqueront pas, d'autant plus qu'ils sont utilisés depuis des décennies contre les velléités de liberté des Québécois. Une fois le processus enclenché, les porteurs de ces atermoiements ne seront plus que l'arrière-garde d'un mouvement de résistance au progrès national et probablement sans conséquence, mais il convient toutefois de leur répondre à l'avance afin de conjurer au maximum leurs effets.

« Les Québécois ne veulent pas entendre parler de constitution et réveiller les vieilles chicanes ».

Chaque fois que des politiciens canadiens ou québécois parlent de cette manière de la question constitutionnelle, c'est pour titiller le sentiment d'échec qu'elle charrie. Cela a peut-être déjà été vrai, mais il semble que les Québécois quittent de plus en plus cette zone d'inconfort, attribuable à la proximité temporelle des moments traumatisants. En 2010, les Québécois en étaient plutôt venus à exiger du Canada « une nouvelle ronde de négociations afin de trouver une entente constitutionnelle satisfaisant le Québec », et ce, dans une proportion de 82 %[923]. En 2011, 69 % des Québécois considéraient qu'il était important d'ouvrir « des négociations constitutionnelles visant à permettre à l'Assemblée nationale du Québec de donner son accord à la Constitution de 1982[924] ». Plus récemment, en 2012, c'était 71 % des Québécois qui pensaient que « le gouvernement du Québec devrait faire quelque chose pour corriger le fait que le Québec n'ait pas signé la Constitution de 1982, et trouver moyen depuis de soumettre un tel projet de modification constitutionnelle[925] ». Les Québécois semblent donc ouverts à un tel projet, d'autant plus qu'ils savent dans leur for intérieur qu'il reste encore beaucoup à accomplir sur ce front.

« Il y a des problèmes plus importants à régler avant la question constitutionnelle ».

Cette affirmation est la porte de sortie usuelle des politiciens qui sont incapables d'affronter le problème constitutionnel. C'est par exemple l'attitude qu'ont adoptée le gouvernement libéral de Jean Charest[926] et la Coalition Avenir Québec[927]. Souvent, l'économie, la santé et l'éducation sont utilisées comme paravent pour éviter la question. Malgré tout, de telles affirmations ne correspondent pas aux souhaits des Québécois. À la fin de 2009, on a demandé aux Québécois d'exprimer leurs priorités pour le Québec : ils étaient 75 % à considérer important de récupérer plus de pouvoirs pour le Québec, devant notamment « Avoir une commission d'enquête sur les allégations de corruption » (74 %), « Protéger la langue française » (73 %), « Réduire la fonction publique » (62 %), « Proposer de grands projets économiques » (60 %), « Faire place au privé dans le système de santé » (58 %) ou encore « Améliorer la circulation automobile » (56 %)[928].

En fait, le dossier constitutionnel, à moins d'une situation de crise où tout s'arrête, a toujours été une affaire de volonté politique. N'eut été l'insistance de Robert Bourassa, le Canada n'aurait probablement jamais accepté de discuter de la question. C'est en plaçant sur la place publique un tel sujet qu'il devient une priorité, pas autrement. Rien depuis 1995, à part la crise économique de 2008-2009, n'aurait justifié la mise en veilleuse du dossier constitutionnel. Ainsi, l'argument, entre autres utilisé par la Coalition Avenir Québec, qui postule que le Québec n'est pas prêt pour affronter la question constitutionnelle, car il faudrait préalablement faire un ménage[929] (en abolissant, par exemple, les commissions scolaires…) n'est qu'un artifice sophistique misant sur la peur qu'inspire cette question aux Québécois. Lorsqu'il est question de réforme constitutionnelle, la volonté reste ce qui est le plus en mesure d'assurer le succès.

« Ça ne sert à rien, le Canada est irréformable ».

C'est du moins ce que pensaient les Québécois, en 1999, lorsqu'ils jugeaient « impossible toute réforme majeure de la Constitution » à hauteur de 65 %[930]. La Constitution canadienne est effectivement un modèle extrême de rigidité. En plus de demander l'accord du parlement canadien, sa réforme exige aussi celui de sept provinces qui comptent au moins 50 % de la population. Pis, les modifications concernant, par exemple, la monarchie ou la composition de la Cour suprême doivent recueillir l'assentiment de la totalité des provinces. Même la Constitution américaine ne pousse pas le bouchon aussi loin.

On oublie toutefois que le Canada est un pays à évolution lente. S'il est né en 1867, il n'est pas encore indépendant à cette époque : c'est le Royaume-Uni qui contrôle ses affaires étrangères. Son entrée en guerre, en 1914, était, par exemple, une décision du Royaume-Uni. Mais lentement, la situation évolue. En 1919, le Canada s'est fait admettre à la Société des Nations, l'ancêtre de l'ONU, sans l'autorisation de la métropole. En 1931, avec le Statut de Westminster, il obtient finalement son indépendance, 64 ans après sa création, mais — ô surprise, à cause d'une dispute entre les provinces canadiennes — la Constitution canadienne restera une loi britannique jusqu'en… 1982, soit 115 ans après sa naissance. En remettant le combat pour l'autonomie québécoise dans le contexte canadien, on se rend compte que les 50 années d'existence de cette question ne sont pas si extravagantes.

Une fois reconnue la montagne qu'il faut gravir, il ne reste plus qu'à amorcer l'escalade : se tenir à sa base en la contemplant ne mènera nulle part. Le Québec disposera d'ailleurs toujours d'un argument de poids pour forcer la discussion et hâter le succès : la possibilité de se tourner vers la souveraineté. Dans la démarche proposée ici, la souveraineté sera au tournant de la démarche et non pas située dans un avenir plus ou moins lointain et incertain.

« Le Canada ne voudra jamais négocier ».

Ce n'est pourtant pas ce qu'indiquent les sondages sur la question. Interrogés à ce sujet en 2010, les Canadiens étaient à 73 % en accord avec l'affirmation suivante : « Il sera possible un jour de réformer le fédéralisme canadien de façon à satisfaire à la fois le Québec et le reste du Canada[931] ». En 2011, 58 % des Canadiens affirmaient vouloir « ouvrir la Constitution afin d'obtenir la signature du Québec[932] ». En 2012, 49,7 % approuvaient l'idée que « le gouvernement du Québec devrait prendre l'initiative de proposer un projet de modification constitutionnelle acceptable et satisfaisant pour une majorité de Québécois[933] ».

Il est vrai que dès qu'on aborde les modalités de cette modification constitutionnelle, le désaccord est total : tous les sondages consultés pour la rédaction de cet essai, sans exception, démontrent qu'aucune des demandes traditionnelles des Québécois ne trouve écho au Canada. Néanmoins, ce n'est pas une raison pour ne pas tenter l'amorce d'un dialogue, d'une négociation. De toute manière, peu importe ce que veut ou pense le Canada, il serait bien mal venu de remettre une copie blanche en guise de réponse aux demandes québécoises émanant d'une consultation populaire.

« Les Québécois, ces maîtres chanteurs ».

On ne manquera certainement pas de considérer cette stratégie comme une forme de chantage à l'endroit du Canada. Étant donné que 75 % des Canadiens préfèrent que le Québec reste au sein du Canada plutôt d'opter pour la souveraineté[934], on ne se gênera pas pour formuler cette accusation. Toutefois, replacée dans le contexte canadien, la manœuvre québécoise n'apparaît pas extravagante.

La situation constitutionnelle canadienne actuelle est due en grande partie à l'intransigeance dont le reste du Canada a fait preuve lors du rapatriement de 1982. Adopter une nouvelle constitution, sans même l'appui d'un membre fondateur du Canada — qui est, de surcroît, l'un des éléments primordiaux de sa différence avec les États-Unis —, est à tout le moins détestable. Même quand il a été question de réparer minimalement cette erreur, avec Meech et Charlottetown, rien n'y a fait. Rappelons encore que le Québec a tenté deux fois d'accéder à la souveraineté par référendum ; une troisième fois ne serait pas particulièrement inusitée et personne ne pourrait feindre la surprise.

Néanmoins, cette méthode apparaîtra assurément implacable. Mais de toute manière, de l'avis même d'intellectuels modérés qui souhaitent que le Canada fonctionne, celui-ci ne porte attention aux demandes québécoises que lorsque la menace de souveraineté plane à l'horizon[935]. Autrement, point de salut. Notre situation rappelle d'ailleurs les relations houleuses qu'entretenait Charles de Gaulle avec les Anglais. Il disait : « l'expérience a montré que les Anglais ne suivaient qu'à condition que l'on commence sans eux[936] ». Puisque nous faisons face, au Canada, à la même mentalité anglo-saxonne, c'est donc ce que nous allons faire.

« C'est une arnaque pour arriver à la souveraineté de manière détournée ».

Une telle déclaration ne manquera pas de survenir, les partisans du *statu quo* étant toujours prêts à crier au piège. Cette accusation pourrait avoir une certaine prise si un gouvernement allait demander des pouvoirs au gouvernement du Canada, dans le but évident de se les faire refuser. Mais une telle conjoncture est improbable dans le cas qui nous occupe : les demandes québécoises émaneront d'un large débat pour ensuite être entérinées par référendum. Restera alors à accuser la population québécoise de vouloir obtenir la souveraineté de manière détournée.

Pourtant, la seule chose qu'ont à craindre les partisans du *statu quo*, c'est que la réponse du Canada soit médiocre et qu'elle génère une insatisfaction si grande que l'appui à la souveraineté monte en flèche. En fait, cette peur repose sur un précédent très évident : « l'après-Meech ». En 1990, après le rejet de l'accord du Lac Meech, l'appui à la souveraineté est monté à 67 %, pour descendre lentement à 64 % en 1991, à 58 % en 1992, à 55 % en 1993 et à 50 % en 1994[937]. Les partisans du *statu quo* ont raison d'avoir peur : qu'ils se retroussent les manches et travaillent plutôt à faire fonctionner le Canada.

« Ce qu'il faut, c'est la souveraineté et rien d'autre ».

À la fin de la lecture de cet essai, certains souligneront certainement que la seule et unique solution au problème constitutionnel est la souveraineté, et que toutes les autres voies sont sans issue. Qu'il ne faut qu'essayer, encore et encore, et que ça finira par réussir. Qu'il y a certainement une manière, avec une élection référendaire, un référendum d'initiative populaire ou l'adoption d'une constitution, d'arriver à un résultat gagnant. Que les Québécois finiront par comprendre. Qu'il n'y a qu'à attendre l'arrivée d'un Stephen Harper pour que l'appui à la souveraineté décolle vers son apogée. Eh bien, jusqu'à preuve du contraire, non.

Oui, la souveraineté est fort probablement la réponse logique aux souhaits de liberté des Québécois : quand on regarde la liste des pouvoirs qu'ils aimeraient obtenir dans le sondage des IPSO présenté plus haut, on se dit qu'il n'y a qu'un pas à franchir pour atteindre la souveraineté politique pleine et entière. D'ailleurs, quand on demande séparément aux Québécois s'ils souhaitent qu'un pouvoir particulier soit administré de manière exclusive par le gouvernement du Québec, la réponse est toujours invariablement oui[938]. Qui plus est, les Québécois sont très pessimistes quant à la possibilité que le Canada effectue un jour des changements constitutionnels satisfaisants : en 2012, ils étaient 57,9 % à être en accord avec l'énoncé suivant : « Aucun changement constitutionnel ne pourra jamais satisfaire une majorité de Québécois[939] ». Même la prétendue non-viabilité économique de la souveraineté, l'argument massue des fédéralistes du siècle dernier, est devenue une affirmation ringarde : Jean Charest, le plus inconditionnel fédéraliste des premiers ministres québécois récents, l'a déjà admis lors d'un voyage à l'étranger[940]. Malgré ces constats et un contexte récent ultra-favorable (gouvernement fédéral plus éloigné des Québécois que jamais, langue française en eaux troubles, etc.), l'appui à la souveraineté stagne[941]. Pourquoi ?

Parmi les constantes de la personnalité politique des Québécois, il y a leur attachement très fort à l'endroit du Canada. Les preuves ne manquent pas. En 2010, 61 % des Québécois se disaient attachés au Canada[942]. En 2011, c'était 62 %[943]. Mais il y a encore plus parlant sur la relation qu'entretiennent les Québécois avec le restant du Canada. Au lendemain de l'élection canadienne de 2011, alors que les Québécois affirmaient à 59 % qu'ils n'étaient pas traités avec le respect qui leur revenait, ils affirmaient dans le même sondage, à 66 %, qu'ils étaient attachés au Canada, et à 47 % (contre 43 %) que le fédéralisme comportait plus d'avantages que de désavantages[944]. En 2011, cette proportion de Québécois croyant aux avantages du fédéralisme montait à 66 %[945].

En 2005, pendant le scandale des commandites, 54 % des électeurs québécois se disaient prêts à faire le grand saut, c'est-à-dire à voter pour la souveraineté. C'était la première fois depuis 1996 que cette option passait la barre des 50 %[946]. Du même souffle, à la question suivante de ce sondage, 56 % des répondants *souverainistes* disaient souhaiter que le « Québec continue de faire partie du Canada[947] » !

On peut crier au meurtre, croire qu'il s'agit de la plus grande manifestation du syndrome de Stockholm que la Terre ait jamais porté, penser que les Québécois sont remplis de contradictions, qu'après avoir subi tant de tourments, la souveraineté devrait s'imposer d'emblée, etc., cela ne changera pas le fait que les Québécois sont attachés au Canada. Lutter frontalement contre ce sentiment a été l'erreur historique des souverainistes depuis 1995, voire peut-être depuis toujours. Au lieu d'y aller progressivement ou de montrer de bonne foi — à travers un processus à la Meech ou Charlottetown — que la vision du Canada qu'entretiennent les Québécois ne concorde pas avec la réalité, les souverainistes ont essayé de jouer le tout pour le tout et ont perdu. Non pas que la démarche était malhonnête, bien au contraire. Seulement, elle semblait trop brutale pour un peuple dont l'émancipation n'est amorcée que depuis les années 1960. Le résultat de ces deux échecs, notamment celui de 1995, a été de faire stagner et reculer le Québec. Que certains souverainistes veuillent recommencer exactement le même manège en pensant que la prochaine tentative fonctionnera comme par magie est affligeant.

En fait, la démarche proposée par cet essai contient deux bonnes nouvelles pour les souverainistes. Premièrement, ils auront l'occasion de faire progresser l'autonomie du Québec — ce qui reste l'objectif primaire de la souveraineté — à deux reprises, et, peu importe le résultat de la première phase, ils pourront toujours militer activement pour que le Québec rejette l'offre du Canada et vote pour la souveraineté. Deuxièmement, on confrontera frontalement et directement l'idée que se font les Québécois du Canada avec la réalité. En soi, si les Canadiens refusent de jouer le jeu, cela pourrait constituer le plus grand cadeau jamais offert aux souverainistes.

:: ::

Si les Québécois reconnaissent qu'ils ne peuvent plus espérer progresser dans la situation constitutionnelle qui est la leur en 2013, et ce, depuis 1982, il faut espérer qu'ils sauront trouver dans une proposition comme celle-ci les ingrédients pour finalement avancer et sortir du carcan qui leur pourrit l'avenir national.

Dans *Sortie de secours*, Lisée a bien démontré que ce qui paralyse par-dessus tout les Québécois lorsqu'il est question du dossier constitutionnel ou de leur avenir national est la peur de l'échec[948]. Le présent essai adopte également ce point de vue. Or, dans le chemin proposé ici, il semble que l'échec ne soit pas une option. Si les Québécois choisissent le *statu quo* au lieu de définir leurs demandes constitutionnelles pour ensuite les proposer au Canada, c'est qu'ils auront vraiment choisi le *statu quo*. Dans la probable éventualité où ils choisissent de passer à la deuxième phase, n'importe quel choix sera le bon, même si ce que le Canada accepte est minimal. Enfin, cette démarche répondra assurément à l'affirmation suivante, acceptée en 1999 par 77 % des Québécois : « Ça ne me dérange pas que le Québec soit une province ou un pays. Ce qui est important, c'est que cette question soit réglée une fois pour toutes[949] ».

Il n'y a pas à en sortir : d'une manière ou d'une autre, avec l'approche proposée ici, les Québécois auront progressé.

:: :: ::

Le lecteur de cet essai aura probablement eu le tournis à quelques reprises durant la lecture de cette ultime partie. Les solutions proposées sont nombreuses, souvent audacieuses, parfois risquées. Pourtant, rien n'a été inventé. Les changements d'attitude, l'humain en opère depuis le début des temps. La plupart des réformes suggérées s'inspirent directement de ce qui s'est déjà fait ailleurs, ont déjà été avancées par des partis politiques et sont parfois bien plus timorées que celles qui s'avéreraient idéales. La résolution de la question nationale est une nécessité que les Québécois doivent reconnaître.

Malgré tout, il faudra aux Québécois une solide dose de courage et une détermination à toute épreuve pour mettre en œuvre ce qui est proposé dans cet essai. Quitter le confort de l'indifférence demande un solide « coup de pied au derrière ». Mettre en œuvre des politiques publiques qui induisent de réels changements, voire des bouleversements, demande du sang-froid. Faire face à ses démons, surtout s'ils concernent son avenir national, n'est jamais facile, ni même agréable.

Les Québécois, malheureusement, n'ont pas le luxe d'attendre : le tissu collectif et national s'étiole trop pour leur assurer un avenir rose. Parce que c'est précisément la cible des propositions de cet essai : remettre la santé de la communauté nationale, du collectif, au cœur du débat politique québécois. Le Québec, petite société qui ne contrôle pas tous les leviers de son existence, doit avoir un esprit de corps sans faille pour devenir proactive face aux aléas d'un monde où tout s'accélère.

Encore une fois, parce qu'il faut le répéter tant que cela ne sera pas compris, rien n'empêche objectivement les Québécois d'agir. Les voies du progrès collectif ne dépendent que d'eux et d'eux seuls. Une fois qu'ils seront convaincus de cette vérité, qui sait ce qu'ils pourront accomplir ? L'audace et le volontarisme apparaîtront alors comme des options plus que réalistes. Le progrès collectif s'imposera de lui-même, dans sa plénitude.

ENFIN UN PROLOGUE ?

Près de deux ans après mon retour, contrairement à ce que j'avais escompté, l'envie de repartir et de redevenir un expatrié n'est pas complètement évacuée de mon esprit. J'ai beau la combattre, il n'y a rien à faire. Elle se nourrit régulièrement, presque quotidiennement, de cette succession de moments de paralysie, de petits reculs, de décrochages et parfois même de pures inepties.

La Commission Charbonneau sur l'industrie de la construction et le financement des partis politiques s'est finalement mise en branle au plus grand bénéfice de la démocratie québécoise. Pourtant, un étranger qui en suivrait les travaux croirait à juste titre que nous sommes une société gangrénée par la corruption. Comment a-t-on pu se rendre aussi loin et y demeurer pendant si longtemps ?

Chaque semaine, la presse débusque d'autres preuves que le français, notre langue officielle, le socle de notre identité nationale, recule. L'ancien gouvernement libéral a temporisé, minimisé la question, évité les débats : et si les Québécois se rendaient compte que sous les eaux calmes, des remous se forment ? Après, on s'étonne de l'agitation qui a suivi la divulgation des chiffres du Recensement de 2011 concernant la langue !

En 2012, le 30ᵉ anniversaire du rapatriement unilatéral de la Constitution du Canada, qui a consacré l'amorce de la stagnation du Québec, est passé comme lettre à la poste. L'humiliation a peut-être été trop forte, mais il semble que l'on s'habitue à tout, même à ça. Avis à ceux qui penseraient qu'un gouvernement majoritaire de Stephen Harper pourrait servir de bougie d'allumage à un renouveau de l'aventure nationale québécoise : c'est probablement trop espérer d'un peuple qui semble avoir assimilé son statut minoritaire.

Puis, ce vieux gouvernement libéral de Jean Charest, celui qui occupera sa place dans l'histoire bien au chaud à côté de celle de Duplessis, a enfin été congédié. Sa fin de règne restera dans les annales politiques du Québec : son obstination à refuser d'entamer un dialogue avec les jeunes générations aura poussé ces dernières dans la rue comme jamais dans l'histoire nationale : le 22 mars 2012, il y avait 200 000 étudiants dans les rues de Montréal, battant ainsi facilement un record historique. Ils ont défilé si pacifiquement qu'aucune arrestation n'est survenue : aucune ! Rebelote exactement deux mois plus tard, sans résultats. Pour seule réponse, les jeunes ont eu droit aux railleries d'un premier ministre en allocution devant un parterre hilare d'hommes et de femmes d'affaires. La Loi 78, qui s'imprimera dans l'histoire comme la loi la plus liberticide des dernières décennies, a constitué l'insulte suprême. Pour décourager une génération de prendre ses affaires en main, on n'aurait pas mieux fait.

Mais le plaisir de voir le gouvernement défait aura été de courte durée, parce qu'au fond, il a été remplacé par quoi ? Signe de l'extrême division des Québécois, ils se sont donné un gouvernement minoritaire qui peinera à faire avancer la destinée nationale. D'un côté, il y a le Parti libéral qui, avec sa courte défaite électorale, trouvera toutes les raisons pour ne pas évoluer vers ce que les Québécois attendent d'un parti qui a déjà, naguère, été vecteur de progrès. De l'autre, il y a le camp souverainiste, complètement éclaté, qui refuse de considérer les effets négatifs d'un système électoral certes désuet, mais réel. Surtout, les souverainistes n'ont pas semblé intégrer les leçons des échecs passés.

Ils auront beau avoir le plus brillant gouvernement depuis des décennies, leur statut minoritaire et un certain manque de courage les empêcheront de débloquer la situation. Finalement, au beau milieu des deux camps se trouve la Coalition Avenir Québec, qui au fond n'est que le véhicule visant à porter François Legault au poste de premier ministre. Pas surprenant que celui-ci, alors qu'il avait peut-être la clé de la serrure constitutionnelle entre les mains, ait réussit l'exploit de promettre de ne pas agir sur le front de la question nationale pendant dix ans alors que depuis 1995 celle-ci est balayée sous le tapis.

En fait, cet échantillon n'est que le reflet des maux qui accablent notre nation. Immobilisme, facilité, clientélisme, absence d'égard pour l'intérêt général, apathie, repli sur sa personne, peurs sont actuellement les tristes synonymes du Québec.

Notre situation serait encourageante si l'on constatait que ce sont les élites dirigeantes qui freinent les élans d'un peuple. On se dirait que ce n'est qu'une question de temps avant que les vannes s'ouvrent et laissent couler le flot du progrès. J'ai beau essayer de me convaincre, ce n'est pas ce que je constate.

La génération de mes parents semble avoir pris sa retraite citoyenne avant le temps. La manière dont se comportent les élites dirigeantes de cette nation ne se matérialiserait pas avec autant de force si les baby-boomers ne s'étaient pas mis en position de rentiers de l'État et de la vie politique. Il est tout à fait compréhensible pour cette génération de vouloir se retirer et chercher la paix après tous ces échecs collectifs qui ont émaillé sa vie active. Mais une telle attitude ne pourra jamais assurer la cohésion si nécessaire à la petite nation que nous sommes. Cette génération occupe encore un poids démographique important, en étant aussi, probablement, la plus riche que le Québec ait connue. En se sortant du jeu comme elle le fait, en ne votant que pour ses intérêts immédiats, elle prive le Québec de l'élan nécessaire pour affronter les défis collectifs qui l'attendent.

Chez les plus jeunes, ce n'est pas l'absence de conscience et d'intérêt pour le collectif qui étonne, mais l'apparente déconnexion qui subsiste entre leurs souhaits et le système démocratique qui, qu'on le veuille ou non, fait fonctionner notre société. Les jeunes ne peuvent pas espérer faire bouger les choses s'ils restent en marge du système politique. On ne le dira jamais assez le vote reste l'un des meilleurs outils pour influencer le cours des événements, tout comme la participation citoyenne. Ces mêmes jeunes ne peuvent pas non plus mettre sous le tapis les combats inachevés de leurs parents en pensant que cela n'aura aucun effet, surtout s'ils sont épris de diversité culturelle et de liberté.

À bien des égards, nos attitudes collectives sont déplorables et parfois bien difficiles à comprendre. Parce que nous avons cessé de rêver, nous avons arrêté d'avancer. J'ai parfois l'impression que les Québécois se sont mis un baladeur sur les oreilles et font jouer en boucle la fin de la pièce « Mon Pays, c'est pas un pays, c'est un job », de Robert Charlebois. Dans une société comme la nôtre, arrêter d'avancer signifie assurément reculer. Pour une jeune personne comme moi, cette stagnation n'augure pas des lendemains heureux. Il est déstabilisant de ne pas être capable de se projeter dans l'avenir parce que l'horizon de la société dans laquelle nous vivons semble bloqué. Il est débilitant de voir que le Québec recommence les mêmes erreurs en pensant que le résultat sera peut-être différent.

Alors, oui, assurément, la vie pourrait être aussi bonne ailleurs. Après tout, nous ne sommes pas les seuls à profiter de systèmes de santé et d'éducation performants. Notre situation économique, dans un contexte de redressement mondial, est même probablement enviable. Mais d'autres nations, même si elles traversent des périodes sombres, poursuivent également un idéal, s'imaginent dans l'avenir, entendent faire quelque chose de leur existence. Les tensions qui les frappent sont significatives, parfois violentes, mais toujours créatrices. On ose, on teste, on risque, bref, on tente d'avancer. L'idée d'être partie prenante d'un mouvement est si séduisante que l'exil pourrait sembler attirant.

::

Le lecteur se demandera peut-être pourquoi, après avoir décrit les vicissitudes de notre vie collective, je n'ai pas succombé à la tentation qui réside en moi de quitter le Québec pour des horizons qui m'apparaîtraient plus radieux. C'est pourtant bien simple : je ne le quitterai pas, parce qu'il est impossible de se fuir soi-même. Le Québec, c'est le prolongement de moi-même, une partie de mon existence, comme cela devrait l'être pour tous les autres Québécois. Ceux qui essaient de fuir leur réalité s'exposent à des conséquences beaucoup plus graves que s'ils acceptaient les embûches qui parsèment leur chemin. Les nations ne fonctionnent pas différemment. De plus, s'il choisit d'affronter les défis collectifs qui se dressent devant lui, le Québec possède d'indéniables atouts dans sa manche pour y faire face.

Dans notre histoire, nous avons déjà fait preuve d'une remarquable ténacité et souvent d'ingéniosité. Quand nous ne sommes pas dissipés, nous avons l'étonnante capacité de nous orienter dans une direction et d'aller chercher ce que nous voulons. Il ne s'agit pas de tomber dans l'hagiographie, mais la Révolution tranquille reste un exemple tout de même marquant d'une société qui progresse à vitesse « grand V ». Malgré les échecs, aucune société occidentale n'a essayé avec autant de vigueur mais toujours de façon rigoureusement démocratique et pacifique, de faire sa place au sein d'un pays qui ne lui reconnaît toujours pas son caractère national. Si les Québécois l'ont déjà fait, il n'y a strictement rien pour les empêcher de suivre le même chemin si c'est ce qu'ils choisissent.

J'ai peut-être été dur avec la génération des baby-boomers, mais c'est parce que j'ai vraiment foi en elle. Si la Révolution tranquille a été pilotée par des gens plus âgés, la prise en main de la société québécoise a été accomplie par les rejetons du baby-boom. On pourrait se contenter d'être mauvaise langue et s'attarder sur leurs échecs ; soulignons plutôt le courage qu'il leur a fallu pour tenter d'achever la maison québécoise comme ils l'ont fait dans les années 1980-95. Peu de peuples se sont montrés aussi persévérants. Toutefois, les combats qui ont été menés pour eux dans un premier temps, et par eux par la suite, ne sont pas terminés. C'est pourquoi, par-dessus tout, je crois qu'ils n'oseront pas quitter cette Terre avant d'essayer une dernière fois d'accomplir ce qui reste à parachever. Je suis certain qu'il existe, aux tréfonds d'eux-mêmes, une flamme éternelle qui ne demande qu'à être rallumée par ceux qui les suivent.

Les jeunes générations québécoises ont, il me semble, la plus grande conscience sociale du continent. Je n'entends pas nécessairement (bien que cela ne soit pas exclu) qu'ils ont le cœur à gauche. Toutefois, ils ont le sentiment de faire partie d'une société et de vouloir prendre part à sa gouverne. Les jeunes Québécois sont généralement plus politisés qu'ailleurs dans le monde, ils l'ont démontré à maintes reprises. La grande grève étudiante de 2012 — dont la participation, si elle était comparée proportionnellement à un pays comme les États-Unis, apparaîtrait tout simplement stratosphérique — en reste un exemple éclatant. Les jeunes Québécois ont des rêves, des aspirations qui dépassent le cadre de leur individualité. Il ne leur reste maintenant qu'à faire le pont entre leurs aspirations et la réalité qui les entoure. Tout indique que les conditions se réunissent. Plus les jeunes voyageront et verront la planète, plus ils se rendront compte qu'ils appartiennent à une société unique, certes, mais dont l'avenir n'est pas assuré. Plus ils seront au contact des autres, plus ils constateront ce que peut représenter la liberté collective et seront tentés d'y goûter. Et plus ils verront, aussi, que le Québec n'est pas achevé.

Parce que oui, le Québec a de la chance. À l'opposé de l'immense majorité des nations de par le monde, sa construction n'est pas encore terminée. Comme d'autres, nous avons nos systèmes sociaux, mais nos objectifs, visées et ambitions collectives ne sont pas encore tout à fait définis. Non, nous ne souhaitons pas simplement «briller parmi les meilleurs». Il s'agit plutôt d'ériger les murs, le toit et même une partie des fondations de notre maison collective. De fixer notre mission dans le monde, les valeurs que nous souhaitons défendre et propager. Et ça, il n'y a rien de plus emballant pour une nation.

Dans cette quête, il ne faut jamais oublier que le Québec, à l'échelle du monde, est une société qui en vaut la peine. Quasi-accident de l'histoire, nous sommes encore sur cette Terre probablement parce que nous avons quelque chose à y apporter. Les Québécois, individuellement, le font chaque jour, qu'ils soient occupés à labourer la terre de leurs ancêtres, à tenir une classe dans une école primaire de Côte-des-Neiges, à vendre un produit de haute technologie à une entreprise située de l'autre côté de la planète ou à aider une communauté isolée d'une nation moins favorisée à améliorer sa condition. Mais collectivement, il reste que l'ardoise n'est pas totalement remplie. Nous avons la chance d'être un avant-poste de l'une des grandes causes du nouveau siècle, celle de la diversité culturelle. Nous sommes imprégnés des valeurs de la paix. Nous avons la conscience de l'importance de la nature dans nos vies. Tant de chemins à parcourir. Tant d'horizons à explorer.

Dans ces conditions, la fuite ne peut donc pas être une option. Elle est trop lourde de sens, de renoncement, d'abdications. La dérobade peut sembler apaisante, stratégique, mais n'a jamais constitué une solution à long terme. De toute manière, j'ai l'intime conviction que le meilleur reste à venir. Que nous accepterons et embrasserons les piliers de notre société. Que nous en aurons assez de ce marasme si érosif. Que nous nous avouerons que l'errance ne mène nulle part. Que nous reconnaîtrons que le volontarisme reste garant de notre salut. Que nous entrons dans le prologue d'une nouvelle phase de notre histoire nationale. Que nous quitterons la stagnation pour migrer vers le progrès. Je veux être témoin de cette évolution et y contribuer. Et ça, ça se fait ici, pas ailleurs.

REMERCIEMENTS

Cet essai n'aurait jamais pu voir le jour sans le concours de nombreuses personnes que je souhaite remercier nommément.

D'abord, je dois remercier l'enthousiasme militant d'André d'Orsonnens, manitou de Druide Informatique, qui m'a ouvert les portes de la nouvelle maison d'édition. Dans la même lignée, je salue bien bas Anne-Marie Villeneuve, éditrice. Non seulement cette grande dame de l'édition a eu la gentillesse de m'écouter présenter mon projet, mais une fois mon manuscrit accepté, elle a entrepris un véritable travail d'orfèvre visant à bonifier mon texte. Je salue aussi toute l'équipe des Éditions Druide qui a contribué à la mise en forme de cet essai.

Du fond du cœur, il me faut reconnaître la bonté de ceux qui ont accepté de préfacer cet essai. Monsieur Claude Béland a été d'une gentillesse exquise à mon égard, tant par sa coopération que par la teneur de sa préface. J'en suis presque gêné. Quant à mon ami Léo, j'espère que l'on ne te cherchera pas noise parce que tu sors un peu des sentiers battus. Tu as un courage qui m'inspire.

Je souhaite également remercier ma famille, qui a toujours cru en mes projets, même lorsque la situation était périlleuse. Votre soutien aura été essentiel à la naissance de cet essai.

Tout au long de l'écriture, j'ai gardé en tête les leçons retenues de mon passage auprès de Pascal Mailhos, actuel Préfet de la Région Bourgogne, Préfet de la Côte-d'Or. Ces mois dans le Finistère en sa compagnie auront inoculé en moi une préoccupation constante pour la rigueur.

J'ai une pensée pour feu Robert Bouchard, qui aurait sans doute aimé lire ce bouquin, voire le commenter, mais qui a été foudroyé par la maladie avant d'avoir pu y contribuer.

J'ai eu le plaisir de pouvoir compter sur l'amitié d'un vieux pote du secondaire, Gabriel Lebeau, qui m'a gentiment offert ses talents de créateur pour la page couverture de cet ouvrage.

Je remercie aussi le groupe montréalais Arcade Fire, qui a eu le génie de composer la chanson *Ready to Start* : elle restera sans doute le meilleur comburant de mes phases d'inspiration.

Surtout, je m'en voudrais de passer sous silence l'aide énorme reçue de la part de ceux qui ont bien voulu lire mon manuscrit et me prodiguer des conseils judicieux. C'est ainsi qu'il me faut souligner les contributions de Sylvain Aubé, Julie Bergeron-Proulx, Louis-François Brodeur, Julie Bouchard, Maude Chapados, Laura Cliche, Mélissa Coulombe-Leduc, Maxime Desmarais-Tremblay, Eugénie Dostie-Goulet, Benoît Dubreuil, Jean-Frédérick Legendre, Mélina Longpré, Véronique Martel, David Paradis, Alexandre Péloquin, Caroline Rioux, Mourtala Salha Haladou, Mountagha Sow et Laurent Viau. Je me réjouis de savoir que vous avez contribué à bonifier cet essai, mais surtout à l'idée que le Québec pourra bénéficier de votre passion pour les affaires publiques.

Finalement, parce que c'est mon essai et que j'y écris ce que je veux, je remercie Vincent Ranger, fidèle comparse, qui a lu et relu (et rerelu...) les différentes parties du texte et qui m'a prodigué ses brillants conseils. Mon souhait le plus cher est qu'il reconnaisse le destin qui est le sien et fasse bénéficier la nation de sa prodigieuse intelligence.

NOTES ET RÉFÉRENCES

Notice explicative : pour des raisons visant la lisibilité du texte, l'ensemble des notes et références ont été placées à la fin de l'ouvrage. Le terme *ibid.*, renvoie à la note précédente. Lorsque les notes sont précédées de « voir », c'est généralement qu'elles ont déjà été citées auparavant.

1. « Montréal est la ville que je préfère au monde ».
2. Lonely Planet. 2010. « World's 10 happiest places ». [En ligne] http://www.lonelyplanet.com/vanuatu/travel-tips-and-articles/42/54565 (page consultée le 30 juin 2011).
3. Cassivi, Marc. « Discussion avec un maudit Français ». *La Presse*, 20 juillet 2010.
4. Il est en effet contre-intuitif de penser que les relations entre les colons français et les Autochtones étaient harmonieuses, mais c'était le cas avant la Conquête. À ce sujet, voir : Encyclopédie Canadienne (L'). 2012. *Relations entre autochtones et français*. [En ligne] http://www.thecanadianencyclopedia.com/articles/fr/relations-entre-autochtones-et-francais (page consultée le 20 juillet 2012).
5. Il est intéressant de constater que l'étymologie de ce mot renvoie au mot latin *provincia*, qui voulait probablement dire « pour les vaincus ».
6. À l'époque, le terme « Canadiens » désignait les gens d'origine française.

7. Durham, Lord. 1839. Rapport sur les affaires de l'Amérique du Nord britannique, traduit et reproduit sous le titre « Rapport Durham, Montréal, Les Éditions Sainte-Marie » (1969). [En ligne] http://www.tlfq.ulaval.ca/axl/francophonie/Rbritannique_Durham.htm (page consultée le 14 décembre 2012).

8. Lisée, Jean-François. 2010. « 1er juillet : pourquoi la fête est-elle si triste ? ». Blogue sur le site Internet de L'actualité. [En ligne] http://www2.lactualite.com/jean-francois-lisee/1er-juillet-pourquoi-la-fete-est-elle-si-triste/3669/ (page consultée le 15 mai 2011).

9. Lavoie, Yolande. 1981. « L'émigration des Québécois aux États-Unis de 1840 à 1930 ». Conseil supérieur de la langue française. Gouvernement du Québec. [En ligne] http://www.cslf.gouv.qc.ca/bibliotheque-virtuelle/publication-html/?tx_iggcpplus_pi4[file]=publications/pubd101/d101ch 1.html (page consultée le 24 juin 2011).

10. Ibid.

11. On a beau chercher, aucun peuple n'a réussi un tel « exploit ».

12. Institut de la statistique du Québec. 2012. Population, Québec et Canada, 1851-2012. [En ligne] http://www.stat.gouv.qc.ca/donstat/societe/demographie/struc_poplt/102.htm (page consultée le 26 octobre 2012).

13. Ibid.

14. En 2011, la population du Canada était de 34 483 975 (Institut de la statistique du Québec. 2012. Population, Québec et Canada, 1851-2012), la population des États-Unis de 311 600 000 (United Census Bureau. 2011. « Texas Gains the Most in Population Since the Census ». United Census Bureau. [En ligne] http://www.census.gov/newsroom/releases/archives/population/cb11-215.html) (page consultée le 26 octobre 2012) et celle du Mexique, d'au moins 112 322 757 (Instituto nacional de estadística y geografía. 2010. « En México somos 112 millones 322 mil 757 habitantes al 12 de junio de 2010 ». Instituto nacional de estadística y geografía. [En ligne] http://www.inegi.org.mx/inegi/contenidos/espanol/prensa/comunicados/rpcpyv10.asp) (page consultée

le 26 octobre 2012) pour un total d'environ 458 millions de personnes en Amérique du Nord.

15. Voir Institut de la statistique du Québec. 2012. *Population, Québec et Canada, 1851-2012.* [En ligne] http://www.stat.gouv.qc.ca/donstat/societe/demographie/struc_poplt/102.htm (page consultée le 26 octobre 2012).

16. Gauchon, Pascal et Yves Gervaise. 2005. *Le Nouveau monde géopolitique des Amériques.* Paris : PUF, p.108 pour la population mexicaine et United Census Bureau. 2000. « Selected Historical Decennial Census Population and Housing Counts ». United Census Bureau. [En ligne] http://www.census.gov/population/www/censusdata/hiscendata.html (page consultée le 22 mai 2011).

17. Division des statistiques des Nations Unies. 2008. « Population selon le sexe, taux d'accroissement annuel de la population, superficie et densité ». Organisation des Nations Unies. [En ligne] http://unstats.un.org/unsd/demographic/products/dyb/dyb2008/Table03.pdf (page consultée le 3 juin 2011).

18. Département des affaires économiques et sociales des Nations Unies. 2011. « World Population Prospects, the 2010 Revision ». Organisation des Nations Unies. [En ligne] http://esa.un.org/unpd/wpp/Excel-Data/population.htm (page consultée le 26 juin 2011).

19. Ville de Montréal. Direction du développement économique et urbain. 2012. *Population et démographie.* Montréal : Ville de Montréal.

20. Il suffit de consulter le site Internet de l'Institut européen de la statistique, Eurostat, pour s'en convaincre.

21. Statistique Canada. 2012. *Caractéristiques linguistiques des Canadiens : Langue, Recensement de la population de 2011.* Ottawa : Statistique Canada, p. 13.

22. *Ibid.*

23. Les langues chinoises retenues pour ce calcul sont le cantonnais, le mandarin et le chinois (catégorie résiduelle de Statistique Canada). Calculé à partir de : Statistique Canada. 2012. *Langue maternelle détaillée (192), réponses uniques et multiples portant*

sur les langues (3), groupes d'âge (7) et sexe (3) pour la population à l'exclusion des résidents d'un établissement institutionnel du Canada, provinces, territoires, divisions de recensement et subdivisions de recensement, Recensement de 2011. [En ligne] http://www5.statcan.gc.ca/bsolc/olc-cel/olc-cel?catno=98-314-X2011016&lang=fra (page consultée le 26 octobre 2012).

24. Chiffre obtenu à l'aide de ces deux documents : Statistique Canada. 2012. *Le français et la francophonie au Canada : Langue, Recensement de la population de 2011.* Ottawa : Statistique Canada, p. 3, et Statistique Canada. 2007. *Le portrait linguistique en évolution, Recensement de 2006.* Ottawa : Statistique Canada, p. 15.

25. Fait étonnant, ces chiffres n'ont pas été produits pour 2011. Pour ceux de 2006, voir Statistique Canada. 2007. *Proportion de francophones (langue maternelle unique) qui parlent l'anglais le plus souvent à la maison, Canada, provinces, territoires et Canada moins le Québec, 1971, 1991, 2001 et 2006.* [En ligne] http://www12. statcan.ca/census-recensement/2006/as-sa/97-555/table/t9-fra. cfm (page consultée le 26 octobre 2012).

26. Chiffres obtenus à partir des données contenues dans : Statistique Canada. 2012. *Langue maternelle (8), première langue officielle parlée (7), connaissance des langues officielles (5), groupes d'âge (25) et sexe (3) pour la population à l'exclusion des résidents d'un établissement institutionnel du Canada, provinces, territoires, régions métropolitaines de recensement et agglomérations de recensement, Recensement de 2011.* [En ligne] http://www5.statcan. gc.ca/bsolc/olc-cel/olc-cel?catno=98-314-X2011045&lang=fra (page consultée le 26 octobre 2012).

27. Cette tranche d'âge a été choisie car c'est elle qui est généralement le plus bilingue. Chiffres obtenus à partir de la référence précédente et de Statistique Canada. 2007. *Le portrait linguistique en évolution, Recensement de 2006.* Ottawa : Statistique Canada, p. 29.

28. Le total n'est pas tout à fait de 100 % parce qu'un pourcentage de la population donne des réponses multiples (pour la langue maternelle, sur l'île de Montréal, ce pourcentage s'établit à 1,6 %

et dans la RMM de Montréal, à 1,3 %). Statistique Canada a d'ailleurs annoncé que le taux de réponses multiples était plus élevé lors du Recensement de 2011, ce qui peut fausser quelque peu le jeu des comparaisons entre les périodes de recensement. Dans le cas de cet ouvrage, les réponses multiples de type « langue officielle (anglais ou français) + langue non officielle ont été agglomérées avec les réponses uniques des langues officielles (français ou anglais), alors que les réponses « français + anglais » et « anglais, français et langue non officielle » ont été considérées multiples. Il s'agit d'un choix méthodologique qui reflète au mieux l'influence du français ou de l'anglais, en ce sens que quelqu'un qui répond, par exemple, « français + langue non officielle » sera sans doute plus porté à parler français qu'anglais. Les chiffres sont tirés des références suivantes : Statistique Canada. 2012. *Montréal, Québec (Code 2466) et Québec (Code 24) (tableau). Profil du recensement, Recensement de 2011, produit nº 98-316-XWF au catalogue de Statistique Canada.* Ottawa. Diffusé le 24 octobre 2012. [En ligne] http://www12.statcan.gc.ca/census-recensement/2011/dp-pd/prof/index.cfm?Lang=F (site consulté le 26 octobre 2012) et Statistique Canada. 2012. *Montréal, Québec (Code 462) et Québec (Code 24) (tableau). Profil du recensement, Recensement de 2011, produit nº 98-316-XWF au catalogue de Statistique Canada.* Ottawa. Diffusé le 24 octobre 2012. [En ligne] http://www12.statcan.gc.ca/census-recensement/2011/dp-pd/prof/index.cfm?Lang=F (page consultée le 26 octobre 2012).

29. La langue d'usage équivaut à « la langue parlée le plus souvent à la maison » dans le jargon de Statistique Canada.

30. Même références et méthodologie que la note 26. Les réponses multiples pour la langue d'usage s'établissent à 2,5 % pour l'île de Montréal et à 2 % pour la RMM.

31. Patrimoine Canada. 2006. « Graphique 2.9 Connaissance des langues officielles chez les personnes de langue maternelle autochtone (réponses uniques) » dans *Les langues au Canada : Recensement de 2006.* [En ligne] http://www.pch.gc.ca/pgm/lo-ol/pubs/npc/c-g/c-g29-fra.cfm (page consultée le 24 juin 2011).

32. Chiffres obtenus à partir des données contenues dans : Statistique Canada. 2012. *Langue maternelle (8), première langue officielle parlée (7), connaissance des langues officielles (5), groupes d'âge (25) et sexe (3) pour la population à l'exclusion des résidents d'un établissement institutionnel du Canada, provinces, territoires, régions métropolitaines de recensement et agglomérations de recensement, Recensement de 2011.* [En ligne] http://www5.statcan. gc.ca/bsolc/olc-cel/olc-cel?catno=98-314-X2011045&lang=fra (page consultée le 26 octobre 2012).

33. Jedwab, Jack. 2011. *L'identité du Québec en 2011 : les attachements, l'identité et la diversité.* Montréal : Associations d'études canadiennes.

34. *Ibid.*

35. Jusqu'à l'élection de 1989, le Parti libéral recueille la très grande, voire l'immense majorité des votes anglophones. À ce sujet, lire : Lemieux, Vincent. 1993. *Le Parti libéral du Québec. Alliances, rivalités et neutralités.* Sainte-Foy : Les Presses de l'Université Laval.

36. Bélanger, Éric et Richard Nadeau. 2009. *Le comportement électoral des Québécois.* Montréal : Les Presses de l'Université de Montréal, p. 66.

37. Serré, Pierre. 2002. *Deux poids, deux mesures : l'impact du vote des non-francophones au Québec.* Montréal : VLB Éditeur, p. 202.

38. Drouilly, Pierre. 1996. « Le référendum du 30 octobre 1995 : une analyse des résultats ». *L'année politique au Québec 1995-1996.* [En ligne] http://www.pum.umontreal.ca/apqc/95_96/drouilly/ drouilly.htm (page consultée le 25 juin 2011).

39. Pierrevelcin, Nadine. « Les défusions municipales sur l'île de Montréal comme stratégie d'affirmation culturelle ». *Recherches sociographiques*, vol. 48, n° 1, 2007, p. 65-84.

40. Pratte, André. « Près du quart des "ethniques" auraient voté oui. Deux jeunes chercheurs bousculent les analyses traditionnelles du vote des minorités ». *La Presse*, 26 février 1996.

41. *Guide annuel des médias 2012 - Volet télévision 2012.* Montréal : Éditions Infopresse, p. 33.

42. *Guide annuel des médias 2012 - Volet radio 2012*. Montréal : Éditions Infopresse, p. 46.

43. *Guide annuel des médias 2012 - Volet quotidiens 2012*. Montréal : Éditions Infopresse, p. 70.

44. Statistique Canada. 2009. « Migration interprovinciale selon la langue maternelle au Québec, 1966 à 2006 ». [En ligne] http://www12.statcan.ca/census-recensement/2006/as-sa/97-555/table/t13-fra.cfm (page consultée le 12 avril 2012).

45. Collectif (Tribune libre). « Pour en finir avec l'affaire Michaud. Le temps est venu de remettre en question le nationalisme canadien-français ». *Le Devoir*, 9 janvier 2001.

46. Robitaille, Antoine. « *Une souveraineté en quête de son identité. Le Québec des chartes des droits serait de moins en moins une "nation"* ». *Le Devoir*, 15 octobre 2005, p. A1.

47. Encore au mois d'avril 2011, Jean-Marc Fournier, ministre de la Justice de l'époque, accusait le PQ d'être défenseur d'un nationalisme ethnique. Voir : Lajoie, Geneviève. 2011. « Les libéraux alimentent la braise ». *Le Journal de Québec*, 15 avril 2011.

48. Delannoi, Gil. 2010. *La Nation*. Paris : Éditions le Cavalier bleu, collection « Idées reçues », p. 15-20.

49. Voir l'entrée « ethnique » dans le dictionnaire Le Robert, 2009.

50. Voir Delannoi, Gil. 2010. *La Nation*. Paris : Éditions le Cavalier bleu, collection « Idées reçues », p. 17.

51. Dieckhoff, Alain. 2000. *La nation dans tous ses États : identités nationales en mouvement*. Paris : Champs-Flammarion, p. 87-88.

52. *Ibid.*, p. 88.

53. Texte de la proclamation d'indépendance prononcé par David Ben Gourion, premier chef du gouvernement de l'État d'Israël.

54. Dieckhoff, Alain. 1999. « Démocratie et ethnicité en Israël ». *Sociologie et sociétés*, vol. 31, n° 2, p. 163-173.

55. *Ibid.*, p. 168-169.

56. *Ibid.*, p. 167-168.

57. *Ibid.*

58. Voir Delannoi, Gil. 2010. *La Nation*. Paris : Éditions le Cavalier bleu, collection « Idées reçues », p. 16.

59. Voir Dieckhoff, *La nation dans tous ses États : identités nationales en mouvement,* Paris : Champs-Flammarion, p. 156-157.

60. Voir Delannoi, Gil. 2010. *La Nation.* Paris : Éditions le Cavalier bleu, collection « Idées reçues », p. 16.

61. Déclaration d'indépendance des États-Unis. Pour la version française, voir http://www.tlfq.ulaval.ca/axl/amnord/USA-hst-declaration_ind.htm (page consultée le 14 décembre 2012).

62. Buzetti, Hélène. « Une "nation" de pure laine ? ». *Le Devoir,* 28 novembre 2006, p. A1.

63. Simard, Marc. « L'ethnocentrisme au sein du mouvement souverainiste ». *Le Devoir,* 3 avril 1997.

64. C'est-à-dire, selon Statistique Canada, les gens qui n'ont pas la peau blanche.

65. Bon, c'est vrai, il y a Saint-Pierre-et-Miquelon, une collectivité d'outre-mer de la France, non loin de Terre-Neuve : c'est donc un petit bout de France en Amérique. Mais avec ses 6095 habitants, elle représente l'équivalent de la municipalité de Saint-Félix-de-Valois dans Lanaudière.

66. À quelques difficultés frontalières près avec Terre-Neuve-et-Labrador.

67. L'opposition du Québec en cette matière a toujours été farouche. En 1917-18, la question avait provoqué des émeutes.

68. Voir, par exemple, Presse canadienne. « Afghanistan : le Québec diffère du reste du pays ». *La Presse canadienne,* 19 juillet 2007, ou encore, Castonguay, Alec. « Afghanistan - La mission canadienne impopulaire comme jamais ». *Le Devoir,* 17 juillet 2009. Dans ce dernier article, lorsque que l'on sépare le Québec du Canada, la différence devient éclatante.

69. En 1898, un référendum pancanadien sur la prohibition a été tenu : 63 % des Canadiens hors Québec avaient voté en faveur de la prohibition, pour seulement 18,8 % au Québec. De même, le référendum québécois sur la prohibition de 1919, où les Québécois ont accepté la vente de bières, cidres et vins légers à 78 %, a vu les prohibitionnistes radicaux perdre la bataille (seulement l'alcool fort a été interdit). Pendant quelque temps, le Québec a été le

seul endroit en Amérique du Nord où la vente d'alcool n'était pas interdite.

70. On peut consulter le site Internet à l'adresse suivante : www. boussoleelectorale.ca. Ce sondage n'est pas « scientifique », en ce sens que les répondants n'ont pas été choisis au hasard. Par contre, les 1,2 million de répondants lui confèrent une crédibilité certaine.

71. À ce sujet, voir, comme introduction : Deutscher, Guy. 26 août 2010. « Does Your Language Shape How You Think ? ». *New York Times*. [En ligne] http://www.nytimes.com/2010/08/29/ magazine/29language-t.html?pagewanted=print (page consultée le 17 juin 2011).

72. Organisation des Nations Unies. Programme des Nations Unies pour le développement. 2011. *Rapport sur le développement humain 2011*. New York : ONU, p. 145.

73. Gouvernement du Québec. Institut de la Statistique. 2010. « Comparaisons internationales ». *Comparaison économique*. [En ligne] http://www.stat.gouv.qc.ca/donstat/econm_finnc/conjn_econm/ compr_inter/index.htm (page consultée le 26 octobre 2012).

74. Lisée, Jean-François. 2010. « Revenu : 99 % des Québécois font mieux que 99 % des Américains ». *Le Blogue de Jean-François Lisée*. [En ligne] http://www2.lactualite.com/jean-francois-lisee/ niveau-de-vie-think-big-quebec-vs-usa/7282/ (page consultée le 23 juillet 2011).

75. En aparté, il me semble qu'il faudrait sortir de cette obsession collective de nous comparer aux États-Unis, le pays le plus inégalitaire de l'Occident.

76. L'OCDE est l'acronyme désignant l'Organisation de coopération et de développement économique, une organisation internationale basée à Paris dont la mission est de « promouvoir les politiques qui amélioreront le bien-être économique et social partout dans le monde ». On considère que les pays les plus riches, ainsi que d'autres pays émergents sont membres de l'OCDE. Pour plus d'information, voir le site Internet de l'organisation : www.oecd.org.

77. Gouvernement du Québec. Ministère de l'Emploi et de la Solidarité sociale. 2010. *Le Québec mobilisé contre la pauvreté : Plan d'action gouvernementale pour la solidarité et l'inclusion sociale 2010-2015.* Québec : Gouvernement du Québec, p. 49.

78. Le G7 est un regroupement informel de sept pays occidentaux parmi les plus riches : Canada, États-Unis, France, Royaume-Uni, Italie, Japon et Allemagne.

79. Godbout, Luc, Suzie St-Cerny et Michaël Robert-Angers. 2011. *La charge fiscale nette en 2009 : une position compétitive pour le Québec combinée à une forte progressivité et à une solide prise en compte de la situation familiale.* Sherbrooke : Université de Sherbrooke, Chaire de recherche en fiscalité et finances publiques.

80. Mercer. 2012. *Worldwide Cost of Living survey 2012 - City rankings* [En ligne] http://www.mercer.com/press-releases/1311145 (page consultée le 2 juillet 2012).

81. Mercer. 2011. *Quality of Living worldwide city rankings 2011 — Mercer survey* [En ligne] http://www.mercer.com/press-releases/quality-of-living-report-2011 (page consultée le 2 juillet 2012).

82. Mercer. 2010. *Top 50 cities : Eco-City ranking* [En ligne] http://www.mercer.com/press-releases/quality-of-living-report-2010# Ranking_Eco_Cities (page consultée le 28 juillet 2011).

83. Statistique Canada. 2011. « Tableau 2a : Taux de crimes déclarés par la police, selon la province ou le territoire, 2010 ». *Statistiques sur les crimes déclarés par la police au Canada, 2010.* [En ligne] http://www.statcan.gc.ca/pub/85-002-x/2011001/article/11523/ tbl/tbl02a-fra.htm (page consultée le 15 août 2011).

84. L'indice de gravité des crimes a été conçu pour pallier les défauts du taux de criminalité. En gros, celui-ci ne permet pas de savoir si les crimes déclarés à la police sont graves ou non. Ainsi, l'indice de gravité permet de mesurer l'incidence des crimes graves dans la totalité des crimes déclarés. À ce sujet, voir : Statistique Canada. 2010. *La mesure de la criminalité au Canada : présentation de l'Indice de gravité de la criminalité et des améliorations au*

Programme de déclaration uniforme de la criminalité. Ottawa : Statistique Canada.

85. Statistique Canada. 2011. « Tableau 9 : Indices de gravité des crimes chez les jeunes, crimes déclarés par la police, selon la province ou le territoire, 2010 ». *Statistiques sur les crimes déclarés par la police au Canada, 2010.* [En ligne] http://www.statcan. gc.ca/pub/85-002-x/2011001/article/11523/tbl/tbl09-fra.htm (page consultée le 15 août 2011).

86. Gouvernement du Québec. Institut de la Statistique. 2011. « Espérance de vie à la naissance et à 65 ans selon le sexe, Québec, 1980-1982 à 2011 ». *Démographie, naissances et décès.* [En ligne] http://www.stat.gouv.qc.ca/donstat/societe/demographie/naisn_deces/4p1.htm (page consultée le 2 juillet 2012).

87. Central Intelligence Agency (CIA). 2012. « Country Comparison : Life expectancy at birth ». *CIA : The World Factbook.* [En ligne] https://www.cia.gov/library/publications/the-world-factbook/rankorder/2102rank.html (page consultée le 2 juillet 2012).

88. Ressources Humaines et Développement des compétences Canada, Statistique Canada et Conseil des ministres de l'Éducation (Canada). 2010. *À la hauteur : résultats de l'étude PISA 2009. La performance des jeunes du Canada en lecture, en mathématiques et en sciences.* Statistique Canada : Ottawa, p. 46.

89. *Ibid.,* p. 77.

90. *Ibid.,* p. 78.

91. Collégial et universitaire.

92. Gouvernement du Québec. Institut de la Statistique. 2010. « Population de 25 ans et plus, selon le plus haut degré de scolarité atteint, le sexe et le groupe d'âge, Québec, 2006 ». *Éducation.* [En ligne] http://www.stat.gouv.qc.ca/donstat/societe/education/etat_scolr/tab1_niv_sco_2006.htm (page consultée le 9 août 2011) et Gouvernement du Québec. Institut de la Statistique. 2010. « Population de 25 ans et plus, selon le plus haut degré de scolarité atteint, le sexe et le groupe d'âge, Québec, 2006 ». *Éducation.* [En ligne] http://www.stat.gouv.qc.ca/donstat/societe/demographie/struc_poplt/201_06.htm (page consultée le 9 août 2011).

93. Organisation de coopération et de développement économique (OCDE). 2009. *Taux d'obtention d'un diplôme de l'enseignement tertiaire pour les 25-64 ans*. [En ligne] http://www.
oecd-ilibrary.org/education/taux-d-obtention-d-un-diplome-de-
l-enseignement-tertiaire-pour-les-25-64-ans_20755139-table3
(page consultée le 9 août 2011).

94. Joffe, Marc. 2012. *Provincial Solvency and Federal Obligations*.
Ottawa : McDonald-Laurier Institute, p.10.

95. *Ibid.*, p. 25.

96. *Ibid.*, p. 27.

97. *Ibid.*

98. KPMG. 2012. *Competitive Alternatives. Special Report : Focus on
Tax. 2012 Edition*. KPMG, p. 5.

99. *Ibid.*, p. 11.

100. *Ibid.*, p. 13.

101. *Ibid.*, p. 17.

102. *Ibid.*, p. 20.

103. KPMG. 2012. *Competitive Alternatives. KPMG's Guide to International Business Location Costs. 2012 Edition*. KPMG, p. 51.

104. Fondateur du Bloc québécois et ancien premier ministre du
Québec (1996-2001), il a, dans la dernière décennie, multiplié
les sorties pour appuyer des positions plus à droite que celles du
PQ, son ancien parti. Principal instigateur du *Manifeste pour un
Québec lucide*.

105. Bouchard, Lucien *et al.* 2005. *Manifeste pour un Québec lucide*.
[En ligne] http://www.pourunquebeclucide.org/documents/ma-
nifeste.pdf (page consultée le 7 août 2011).

106. Le *Manifeste pour un Québec lucide* est davantage un constat qu'un
texte proposant des solutions. Les solutions proposées sont : l'al-
lègement du fardeau de la dette, un investissement massif en éducation et en formation, l'abandon du gel des droits de scolarité à
l'université (accompagné d'un remboursement proportionnel au
revenu après les études), la maîtrise de plusieurs langues, l'instauration d'un environnement de travail favorisant la performance
et l'innovation, la hausse des tarifs d'électricité, une réforme

majeure de la taxation et la possible instauration d'un revenu de citoyenneté. On remarque que les seules mesures concrètes sont la hausse des tarifs et la maîtrise de plusieurs langues...

107. Charest, Jean (Tribune libre). «*Lettre ouverte aux Québécois*». *Le Devoir*, 14 octobre 2003.

108. Dutrisac, Robert. «Port méthanier - Hamad continue d'espérer la réalisation du projet Rabaska». *Le Devoir*, 7 décembre 2004.

109. Radio-Canada. 2010. *Misère du CHUM : l'immobilisme québécois dénoncé* [En ligne] http://www.radio-canada.ca/regions/Montreal/2010/09/20/001-CHUM-livre-echec.shtml (page consultée le 8 août 2011).

110. Bouchard, Dany. «En réaction aux propos de Guy Laliberté et Gilbert Rozon - Line Beauchamp relance la balle dans le camp du secteur privé». *Le Journal de Montréal*, 31 mai 2005.

111. Venne, Michel. 2007. «Le mythe de l'immobilisme». *L'Annuaire du Québec 2007* sous la direction de Miriam Fahmy et Michel Venne. Montréal : Fides, p. 12-13.

112. Bergeron, Patrice. «Gaz de schiste : le PQ demande un moratoire». *La Presse canadienne*, 2 septembre 2010.

113. Normandin, Pierre-André. «Amphithéâtre : il faut arrêter le "niaisage", dit Pauline Marois». *Le Soleil*, 25 mai 2011.

114. Porter, Isabelle. «Retrait du projet de loi 204 - Quebecor et Régis Labeaume sont "déçus", mais n'abandonnent pas». *Le Devoir*, 8 juin 2011.

115. Gouvernement du Québec. Bureau d'audiences publiques sur l'environnement. 2003. *Le BAPE rend public son rapport d'enquête et d'audience publique.* [En ligne] http://www.bape.gouv.qc.ca/sections/archives/suroit/commpresse/13-02-03-suroit.htm (page consultée le 9 août 2011).

116. Gouvernement du Québec. Régie de l'énergie. 2004. *La Régie présente son avis sur la sécurité énergétique des Québécois à l'égard des approvisionnements électriques et la contribution du projet du Suroît.* [En ligne] http://www.regie-energie.qc.ca/documents/communiques/040705com_Avis-01-2004.pdf (page consultée le 9 août 2011).

117. Dutrisac, Robert. « Feu vert à la centrale au gaz. Québec va de l'avant malgré un premier avis défavorable du BAPE ». *Le Devoir*, 13 janvier 2004.

118. Gouvernement du Québec. Bureau d'audiences publiques sur l'environnement. 2007. *Projet d'implantation du terminal méthanier Rabaska et des infrastructures connexes. Rapport d'enquête et d'audience publique.* Québec : Bureau d'audiences publiques sur l'environnement.

119. Dutrisac, Robert. « Port méthanier - Hamad continue d'espérer la réalisation du projet Rabaska ». *Le Devoir*, 7 décembre 2004.

120. Baril, Hélène. « Du gaz du Québec, avant Rabaska ». *La Presse*, 18 mars 2010.

121. Lévesque, Katleen. « Futur CHUM : Couillard se dit imperméable au lobby de la famille Desmarais ». *Le Devoir*, 28 janvier 2005.

122. Université de Montréal. 2007. « Michel Kelly-Gagnon, électron libre ». *Les Diplômés de l'Université de Montréal*, automne 2007. [En ligne] http://www.diplomes.umontreal.ca/revue/413/profil. html (page consultée le 15 août 2011).

123. Gouvernement du Québec. Agence de la santé et des services sociaux de Montréal. Direction de la santé publique. 2006. *Avis sur la modification de l'offre de jeu à Montréal : La construction d'un casino au Bassin Peel.* Montréal : Direction de la santé publique, p. 38-40.

124. Gouvernement du Québec. Comité interministériel chargé de l'évaluation du projet de relocalisation du casino de Montréal. 2006. *Le Rapport*. Québec : Gouvernement du Québec, p. 44.

125. Baillargeon, Stéphane. « Le Cirque du Soleil ? Non merci... ». *Le Devoir*, 17 février 2006, p. A1.

126. Francoeur, Louis-Gilles. « Dossier noir sur le gaz de schiste ». *Le Devoir*, 25 août 2010.

127. Union européenne. Parlement européen. 2011. *Impacts of shale gas and the shale oil extraction on the environment and on human health.* Bruxelles : Parlement européen.

128. Francoeur, Louis-Gilles. «Gaz de schiste: précipitation et laxisme». *Le Devoir*, 31 mars 2011.

129. Coalition pour l'avenir du Québec. 2011. *Coalition pour l'avenir du Québec*. [En ligne] http://www.coalitionavenir.org/files/Version%20finale%20texte%2021-02-2011-1.pdf (page consultée le 16 août 2011).

130. Gouvernement du Québec. Conseil du Trésor. 2011. *Budget de dépenses 2011-2012: Volume II Crédits des ministères et organismes*. Québec: Gouvernement du Québec, p. 19.

131. Turcotte, Claude. «Portrait: Où s'en va l'agriculture du Québec?». *Le Devoir*, 9 avril 2005, p. C1.

132. Gouvernement du Québec. Commission sur l'avenir de l'agriculture et de l'agroalimentaire québécois (CAAAQ). 2008. *Agriculture et agroalimentaire: assurer et bâtir l'avenir. Rapport de la Commission sur l'avenir de l'agriculture et de l'agroalimentaire québécois*. Québec: CAAAQ, p. 48.

133. *Ibid.*

134. Dutrizac, Robert. «L'agriculture dans tous ses états». *Le Devoir*, 8 juillet 2006.

135. Gouvernement du Québec. Commission sur l'avenir de l'agriculture et de l'agroalimentaire québécois (CAAAQ). 2007. *Agriculture et agroalimentaire: choisir l'avenir. Document de consultation*. Québec: CAAAQ, p. 12.

136. Voir Gouvernement du Québec. Commission sur l'avenir de l'agriculture et de l'agroalimentaire québécois (CAAAQ). 2008. *Agriculture et agroalimentaire: assurer et bâtir l'avenir. Rapport de la Commission sur l'avenir de l'agriculture et de l'agroalimentaire québécois*. Québec: CAAAQ, p. 15.

137. Voir Gouvernement du Québec. Commission sur l'avenir de l'agriculture et de l'agroalimentaire québécois (CAAAQ). 2007. *Agriculture et agroalimentaire: choisir l'avenir. Document de consultation*. Québec: CAAAQ, p. 36.

138. *Ibid.*, p. 26.

139. Turcotte, Claude. « Vers une révolution agricole. Le rapport Pronovost secoue la "place forte" du système actuel ». *Le Devoir*, 13 février 2008, p. A1.

140. Dans le jargon politique, un « livre vert » est un document de réflexion sur un sujet particulier.

141. Sansfaçon, Jean-Robert. « Agriculture - La crise du porc ». *Le Devoir*, 13 juin 2011, p. a6.

142. Voir Gouvernement du Québec. Commission sur l'avenir de l'agriculture et de l'agroalimentaire québécois (CAAAQ). 2007. *Agriculture et agroalimentaire : choisir l'avenir. Document de consultation*. Québec : CAAAQ, p. 22.

143. Gouvernement du Québec. Ministère du Développement durable, de l'Environnement et des Parcs. 2011. *Cinquième bilan annuel de mise en œuvre - Plan d'action sur les changements climatiques : le Québec sur la bonne voie*. [En ligne] http://www.mddep.gouv.qc.ca/infuseur/communique.asp?no=1913 (page consultée le 20 août 2011).

144. La part des grosses cylindrées dans le parc automobile québécois augmente encore. À ce sujet, voir : Francoeur, Louis-Gilles. « GES : Québec roule dans le mauvais sens ». *Le Devoir*, 11 janvier 2012.

145. Gouvernement du Québec. Recyc-Québec. 2008. *Bilan 2008 de la gestion des matières résiduelles*. Québec : Recyc-Québec, p. 3.

146. Gouvernement du Québec. Ministère du Développement durable, de l'Environnement et des Parcs. 2011. *Orientations stratégiques pour atteindre 12 % d'aires protégées au Québec en 2015 - Aires marines protégées : le Québec devancera de cinq ans la cible de Nagoya*. [En ligne] http://www.mddep.gouv.qc.ca/infuseur/communique.asp?no=1859 (page consultée le 20 août 2011).

147. Radio-Canada. 2010. *Québec va de l'avant avec la redevance sur l'eau*. [En ligne] http://www.radio-canada.ca/nouvelles/Economie/2010/12/14/010-redevance-eau-industriel.shtml (page consultée le 21 août 2011).

148. Bergeron, Patrice. « Québec menace de tarifer l'eau ». *La Presse canadienne*, 28 mars 2011.

149. Gouvernement du Québec. Ministère des Ressources naturelles et de la Faune. 2005. *L'énergie au Québec en 2004.* Québec : Ministère des Ressources naturelles et de la Faune, p. 25.

150. Gouvernement du Canada. Statistique Canada. 2005. *Le Canada, un grand consommateur d'énergie : une perspective régionale.* Ottawa : Statistique Canada.

151. Gouvernement du Québec. Ministère des Ressources naturelles. 2011. *Consommation d'électricité.* [En ligne] https ://www.mrnf. gouv.qc.ca/energie/statistiques/statistiques-consommation-electricite.jsp (page consultée le 4 novembre 2012).

152. Voir Gouvernement du Québec. Recyc-Québec. 2008. *Bilan 2008 de la gestion des matières résiduelles.* Québec : Recyc-Québec, p. 3.

153. Gouvernement du Canada. Statistique Canada. 2005. *L'activité humaine et l'environnement. Les déchets solides au Canada.* Ottawa : Statistique Canada, p. 2.

154. Gouvernement du Québec. Ministère des Transports. 2011. *Transports et changements climatiques.* [En ligne] http://www.mtq. gouv.qc.ca/portal/p./portal/ministere/ministere/environnement/ changements_climatiques/transport_changements_climatiques (page consultée le 22 août 2011).

155. *Ibid.*

156. Ville de Montréal. Direction de l'environnement et du développement durable. 2012. *Bilan environnemental : la qualité de l'air à Montréal.* Montréal : Ville de Montréal, p. 3.

157. Assemblée nationale. Vérificateur général. 2012. « Rapport du Commissaire au développement durable. Faits saillants. Printemp. 2012 ». Québec : Vérificateur général, p. 7.

158. Robitaille, Antoine. « Mulcair félicite un député péquiste pour sa pétition contre les sacs de plastique ». *Le Devoir*, 28 octobre 2005.

159. Cardinal, François. 2007. *Le Mythe d'un Québec Vert.* Montréal : Éditions Voix Parallèles, p. 40.

160. Bouchard, Jacques et François Brousseau. 2002. *La voix de René Lévesque.* Montréal : Fides, p. 52.

161. Assemblée nationale. 2011. *La répartition des voix aux élections générales.* [En ligne]. http://www.assnat.qc.ca/fr/patrimoine/

votes.html (page consultée le 28 août 2011) et Assemblée nationale. 2011. *La répartition des sièges aux élections générales.* [En ligne]. http://www.assnat.qc.ca/fr/patrimoine/sieges.html (page consultée le 28 août 2011).

162. *Ibid.*

163. Bélair-Cirino, Marco. « Le PQ en terrain majoritaire ». *Le Devoir*, 10 mars 2012.

164. *Ibid.*

165. *Ibid.*

166. Carter, Elisabeth et David M. Farrell. 2010. « Electoral Systems and Election Management ». *Comparing Democracies 3*, Larry LeDuc, Dick Niemi et Pippa Norris (dir.). Londres : Sage, p. 25-44.

167. Directeur général des élections. 2007. *Les modalités d'un mode de scrutin mixte compensatoire : rapport du directeur général des élections.* Québec : Directeur général des élections, p. 7-12.

168. Directeur général des élections du Québec. 2011. *Historique de la carte électorale depuis 1792.* [En ligne] http://www.elections quebec.qc.ca/francais/provincial/carte-electorale/historique-de-la-carte-electorale-du-quebec-depuis-1792.php (page consultée le 12 novembre 2012).

169. Assemblée nationale. 2010. *Loi concernant la suspension du processus de délimitation des circonscriptions électorales.* Québec : Assemblée nationale.

170. Ouellet, Martin. « Québec abandonne l'ajout de trois sièges à l'Assemblée nationale ». *La Presse*, 30 novembre 2011.

171. Directeur général des élections du Québec. 2011. *Élections générales au Québec, 1867 - 2008.* [En ligne] http://www. electionsquebec.qc.ca/documents/pdf/les-elections-generales-au-quebec-1867-2008.pdf (page consultée le 27 août 2011).

172. Directeur général des élections du Québec. 2012. *Résultats officiels après recensement des votes par parti politique pour l'ensemble des circonscriptions.* [En ligne] http://monvote.qc.ca/fr/resultats_parti_politique.asp (page consultée le 11 septembre 2012).

173. Cliche, Paul (Tribune libre). « Lettres - La saga de la carte électorale : désespérant ! ». *Le Devoir*, 22 juillet 2011.

174. Cliche, Paul (Tribune libre). « Lettres - La réforme du mode de scrutin évacuée du programme du PQ ». *Le Devoir*, 20 juin 2011.

175. « La Commission royale d'enquête sur le bilinguisme et le biculturalisme (1963-1971) est bien connue sous les noms de ses coprésidents, André Laurendeau et A. Davidson Dunton. Son mandat consiste à enquêter sur l'état du BILINGUISME et du BICULTURALISME, et à faire des recommandations en vue d'assurer une reconnaissance élargie de la DUALITÉ CULTURELLE de base du Canada. Elle est créée en réaction au malaise grandissant parmi les Canadiens français du Québec qui demandent la protection de leur langue et de leur culture, et cherchent à participer pleinement à la prise de décisions en matière politique et économique. » Cet extrait est tiré de : Encyclopédie Canadienne (L'). 2012. *Commission royale d'enquête sur le bilinguisme et le biculturalisme (Commission Laurendeau-Dunton).* [En ligne] http://www.thecanadianencyclopedia.com/articles/fr/commission-royale-denquete-sur-le-bilinguisme-et-le-biculturalisme-commission-laurendeaudunton (page consultée le 12 avril 2012).

176. Brochu, Pierre, Paul Makdissi et Lynn Taohan. 2010. « Le Québec, champion canadien de la lutte contre la pauvreté ? ». *L'État du Québec 2010.* Miriam Fahmy (dir.). Montréal : Boréal, p. 96-98.

177. *Ibid.*

178. Fahmy, Miriam. 2010. « Le mythe d'un Québec égalitaire ». *L'État du Québec 2011.*Miriam Fahmy (dir.). Montréal : Boréal, p. 32-33.

179. OCDE. 2008. *Croissance et inégalités : Distribution des revenus et pauvreté dans les pays de l'OCDE. Résumé en français.* Paris : OCDE, p. 5.

180. *Ibid.*

181. OCDE. 2008. *Growing Unequal ? Income Distribution and Poverty in OECD Countries. Country note : Canada.* Paris : OCDE, p. 1.

182. Couturier, Ève-Lyne et Bertrand Schepper. 2010. *Qui s'enrichit, qui s'appauvrit ?* Montréal : Institut de recherche et d'informations socio-économiques et Centre canadien de politiques alternatives, p. 50-52.

183. *Ibid.*

184. *Ibid.*

185. *Ibid.*, p. 6.

186. *Ibid.*, p. 52.

187. Le dollar constant est une unité de mesure qui permet de comparer à travers le temps le pouvoir d'achat réel du dollar en supprimant les variations nominales dues à l'inflation ou à la déflation.

188. Statistique Canada ne produit pas cette statistique pour le Québec seulement.

189. Couturier, Ève-Lyne et Simon Pépin-Tremblay. 2010. « Le cycle intenable de l'endettement des ménages ». *L'État du Québec 2010*. Miriam Fahmy (dir.). Montréal : Boréal, p. 136-139.

190. Desjardins. 2012. *Point de vue économique. Mise à jour : situation financière des ménages québécois.* Québec : Desjardins, p. 1.

191. Fahmy, Miriam. 2010. « Le mythe d'un Québec égalitaire ». *L'État du Québec 2010*. Miriam Fahmy (dir.). Montréal : Boréal, p. 35.

192. Voir à ce sujet Bernard, Paul et Hicham Raïq. 2010. « Le Québec est-il une société égalitaire ? ». *L'État du Québec 2010*. Miriam Fahmy (dir.). Montréal : Boréal.

193. Perreault-Labelle, Annick. 2010. « L'égalité économique : un idéal pour les Québécois ? ». *L'État du Québec 2010*.Miriam Fahmy (dir.). Montréal : Boréal, p. 155.

194. Le président du Conseil du Trésor est le ministre responsable de la fonction publique.

195. Noël, André. « Jérôme-Forget ridiculise l'expertise de l'État québécois ». *La Presse*, 14 décembre 2006.

196. Léger, Jean-Marc. « Le baromètre des professions ». *Le Journal de Montréal*, 2 octobre 2012, p. 23.

197. La Presse canadienne - Léger Marketing. 2005. *Confiance des Canadiens à l'égard des entreprises en lien avec la création d'emplois et leurs responsabilités sociales.* Montréal : Léger Marketing, p. 4.

198. La Presse canadienne - Léger Marketing. 2003. *La perception des Canadiens à l'égard des fonctionnaires.* Montréal : Léger Marketing, p. 5.

199. Léger, Jean-Marc. « La job de bras ». *Le Journal de Montréal*, 3 avril 2012.

200. *Ibid.*

201. *Ibid.*

202. La Presse canadienne - Léger Marketing. 2004. *Les Canadiens et l'impôt*. Montréal : Léger Marketing, p. 5.

203. Guay, Jean-Herman et Luc Godbout. 2011. « Taxation et gestion budgétaire : la pensée magique des Québécois ». *Options politiques*, novembre 2011. Montréal : Institut de recherche en politiques publiques (IRPP), p. 39.

204. Fortin, Pierre. Centre interuniversitaire sur le risque, les politiques économiques et l'emploi. 2010. *Fonctionnaires « bonriens » ?* [En ligne] http://www.cirpee.org/grand_public/chroniques_de_pierre_fortin/fonctionnaires_bonriens/ (page consultée le 29 août 2011).

205. La rémunération globale comprend le salaire, mais aussi les avantages sociaux tels les assurances collectives, les fonds de retraite et les heures réelles travaillées.

206. Dans le cadre de cette étude, par salariés, on entend les employés de toutes les administrations publiques et ceux du secteur privé, excluant les entreprises de moins de 200 employés ainsi que les travailleurs autonomes.

207. Gouvernement du Québec. Institut de la statistique du Québec. 2011. *Rémunération des salariés : état et évolution comparés. Faits saillants*. Québec : Institut de la Statistique du Québec, p. 3.

208. *Ibid.*

209. *Ibid.*

210. Assemblée nationale. 2012. *Indemnités et allocations.* [En ligne] http://www.assnat.qc.ca/fr/abc-assemblee/fonction-depute/indemnites-allocations.html (page consultée le 29 février 2012).

211. Parlement du Canada. 2012. *Indemnités, salaires et allocations.* [En ligne] http://www.parl.gc.ca/parlinfo/Lists/Salaries.aspx?Language=F&Menu=HOC-Politic&Section=03d93c58-f843-49b3-9653-84275c23f3fb (page consultée le 29 février 2012).

212. Gouvernement du Québec. Conseil du Trésor. 2011. *Qui est admissible aux campagnes de recrutement étudiant?* [En ligne] http://www.carrieres.gouv.qc.ca/place-aux-etudiants/etudiants-finissants/admissibilite/index.html (page consultée le 11 septembre 2012).

213. Gouvernement du Canada. Conseil du Trésor. 2011. *Comment postuler un emploi dans la fonction publique fédérale : Un guide pratique pour les postulants.* [En ligne] http://jobs-emplois.gc.ca/centres/ref-guide-fra.htm (page consultée le 30 août 2011).

214. Cauchy, Clairandrée. « Courchesne réfléchit à l'idée de rémunérer les stagiaires en éducation ». *Le Devoir*, 4 novembre 2008.

215. Association des procureurs aux poursuites criminelles et pénales (APPCP). 2011. *Les procureurs de la couronne qualifient de « show de boucane » l'annonce du ministre Fournier et de Me Dionne.* Montréal : APPCP.

216. *Ibid.*

217. Observatoire de l'administration publique. 2011. *L'État québécois en perspective : la fonction publique québécoise.* Québec : Observatoire de l'administration publique, p. 2-3.

218. *Ibid.*

219. Rouillard, Christian *et al. De la réingénierie à la modernisation de l'État québécois.* Québec : Presses de l'Université Laval. 2008, p. 89.

220. Radio-Canada. 2011. *Québec confirme le gel des embauches dans la fonction publique.* [En ligne] http://www.radio-canada.ca/nouvelles/Politique/2011/06/30/002-tresor-gel-embauche.shtml (page consultée le 30 août 2011).

221. Larouche, Vincent. « Inspections de structures : le Québec parmi les champions de la sous-traitance ». *La Presse*, 3 août 2011.

222. Duchesneau, Jacques. Ministère des Transports du Québec. 2011. *Rapport de l'Unité anticollusion au ministre des Transports du Québec.* Québec : Québec, p. 15

223. *Ibid.*

224. Boismenu, Gérard, Pascale Dufour et Denis Saint-Martin. 2004. *Ambitions libérales et écueils politiques : réalisations et promesses du gouvernement Charest.* Montréal : Athéna Éditions, p. 30-31.

225. Assemblée nationale. 2004. *Loi sur l'Agence des partenariats public-privé.* Québec : Assemblée nationale, L.R.Q., chapitre A-7.002.

226. La Presse canadienne. « Québec enterre l'Agence des PPP ». *La Presse canadienne,* 22 octobre 2009.

227. Gouvernement du Québec. 2008. *Règlement sur les contrats d'approvisionnement des organismes* publics. Québec : Gouvernement, c. C-65.1, r. 2, article 13.

228. Shields, Alexandre. « Les Québécois plus "solidaires" que "lucides" ». *Le Devoir,* 11 janvier 2007.

229. *Ibid.*

230. Lévesque, Kathleen. « Tout aux baisses d'impôts ». *Le Devoir,* 21 mars 2007.

231. Léger Marketing. 2007. *Rapport d'analyse : la politique fédérale et provinciale.* Montréal : Léger Marketing, p. 7.

232. *Journal de Montréal - Léger Marketing.* 2005. *Opinion des Québécois à l'égard des taxes et impôts.* Montréal : Léger Marketing, p. 3.

233. Radio-Canada - CROP. 2006. *La dette du Québec.* Montréal : CROP, p. 6.

234. Les travaux sur la question sont encore parcellaires, mais il s'en dégage lentement des opinions selon lesquelles la sous-traitance et les PPP n'entraînent aucune économie pour les administrations publiques. Par exemple, voir les travaux de Christian Bordeleau [le partenaire d'affaires de l'auteur] à l'adresse suivante : http://carleton-ca.academia.edu/ChristianBordeleau et plus particulièrement les paragraphes sur la question dans le texte suivant : Bordeleau, Christian (Tribune libre). « Vérification et fonction publique — une décision irresponsable ». *Le Devoir,* 6 juillet 2011.

235. La Conférence sur le devenir social et économique du Québec.

236. Gouvernement du Québec. Ministère du Conseil exécutif. 1996. *Les participants à la Conférence sur le devenir social et économique du Québec dégagent d'importants consensus.* [En ligne]

http://www.premier-ministre.gouv.qc.ca/actualites/communiques/1996/mars/1996-03-20.asp (page consultée le 30 août 2011).

237. Fait intéressant, en 1978, après une promesse en ce sens, le gouvernement de René Lévesque avait proposé des référendums de défusion aux anciennes municipalités formant la ville de Buckingham, dans l'Outaouais, fusionnées par le gouvernement précédent.

238. Lors de ce scandale, le public a découvert les liens très étroits qui existaient entre des lobbyistes pour la plupart issus des milieux péquistes et le gouvernement Landry. Évidemment, ces liens ont profité financièrement aux lobbyistes en question. Pour plus d'information, on peut consulter la note de recherche d'Hugo Roy, intitulée « Le cas Oxygène 9 », à l'adresse Internet suivante : http://archives.enap.ca/bibliotheques/2008/02/030017440.pdf

239. Le *scandale des commandites* est une affaire politique relative à l'usage de fonds publics pour financer une des publicités visant à contrecarrer le mouvement souverainiste québécois. L'idée derrière les commandites était de sensibiliser l'opinion publique québécoise sur les actions positives du gouvernement fédéral canadien au Québec. D'importants contrats ont été signés avec des agences publicitaires pour diffuser ces idées. Les agents publicitaires, en plus d'encaisser de grosses sommes d'argent pour des tâches très simples, reversaient une partie des sommes perçues au Parti libéral du Canada. La Commission d'enquête sur le programme de commandites et les activités publicitaires, connue sous le vocable de Commission Gomery (du nom du juge qui la présidait), organisée en 2004, a fait la lumière sur cette affaire.

240. En effet, le Parti libéral du Québec ainsi que le Parti québécois ont été visés directement par Jean Brault durant les audiences de la Commission Gomery. À ce sujet, voir : Radio-Canada. 2006. *Le PQ et le PLQ ont profité de la manne.* [En ligne] http://www.radio-canada.ca/nouvelles/Politique/2006/06/20/006-rapport-dgeq.shtml (page consultée le 9 août 2011).

241. *Globe and Mail, Le Devoir* - Léger Marketing. 2005. *Sondage Québécois.* Montréal : Léger Marketing, p. 3.

242. Les sondages qui ont mesuré l'impopularité de Jean Charest sont si nombreux qu'il n'y aurait pas assez de place ici pour tous les citer.

243. Cauchy, Clairandrée. « Québec financera à 100 % des écoles privées juives ». *Le Devoir*, 13 janvier 2005.

244. Lessard, Denis. « Après une généreuse contribution financière de la communauté au PLQ : La décision sur les écoles juives a été prise en catimini à Québec ». *La Presse*, 18 janvier 2005.

245. Francoeur, Louis-Gilles. « Béchard vendra le mont Orford aux promoteurs. Les profits serviront à agrandir le parc national ». *Le Devoir*, 7 mars 2006, p. a1.

246. Francoeur, Louis-Gilles. « Mulcair victime de son bilan et de sa pugnacité ». *Le Devoir*, 1 mars 2006, p. a1.

247. Robitaille, Antoine. « Apparence de conflit d'intérêts, dit le PQ - Une entreprise de David Whissel a doublé son chiffre d'affaires avec l'État depuis qu'il a été nommé ministre ». *Le Devoir*, 13 mai 2009.

248. La Presse canadienne. « Financement du Parti libéral - Marois veut une enquête du DGE ». *Le Devoir*, 26 février 2010.

249. Robitaille, Antoine. « Le salaire caché de Charest : entente privée, clame le PLQ ». *Le Devoir*, 12 mars 2008.

250. Salvet, Jean-Marc. « Charest renonce à son salaire de 75 000 $ du PLQ ». *Le Soleil*, 20 mai 2010.

251. Radio-Canada. 2009. *Labonté rompt le silence.* [En ligne] http://www.radio-canada.ca/regions/Municipales2009/2009/10/22/009-benoit-labonte-entrevue.shtml (page consultée le 2 août 2011).

252. La Presse canadienne. « Pour Jean Charest, Jean D'Amour peut rester ». *Le Devoir*, 3 février 2010.

253. Cameron, Daphné. « Tony Tomassi démis de ses fonctions ». *La Presse*, 6 mai 2010.

254. Chouinard, Tommy. « Encore des places à des donateurs du PLQ ». *La Presse*, 4 mai 2010.

255. Chouinard, Tommy. « Garderies : le VG blâme la ministre Michelle Courchesne ». *La Presse*, 30 novembre 2011.

256. Bergeron, Patrice. « Une autre affaire de permis de garderie met en cause Michelle Courchesne ». *La Presse canadienne*, 6 juin 2012.

257. Shields, Alexandre. « Des citoyens exigent un moratoire sur l'exploitation du gaz naturel au Québec ». *Le Devoir*, 1 juin 2010, p. a4.

258. Francoeur, Louis-Gilles. « Dossier noir sur le gaz de schiste ». *Le Devoir*, 25 août 2010, p. a1.

259. Sur cette question, voir : Robitaille, Antoine. 2010. « Un gouvernement en crise - Les schistes, une filière libérale ? » *Le Devoir*, 3 septembre 2010 et Les affaires.com. 2010. *Gaz de schiste : l'industrie a fait le plein de conseillers libéraux*. [En ligne] http://www.lesaffaires.com/secteurs-d-activite/energie/gaz-de-schiste--l-industrie-a-fait-le-plein-de-conseillers-liberaux/517977 (page consultée le 6 août 2011) et Lajoie, Geneviève. Agence QMI. 2011. *Gaz de schiste : une autre libérale se joint au lobby*. [En ligne] http://argent.canoe.ca/lca/affaires/quebec/archives/2011/03/20110329-055302.html (page consultée le 7 août 2011).

260. Le climat a été si mauvais que, chose rarissime, le président de l'Assemblée nationale a démissionné. À ce sujet, voir : Lessard, Denis. « Assemblée nationale : Yvon Vallières démissionne ». *La Presse*, 1er avril 2011.

261. Léger, Jean-Marc. « Le baromètre des professions ». *Journal de Montréal*, 2 octobre 2012, p. 23.

262. *Ibid.*

263. À ce sujet, voir l'excellent mémoire de maîtrise de Tessier, Benoît. 2008. *Espace politique et positions partisanes : les plateformes électorales au Québec de 1994 à 2007*. Montréal : Université du Québec à Montréal. [M. Tessier est un ami de l'auteur].

264. Dans le jargon politique, on appelle « poteaux » les gens qui sont candidats à une élection dans une circonscription jugée imprenable, et ce, uniquement dans le but de permettre au parti de clamer qu'il présente des candidats partout. Généralement, ces candidats ne croient pas avoir des chances de gagner (voire ne souhaitent même pas gagner), ont d'autres occupations et travaillent

à l'élection d'autres candidats. Évidemment, tous les partis politiques présentent des poteaux : par contre, dans le cas du NPD,
c'est la proportion importante de poteaux qui ont été élus qui est
inquiétante.

265. Levine, Marc V. 1997. *La reconquête de Montréal*. Montréal : VLB
Éditeur.

266. *Arrêt Ford* (Ford *c.* Québec [Procureur général], [1988] 2 R.C.S.
712).

267. Premier ministre du Québec de 1970 à 1976 et 1985 à 1994. Libéral, il s'est notamment distingué par son travail pour le développement hydro-électrique de la Baie James et les deux tentatives
de réforme constitutionnelle (accord du Lac Meech et accord de
Charlottetown).

268. Les modifications majeures apportées par la Loi 104 étaient les
suivantes : l'interdiction pour les enfants ayant suivi un enseignement en anglais dans les écoles privées non subventionnées
de transférer à l'école publique anglaise, l'obligation pour les universités d'adopter des politiques linguistiques, des dispositions
concernant la langue de l'administration publique et des milieux
de travail. Voir : Assemblée nationale. *Loi modifiant la Charte de
la langue française*, L.Q. 2002, chapitre 28.

269. Bélair-Cirino, Marco. « Sondage - Le français à Montréal : 90 %
des francophones sont inquiets ». *Le Devoir*, 22 juin 2009.

270. Opinion publique Angus Reid. 2011. [*Sondage sur le bilinguisme
au Canada*]. Montréal : Opinion publique Angus Reid, p. 13.

271. Cameron, Daphné. « ¿Hablas francès ? ». *La Presse*, 22 septembre
2008.

272. *Ibid.*

273. Angus Reid Public Opinion. 2011. *Bilinguism in Québec. Quebecers Willing to Improve Their Level in the Other Official Language*.
Montréal : Angus Reid Public Opinion, p. 2.

274. Murchison, Noée. « Le français pas important ». *Journal de
Montréal*, 14 janvier 2008.

275. Durocher, Sophie. « Speak white ». *24 heures*, 23 juillet 2010.

276. Castonguay, Alec. «Des prêtres inquiets du bilinguisme de l'Église». *Le Devoir*, 22 décembre 2009.

277. Gervais, Lise-Marie. «Une maîtrise 100 % anglais». *Le Devoir*, 22 février 2012.

278. Macpherson, Don. «Sorry, I don't speak French». *Le Courrier International*, 2 juillet 2009.

279. Dubuc, André et Francis Vailles. «Des patrons unilingues anglais à la Caisse de dépôt». *La Presse*, 15 novembre 2011.

280. Vailles, Francis. «Un patron unilingue anglophone à la Banque Nationale». *La Presse*, 19 novembre 2011.

281. Cantin, Philippe. «Canadien : contrat brisé» *La Presse*, 19 décembre 2011.

282. De Pierrebourg, Fabrice. «L'anglais favorisé sur le chantier du CHUM». *La Presse*, 7 mars 2012.

283. Vailles, Francis. «Statut spécial pour l'anglais chez Bombardier Aéronautique». *La Presse*, 8 décembre 2011.

284. Radio-Canada. «Rue Sainte-Catherine : le quart des commerces enfreint la loi 101». [En ligne] http://www.radio-canada.ca/regions/Montreal/2012/03/07/002-sainte-catherine-francais-affichage.shtml (page consultée le 9 mars 2012).

285. Gouvernement du Québec. Office québécois de la langue française. 2012. *Bilan de l'évolution de la situation linguistique au Québec. Langue du commerce et des affaires. Faits saillants.* Montréal : Office québécois de langue française, p. 3.

286. TVA Nouvelles. 2012. «Incapable d'être servi en français». [En ligne] http://tvanouvelles.ca/lcn/infos/regional/montreal/archives/2012/04/20120419-221232.html (page consultée le 5 mai 2012).

287. L'actualité. «Montréal, ville anglaise ?». *L'actualité*, 15 avril 2012, p. 24.

288. *Ibid.*

289. Lessard, Denis. «L'OQLF veut plus de muscles pour protéger le français». *La Presse*, 10 mars 2012.

290. *Ibid.*

291. Journet, Paul. « Immigration : Québec proposera une séance d'accueil en anglais ». *La Presse*, 4 avril 2012.

292. Thibaudin, Henri. 2011. *L'offre d'emploi de langue minoritaire des institutions publiques au Québec et au Canada. Les secteurs de l'enseignement, de la santé et des services sociaux et des administrations publiques.* Montréal : Institut de recherche en économie contemporaine/Institut de recherche sur le français en Amérique, p. ii.

293. *Ibid.*

294. Dutrisac, Robert. « L'anglais langue première ». *Le Devoir*, 11 décembre 2009.

295. *Ibid.*

296. Radio-Canada. 2011. « La RAMQ cessera de s'adresser aux immigrants allophones en anglais au bout d'un an ». [En ligne] http://www.radio-canada.ca/nouvelles/societe/2011/12/22/001-ramq-francais-anlgais-immigrants.shtml (page consultée le 15 mars 2012).

297. D'Astous, Caroline. 22 octobre 2012. « SAAQ : Des examens de permis de conduire en arabe, chinois et espagnol ». [En ligne] http://quebec.huffingtonpost.ca/2012/10/22/saaq-examens-permis-conduire-arabe-chinois-espagnol_n_2003748.html (page consultée le 24 octobre 2012).

298. Gouvernement du Québec. Office québécois de la langue française. 2012. *Rapport sur l'évolution de la situation linguistique au Québec. Langue de travail.* Montréal : Office québécois de la langue française, p. 43.

299. Gouvernement du Québec. Office québécois de la langue française (OQLF). 2011. *Rapport sur l'évolution de la situation linguistique au Québec. Faits saillants du suivi démolinguistique.* Montréal : OQLF, p. 4.

300. *Ibid.*

301. Dutrisac, Robert. « La situation de la langue - Vers une cassure entre Montréal et le reste du Québec ». *Le Devoir*, 17 septembre 2011.

302. Nguyen *c.* Québec (Éducation, Loisir et Sport), 2009 CSC 47, [2009] 3 R.C.S. 208.

303. Gouvernement du Québec. Institut de la statistique. 2009. *Population n'ayant qu'une seule langue maternelle, régions administratives, Québec, 2006.* [En ligne] http://www.stat.gouv.qc.ca/regions/lequebec_20/langue_20/materuni20.htm (page consultée le 15 août 2011).

304. Les calculs pour l'île de Montréal et la région métropolitaine de Montréal (RMM) comportent les mêmes choix méthodologiques que pour la note 26 de la première partie. Pour l'ensemble des chiffres, voir : Statistique Canada. 2007. *Le portrait linguistique en évolution, Recensement de 2006.* Ottawa : Statistique Canada, p. 21-27, Statistique Canada. 2012. *Caractéristiques linguistiques des Canadiens : Langues Recensement de la population de 2011.* Ottawa : Statistique Canada, p. 13, Statistique Canada. 2012. *Montréal, Québec (Code 2466) et Québec (Code 24) (tableau). Profil du recensement, Recensement de 2011, produit n° 98-316-XWF au catalogue de Statistique Canada.* Ottawa. Diffusé le 24 octobre 2012. [En ligne] http://www12.statcan.gc.ca/census-recensement/2011/dp-pd/prof/index.cfm?Lang=F (page consultée le 26 octobre 2012) et Statistique Canada. 2012. *Montréal, Québec (Code 462) et Québec (Code 24) (tableau). Profil du recensement, Recensement de 2011, produit n° 98-316-XWF au catalogue de Statistique Canada.* Ottawa. Diffusé le 24 octobre 2012. [En ligne] http://www12.statcan.gc.ca/census-recensement/2011/dp-pd/prof/index.cfm?Lang=F (page consultée le 26 octobre 2012).

305. Boismenu, Gérard, Pascale Dufour et Denis Saint-Martin. 2004. *Ambitions libérales et écueils politiques : réalisations et promesses du gouvernement Charest.* Montréal : Athéna Éditions, p. 114-115.

306. *Ibid.*

307. Caron, Régys et Taïeb Moalla. « Coupe dans la francisation - Québec se dit très généreux ». *Le Journal de Québec*, 12 avril 2010.

308. Dutrisac, Robert. « Francisation des immigrants - Québec coupe encore ». *Le Devoir*, 22 avril 2010.

309. Bouchard, Gérard et Charles Taylor. 2008. *Fonder l'avenir — Le temps de la conciliation.* Québec : Commission de consultation

sur les pratiques d'accommodement reliées aux différences culturelles, p. 268, recommandations C2-C3.

310. Leduc, Louise. « 400 000 $ pour une poignée d'autocollants ». *La Presse,* 14 mars 2009.

311. Secrétariat à la politique linguistique. Gouvernement du Québec. 2008. « Le Rendez-vous des gens d'affaires et des partenaires socioéconomiques : signature d'une stratégie quinquennale en faveur du français à Montréal ». [En ligne] http://www.spl.gouv. qc.ca/ministreetspl/actualites/detail/article/rvga-10-10-2008/ (page consultée le 11 mars 2012).

312. Secrétariat à la politique linguistique. Gouvernement du Québec. 2008. *Le français, notre affaire à tous. Stratégie commune d'intervention pour Montréal 2008-2013.* Québec : Gouvernement du Québec.

313. *Ibid.,* p. 5-6.

314. Montpetit, Pascal. « Québec veut franciser les noms anglais des grandes entreprises ». *La Presse canadienne,* 29 août 2011.

315. Voir Dutrisac, Robert. « L'anglais langue première ». *Le Devoir,* 11 décembre 2009.

316. La Presse canadienne. « Fini l'anglais à la RAMQ ». *La Presse Canadienne,* 23 décembre 2011.

317. Journet, Paul. « La ministre St-Pierre hésite à amender la Loi 101 ». *La Presse,* 18 novembre 2011.

318. Dutrisac, Robert. « Québec tait des données alarmantes ». *Le Devoir,* 24 janvier 2008.

319. Leduc, Louise. « En crise le français ? Des chiffres contestés ». *La Presse,* 10 décembre 2006.

320. Radio-Canada. 2008. « La ministre veut garder le contrôle ». [En ligne] http://www.radio-canada.ca/nouvelles/National/2008/ 05/27/001-oqlf-st-pierre-BT.shtml (page consultée le 10 mars 2012).

321. En fait, la Loi 103 prévoit que le gouvernement détermine par règlement les modalités d'accès à l'école publique anglaise. La grille de pondération est complexe, car chaque situation est jugée à la pièce. De fait, les modalités prévues par le règlement permettent à un élève, sans frère et sœur et sans éducation préalable en anglais

au Canada, d'accéder à l'école publique anglaise après trois années passées dans une école privée non subventionnée. De plus, la grille contient des éléments tout à fait subjectifs. À ce sujet, lire : Gouvernement du Québec. *Règlement sur les critères et la pondération applicables pour la prise en compte de l'enseignement en anglais reçu dans un établissement d'enseignement privé non agréé aux fins de subventions.* 2010, C-11, r. 2.1.

322. Radio-Canada. 2010. « Une passerelle plus étroite ». [En ligne] http://www.radio-canada.ca/nouvelles/Politique/2010/06/02/001-porjet-loi103-passerelles.shtml (page consultée le 10 mars 2012).

323. Radio-Canada. 2010. « St-Pierre défend le droit à l'école anglaise ». [En ligne] http://www.radio-canada.ca/nouvelles/Politique/2010/09/06/004-loi101-coalition-loi103.shtml (page consultée le 10 mars 2012).

324. Ouellet, Martin. « Enseignement en anglais : St-Pierre veut protéger "l'image du Québec à l'étranger" ». *La Presse canadienne*, 6 septembre 2010.

325. Dutrisac, Robert. « Le bâillon lundi pour la loi 103 - Le gouvernement invoque l'urgence pour éviter un vide juridique ». *Le Devoir*, 15 octobre 2010.

326. Voir particulièrement les chapitres 1 et 2 de : Ryan, Claude. 2004. *Les valeurs libérales et le Québec moderne.* Montréal : Parti libéral du Québec, p. 19-23.

327. Dutrisac, Robert. « Protection du français - La liberté individuelle doit primer, disent les jeunes libéraux ». *Le Devoir,* 14 juin 2011.

328. Drouilly, Pierre. 1990. « L'élection du 25 septembre 1989 : une analyse des résultats ». *L'année politique au Québec 1989-1990.* [En ligne] http://www.pum.umontreal.ca/apqc/89_90/drouilly/drouilly.htm (page consultée le 15 mars 2012).

329. *Ibid.*

330. Appelé à prononcer un discours devant la Chambre de commerce du Canada à Gatineau, Jean Charest avait prononcé ce dernier en anglais. À ce sujet, voir : Sarrazin, Jean-François. « Jean Charest à Gatineau ». *Agence QMI*, 28 septembre 2010.

331. À Bruxelles — capitale de l'Europe et ville francophone —, Jean Charest, à l'occasion d'un sommet sur l'environnement, avait prononcé un discours bilingue français/anglais, contrairement à la très grande majorité des intervenants présents, qui n'avaient pourtant pas pour langue maternelle le français, et qui s'étaient exprimés uniquement en français. À ce sujet, voir : Rioux, Christian. « Full Bilingue ». *Le Devoir*, 3 juillet 2009.

332. Dutrisac, Robert. « Cour suprême - Charest et l'Assemblée nationale exigent des juges bilingues ». *Le Devoir*, 22 mai 2008, p. A2.

333. Cornellier, Manon. « Revue de presse - Restons calmes... ». *Le Devoir*, 24 avril 2010, p. C4.

334. Gaboury, Paul. « Juges bilingues à la Cour suprême : Lemieux est rabroué par Fraser ». *Le Droit*, 29 mai 2009.

335. Buzetti, Hélène. « Cour suprême — Le bilinguisme des juges est essentiel, dit Claire L'Heureux-Dubé ». *Le Devoir*, 27 avril 2010, p. A1.

336. Buzetti, Hélène. « Cour suprême — L'imposition de juges bilingues diviserait le pays, dit Moore ». *Le Devoir*, 26 mai 2010, p. A3.

337. Élections Canada. 2004. *La représentation à la Chambre des communes du Canada*. [En ligne] http://www.elections.ca/scripts/fedrep/federal_f/red/representation_f.htm (page consultée le 1er septembre 2011).

338. Vastel, Marie. « Réforme de la carte électorale - Feu vert à des députés supplémentaires ». *Le Devoir*, 14 décembre 2011.

339. À ce sujet, le lecteur intéressé pourra lire l'ouvrage suivant, qui décrit très bien le pouvoir accaparé par le premier ministre canadien : Savoie, Donald J. 1999. *Governing from the Centre : The Concentration of Power in Canadian Politics*. Toronto : University of Toronto Press.

340. Premier ministre canadien (conservateur) d'un gouvernement minoritaire du 4 juin 1979 au 2 mars 1980. Battu un mois et demi avant le début de la campagne référendaire québécoise de 1980.

341. Première ministre du Canada (conservatrice) du 25 juin au 4 novembre 1993. Succédant à Brian Mulroney, elle entraîne son parti dans une défaite électorale historique en 1993 : son parti passe alors d'une majorité de 156 sièges à 2 sièges. C'est à cette élection,

sous la gouverne de Lucien Bouchard, que le Bloc québécois fait son entrée à la Chambres des communes avec une récolte de 54 sièges, record qui n'a jamais été dépassé.

342. À ce sujet, voir ce qu'en pense le *Rest of Canada* (ROC) : Selley, Chris. « He believed in Canada ». *National Post,* 23 août 2011.

343. Association d'études canadiennes - Léger Marketing. 2011. *Sondage post-électoral : Les lendemains des élections fédérales : perceptions et attentes.* Montréal : Léger Marketing, p. 7.

344. Ibbitson, John. « Quebec's profound isolation ». *The Globe and Mail,* 3 août 2011.

345. Croteau, Martin. « Un militant conservateur dénonce la décanadiennisation du Québec ». *La Presse,* 20 janvier 2012.

346. *Ibid.*

347. Radio-Canada. 2012 « Des propos d'Ignatieff sur la souveraineté font réagir ». [En ligne] http://www.radio-canada.ca/nouvelles/ Politique/2012/04/23/002-ignatieff-quebec-ecosse-souverainete. shtml (page consultée le 2 mai 2012).

348. Ivison, John. « Ambivalence rising as more Canadians "don't really care" if Quebec separates ». *The National Post,* 29 juin 2012.

349. Il s'agissait de la formule de Lucien Bouchard. À ce sujet, lire : Legault, Josée. « Les conditions gagnantes ». *Le Devoir,* 8 avril 1998.

350. Il s'agissait de la formule de Bernard Landry. À ce sujet, lire : Lavoie, Gilbert. « Le sablier référendaire ». *Le Soleil,* 9 septembre 2002.

351. Marissal, Vincent. « Le fruit est mort ». *La Presse,* 16 août 2011.

352. Dutrisac, Robert. « Les revendications du Québec aux oubliettes pour dix ans ». *Le Devoir,* 15 juin 2011.

353. La Presse canadienne. « Lucien Bouchard aussi pour la hausse des tarifs d'électricité ». *Le Soleil,* 2 mars 2010.

354. Plante, Louise. « Louis Plamondon : Le Québec se cherche ». *Le Nouvelliste,* 29 juin 2011.

355. Descôteaux, Bernard. « Nouveau parti de centre-droit - Le Québec se cherche ». *Le Devoir,* 13 octobre 2010.

356. Agence QMI. « Le Québec tourne en rond - François Legault ». *Le Journal de Montréal,* 20 mai 2011.

357. Directeur général des élections du Québec. 2012. *Résultats officiels après recensement des votes par parti politique pour l'ensemble des circonscriptions*. [En ligne] http://monvote.qc.ca/fr/resultats_parti_politique.asp (page consultée le 12 septembre 2012).

358. À ce sujet, voir : Bonhomme, Jean-Pierre. 1989. *Le syndrome post-référendaire*. Montréal : Stanké.

359. Pour en savoir plus, lire le court texte de Lagueux, Maurice. 2004. *Qu'est-ce que le néo-libéralisme ?* Montréal : Département de philosophie, Université de Montréal, collection « Les Cahiers virtuels ».

360. La coupe Stanley est le trophée remis à l'équipe qui gagne le championnat de la Ligue nationale de hockey (LNH).

361. Les cotes de crédit sont des outils financiers qui servent, comme pour un individu, à évaluer le risque couru lors d'un prêt. Dans le cas des États, les cotes de crédit servent à évaluer le risque de défaut de paiement des obligations : plus elles sont mauvaises, plus les taux d'intérêts sont élevés et vice versa.

362. Dutrisac, Robert. « La cote de Moody's galvanise Charest ». *Le Devoir,* 21 juin 2006.

363. Moody's Investors Service. 2009. *Moody's Rating Symbols & Definitions*. New York : Moody's.

364. Krugman, Paul. « Berating the Raters ». *The New York Times,* 25 avril 2010.

365. Pratte, André. 1998. *L'énigme Charest*. Montréal : Boréal, p. 303.

366. *Ibid.,* p. 300.

367. *Ibid.,* p. 308.

368. *Ibid.*

369. *Ibid.,* p. 319.

370. *Ibid.,* p. 312-313.

371. *Ibid.,* p. 150.

372. *Ibid.,* p. 72.

373. Assemblée nationale. 2011. *Biographie de Jean Charest*. [En ligne] http://www.assnat.qc.ca/fr/deputes/charest-jean-525/biographie.html (page consultée le 3 novembre 2011).

374. Voir Pratte, André. 1998. *L'énigme Charest*, Montréal : Boréal, p. 76.

375. David, Michel. « La méthode Charest ». *Le Soleil*, 6 juin 1998.

376. Lessard, Denis. « Charest recule : Monique Jérôme-Forget avait dit non au projet en décembre ». *La Presse*, 20 janvier 2005.

377. Voir deuxième partie, p. 125.

378. Castonguay, Alec. « Thomas Mulcair : l'homme fort d'Outremont ». *L'actualité*, 19 mai 2011.

379. Voir deuxième partie, p. 117.

380. Les attaques qu'il a formulées à l'endroit d'un éventuel rival, François Legault, lors d'un voyage au Japon, en plus d'être démagogiques, révélaient une fois de plus la priorité de Jean Charest : gagner la joute politique, à tout prix. À ce sujet, voir : Ouellet, Martin. « Legault prépare des gestes radicaux et brutaux, selon Charest ». *Le Soleil*, 26 août 2011.

381. La Commission Bastarache avait été instituée dans le but « d'enquêter sur les allégations formulées par Me Marc Bellemare concernant le processus de nomination des juges de la Cour du Québec, notamment au regard de l'influence qu'auraient exercée de tierces personnes dans ce processus, ainsi que sur le processus de nomination des juges des cours municipales et des membres du Tribunal administratif du Québec ». À ce sujet, voir : Commission d'enquête sur le processus de nomination des juges du Québec. 2010. *Mandat de la Commission*. [En ligne] http://www.cepnj. gouv.qc.ca/accueil.html (page consultée 4 mai 2012).

382. Robitaille, Antoine. « Commission Bastarache — Charest se fait taper sur les doigts ». *Le Devoir*, 27 août 2010.

383. Marissal, Vincent. « Le fruit est mort » *La Presse*, 16 août 2011.

384. Dans le dossier des gaz à effet de serre, le gouvernement Charest a fait preuve d'une étonnante, mais rare pugnacité à l'endroit du gouvernement fédéral.

385. À ce sujet, voir : Charest, Jean. 1998. *J'ai choisi le Québec*. Montréal : Éditions Pierre Tisseyre, p. 264-272.

386. Par exemple, Jean Charest n'a jamais voulu utiliser le mot « inquiétude » lorsqu'est venu le temps de décrire la situation du

français au Québec — corroborée par des études —, rejetant plutôt le blâme sur l'inquiétude existentielle des Québécois. À ce sujet, voir : Robitaille, Antoine. « Recul du français — L'opposition accuse Charest de verser dans le jovialisme ». *Le Devoir,* 6 décembre 2007.

387. La Commission Bouchard-Taylor, au sujet des accommodements raisonnables, en est le meilleur exemple : qu'en est-il resté, à part l'inclusion assez ostentatoire de l'égalité homme-femme dans la *Charte québécoise des droits et libertés* ?

388. Jean Charest a déjà affirmé que le gouvernement fédéral de Stephen Harper appuyait… le Protocole de Kyoto. Dans la journée, les porte-paroles du gouvernement fédéral niaient cette affirmation. À ce sujet, voir : Chouinard, Tommy. « Harper appuie Kyoto, dit Charest ». *La Presse,* 16 février 2006, p. A7.

389. En moins de six mois, la priorité est passée de l'éducation à l'économie, comme si de rien n'était. À ce sujet, voir : Bouchard, Jean-François. « L'éducation est la priorité numéro un — Jean Charest ». *L'Avantage,* 27 février 2011 et La Presse canadienne. « Congrès des jeunes libéraux : Jean Charest se fait rassurant sur la situation économique ». *Le Devoir,* 14 août 2011.

390. Pendant la grève étudiante de 2005, une des plus importantes de l'histoire québécoise, Jean Charest a systématiquement évité d'affronter les journalistes ou les étudiants, laissant ses ministres se débrouiller avec la crise, et ce, même pendant les moments de grande tension.

391. Auger, Michel C. « Le parti qui mange ses chefs ». *Le Soleil,* 2 février 2007.

392. Pour tout connaître des tractations de cette époque, il faut lire le diptyque de Jean-François Lisée, *Le Tricheur* et *Le Naufrageur,* paru en 1994 aux éditions Boréal.

393. Deux députés parmi les plus populaires ont été expulsés du Conseil des ministres parce qu'ils n'étaient pas serviles comme on l'aurait souhaité : Yves Séguin et Thomas Mulcair. À ce sujet, voir : Lessard, Denis. « Remaniement ministériel majeur à Québec : Séguin expulsé du Conseil des ministres ». *La Presse,* 18 février

2005, et Dutrisac, Robert et Antoine Robitaille. « Charest congédie Mulcair ». *Le Devoir*, 28 février 2006.

394. Le député de Brome-Missiquoi Pierre Paradis, qui avait été ministre de nombreuses fois sous Robert Bourassa, n'a jamais été nommé ministre sous Jean Charest. Ce député est connu pour ses quelques prises de position qui n'étaient pas toujours en phase avec le gouvernement, comme celles sur les compressions budgétaires dans l'aide financière aux études, sur la vente du mont Orford ou encore sur la possible abolition de Recyc-Québec.

395. Voir deuxième partie, p. 124.

396. Lessard, Denis. « Enquête sur la construction : les militants libéraux refusent de débattre ». *La Presse,* 13 novembre 2010.

397. Premier ministre du Québec de 1960 à 1966. Libéral, c'est lui qui a présidé aux plus grands travaux de la Révolution tranquille en réunissant une « équipe du tonnerre ».

398. Cette initiative a été tournée au ridicule par l'ensemble de la presse, notamment parce qu'elle ignorait totalement les anciens premiers ministres tel René Lévesque, et parce qu'elle a eu lieu alors que Jean Charest était encore aux affaires. Par exemple, à ce sujet : Pratte, André. « Les grands imposteurs ». *La Presse*, 26 mai 2010 ou encore David, Michel. « L'héritier ». *Le Devoir,* 26 mai 2009.

399. Assemblée nationale. 2012. *La répartition des voix aux élections générales*. [En ligne] http://www.assnat.qc.ca/fr/patrimoine/votes.html (page consultée 12 septembre 2012).

400. Bouchard, Jacques et François Brousseau. 2002. *La voix de René Lévesque*. Montréal : Fides, p. 81.

401. Drouilly, Pierre. 1996. « Le référendum de 1995 : une analyse des résultats ». *L'année politique au Québec 1995-1996*. [En ligne] http://www.pum.umontreal.ca/apqc/95_96/drouilly/drouilly.htm (page consultée le 10 novembre 2011).

402. Alors que le nombre annuel moyen de naturalisations se situait, en 1993, à environ 23 800, ce nombre a plutôt été d'environ 40 500 en 1994 et 43 850 en 1995. Seulement au mois d'octobre 1995, il y a eu 11 500 naturalisations, soit 440 % de plus qu'en

octobre 1993. À ce sujet, voir Lisée, Jean-François. 2000. *Sortie de secours*. Montréal : Boréal, p. 296.

403. Le camp du « non » a bénéficié au moins du triple des sommes disponibles pour le camp du « oui », par le truchement du gouvernement fédéral. À ce sujet, voir : Grenier, Bernard. 2007. *Rapport d'enquête au sujet des activités d'Option Canada à l'occasion du référendum tenu au Québec en octobre 1995*. Québec : Directeur général des élections.

404. Lire à ce sujet : Philpot, Robin. 2005. *Le référendum volé*. Montréal : Les Intouchables.

405. C'est la thèse défendue par deux sociologues de l'Université Laval. À ce sujet voir : Gagné, Gilles et Simon Langlois. 2005. « Les jeunes appuient la souveraineté et les souverainistes le demeurent en vieillissant ». *L'Annuaire du Québec 2006*, Antoine Robitaille et Michel Venne (dir.). Montréal : Fides, p. 440-456.

406. Aux élections de 2008, le PQ a obtenu de meilleurs résultats que lors des élections de 2003 et 2007.

407. Dutrisac, Robert. « Le PQ nouveau ». *Le Devoir*, 17 janvier 2009.

408. Lessard, Denis. « Le PQ montre la porte au SPQ libre ». *La Presse*, 14 mars 2010.

409. Robitaille, Antoine. « Fort vote de confiance pour Pauline Marois ». *Le Devoir*, 16 avril 2011.

410. Parti québécois. 2011. *Agir en toute liberté. Programme du Parti québécois*. Montréal : Parti québécois.

411. Robitaille, Antoine. « Crise au PQ : trois députés quittent le parti ». *Le Devoir*, 6 juin 2011.

412. Dans le cas de Pierre Curzi, voir : Bélair-Cirino, Marco. « Curzi mise sur une coalition souverainiste ». *Le Devoir*, 22 juin 2011 et, dans le cas de Lisette Lapointe, voir : Salvet, Jean-Marc. « La démocratie en péril, selon les démissionnaires du PQ ». *Le Soleil*, 7 juin 2011.

413. En plus des députés démissionnaires Pierre Curzi et Lisette Lapointe, Option nationale a pu compter sur l'appui des humoristes François Parenteau et Ghislain Taschereau, du cinéaste Xavier Dolan, du chanteur Dan Bigras, de certains membres

des Cowboys Fringants et de Loco Locass, d'Yves Michaud, des comédiens Emmanuel Bilodeau, Maxime Le Flaguais, David La Haye, Geneviève Rochette, Alexis Martin et non le moindre, de l'ancien premier ministre péquiste Jacques Parizeau. Pour plus de détails, voir Option nationale. 2012. « Lutte serrée dans la circonscription de Nicolet-Bécancour ». [En ligne] http://www.optionnationale.org/presse/communiques/lutte-serree-dans-la-circonscription-de-nicolet-becancour (page consultée le 7 septembre 2012).

414. Ancien ministre du PQ, maintenant connu pour ses positions très à droite, à faire pâlir d'envie le Parti conservateur canadien. À ce sujet, lire : http://blogjacquesbrassard.blogspot.com/.

415. Ancien ministre qui s'est recyclé dans la défense de l'industrie forestière, et qui attaque très souvent les écologistes.

416. Autre signataire du *Manifeste pour un Québec lucide*, ancien ministre du PQ.

417. Les positions sur les questions fiscales (augmentation de l'impôt pour les plus fortunés et abolition de la taxe santé), l'augmentation des redevances minières, l'abolition des frais de scolarité, une plus grande ingérence dans l'économie par l'intermédiaire de la Caisse de dépôt, imposition de certaines conditions aux écoles privées, etc., démontrent que le PQ est retourné vers le centre-gauche. À ce sujet, voir la plate-forme électorale de 2012, qui reprenait des éléments du programme adopté en 2011 : Parti québécois. 2012. « L'avenir du Québec est entre vos mains ».

418. Il s'agit de Benoît Charrette, ex-député de Deux-Montagnes, Daniel Ratthé, député de Blainville et François Rebello, ex-député de Laprairie.

419. Les quatre articles du projet empêchent les poursuites en ce qui concerne le processus d'octroi du contrat à Québecor. À ce sujet, voir : Assemblée nationale. 2011. *Projet de loi n° 204 (Privé) Loi concernant le projet d'amphithéâtre multifonctionnel de la Ville de Québec*. 2e session, 39e législature. Québec : Assemblée nationale.

420. Assemblée nationale. 2011. « Journal des débats de l'Assemblée nationale ». *Volume 41, No. 166*. [En ligne] http://www.assnat.qc.ca/

fr/travaux-parlementaires/assemblee-nationale/39-1/journal-debats/20101208/28831.html (page consultée le 22 novembre 2011).

421. Marissal, Vincent. « Y a-t-il un pilote dans l'avion ? ». *La Presse*, 24 août 2012.

422. Chouinard, Tommy. « Conservateurs souverainistes : Marois corrige le tir ». *La Presse*, 26 août 2012.

423. Durant les années 2000, le PQ a connu ses pires scores électoraux depuis 1973.

424. En 2008, le PQ avait recueilli 35,17 % des voix, score qui a diminué à 31,93 % en 2012.

425. Shields, Alexandre. « La souveraineté, c'est pour les calendes grecques ». *Le Devoir*, 13 septembre 2012.

426. Par exemple, voir l'appel à la nation de Pierre Curzi. Curzi, Pierre (tribune libre). « Politique - Appel à la nation québécoise ». *Le Devoir*, 5 juin 2012.

427. Dutrisac, Robert et Guillaume Bourgault-Côté. « Le référendum, source d'embarras ». *Le Devoir*, 24 août 2012.

428. Allaire, Jean. 1992. *Un Québec libre de ses choix : Rapport du Comité constitutionnel du Parti libéral du Québec*. Montréal : Parti libéral du Québec.

429. Boivin, Simon. « ADQ : une histoire en montagnes russes ». *Le Soleil*, 17 décembre 2011.

430. *Ibid*.

431. Boivin, Simon. « ADQ : La mort en trois temps ». *Le Soleil*, 17 décembre 2011.

432. En 2008, l'ADQ a récolté 16,38 % des voix, alors qu'elle en avait obtenu 18,18 % lors des élections de 2003.

433. Gilles Taillon, ancien président du Conseil du patronat, avait gagné une course au leadership contestée et avait fini par démissionner environ un mois plus tard, tout en suggérant à la Sûreté du Québec d'enquêter sur les livres du parti. Quelques députés avaient alors quitté le parti.

434. Radio-Canada. 2011. *D'homme d'affaires à politicien.* [En ligne] http://www.radio-canada.ca/nouvelles/Politique/2011/06/27/001-bio-francois-legault.shtml (page consultée le 10 février 2012).

435. Radio-Canada. 2009. *Legault quitte la politique.* [En ligne] http://www.radio-canada.ca/nouvelles/Politique/2009/06/24/002-legault-depart.shtml (page consultée le 10 février 2012).

436. Cardinal, François. «La succession : Sur la ligne de départ. Landry, Marois et Legault sont les noms qui reviennent le plus souvent». *Le Devoir*, 12 janvier 2001, p. A3.

437. Cardinal, François. «Course à la direction du PQ : Marois et Legault pourraient faire équipe». *Le Devoir*, 17 janvier 2001, p. A3.

438. Cardinal, François. «Marois et Legault abandonnent. Après avoir envisagé un tandem à l'américaine, les ministres ont jugé leurs appuis insuffisants». *Le Devoir*, 18 janvier 2001, p. A1.

439. Cardinal, François et Robert Dutrisac. «Marois songe à quitter la politique». *Le Devoir*, 19 janvier 2001, p. A1.

440. Cardinal, François. «Legault remet en cause son appui à Landry». *Le Devoir*, 20 janvier 2001, p. A1.

441. Cardinal, François et Kathleen Lévesque. «L'alliance Landry-Legault est scellée». *Le Devoir*, 23 janvier 2001, p. A1.

442. Cardinal, François. «Legault s'excuse à demi-mot pour sa subite volte-face». *Le Devoir*, 24 janvier 2001, p. A1.

443. Dutrisac, Robert. «La lettre de François Legault : L'entourage de Pauline Marois parle d'un "drôle de message"». *Le Devoir*, 7 mai 2003.

444. Dutrisac, Robert. «Legault appuie Landry». *Le Devoir*, 28 mai 2005.

445. Radio-Canada. 2005. *Direction du PQ : Legault y renonce.* [En ligne] http://www.radio-canada.ca/nouvelles/Politique/nouvelles/200506/08/004-LEGAULT-CANDIDAT-pas.shtml (page consultée le 9 février 2012).

446. Lessard, Denis. «Le perdant aura une triste fin de carrière». *La Presse*, 12 mai 2007.

447. Dutrisac, Robert. «Le cynisme plombe la souveraineté». *Le Devoir*, 21 août 2008.

448. Legault, François. 2009. *Le Québec engagé sur un déclin tranquille.* [En ligne] http://www.cyberpresse.ca/le-soleil/opinions/points-de-vue/200906/25/01-878822-le-quebec-engage-sur-un-declin-tranquille.php (page consultée le 15 février 2012).

449. *Ibid.*

450. Dutrisac, Robert. « Le mouvement de Legault mort-né ? ». *Le Devoir,* 7 octobre 2010, p. A4.

451. *Ibid.*

452. Simard, Marc. « François Legault : plusieurs embûches sur la route de l'avenir ». *Le Soleil* (tribune libre), 22 février 2010.

453. Forgues, Serge. « "Le Québec tourne en rond" - François Legault ». *Le Journal de Montréal,* 20 mai 2011.

454. Radio-Canada. 2011. *Le parti de Legault s'appellera… la Coalition pour l'avenir du Québec.* [En ligne] http://www.radio-canada.ca/nouvelles/Politique/2011/10/31/001-legault-francois-parti.shtml (page consultée le 15 février 2012).

455. Radio-Canada. 2012. *La fusion CAQ-ADQ entérinée par les membres de l'ADQ.* [En ligne] http://www.radio-canada.ca/nouvelles/Politique/2012/01/22/003-caq-adq-fusion-resultat-vote.shtml (page consultée le 15 février 2012).

456. Salvet, Jean-Marc. « François Legault : le retour planifié ». *Le Soleil,* 12 novembre 2011.

457. Dans une entrevue à l'émission *Les Francs-Tireurs* du 21 février 2012, à la question de Martineau « Portez-vous à gauche ou à droite ? », Legault a répondu : « Moi, je refuse les étiquettes et je pense qu'au Québec, ce n'est pas vrai que l'on va partir d'un débat souverainiste-fédéraliste pour entrer dans un débat gauche-droite ».

458. Lors de ses deux passages à l'émission *Tout le Monde en parle*, le 27 février et le 20 novembre 2011, Legault s'est décrit comme un « pragmatique » lorsque l'on lui demandait s'il était à gauche ou à droite.

459. Coalition Avenir Québec. 2012. « C'est assez, faut que ça change », p. 18.

460. *Ibid.*, p. 24.

461. *Ibid.*, p. 36.

462. *Ibid.*, p. 54.

463. *Ibid.*, p. 68-71.

464. Le programme politique était complètement muet sur ces propositions, mais le cadre financier était on ne peut plus clair : la CAQ voulait réduire l'exclusion des gains en capital et les crédits d'impôt sur les dividendes, deux mesures qui touchent particulièrement les riches, et voulait aussi réduire les crédits d'impôts aux entreprises. À ce sujet, voir : Coalition Avenir Québec. 2012. « Cadre financier de la Coalition Avenir Québec », p. 4.

465. Voir Coalition Avenir Québec. 2012. « C'est assez, faut que ça change », p. 31.

466. *Ibid.*, p. 90.

467. Robitaille, Antoine. « Legault occulte la question nationale ». *Le Devoir,* 15 novembre 2011.

468. Radio-Canada. 2012. *La souveraineté de côté.* [En ligne] http:// www.radio-canada.ca/sujet/caq/2012/01/24/003-caq-position-souverainete.shtml (page consultée le 17 février 2012).

469. Salvet, Jean-Marc. « Souveraineté : Parizeau se trompe, selon Legault ». *Le Soleil,* 14 juin 2011.

470. Boivin, Simon. « François Legault a les "bureaucrates" et les "vieux partis" dans sa mire ». *Le Soleil,* 7 février 2012.

471. Salvet, Jean-Marc. « François Legault réclame le rapatriement du champ fiscal en santé ». *Le Soleil,* 16 mars 2012.

472. Voir Coalition Avenir Québec. 2012. « C'est assez, faut que ça change », p. 96.

473. *Ibid.*, p. 28.

474. *Ibid.*, p. 99-100.

475. Lavallée, Jean-Luc. « Legault veut rapatrier des pouvoirs d'Ottawa ». *Le Journal de Montréal,* 11 août 2012.

476. Mario Bertrand, l'ancien directeur de cabinet de Robert Bourassa, est passé dans le camp de la CAQ. À l'époque où il était au service de Bourassa, Bertrand disait faire de la politique uniquement dans le but de « gagner ». Pour plus de détails, voir Lisée, Jean-François. 1994. *Le Tricheur,* Montréal : Boréal, p. 283.

477. Bourgault, Pierre. 2003. « La nostalgie ». Chronique à l'émission *Indicatif Présent.* [En ligne] http://www.radio-canada.ca/radio/indicatifpresent/chroniques/7960.shtml (page consultée le 20 octobre 2011).

478. Voir le Grand dictionnaire terminologique de l'Office québécois de la langue française, disponible à l'adresse suivante : http://gdt.oqlf.gouv.qc.ca.

479. Godin, Pierre. 2001. *René Lévesque, l'espoir et le chagrin, 1976-1980.* Montréal : Boréal, p. 107.

480. *Ibid.*

481. *Ibid.*

482. Lemieux, Vincent. 2011. *Les partis générationnels du Québec : passé, présent, avenir.* Québec : Presses de l'Université Laval, p. 107.

483. Journaliste de guerre pendant la Seconde Guerre mondiale, il était intégré au sein de l'unité de l'armée étatsunienne qui a libéré le camp de concentration de Dachau.

484. Sans viser personne directement, il suffit d'aller faire un tour dans les biographies des députés sur le site Internet de l'Assemblée nationale (www.assnat.qc.ca) pour s'en convaincre.

485. À ce sujet, il faut lire : Payette, Lise. 1982. *Le pouvoir ? Connais pas !* Montréal : Québec Amérique.

486. Auger, Michel C. « Le napperon de papier ». *Le Soleil,* 24 août 2006.

487. Cardinal, François et Manon Cornellier. « Sommet de Québec : Ottawa ne veut pas entendre Landry ». *Le Devoir,* 7 mars 2001.

488. Gagnon, Katia. « Les électeurs du Québec sont découragés, rebutés, désabusés ». *La Presse,* 7 mai 2010.

489. Castonguay, Alec. « Rien ne va plus ! ». *L'actualité,* 1er novembre 2011, p. 28.

490. Radio-Canada. 2011. *Sondage : une élection influencée par le cynisme.* [En ligne] http://www.radio-canada.ca/nouvelles/Politique/2011/05/10/008-layton-vague-sondage.shtml (page consultée le 15 novembre 2011).

491. Perreault, Laura-Julie. « Le centre-ville vit au rythme du monde ». *La Presse,* 16 mars 2003, p. A1.

492. Radio-Canada. 2011. *Collusion dans la construction : des centaines de personnes ont manifesté à Montréal.* [En ligne] http://www. radio-canada.ca/nouvelles/societe/2011/09/24/001-manifestation-situation-politique.shtml (page consultée le 15 novembre 2011).

493. Radio-Canada. 2011. *Nouvelle manifestation contre la collusion.* [En ligne] http://www.radio-canada.ca/nouvelles/societe/2011/10/08/002-mouvement24-montreal-stadeolympique.shtml (page consultée le 15 novembre 2011).

494. Radio-Canada. 2010. *Vagues bleues sur les plaines.* [En ligne] http://www.radio-canada.ca/regions/Quebec/2010/10/02/002-Marche_bleue_samedi.shtml (page consultée le 16 novembre 2011).

495. Par exemple, dans ce sondage, René Lévesque recueille 56 % des suffrages, contre 14 % pour son plus proche poursuivant. Voir Bisaillon, Martin. «Robert Bourassa bon second». *Le Journal de Montréal*, 4 octobre 2006.

496. Castonguay, Alec. «Rien ne va plus!». *L'actualité*, 1er novembre 2011, p. 30.

497. Linteau, Paul-André *et al.* 1986. *Histoire du Québec contemporain. Le Québec depuis 1930.* Montréal : Boréal, p. 153.

498. Voir par exemple : Samson, Alain. 2005. *Les Boomers finiront bien par crever. Guide destiné aux jeunes qui devront payer les pots cassés.* Montréal : Éditions Transcontinental, ou encore, Martineau, Richard. 1990. *La chasse à l'éléphant : sur la piste des baby-boomers.* Montréal : Boréal.

499. *Le Déclin de l'Empire Américain, Les Invasions barbares* et *L'Âge des ténèbres*, tous de Denys Arcand, sont des chefs-d'œuvre en la matière…

500. Cette croyance est notamment à la source de l'ouvrage de Duhaime, Éric. 2012. *L'État contre les jeunes. Comment les baby-boomers ont détourné le système.* Montréal : VLB Éditeur.

501. Une «clause orpheline» est une clause d'une convention collective qui a pour but d'exclure certaines catégories de travailleurs, généralement les plus jeunes, des bénéfices complets de ladite convention.

502. Ce sont eux qui, après avoir bénéficié d'un système d'éducation au pic de son accessibilité, réclament à grands cris la hausse des

droits de scolarité. Questionnés à ce sujet pendant la grève étudiante de 2012, 61 % des plus de 55 ans étaient en accord avec la hausse décrétée par le gouvernement. À ce sujet, lire : Breton, Pascale. « Sondage : la population souhaite un dénouement à l'impasse ». *La Presse*, 22 mars 2012.

503. Institut de la statistique du Québec. 2010. *Le bilan démographique du Québec*. Québec : Gouvernement du Québec, p. 23.

504. Drouilly, Pierre. 1996. « Le référendum de 1995 : une analyse des résultats ». *L'année politique au Québec 1995-1996*. [En ligne] http://www.pum.umontreal.ca/apqc/95_96/drouilly/drouilly. htm (page consultée le 10 novembre 2011) ou encore : Bélanger, Éric et Andrea Perella. 2007. *Facteurs d'appui à la souveraineté du Québec chez les jeunes : une comparaison entre francophones, anglophones et allophones*. (Communication présentée au congrès annuel de l'Association canadienne de science politique, tenue à Saskatoon, les 30 mai-1er juin 2007).

505. Si l'on tient pour acquis que le milieu de la génération des baby-boomers québécois se situe au milieu de 1952.

506. « Vous vivez ici depuis sept ans et vous ne parlez pas français ? ».

507. « Le français… c'est vraiment difficile pour moi ».

508. Dubreuil, Émilie. « Sorry, I don't speak French ». *Urbania*, 16 mars 2009.

509. Gauthier, Madeleine et Pierre-Luc Gravel. 2003. « Les nouvelles formes d'engagement de la jeunesse québécoise ». *L'État du Québec 2004*. Michel Venne (dir.). Montréal : Fides, p. 46.

510. Venne, Michel. 2005. « Jeunes et lucides ». *Jeunes et engagés*. Miriam Fahmy et Antoine Robitaille (dir.). Montréal : Fides, p. 6.

511. Voir troisième partie, p. 205.

512. Un événement de l'Institut du Nouveau Monde (INM), un « think tank » progressiste dont la mission est « d'encourager la participation citoyenne et de renouveler les idées au Québec ».

513. Université d'été. 2005. « 50 Propositions pour le Québec de demain ». *Jeunes et engagés*. Miriam Fahmy et Antoine Robitaille (dir.). Montréal : Fides, p. 42-53.

514. Il s'agissait des députés Alexandre Bourdeau (Berthier), Stéphan Tremblay (Lac-Saint-Jean) et Jonathan Valois (Joliette).

515. Bourdeau, Alexandre, Jonathan Valois et Stéphan Tremblay. 2004. *La tournée des Mousquetaires*. Montréal : Parti Québécois.

516. Jacques, Julie et Anne Quéniart. 2008. « Trajectoires, pratiques et sens de l'engagement chez des jeunes impliqués dans diverses formes de participation sociale et politique ». *Politique et Sociétés*, vol. 27, n° 3, p. 240.

517. Cameron, Daphné. « Les jeunes se foutent de la politique ». *La Presse*, 19 septembre 2008.

518. Depuis 1985, la participation électorale des jeunes de 18 à 44 ans est toujours moins élevée que celle des générations plus âgées : l'année 2008 avait été particulièrement catastrophique dans ce domaine. À ce sujet, voir : Gélineau, François. 2012. *Nouvelle étude sur la participation électorale à l'élection du 4 septembre 2012*. Québec : Chaire de recherche sur la démocratie et les institutions parlementaires de l'Université Laval, tableau A3.1.

519. Jedwab, Jack. 2010. *L'identité du Québec en 2011 : les attachements, l'identité et la diversité*. Montréal : Association d'études canadiennes, p. 5.

520. *Ibid.*, p. 10.

521. Voir Bourdeau, Alexandre, Jonathan Valois et Stéphan Tremblay. *La tournée des Mousquetaires*, p. 11.

522. À ce sujet, voir : Bélanger, Éric et Andrea Perella. 2007. *Facteurs d'appui à la souveraineté du Québec chez les jeunes : une comparaison entre francophones, anglophones et allophones*. (Communication présentée au congrès annuel de l'Association canadienne de science politique, tenue à Saskatoon, les 30 mai-1er juin 2007).

523. Saint-Laurent, Nathalie. Conseil supérieur de la langue française. 2008. *Le français et les jeunes*. Québec : Conseil supérieur de la langue française, p. 75-79.

524. *Ibid.*, p. 107.

525. Chouinard, Marie-Andrée. «Les jeunes et la langue française — Une langue de tête, une langue de cœur?». *Le Devoir,* 23 juin 2012.

526. Jedwab, Jack. 2007. *Qu'arriverait-il dans un Québec souverain selon les jeunes Québécois?* Montréal: Association d'études canadiennes, p. 2.

527. Par exemple, voir: Sauvé, Mathieu-Robert. «La Sortie de secours présentée aux politologues», *Forum (Journal de l'Université de Montréal),* 6 mars 2000.

528. Ministre des Affaires intergouvernementales du gouvernement libéral de Jean Chrétien. Par la suite, chef malheureux du Parti libéral.

529. David, Michel. «La revanche de Stéphane Dion». *Le Devoir,* 1ᵉʳ juin 2004, p. A3.

530. Beauchemin, Malorie. «Harper ferme la porte au débat constitutionnel». *La Presse,* 14 avril 2011.

531. De Granpré, Hugo et Paul Journet. «On ne s'aventure pas dans le débat constitutionnel, tranche Ignatieff». *La Presse,* 26 avril 2011.

532. Agence QMI. *Les Québécois ne veulent pas des vieilles chicanes.* [En ligne] http://fr.canoe.ca/infos/quebeccanada/politique provinciale/archives/2012/09/20120904-225447.html (page consultée le 12 septembre 2012).

533. Cloutier, Mario. «Charest demande à l'électorat de bien réfléchir». *Le Devoir,* 30 novembre 1998, p. A3.

534. Dutrisac, Robert et Antoine Robitaille. «Charest agite le spectre de la partition». *Le Devoir,* 7 mars 2007, p. A1.

535. Corbeil, Michel. «CAQ: "Chicane au Québec", ironise Jean Charest». *Le Soleil,* 14 novembre 2011.

536. Croteau, Martin. «Attention à la "culture de la chicane", dit Charest». *La Presse,* 24 août 2012.

537. Bourgault-Côté, Guillaume. «Legault agite la peur d'un référendum». *Le Devoir,* 1ᵉʳ septembre 2012.

538. CROP et l'Idée fédérale. 2011. *Étude à l'occasion du 30ᵉ anniversaire du rapatriement de la Constitution.* Montréal: CROP et l'Idée fédérale.

539. Génération d'idées. 2010. *Sommet 2010: Mémoire*. Montréal: Génération d'idées, p. 7.

540. Voir Durand, Claire. 2010. *L'appui à la souveraineté du Québec, 1976-2010: Que voulaient donc quels Québécois?* (Présentation à un colloque de la Société québécoise de science politique, à Québec, le 20 mai 2010). Montréal: Université de Montréal, Département de sociologie.

541. Castonguay, Alec. «Rien ne va plus!». *L'actualité*, 1er novembre 2011, p. 29.

542. Le *Trésor de la langue française* retient la définition suivante: «mécanisme psychologique inconscient de type obsessionnel par lequel on évite l'angoisse en rationalisant le désintérêt ou l'inhibition ressentie à l'égard d'une situation durant laquelle on ne saurait réagir».

543. Paquin, Stéphane. 1999. *L'invention d'un mythe: le pacte entre deux peuples fondateurs*. Montréal: VLB Éditeur.

544. *Ibid.*, p. 47.

545. *Ibid.*, p. 44.

546. *Ibid.*, p. 48-49.

547. *Ibid.*, p. 88-89.

548. *Ibid.*, p. 96.

549. *Ibid.*, p. 112.

550. *Ibid.*, p. 114.

551. *Ibid.*

552. *Ibid.*, p. 128.

553. Gil Rémillard a entre autres été ministre des Affaires intergouvernementales dans le deuxième gouvernement Bourassa. À ce titre, il a été associé de près aux négociations constitutionnelles du Lac Meech.

554. Voir Paquin, Stéphane. 1999. *L'invention d'un mythe: le pacte entre deux peuples fondateurs*. Montréal: VLB Éditeur, p. 137-138.

555. *Ibid.*, p. 138.

556. Voir troisième partie, p. 181.

557. Jedwab, Jack. 2008. *Canada's "ummanifest" Destiny: perceptions about the ties that bind Québec and the rest of the country*. Montréal: Association d'études canadiennes.

558. Commissariat aux langues officielles. Canada. 2009. *Au-delà des obligations. Rapport annuel 2009-2010, volume 2.* Ottawa : Commissariat aux langues officielles, p. 38.

559. *Ibid.,* p. 30.

560. Broadcaster magazine. 2007. *Hockey Night In Canada Goes Italian.* [En ligne] http://www.broadcastermagazine.com/news/hockey-night-in-canada-goes-italian/1000059970/?issue=01052007 (page consultée le 17 novembre 2011).

561. Canadian Broadcasting Corporation. 2011. *Hockey Night In Canada in Punjabi returns on CBC.* [En ligne] http://www.cbc.ca/sports/hockey/nhl/story/2011/12/05/sp-hnic-punjabi.html (page consultée le 20 mars 2012).

562. Voir première partie, p. 51.

563. De Grandpré, Hugo. « C-10 : Jean-Marc Fournier revient encore bredouille d'Ottawa ». *La Presse,* 22 novembre 2011.

564. Le 27 octobre 2011, l'Assemblée nationale adoptait la motion suivante, à l'unanimité : « Que l'Assemblée nationale du Québec réitère la position prise à l'unanimité le 18 octobre 2006, le 31 mars 2009, le 4 novembre 2009 et le 22 septembre 2010 qui exige le maintien intégral du Registre canadien des armes à feu, qu'elle se prononce formellement contre le projet de loi C-19, notamment en ce qui a trait aux dispositions touchant la destruction des données existantes ». Une sixième motion réussirait peut-être là où les cinq précédentes ont échoué…

565. Agence France-Presse. « Kyoto/climat : le Canada ne re-signera pas ». *Le Figaro,* 5 décembre 2011.

566. « L'Entente-cadre sur l'Union sociale » a été signée le 4 février 1999. Cette entente visait à instaurer la possibilité d'établir de nouveaux programmes sociaux pancanadiens, programmes sociaux qui touchaient directement les champs de compétences des provinces. Lucien Bouchard n'a jamais signé cette entente. Pour plus de détails, voir : Noël, Alain. 1999. *Étude générale sur l'Entente.* [En ligne] http://www.saic.gouv.qc.ca/publications/documents_inst_const/doc1.pdf (page consultée le 11 avril 2012).

567. La *Loi constitutionnelle de 1982* prévoyait à l'article 55 que la version française de toutes les lois constitutionnelles, dont la *Loi constitutionnelle de 1867*, soit rédigée dans les meilleurs délais, ce qui est fait, et adoptée de la même manière que la loi originale l'avait été, ce qui n'est toujours pas fait, 30 ans plus tard...

568. *Loi constitutionnelle de 1867* (R-U), 30 & 31 Vict, c 3, article 96.

569. Pour s'en convaincre, il faut voir la mentalité du monde judiciaire canadien, bien résumée par l'ancien juge en chef de la Cour d'appel du Québec, Michel Robert, qui avait ni plus ni moins affirmé que l'on ne pouvait pas être juge et de conviction souverainiste. À ce sujet, voir : Castonguay, Alec. « Le juge en chef du Québec ne veut pas de juges souverainistes ». *Le Devoir*, 27 avril 2005.

570. Pour ceux qui s'intéressent à la lecture de jugements, ceux-ci donnent un bon exemple de ce dans quoi la Cour suprême du Canada peut verser : *Arrêt Blaikie* (Proc. gén. du Québec c. Blaikie et autres, [1979] 2 RCS 1016), où la Cour suprême casse la *Charte de la langue française* avant l'adoption de la *Charte canadienne des droits et libertés* au sujet des dispositions qui faisaient du français la seule langue des tribunaux et des lois ; *Arrêt Ford* (Ford c. Québec [Procureur général], [1988] 2 R.C.S. 712), où la Cour suprême invalide des dispositions de la *Charte de la langue française* relativement à l'affichage unilingue français ; *Arrêt Nguyen* (Nguyen c. Québec (Éducation, Loisir et Sport), 2009 CSC 47, [2009] 3 RCS 208), où la Cour suprême invalide la Loi 104 interdisant les écoles passerelles ; *Arrêt Chaoulli* (Chaoulli c. Québec [Procureur général], 2005 CSC 35, [2005] 1 RCS 791), où la Cour suprême prétendait que la Loi sur l'assurance maladie et la Loi sur l'assurance hospitalisation interdisant une assurance médicale privée violaient la Charte québécoise des droits et libertés.

571. À l'origine, la *Charte de la langue française* prévoyait que seuls les enfants dont le père ou la mère avait reçu un enseignement en anglais au Québec avaient le droit de fréquenter l'école anglaise au Québec.

572. La Charte prévoit que les enfants dont le père ou la mère a reçu un enseignement en anglais au Canada ont le droit de fréquenter l'école anglaise au Québec.

573. C'est-à-dire l'impossibilité de revenir en arrière après la décision.

574. L'article en question permet au Québec d'activer l'alinéa (1)a) de l'article 23 qui stipule qu'un enfant peut fréquenter l'école de la minorité si cette langue est la «première langue apprise et encore comprise». En somme, exactement ce que le gouvernement de Robert Bourassa avait autorisé avec la Loi 22.

575. Pour une explication plus que détaillée de cette évolution, voir: Brouillet, Eugénie. 2005. *La Négation de la nation*. Québec: Septentrion.

576. Voir Paquin, Stéphane. 1999. *L'invention d'un mythe: le pacte entre deux peuples fondateurs*. Montréal: VLB Éditeur, p. 28-68.

577. Le Conseil permanent de la jeunesse était un organisme du gouvernement du Québec composé d'un conseil d'une quinzaine de jeunes, qui avait pour mission de conseiller le ministre responsable des dossiers jeunesse sur les questions touchant les jeunes. Il a été aboli en 2011.

578. Voir: Conseil permanent de la jeunesse. 2004. *Québec 2018: Idées et projets pour demain*. Gouvernement du Québec: Québec.

579. Léger, Jean-Marc. «Changeons d'avenir». *Le Journal de Montréal*, 9 décembre 2009.

580. Festinger, Leon. 1957. *A Theory of Cognitive Dissonance*. Palo Alto: Stanford University Press, p. 25.

581. Voir le chapitre «Les idéologies lyriques» dans Ricard, François. 1992. *La génération lyrique. Essai sur la vie et l'œuvre des premiers-nés du baby-boom*. Montréal: Boréal, p. 197-219.

582. *Ibid.*, p. 226. Plus largement, voir le chapitre «Le politique domestiqué», p. 221-238.

583. *Ibid.*, p. 8.

584. Cabana, Serge. 2011. *Babyboomerang. Le retour des idéalistes sur la scène sociale*. Montréal: Éditions de l'Homme (version électronique).

585. *Ibid.*, p. 90-91.

586. *Ibid.,* p. 233-311.

587. Voir troisième partie, p.198-201.

588. Voir deuxième partie, p. 113.

589. À ce sujet, voir : Assemblée nationale. 2012. *Indemnités et allocations.* [En ligne] http://www.assnat.qc.ca/fr/abc-assemblee/fonction-depute/indemnites-allocations.html (page consultée le 18 février 2012).

590. Institut de la statistique du Québec. 2012. *Le Québec chiffres en main.* Québec : Institut de la statistique, p. 28.

591. Le gouvernement issu des élections de 2012 est sans doute intellectuellement le plus prometteur des dernières décennies : les *curriculum vitæ* des ministres se rapprochent avantageusement de ceux qui faisaient partie des grands gouvernements des années 1960 et 1970.

592. Judt, Tony. 2009. *What is Living and What Is Dead in Social Democracy?* New York : New York Review of Books.

593. Alesina, Alberto et Enrico Spolaore. 2003. *The Size of Nations.* Cambridge : The MIT Press, p. 4-6.

594. *Ibid.,* p. 218-223.

595. Gouvernement du Québec. Commission sur l'avenir de l'agriculture et de l'agroalimentaire québécois (CAAAQ). 2008. *Agriculture et agroalimentaire : assurer et bâtir l'avenir. Rapport de la Commission sur l'avenir de l'agriculture et de l'agroalimentaire québécois.* Québec : CAAAQ, p. 251-271.

596. *Ibid.*

597. Le système de la gestion de l'offre est appliqué au Canada dans les secteurs du lait, des œufs et de la volaille. En gros, le système impose des quotas de production aux agriculteurs œuvrant dans ces secteurs, ce qui stabilise le marché, donc les prix pour les consommateurs. C'est ce qui fait par exemple que le prix du lait est très stable partout au Québec.

598. Journet, Paul. « Accord Canada-UE : la gestion de l'offre s'invite dans les discussions ». *La Presse,* 8 décembre 2011.

599. La Presse canadienne. « Gestion de l'offre : "Non négociable", dit Charest », *Les Affaires.com,* 15 octobre 2011.

600. Chouinard, Tommy. « UE : Pierre Marc Johnson négocie pour le Québec ». *La Presse*, 7 mai 2009.

601. Gouvernement du Québec. Ministère du Développement durable, de l'Environnement et des Parcs. 2002. *Résultats d'un sondage réalisé par la firme Léger Marketing : La majorité des Québécoises et des Québécois sont préoccupés par les questions environnementales.* [En ligne] http://www.mddep.gouv.qc.ca/infuseur/communique.asp?no=68 (page consultée le 20 février 2012).

602. Francoeur, Louis-Gilles. « Sondage Senergis-*Le Devoir* - Les Québécois préfèrent l'économie d'énergie à une production accrue ». *Le Devoir*, 14 septembre 2010.

603. Francoeur, Louis-Gilles. « Sondage Senergis-*Le Devoir* - Les Québécois prêts à une petite révolution verte ». *Le Devoir*, 15 janvier 2011.

604. Benessaieh, Karim. « Les Québécois conscientisés par l'environnement ». *La Presse*, 21 novembre 2009.

605. Deglise, Fabien. « Sondage CROP - Le côté écolo des Québécois se confirme ». *Le Devoir,* 20 octobre 2009.

606. Voir Benessaieh, Karim. « Les Québécois conscientisés par l'environnement », *La Presse,* 21 novembre 2009.

607. Montréal Express. 2008. *Sondage Léger Marketing : les Québécois tiraillés.* [En ligne] http://www.montrealexpress.ca/Societe/Environnement/2008-01-17/article-1552620/Sondage-Leger-Marketing%3A-les-Quebecois-tirailles/1 (page consultée le 19 février 2012).

608. Voir Deglise, Fabien. « Sondage CROP - Le côté écolo des Québécois se confirme ». *Le Devoir*, 20 octobre 2009.

609. Canoë. 2008. *Les Québécois et l'environnement.* [En ligne] http://www.canoe.com/archives/infos/general/2008/04/20080418-114409.html (page consultée le 19 février 2012).

610. *Ibid.*

611. *Ibid.*

612. L'expression « Grenelle » a été reprise des Accords dits « de Grenelle » qui avaient été conclus au ministère du Travail, situé sur

la rue de Grenelle à Paris, et qui avaient mis un terme à la crise de Mai 68.

613. Gouvernement de France. Ministère de l'Écologie, du Développement durable, des Transports et du Logement. *Le Grenelle environnement.* [En ligne] http://www.legrenelle-environnement.fr/ (page consultée le 20 février 2012).

614. Agence France-Presse. « Le Canada quitte le Procotole de Kyoto ». *Le Monde*, 13 décembre 2011.

615. Voir deuxième partie, p. 111-119.

616. Voir deuxième partie, p. 113.

617. Voir deuxième partie, p. 114.

618. Radio-Canada. *Fonction publique : Québec se prive de candidats qualifiés.* [En ligne] http://www.radio-canada.ca/nouvelles/societe/2011/09/17/002-fonction_publique-quebec_se_prive-de_candidats_qualifies.shtml (page consultée le 5 mars 2012).

619. *Ibid.*

620. Cette conclusion est tirée d'une comparaison de deux documents : Gouvernement du Canada. 2012. *Conditions d'emploi pour les étudiants.* [En ligne] http://www.tbs-sct.gc.ca/pol/doc-fra.aspx?id=12583&section=text (page consultée le 5 mars 2012) et Gouvernement du Québec. Conseil du Trésor. 2012. *Taux de traitement concernant les emplois étudiants et les stages.* Québec : Gouvernement du Québec.

621. Les statistiques disponibles à ce sujet sont très différentes selon l'ordre de gouvernement, ou encore incomplètes, et ne permettent pas de faire une comparaison efficace.

622. L'ouvrage qui a en quelque sorte amorcé ce courant de pensée est le suivant : Niskanen, William A. 1971. *Bureaucracy and Representative Government.* Chicago : Aldine, Athernon.

623. On compte dans cette catégorie l'Inspection générale des finances, l'Inspection générale de l'administration et l'Inspection générale des affaires sociales.

624. Voire deuxième partie, p. 107-110.

625. Le *Manifeste pour un Québec solidaire* en est le meilleur exemple.

626. Dans ce domaine, l'ouvrage suivant est un cas d'école : Dubuc, Alain. 2007. *L'éloge de la richesse*. Montréal : Éditions Voix parallèles.

627. Voir troisième partie, p. 165.

628. Couturier, Ève-Lyne, Philippe Hurteau et Simon Tremblay-Pépin. 2010. « Budget 2010 : comment financer les services publics ? ». Montréal : Institut de recherche et d'informations socio-économiques, p. 2.

629. Hurteau, Philippe. 2008. « D'où vient la "crise" des finances publiques ? ». Montréal : Institut de recherche et d'informations socio-économiques, p. 2.

630. *Ibid.*, p. 6.

631. Godbout, Luc. 2005. *Des baisses d'impôts : pour qui, comment et quand ? Douze constats à prendre en compte avant de procéder à de nouvelles baisses d'impôts sur le revenu au Québec*. Montréal : Centre Interuniversitaire de recherche en analyse des organisations, p. 5.

632. Il faut ici éviter une erreur d'interprétation courante lorsqu'il est sujet de paliers d'imposition. En effet, supposons un régime très simple d'impôt à un palier : les revenus en bas de 30 000 $ seraient imposés à 20 % et ceux en haut de 30 000 $ imposés à 25 %. Contrairement à la croyance parfois répandue, celui qui gagnerait plus de 30 000 $ ne serait pas imposé à 25 % sur l'ensemble de ses revenus, mais seulement sur la portion excédant 30 000 $. La première tranche de 30 000 $ reste imposée à 20 %. De cette manière, on s'assure d'éliminer la possibilité qu'une hausse de salaire puisse générer une perte nette de revenus.

633. Lambert, Gino, Sylvain Charron et Jean-Eddy Péan. 2000. *Le système fiscal québécois est-il vraiment progressiste ?* Montréal : Chaire d'études socio-économiques, École des Sciences de la gestion, Université du Québec à Montréal, p. 10.

634. *Ibid.*, p. 11.

635. *Ibid.*

636. Murphy, Brian, Paul Roberts et Michael Wolfson. Statistique Canada. 2007. *Profil des Canadiens à revenu élevé, 1982 à 2004*. Ottawa : Statistique Canada, p. 4.

637. Edgar, Tim, Daniel Sandler et Arthur Cockfield. 2010. *Materials in Canadian Income Tax*. 14ᵉ edition. Toronto : Carswell, p. 19-20.

638. Le taux effectif marginal correspond au taux d'imposition réel du dernier dollar de l'ensemble des revenus.

639. Laurin, Alexandre et Finn Poschmann. 2011. *Que sont devenus les taux effectifs marginaux d'imposition des Québécois ?* Toronto : Institut CD Howe, p. 7.

640. Laferrière, Claude et Francis Montreuil. 2011. *Les taux effectifs marginaux d'imposition [TEMI] — Québec 2011*. Laval : Centre québécois de formation en fiscalité, p. 6.

641. *Ibid.*

642. Grammond, Stéphanie. « Des familles imposées à 75 % ». *La Presse*, 17 octobre 2012.

643. Beauchemin, Malorie. « Pas de hausse de tarifs en CPE, promet Charest ». *La Presse*, 7 novembre 2008.

644. Fédération étudiante universitaire du Québec. 2011. *Analyse des mesures budgétaires 2011-2012*. Montréal : Fédération étudiante universitaire du Québec, p. 18-19.

645. Voir Cloutier, Jean-François. « Budget : Raymond Bachand s'attaque aux vaches sacrées du Québec », *Les Affaires.com*. [En ligne] http://www.lesaffaires.com/secteurs-d-activite/gouvernement/budget--raymond-bachand-s-attaque-aux-vaches-sacrees-du-quebec/512477 (page consultée le 23 février 2012).

646. La Presse canadienne. « Raymond Bachand briguera la direction du PLQ ». *La Presse canadienne*, 28 septembre 2012.

647. Fillion, Gérald. 2012. *La volte-face*. [En ligne] http://blogues.radio-canada.ca/geraldfillion/2012/10/10/la-volte-face/ (page consultée le 12 octobre 2012).

648. Centre interuniversitaire de recherche en analyse des organisations (CIRANO). 2011. *L'énergie : quels sont les prix de l'énergie au Québec ?* Centre interuniversitaire de recherche en analyse

des organisations (CIRANO). [En ligne] http://www.cirano. qc.ca/icirano/questionssociete/fact?id=13&quest=energie&l=fr (page consultée le 23 février 2012).

649. Assemblée nationale. 2010. *Loi mettant en œuvre certaines dispositions du discours sur le budget du 30 mars 2010 et visant le retour à l'équilibre budgétaire en 2013-2014 et la réduction de la dette.* Québec : Assemblée nationale, art. 64.

650. Lors de la création de la Régie de l'énergie en 1997, et de l'ouverture concomitante du marché de l'électricité aux autres producteurs, l'Assemblée nationale a stipulé que la fixation des prix de l'électricité tiendra toujours compte qu'un bloc de consommation « patrimonial » équivalant à 165 térawattheures au prix fixe de 2,79 ¢/kilowattheure perdura dans le temps afin que les prix restent bas. La consommation qui excède ce bloc est quant à elle vendue au prix courant, donc sensiblement plus chère. C'est pour cette raison que nous connaissons depuis ce temps des hausses constantes du prix de l'électricité, car la proportion de la consommation qui excède le bloc patrimonial ne fait qu'augmenter avec le temps. Il faut donc tenir en compte que des hausses de prix supplémentaires peuvent survenir en plus des changements à la tarification du bloc patrimonial.

651. Cloutier, Jean-François. 2010. « Budget : Raymond Bachand s'attaque aux vaches sacrées du Québec ». *Les Affaires.com.* [En ligne] http://www.lesaffaires.com/secteurs-d-activite/gouvernement/ budget--raymond-bachand-s-attaque-aux-vaches-sacrees-du-quebec/512477 (page consultée le 23 février 2012).

652. Gouvernement du Québec. Ministère des Finances. 2012. *Budget 2013-2014. Plan budgétaire.* Québec : Gouvernement du Québec, p. A.117.

653. Agence du Revenu du Canada. 2012. *Quels sont les taux d'impôt sur le revenu au Canada pour 2012 ?* [En ligne] http://www. cra-arc.gc.ca/tx/ndvdls/fq/txrts-fra.html (page consultée le 24 février 2012).

654. Organisation de coopération et de développement économique (OCDE). 2011. *Taxation of Wage Income (2010).* Paris : OCDE.

655. *Ibid.*

656. Voir Edgar, Tim, Daniel Sandler et Arthur Cockfield. *Materials in Canadian Income Tax*, 14ᵉ édition. Toronto : Carswell, p. 19-20.

657. Gouvernement du Québec. Ministère des Finances. 2011. *Statistiques fiscales des particuliers — année d'imposition 2010-2011.* Québec : Gouvernement du Québec, p. 9.

658. *Ibid.*, p. 34.

659. *Ibid.*

660. Pendant la campagne électorale de 2012, la CAQ, le PLQ et le PQ ont tous proposé au moins un crédit d'impôt. Pour la CAQ, il s'agissait du crédit d'impôt relatif à l'achat d'une première maison ; pour le PLQ, c'étaient les crédits d'impôt pour la rénovation verte et les travailleurs expérimentés ; et pour le PQ, c'étaient les crédits d'impôt pour la pratique des arts et des sports chez les enfants.

661. Réseau d'aide aux personnes seules et itinérantes de Montréal (RAPSIM). 2011. *L'action du gouvernement du Québec en itinérance depuis 2009 : un bilan qui rappelle l'urgence d'instaurer une Politique en itinérance. Mémoire déposé à la Commission de santé et services sociaux de l'Assemblée nationale.* Montréal : RAPSIM, p. 3.

662. Réseau Solidarité Itinérance du Québec (RSIQ). 2008. *Mémoire présenté à la Commission des Affaires sociales de l'Assemblée nationale. Mandat d'initiative sur l'itinérance.* Montréal : RSIQ, p. 9.

663. Ouimet, Michel. « Peut-on sortir les sans-abri de l'itinérance ? ». *La Presse*, 27 janvier 2012.

664. Voir RAPSIM, 2011. *L'action du gouvernement du Québec en itinérance depuis 2009 : un bilan qui rappelle l'urgence d'instaurer une Politique en itinérance. Mémoire déposé à la Commission de santé et services sociaux de l'Assemblée nationale.* Montréal : RAPSIM, p. 17.

665. *Ibid.*, p. 2.

666. Commission des droits de la personne et des droits de la jeunesse du Québec. 2009. *La judiciarisation des personnes itinérantes à*

Montréal : un profilage social. Québec : Commission des droits de la personne et des droits de la jeunesse du Québec, p. 194.

667. Meunier, Hugo. « Les sans-abri croulent sous les amendes ». *La Presse*, 22 février 2012.

668. *Ibid.*

669. Loto-Québec. 2011. *Vers un nouvel équilibre. Rapport annuel 2011.* Montréal : Loto-Québec, p. 3.

670. Statistique Canada. 2011. « Les jeux de hasard 2011 ». *L'emploi et le revenu en perspective*, Vol. 23, N° 4, hiver 2011.Ottawa : Statistique Canada, p. 6.

671. Kairouz, Sylvia et Louise Nadeau. 2011. *Portrait du jeu au Québec : Prévalence, incidence et trajectoires sur quatre ans.* Montréal : Université Concordia, Université de Montréal et Fonds de recherche sur la société et la culture, p. 33.

672. *Ibid.*, p. 24.

673. Verret, Annie. 2008. « Vous êtes à trois minutes de marche d'un appareil de loterie vidéo ». *Journal Forum.* Université de Montréal. [En ligne] http://www.nouvelles.umontreal.ca/archives/2007-2008/content/view/1685/351/index.html (page consultée le 24 février 2012).

674. Voir Loto-Québec, *Vers un nouvel équilibre. Rapport annuel 2011*, Montréal : Loto-Québec, p. 34-35.

675. *Ibid.*, p. 23.

676. Perreault, Mathieu. « Loterie vidéo : les règles du jeu remises en question ». *La Presse*, 28 juin 2010.

677. Ce montant comprend les impôts directs (impôts sur le revenu), les cotisations sociales (cotisations d'assurance-emploi, assurance-parentale, etc.), les impôts indirects (taxes à la consommation, etc.) et les « autres transferts des particuliers vers les administrations », c'est-à-dire essentiellement les tarifs liés à la délivrance de permis et autres actes des administrations publiques. Ces données sont tirées des tableaux *Recettes et dépenses de l'administration fédérale, Québec (16 décembre 2011), Recettes et dépenses de l'administration provinciale, Québec (16 décembre 2011), Recettes et dépenses des administrations locales, Québec (16 décembre 2011)*

que l'on peut générer à partir du site Internet de la Banque de données statistiques officielles du Québec, à l'adresse suivante : http://www.bdso.gouv.qc.ca.

678. *Ibid.*

679. Instauré par l'article 36 de la Loi constitutionnelle de 1982, la péréquation est un programme de transferts du gouvernement fédéral qui vise à « donner aux gouvernements provinciaux des revenus suffisants pour les mettre en mesure [sic] d'assurer les services publics [sic] à un niveau de qualité et de fiscalité sensiblement comparables ».

680. Gouvernement du Québec. Ministère des Finances. 2011. *Plan budgétaire Budget 2011-2012.* Québec : Gouvernement du Québec, p. C.11

681. Entre 1989 et 2011, les transferts ont diminué 8 fois et augmenté 12 fois. À ce sujet, voir : L'État québécois en perspective. 2012. *Les transferts fédéraux.* Montréal : Observatoire de l'administration publique — ÉNAP, p. 4.

682. Pour restaurer les finances publiques canadiennes qui étaient dans un état désastreux au début des années 1990, Paul Martin, le ministre des Finances du Canada de 1993 à 2002, a utilisé essentiellement deux grands stratagèmes. Le premier a été la baisse assez considérable des transferts fédéraux aux provinces, comme en témoigne le document cité à la note précédente. Le deuxième a été le resserrement des critères d'admissibilité à l'assurance-emploi, ce qui a entraîné une diminution de l'aide versée. Cependant, les cotisations n'ont pas été baissées, ce qui a généré d'énormes surplus (57 milliards de dollars !) qui ont servi à l'assainissement des finances publiques. Pour un résumé de cette histoire, voir : Picher, Claude. « Le gâchis de l'assurance emploi ». *La Presse*, 27 février 2010.

683. Voir deuxième partie, p. 126.

684. Par exemple, voir à ce sujet : Caron, Régys. « Les municipalités refusent l'éthique à deux vitesses ». *Le Journal de Québec*, 7 septembre 2010. Ou encore : Larouche, Marc. « Saint-Joseph-de-Kamouraska n'adopte pas de règlement sur l'éthique ». *Le Soleil*, 8 décembre 2011.

685. À titre d'exemple, la transparence veut que l'auteur de cet essai divulgue l'information selon laquelle il travaillait, à l'époque de la rédaction dudit essai, dans une entreprise de consultation, *Intangible Gouvernance*, spécialisée en bonne gouvernance et en éthique, et qui a des municipalités comme clients principaux.

686. Lévesque, René. 1994. *Attendez que je me rappelle.* Montréal : Québec Amérique, p. 386.

687. Pour le récit de l'élaboration de cette loi, voir : Godin, Pierre. 2001. *René Lévesque. L'espoir et le chagrin.* Montréal : Boréal, p. 154-158.

688. Banque du Canada. 2012. *Feuille de calcul de l'inflation.* [En ligne] http://www.banqueducanada.ca/taux/renseignements-com-plementaires/feuille-de-calcul-de-linflation/ (page consultée le 26 février 2012).

689. Les exemples à ce sujet pullulent. Par exemple, voir : La Presse canadienne. « Prête-noms : Axor, SNC-Lavalin, BPR et CIMA+ pointés du doigt ». *La Presse canadienne,* 14 septembre 2010. Ou encore : Lessard, Denis. « Dons à la CAQ : des avocats généreux ». *La Presse,* 31 janvier 2012.

690. Robillard, Alexandre. « Pierre-F. Côté scandalisé des "lapsus" de trois ministres ». *La Presse canadienne,* 9 juillet 2010.

691. Radio-Canada. 2009. *100 000 $ par ministre.* [En ligne] http://www.radio-canada.ca/nouvelles/Politique/2009/12/10/004-plq-financement-ministre.shtml (page consultée le 26 février 2012).

692. Castonguay, Alec. « Financement des partis politiques — Le pouvoir attire plus les contributeurs du PLQ que ceux du PQ ». *Le Devoir,* 15 avril 2010.

693. Voir deuxième partie, p. 123.

694. Voir deuxième partie, p. 124-125.

695. Assemblée nationale. *Loi anti-prête-noms en matière de contributions électorales* (2010, chapitre 32), art. 4.

696. Salvet, Jean-Marc. « Contribution aux partis politiques : le plafond abaissé à 1000 $ ». *Le Soleil,* 25 novembre 2010.

697. Voir deuxième partie, p. 123.

698. Assemblée nationale. 2012. *Loi électorale*. Québec : Assemblée nationale, L.R.Q., chapitre E-3.3, art. 88.

699. Independant Commission Against Corruption. 2012. New South Wales. *Overview*. [En Ligne] http://www.icac.nsw.gov.au/about-the-icac/overview (page consultée le 26 février 2012).

700. En 2012, les dollars canadiens et australiens étaient quasiment à parité.

701. Jedwab, Jack. 2011. *L'identité du Québec en 2011 : les attachements, l'identité et la diversité*. Montréal : Associations d'études canadiennes.

702. Bouchard, Jacques et François Brousseau. 2002. *La voix de René Lévesque*. Montréal : Fides, p. 65.

703. La Presse canadienne. « La Loi 101 fête ses 30 ans : elle a été une grande loi canadienne, selon Dion ». *La Presse canadienne*, 26 août 2007.

704. Voir première partie, p. 50-52.

705. Dufour, Christian. 2008. *Les Québécois et l'anglais. Le retour du mouton*. Montréal : Les éditeurs réunis.

706. Voir troisième partie, p. 209-210.

707. Léger Marketing et Secrétariat à la politique linguistique. 2008. *Perception des Montréalais quant à la langue de service dans les petites entreprises de l'île de Montréal*. Montréal : Léger Marketing, p. 6.

708. Pagé, Michel et Charles-Étienne Olivier. Conseil supérieur de la langue française. Gouvernement du Québec. 2012. *Importance et priorité du français pour la population québécoise : une étude exploratoire*. Québec : Conseil supérieur de la langue française, p. 16.

709. *Ibid.*, p. 81.

710. *Ibid.*

711. Chouinard, Marie-Andrée. « Anglais intensif — L'anglais ? La voie royale ! ». *Le Devoir*, 23 juin 2012.

712. Voir première partie, p. 51.

713. Le Soleil. « Le Château Laurier, premier hôtel "francoresponsable" ». *Le Soleil*, 19 décembre 2010.

714. Paillé, Michel. 2011. *Les caractéristiques de la population du Québec : profil et tendances 1996-2006*. Montréal : Office québécois de la langue française, p. 65.

715. *Ibid.*

716. *Ibid.*, p. 32-33 et 136.

717. *Ibid.*

718. Voir deuxième partie, p. 134.

719. Voir deuxième partie, p. 140.

720. Loi constitutionnelle de 1982, annexe B de la Loi de 1982 sur le Canada (R-U), 1982, c 11, Art. 23(1) b).

721. Pour un petit résumé des débats, voir : Lessard, Denis. « La loi 101 au cégep : Marois compte faire volte-face ». *La Presse*, 10 juin 2011.

722. Québec. Conseil supérieur de la langue française. 2011. *Avis à la Ministre responsable de l'application de la Charte de la langue française : la langue d'enseignement au cégep*. Conseil supérieur de la langue française : Québec, p. 7.

723. *Ibid.*

724. *Ibid.*

725. Voir Québec. Conseil supérieur de la langue française. *Avis à la Ministre responsable de l'application de la Charte de la langue française : la langue d'enseignement au cégep*, Conseil supérieur de la langue française : Québec, p. 17-22.

726. Il s'agit d'allophones de langue maternelle non latine ou ne venant pas de pays de la francophonie internationale. *A contrario*, les francotropes sont les allophones de langue maternelle latine ou venant de pays de la francophonie internationale. À ce sujet, lire Ouellon, Conrad. 2009. *L'obligation du cégep de langue française : pour une argumentation éclairée (lettre du président)*. Québec : Conseil supérieur de la langue française.

727. Castonguay, Charles. 2010. *Le français dégringole. Relancer notre politique linguistique*. Montréal : Les Éditions du Renouveau québécois, p. 158-160.

728. Voir Québec. Conseil supérieur de la langue française. *Avis à la Ministre responsable de l'application de la Charte de la langue*

française: la langue d'enseignement au cégep, Conseil supérieur de la langue française: Québec, p. 19-20.

729. Paillé, Michel. 2008. *La langue de l'enseignement: indicateurs pour l'éducation préscolaire, l'enseignement primaire et secondaire, le collégial et l'université.* Montréal: Office québécois de la langue française, p. 91-93.

730. Institut de la statistique. 2010. *Répartition de la population de 15 ans et plus selon le niveau de scolarité, le sexe et le groupe d'âge, Québec, 2006.* [En ligne] http://www.stat.gouv.qc.ca/donstat/societe/education/etat_scolarisation/scol_pop_15_sex_a_qc.htm (page consultée le 1er avril 2012).

731. Gouvernement du Québec. Ministère des Finances. 2011. *Un plan de financement des universités équitable et équilibré. Pour donner au Québec les moyens de ses ambitions.* Québec: Ministère des finances, p. 17.

732. Gervais, Lisa-Marie. «Une maîtrise 100 % en anglais». *Le Devoir*, 22 février 2012.

733. *Charte de la langue française*, L.R.Q., c. C-11, articles 30 à 40.

734. Voir deuxième partie, p. 133-134.

735. Commission des États généraux sur la situation et l'avenir de la langue française au Québec. 2000. *Le français, une langue pour tout le monde.* Québec: Gouvernement du Québec, p. 113-117.

736. Conseil supérieur de la langue française. 2005. *Le français, langue normale et habituelle du travail.* Québec: Conseil supérieur de la langue française, p. 28-30.

737. La Presse Canadienne. «Fini l'anglais à la RAMQ». *Le Devoir*, 23 décembre 2011.

738. Loi constitutionnelle de 1982, annexe B de la Loi de 1982 sur le Canada (R-U), 1982, c. 11, article 16.

739. Castonguay, Charles. 2008. *Avantage à l'anglais. Dynamique actuelle des langues au Québec.* Québec: Les Éditions du Renouveau québécois, p. 59.

740. *Ibid.*, p. 61.

741. La dernière étude disponible sur la question est la suivante: Chaykowski, Richard. 2005. *Conditions d'emploi et modalités de*

travail dans les secteurs de compétence fédérale. Analyse comparative des caractéristiques des emplois et des employés en fonction de l'EMTE et de l'EPA. Gatineau: Ministère des Ressources humaines et du Développement des compétences, p. 92.

742. Données obtenues à partir de Statistique Canada. 2008. *Entrepôt de données sur les petites et moyennes entreprises, décembre 2008* citée dans Azoulay, Audrey. 2010. *Regard sur les entrepreneurs québécois.* Montréal: Fédération canadienne de l'entreprise indépendante, p. 4.

743. Il peut y avoir des recoupements entre ces deux nombres. Cependant, étant donné les secteurs couverts par le Code canadien du travail (aviation, transport ferroviaire, domaine bancaire, secteur maritime, télécommunications, gouvernement fédéral, etc.), il est toutefois peu probable qu'il y ait beaucoup d'entreprises de moins de 50 employés qui œuvrent dans ces domaines.

744. Institut de la statistique. 2012. *Nombre d'emplois selon le sexe et le groupe d'âge, moyennes annuelles, Québec, 2008-2011.* [En ligne] http://www.stat.gouv.qc.ca/donstat/societe/march_travl_remnr/parnt_etudn_march_travl/pop_active/b001_2008-2011.htm (page consultée le 15 mars 2012).

745. Angus Reid Public Opinion. 2011. *Bilinguism in Québec. Quebecers Willing to Improve Their Level in the Other Official Language.* Montréal: Angus Reid Public Opinion, p. 8.

746. *Ibid.*

747. Bouchard, Gérard et Charles Taylor. 2008. *Fonder l'avenir — Le temps de la conciliation.* Québec: Commission de consultation sur les pratiques d'accommodement reliées aux différences culturelles, p. 258.

748. Voir Azoulay, Audrey. 2010. *Regard sur les entrepreneurs québécois,* Montréal: Fédération canadienne de l'entreprise indépendante, p. 4.

749. Institut de la statistique du Québec. 2012. « La migration interrégionale au Québec en 2010-2011 ». *Coup d'œil socio-démographique,* numéro 13. Québec: Institut de la statistique du Québec, p. 4.

750. Normandin, Pierre-André. « L'appel du 450 ». *La Presse,* 9 février 2012.

751. Leduc, Louise. 2010. « Un exode francophone vers la banlieue ». *La Presse,* 21 octobre 2010.

752. L'utilisation du terme « locuteur » est rendu obligatoire par le fait que ces données sont composées d'un mélange, suivant les époques, de personnes ayant le français comme langue maternelle ou langue d'usage.

753. Calculs de l'auteur à partir des chiffres présentés dans Curzi, Pierre. 2010. *Le grand Montréal s'anglicise,* p. 39.

754. Par solde migratoire, on entend la soustraction du nombre de départ des francophones à celui des anglophones.

755. Les statistiques disponibles sur ce sujet s'arrêtent malheureusement à 2006, car le Recensement de 2011 ne semble pas fournir de tels chiffres. Statistique Canada. 2007. *Le portrait linguistique en évolution, Recensement de 2006.* Ottawa : Statistique Canada, p. 22.

756. Institut de la statistique du Québec. 2012. *Immigrants, émigrants et résidents non permanents, Québec, Ontario et Canada, 1951-2011.* [En ligne] http://www.stat.gouv.qc.ca/donstat/societe/demographie/migrt_poplt_imigr/602.htm (page consultée le 17 mars 2012).

757. Institut de la statistique du Québec. 2012. *Population du Québec, 1971-2011.* [En ligne] http://www.stat.gouv.qc.ca/donstat/societe/demographie/struc_poplt/qc_1971-20xx.htm (page consultée le 17 mars 2012).

758. Ce calcul comprend l'immigration permanente (résidence permanente et réfugiés) et exclut l'immigration non permanente (études, travail, visites, etc.). C'est la même base qui sert pour les autres pays.

759. Calculs de l'auteur pour l'année 2010 à partir de ces deux sources : United States Census Bureau. 2010. *Resident population of the 50 states, the District of Columbia, and Puerto Rico : 2010 census.* Washington D.C. : U.S. Department of Commerce et United States. Department of Homeland Security. 2011. *Yearbook of*

Immigration Statistics : 2010. Washington, D.C. : U.S. Department of Homeland Security, Office of Immigration Statistics, p. 5 et 39.

760. Calculs de l'auteur pour l'année 2008 à partir de ces deux sources : Institut national de la statistique et des études économiques. 2012. *Évolution de la population.* [En ligne] http://www.insee.fr/fr/themes/document.asp?reg_id=0&ref_id=T12F031 (page consultée le 18 mars 2012) et Institut national d'études démographiques. 2012. *Flux d'immigration par année, nationalité et continent.* [En ligne] http://www.ined.fr/fr/pop_chiffres/france/flux_immigration/depuis_1994/ (page consultée le 18 mars 2012).

761. Calculs de l'auteur pour l'année 2010, excluant l'immigration permanente en provenance de l'Union européenne, à partir de ces deux sources : United Kingdom. Office for National Statistics. 2011. *2010-based national population projections - principal projection and key variants.* London : Office for National Statistics, p. 1 et The Migration Observatory. 2012. *Briefing. Settlement in the UK.* Oxford : University of Oxford, p. 2.

762. Béland, Paul. 2008. *Langue et immigration, langue du travail : éléments d'analyse.* Québec : Conseil supérieur de la langue française, p. 7.

763. Voir première partie, p. 54.

764. Ce genre de calcul a déjà été effectué dans Curzi, Pierre. *Le grand Montréal s'anglicise,* mais jamais pour le Québec en entier. À cause des autres facteurs qui peuvent influencer la vitalité de la langue française à Montréal, c'est le portrait du Québec en entier qui peut véritablement faire ressortir les rapports de force linguistiques.

765. Statistique Canada. 2012. *Caractéristiques linguistiques des Canadiens : Langue, Recensement de la population de 2011.* Ottawa : Statistique Canada, p. 13-14.

766. Institut de la statistique. 2012. *Migrations internationales et interprovinciales, Québec, 1961-2010.* [En ligne] http://www.stat.gouv.qc.ca/donstat/societe/demographie/migrt_poplt_imigr/601.htm (page consultée le 20 mars 2012).

767. Dubreuil, Benoît et Guillaume Marois. 2011. *Le Remède imaginaire. Pourquoi l'immigration ne sauvera pas le Québec*. Montréal : Boréal.

768. *Ibid.*, p. 58-59.

769. *Ibid.*, p. 73.

770. *Ibid.*, p. 85.

771. *Ibid.*, p. 101-102.

772. *Ibid.*, p. 106.

773. *Ibid.*, p. 120-121.

774. *Ibid.*, p. 144.

775. De 1997 à 2006, 16,1 % des demandes de reconnaissance d'une équivalence reçues par les ordres professionnels ont été refusées. À ce sujet, voir : Beaulieu, Louis. « Les immigrants et les ordres professionnels : mythes et réalités ». *Le Devoir*, 5 décembre 2007, p. A7.

776. L'essai de Dubreuil et Marois montre de façon éloquente qu'une meilleure sélection produirait inévitablement une réduction des admissions, étant donné que la sélection est déjà déficiente parce que largement laxiste. Voir le chapitre 6, dans Dubreuil, Benoît et Guillaume Marois. 2011. *Le Remède imaginaire. Pourquoi l'immigration ne sauvera pas le Québec*. Montréal : Boréal, p. 207-246.

777. Les auteurs démontrent que *Le Programme québécois des immigrants investisseurs* est une farce sinistre à un point tel que le gouvernement Charest l'a suspendu pour le réactiver quelques semaines avant l'élection de 2012. Bien que certains changements lui aient été apportés, le programme est sensiblement le même qu'avant la suspension. Voir le chapitre 7, dans Dubreuil, Benoît et Guillaume Marois. 2011. *Le Remède imaginaire. Pourquoi l'immigration ne sauvera pas le Québec*. Montréal : Boréal, p. 247-272.

778. Brousseau-Pouliot, Vincent. « Intégration difficile des immigrés au marché du travail ». *La Presse*, 21 novembre 2008.

779. *Ibid.*

780. Voir note 402.

781. Journet, Paul. « Immigration : Québec souhaite suivre les besoins du marché du travail ». *La Presse*, 1er novembre 2011.

782. Dutrisac, Robert. « Le Québec accueillerait deux fois trop d'immigrants ». *Le Devoir,* 25 août 2011.

783. Voir page 311.

784. Gouvernement du Québec. 2012. *Règlement sur la pondération applicable à la sélection des ressortissants étrangers.* c. I-0.2, r. 2.

785. Gouvernement du Canada. Ministère de la Citoyenneté et de l'Immigration. 2012. *Travailleurs qualifiés et professionnels : Qui peut présenter une demande - Six facteurs de sélection et note de passage.* [En ligne] http://www.cic.gc.ca/francais/immigrer/qualifie/demande-facteurs.asp (page consultée le 19 mars 2012).

786. Gouvernement du Québec. Ministère de l'Immigration et des Communautés culturelles. 2012. *Bulletin statistique sur l'immigration permanente au Québec, 4ᵉ trimestre et année 2011.* Montréal : Ministère de l'Immigration et des Communautés culturelles, p. 2.

787. La Presse canadienne. « Québec n'obligera pas les candidats immigrants à apprendre le français ». *La Presse canadienne,* 23 octobre 2008.

788. Voir Dubreuil, Benoît et Guillaume Marois. *Le Remède imaginaire. Pourquoi l'immigration ne sauvera pas le Québec.* Montréal : Boréal, p. 239-246.

789. Voir deuxième partie, p. 137-138.

790. Organisation internationale de la francophonie. 2012. *Qui sommes-nous ?* [En ligne] http://www.francophonie.org/Qui-sommes-nous.html (page consultée le 20 mars 2012).

791. Nadeau, Jean-François. 2010. *Le vrai visage du français.* [En ligne] http://actualites.ca.msn.com/chroniques/chroniques-jean-benoit-nadeau.aspx?cp-documentid=26576151 (page consultée le 20 mars 2012).

792. Touzin, Caroline. « Le français à la cérémonie d'ouverture : Lise Bissonnette "scandalisée" ». *La Presse,* 16 février 2010.

793. Orfali, Philippe. « Tempête linguistique au Canada anglais ». *Le Droit,* 16 juillet 2011.

794. 6 811 095 pour les allophones contre 7 172 560 pour les francophones. À ce sujet, voir : Statistique Canada. 2012. *Caractéristiques*

linguistiques des Canadiens: Langues Recensement de la popula-
tion de 2011. Ottawa: Statistique Canada, p. 13.

795. Voir Statistique Canada. *Caractéristiques linguistiques des*
Canadiens: Langue, Recensement de la population de 2011, Ottawa: Statistique Canada, p. 13 et Statistique Canada. 2007. *Le*
portrait linguistique en évolution, Recensement de 2006. Ottawa:
Statistique Canada, p. 15.

796. *Ibid.*

797. Opinion publique Angus Reid. 2011. *Sondage sur le bilinguisme*
au Canada. Montréal: Opinion publique Angus Reid, p. 7.

798. *Ibid.,* p. 8.

799. Frum, David. «The dénouement of French Canada». *National*
Post, 11 février 2012.

800. Voir deuxième partie, p. 229-230.

801. Gouvernement du Québec. Ministère de l'Immigration et des
Communautés culturelles. 2012. *Bulletin statistique sur l'immigra-*
tion permanente au Québec. 4ᵉ trimestre et année 2011. Montréal:
Ministère de l'Immigration et des Communautés culturelles, p. 5.

802. Voir note 570.

803. Intellectuels pour la souveraineté (IPSO). 2010. *Opinion publique*
Québec-Canada. 20 ans après Meech. Montréal: IPSO, p. 18.

804. Plante, Louise et Vincent Gauthier. «Le projet de loi de Robert
Aubin est défait». *Le Nouvelliste,* 2 mars 2012.

805. Robitaille, Antoine. «Cours d'histoire épurés au secondaire».
Le Devoir, 27 avril 2006.

806. *Ibid.*

807. Robitaille, Antoine. «Fournier rejette l'histoire épurée». *Le Devoir,*
28 avril 2006.

808. Courtois, Charles-Philippe. 2009. *Le nouveau cours d'histoire du*
Québec au secondaire: l'école québécoise au service du multicultu-
ralisme canadien? Montréal: Institut de recherche sur le Québec,
p. 27.

809. *Ibid.,* p. 28.

810. *Ibid.,* p. 27-28.

811. *Ibid.,* p. 29.

812. *Ibid.*, p. 30-31.

813. *Ibid.*, p. 32.

814. *Ibid.*

815. *Ibid.*

816. *Ibid.*

817. *Ibid.*, p. 34.

818. Voir particulièrement le chapitre 3, dans : Bock-Côté, Mathieu. 2007. *La Dénationalisation tranquille*. Montréal : Boréal, p. 89-128.

819. *Ibid.*, p. 98.

820. Dans l'ouvrage *Passer à l'avenir*, Jocelyn Létourneau avance, dans le chapitre « Pour une révolution de la mémoire collective », qu'il faut « impenser » l'histoire québécoise. Entre autres choses, cela veut dire abandonner ce que l'auteur considère comme une vision nostalgique, récuser les termes « peuple » et « nation » pour décrire le Québec, affirmer que les postures politiques du « groupe » québécois étaient astucieuses et choisies, etc. Pour plus de détails, voir : Létourneau, Jocelyn. 2000. *Passer à l'avenir*. Montréal : Boréal, p. 120-130.

821. Au sein de l'Agence de coopération culturelle et technique, ancêtre de l'Organisation internationale de la Francophonie.

822. L'Organisation des Nations Unies pour l'éducation, la science et la culture.

823. Barlow, Julie et Jean-Benoît Nadeau. 2007. *La grande aventure de la langue française. De Charlemagne au Cirque du Soleil*. Montréal : Québec Amérique, p. 456-460.

824. Gouvernement du Québec. Ministère des Relations Internationales. 2006. *La politique internationale du Québec. La force de l'action concertée*. Québec : Gouvernement du Québec.

825. À ce sujet, voir le discours que Paul Gérin-Lajoie a prononcé devant le corps consulaire de Montréal, le 12 avril 1965, disponible à l'adresse suivante : http://www.mri.gouv.qc.ca/fr/ministere/ histoire_ministere/documents_archives/discours_gerin_lajoie.pdf (page consultée le 24 mars 2012).

826. Robitaille, Antoine. « Nairobi : Ottawa muselle le Québec ». *Le Devoir*, 10 novembre 2006.

827. Paul, Jennifer et Marcus Pistor. Service d'information et de recherche parlementaires. 2009. *Dépenses d'aide publique au développement*. Ottawa : Parlement du Canada, p. 2.

828. Organisation de coopération et de développement économique (OCDE). 2011. «Tableau 1 - Aide publique au développement nette des membres du CAD en 2010». *Statistiques sur les apports de ressources aux pays en développement*. [En ligne] http://www.oecd.org/document/9/0,3746,fr_2649_34447_34036298_1_1_1_1,00.html (page consultée le 24 mars 2012).

829. Comme la statistique du RNB, qui n'est pas beaucoup utilisée au Canada, ne semble pas disponible pour les provinces, le PIB réel du Québec a été utilisé comme statistique de substitution. Cette mesure reste très proche du RNB. Pour la source du PIB réel, voir : Institut de la statistique du Québec. 2012. *Produit intérieur brut réel, Québec, 2004-2010*. [En ligne] http://www.stat.gouv.qc.ca/donstat/econm_finnc/conjn_econm/compt_econm/cea2_3.htm (page consultée le 24 mars 2012).

830. Agence canadienne de développement international (ACDI). 2011. *Rapport statistique sur l'aide internationale - Année financière 2009-2010*. Gatineau : ACDI, p. 15.

831. Lévesque, Claude. « Aide internationale : les organismes québécois dénoncent l'*a priori* politique de l'ACDI ». *La Presse*, 15 mars 2012.

832. Voir deuxième partie, p. 103-106.

833. Blais, André. 2006. « What Affects Voter Turnout ? ». *Annual Review of Political Science*, vol. 9, p. 113-114.

834. C'est le cas par exemple de la présence ou non du vote obligatoire, de l'âge limite pour voter, des règles balisant le vote anticipé ou encore de la présence d'une chambre haute (Sénat). À ce sujet, voir : *Ibid.,* p. 112-116.

835. Blais, André. 2010. « Political participation ». *Comparing Democracies 3*, Larry LeDuc, Dick Niemi et Pippa Norris (dir.). Londres : Sage, p. 165-183.

836. Brun, Henri, Claude Corbo, Christian Dufour, Joseph Facal et Jean-Claude Rivest. 2005. *Appel des cinq. Contre la réforme du*

mode de scrutin. Pour un gouvernement fort mais congédiable, p. 4.

837. *Ibid.*, p. 2-3.

838. Serré, Pierre. 2002. *Deux poids, deux mesures. L'impact du vote des non-francophones au Québec.* Montréal : Boréal p. 206-209.

839. *Ibid.*, p. 199-205.

840. *Ibid.*, p. 209-212.

841. Léger, Jean-Marc. « Un parti qui vieillit mal ». *Le Journal de Montréal*, 11 octobre 2011.

842. Pour une explication en détail du processus, voir le site Internet de l'Assemblée citoyenne à l'adresse suivante : http://www.citizensassembly.bc.ca.

843. Selon les modalités retenues pour l'adoption de la réforme, la proposition devait recueillir 60 % des appuis ET un appui majoritaire dans 60 % des 79 districts électoraux. La proposition a finalement été rejetée car, si elle a obtenu la majorité dans 77 des 79 districts, elle n'a reçu « que » 57,7 % des voix dans l'ensemble de la province.

844. C'est la stratégie qu'avait explicitement employée Jean Chrétien au Parlement canadien lors du vote sur le règlement de la question du sang contaminé à la fin des années 1990. Son gouvernement ne voulait pas élargir la portée de l'indemnisation des victimes de ce scandale : voyant que plusieurs députés de son parti allaient voter contre le gouvernement sur cette question, Chrétien a transformé ce vote en un vote de confiance sur le gouvernement, menaçant ainsi de déclencher des élections. À ce sujet, lire : Venne, Michel. « Le mépris des institutions ». *Le Devoir*, 30 avril 1998, p. A6.

845. Moalla, Taïeb. « Un premier ministre élu au suffrage universel ? ». *Agence QMI*, 5 novembre 2010.

846. Chouinard, Tommy. « Le PQ dit oui aux référendums d'initiative populaire ». *La Presse*, 29 janvier 2012.

847. À ce sujet, lire : Bissoondath, Neil. 1995. *Le Marché aux illusions. La méprise du multiculturalisme.* Montréal : coédition Boréal-Liber.

848. Tous les exemples de ce paragraphe sont tirés de l'excellente recension du 2ᵉ chapitre du rapport de la Commission Bouchard-Taylor. À ce sujet, voir : Bouchard, Gérard et Charles Taylor. *Fonder l'avenir — Le temps de la conciliation,* Québec : Commission de consultation sur les pratiques d'accommodement reliées aux différences culturelles, p. 48-60.

849. Lisée, Jean-François (tribune libre). « Les malades imaginaires ». *La Presse,* 27 mai 2008.

850. Perreault, Laura-Julie. « Une vision critique des conclusions de Bouchard-Taylor ». *La Presse,* 7 mars 2009.

851. Duchesne, André. « Des accommodements raisonnables qui incommodent ». *La Presse,* 29 décembre 2006.

852. Radio-Canada. 2007. *Toujours deux solitudes.* [En ligne] http://www.radio-canada.ca/nouvelles/societe/2007/04/03/004-sondage-accommodements-enjeux.shtml (page consultée le 25 mars 2012).

853. *Le Soleil.* « Accommodements raisonnables : les Québécois préoccupés ». *Le Soleil,* 27 août 2007.

854. Leduc, Louise. « Les Québécois restent opposés aux accommodements ». *La Presse,* 27 octobre 2009.

855. Castonguay, Alec. « Sondage Léger Marketing - *Le Devoir* - Le gouvernement Charest trop "accommodant" ». *Le Devoir,* 18 février 2010.

856. Leduc, Louise. « Un manque de leadership politique déploré ». *La Presse,* 27 octobre 2009.

857. Radio-canada. 2010. *Enchâssée dans la Charte.* [En ligne] http://www.radio-canada.ca/nouvelles/Politique/2008/06/10/001-egalite-sexes-quebec.shtml (page consultée le 26 mars 2012).

858. Journet, Paul. « La loi sur les accommodements raisonnables reléguée aux oubliettes ? ». *La Presse,* 17 février 2012.

859. Richer, Jocelyne. « Le PQ craint que la viande halal devienne la règle ». *La Presse canadienne,* 23 mars 2012.

860. Elkouri, Rima. « L'hystérie halal ». *La Presse,* 16 mars 2012.

861. Lisée, Jean-François. 2007. *Nous.* Montréal : Boréal, p. 95-106.

862. Voir Commission des États généraux sur la situation et l'avenir de la langue française au Québec. *Le français, une langue pour tout le monde*. Québec : Gouvernement du Québec, p. 239.

863. Dufour, Valérie. « Forum sur la "citoyenneté québécoise" ». *Le Devoir*, 28 mars 2000.

864. Marois, Pauline (tribune libre). « Citoyenneté québécoise - Un signal fort en faveur du français ». *Le Devoir*, 22 octobre 2007.

865. Auger, Michel. 2007. *Les coûts de la citoyenneté québécoise*. [En ligne] http://www.radio-canada.ca/nouvelles/carnets/2007/10/23/93380.shtml (page consultée le 25 mars 2012).

866. Radio-Canada. 2007. *Marois sous le feu des critiques*. [En ligne] http://www.radio-canada.ca/nouvelles/Politique/2007/10/23/002-identite-quebecoise.shtml (page consulté le 25 mars 2012).

867. Legault, Josée. « Dialogue de sourds ». *Journal Voir*, 1ᵉʳ novembre 2007.

868. La naturalisation est l'octroi de la citoyenneté qui n'est pas obtenue par le droit du sol, c'est-à-dire attaché au lieu de naissance, ni par le droit du sang, c'est-à-dire attaché à un lien filial d'une personne détenant déjà la citoyenneté.

869. U.S. Department of Homeland Security. U.S. Citizenship and Immigration Services. 2012. *Citizenship*. [En ligne] http://www.uscis.gov/portal/site/uscis/ (page consultée le 26 mars 2012).

870. German Republic. Federal ministry of Interior. 2012. *Nationality Act*. [En ligne] http://www.bmi.bund.de/SharedDocs/Gesetzestexte/EN/Staatsangehoerigkeitsgesetz_englisch.pdf?__blob=publicationFile (page consultée le 26 mars 2012).

871. Ministry of Foreign Affairs of the republic of Latvia. 2012. *Latvian Citizenship*. [En ligne] http://www.am.gov.lv/en/service/4727/ (page consultée le 26 mars 2012).

872. République française. Service-public.fr. 2012. *Conditions de recevabilité de la demande de naturalisation*. [En ligne] http://vosdroits.service-public.fr/particuliers/F2213.xhtml (page consultée le 26 mars 2012).

873. Gouvernement du Canada. Ministère de l'Immigration et de la Citoyenneté. 2012. *L'examen de citoyenneté*. [En ligne] http://

www.cic.gc.ca/francais/citoyennete/examen.asp (page consultée le 26 mars 2012).

874. Australian Government. Department of Immigration and Citizenship. 2012. *Australian citizenship practice test.* [En ligne] http://www.citizenship.gov.au/learn/cit_test/practice/ (page consultée le 26 mars 2012).

875. UK Home Office. UK Border Agency. 2012. *The 'Life in the UK' test.* [En ligne] http://www.ukba.homeoffice.gov.uk/britishcitizenship/applying/applicationtypes/naturalisation/kol/life-in-uk-test/ (page consultée le 26 mars 2012).

876. Voir République française. Service-public.fr. 2012. *Conditions de recevabilité de la demande de naturalisation.* [En ligne] http://vosdroits.service-public.fr/particuliers/F2213.xhtml (page consultée le 26 mars 2012).

877. FINLEX. 2012. « 2nd chapter ». *Act on the Autonomy of Åland (1991/1144).* [En ligne] http://www.finlex.fi/en/laki/kaannokset/1991/en19911144.pdf (page consultée le 26 mars 2012).

878. Journal officiel de la République française. *Loi organique n° 99-209 du 19 mars 1999 relative à la Nouvelle-Calédonie (1),* article 118.

879. Australian Government. Department of Immigration and Citizenship. 2012. *Fact Sheet 59 - Immigration Arrangements for Norfolk Island.* [En ligne] http://www.immi.gov.au/media/fact-sheets/59norfolk.htm (page consultée le 26 juillet 2012).

880. Confédération Suisse. Office fédéral des migrations. 2012. *Naturalisation ordinaire.* [En ligne] http://www.bfm.admin.ch/content/bfm/fr/home/themen/buergerrecht/einbuergerung/ordentliche_einbuergerung.html (page consultée le 26 mars 2012).

881. Gouvernement du Canada. Ministère des Affaires autochtones et du Développement du Nord. 2012. *Fiche d'information : le traité des Nisga'a.* [En ligne] http://www.aadnc-aandc.gc.ca/fra/1100100016428 (page consultée le 26 mars 2012).

882. Léger Marketing. 2007. *L'opinion des Québécois à l'égard d'une Constitution du Québec.* Montréal : Léger Marketing, p. 4-5.

883. Jedwab, Jack. 2002. *Canada's Charter of Rights and Freedoms seen as having positive impact on rights and is a growing symbol*

of Canadian identity. Montréal : Association d'études canadiennes, p. 1.

884. U.S. Army Center of Military History. 2012. *Oaths of Enlistment and Oaths of Office*. [En ligne] http://www.history.army.mil/html/faq/oaths.html (page consultée le 27 mars 2012).

885. Loi constitutionnelle de 1982, annexe B de la Loi de 1982 sur le Canada (R-U), 1982, c 11, Art. 45.

886. Pelletier, Benoît. 2007. « La nature quasi constitutionnelle de la *Charte des droits et libertés de la personne du Québec* et l'idée d'une constitution québécoise ». *Bulletin Québécois de droit constitutionnel*, p. 4.

887. Turp, Daniel. 2008. « La constitution québécoise ». *Revue québécoise de droit constitutionnel*, vol. 2, p.16.

888. *Ibid.*, p. 17.

889. *Ibid.*, p. 18.

890. *Ibid.*, p. 20.

891. *Ibid.*, p. 36.

892. *Ibid.*, p. 39.

893. Option nationale. 2012. *Des gestes de reprise en main pour l'avenir national*. [En ligne] http://www.optionnationale.org/la-plateforme/1-des-gestes-de-reprise-en-main-pour-l-avenir-du-quebec (page consultée le 12 septembre 2012).

894. Robitaille, Antoine. « Constitution du Québec : Charest dit non ». *Le Devoir*, 22 mai 2008.

895. Une assemblée constituante est une assemblée, élue ou non, qui a pour seule mission de rédiger une constitution en vue d'une ratification par un parlement ou par le peuple.

896. Voir Léger Marketing. *L'opinion des Québécois à l'égard d'une Constitution du Québec*. Montréal : Léger Marketing, p. 3.

897. Angus Reid Public Opinion. 2011. *Royal Family Image Improves as Visit to Canada Approaches*. Toronto : Angus Reid Public Opinion, p. 5.

898. *Ibid.*, p. 4.

899. Loi constitutionnelle de 1982, annexe B de la Loi de 1982 sur le Canada (R-U), 1982, c 11, Art. 41.

900. Binette, André. 2011. *Les limites des réformes démocratiques du Québec dans le cadre canadien*. Montréal : Intellectuels pour la souveraineté (IPSO).

901. Loi constitutionnelle de 1982, annexe B de la Loi de 1982 sur le Canada (R-U), 1982, c 11, Art. 3.

902. Pour constater jusqu'à quel point la jurisprudence canadienne est tordue sur la question des droits religieux, il faut lire le célèbre jugement *Syndicat Northcrest c. Amselem, [2004] 2 R.C.S. 551, 2004 CSC 47* maintenant enseigné dans toutes les facultés de droit. En résumé, un propriétaire de condo a poursuivi son syndicat de copropriétaires, car celui-ci refusait de lui permettre de mettre une construction (qui, incidemment, était de nature religieuse) sur le balcon de son condo. Le hic, c'est que les constructions sur les balcons étaient clairement interdites dans la déclaration de copropriété. Malgré le fait que les nouveaux propriétaires aient signé la déclaration de copropriété lors de l'achat du condo, et que le syndicat de copropriétaires ait offert une solution mitoyenne en permettant la construction religieuse dans la cour de la tour à condos, la Cour suprême a donné raison au plaignant en s'appuyant sur les deux chartes (canadiennes et québécoises) en stipulant qu'une telle disposition contractuelle portait atteinte à la liberté de religion. Fait à mentionner, la Cour suprême du Canada a non seulement renversé la décision de la Cour d'appel du Québec dans cette affaire, mais les trois juges francophones de la Cour suprême se sont tous rangés du côté des dissidents…

903. Voir quatrième partie, p. 329-330.

904. Voir première partie, p. 68-69.

905. Le texte de la question était le suivant : « Le Gouvernement du Québec a fait connaître sa proposition d'en arriver, avec le reste du Canada, à une nouvelle entente fondée sur le principe de l'égalité des peuples ; cette entente permettrait au Québec d'acquérir le pouvoir exclusif de faire ses lois, de percevoir ses impôts et d'établir ses relations extérieures, ce qui est la souveraineté, et, en même temps, de maintenir avec le Canada une association économique comportant l'utilisation de la même monnaie ; aucun changement

de statut politique résultant de ces négociations ne sera réalisé sans l'accord de la population lors d'un autre référendum ; en conséquence, accordez-vous au Gouvernement du Québec le mandat de négocier l'entente proposée entre le Québec et le Canada ? ».

906. Parmi ces revendications, notons : une reconnaissance du Québec comme société distincte ; la mise en place d'un droit de veto pour le Québec et les autres provinces au sujet de certains amendements importants à la Constitution ; le droit de retrait d'une province, avec pleine compensation, de tout programme du gouvernement canadien qui concerne un domaine de compétence provinciale ; davantage de pouvoirs provinciaux en immigration ; que les trois juges de la Cour suprême du Canada provenant du Québec soient nommés par le gouvernement fédéral sur proposition du gouvernement du Québec. Pour le fin texte de l'accord, voir l'*Accord constitutionnel de 1987, 3 juin 1987 (« accord du Lac Meech »)*.

907. Si, par exemple, le Québec gagnait la reconnaissance de la société distincte et la possibilité juridique de la protéger, la proportion de 25 % des députés de la Chambre des communes ou encore la compétence exclusive en culture, il semble que le Québec stagnait ou perdait du terrain en ce qui concerne l'immigration, le pouvoir fédéral de dépenser, la Cour suprême et le droit de veto, en plus de devoir accepter l'instauration d'une union économique et sociale hautement centralisatrice. À ce sujet, voir : *Rapport du consensus sur la constitution, Charlottetown, le 28 août 1992 (texte définitif)*.

908. La question du référendum de Charlottetown était simplement : « Acceptez-vous que la Constitution du Canada soit renouvelée sur la base de l'entente conclue le 28 août 1992 ? ».

909. Le texte de la question était : « Acceptez-vous que le Québec devienne souverain, après avoir offert formellement au Canada un nouveau partenariat économique et politique, dans le cadre du projet de loi sur l'avenir du Québec et de l'entente signée le 12 juin 1995 ? ».

910. Plus particulièrement, voir les deux derniers chapitres dans Lisée, Jean-François. 2000. *Sortie de secours*. Montréal : Boréal, p. 379-411.

911. Gagnon, Alain-G. et Raffaele Iacovino. 2007. *De la nation à la multination*. Montréal : Boréal, p. 222-230.

912. Léger Marketing. 2005. *Sondage québécois* [au sujet du scandale des commandites]. Montréal : Léger Marketing, p. 5.

913. CROP et Idée fédérale. 2011. *Étude à l'occasion du 30ᵉ anniversaire du rapatriement de la Constitution*. Montréal : CROP, p. 18.

914. Léger Marketing. 2012. *La politique provinciale au Québec*. Montréal : Léger Marketing, p. 12.

915. Léger Marketing et Association internationale d'études québécoises. 2012. *Le rapatriement de la Constitution canadienne. Perception de l'événement et de ses conséquences*. Montréal : Léger Marketing, p. 8.

916. Voir CROP et Idée fédérale. 2011. *Étude à l'occasion du 30ᵉ anniversaire du rapatriement de la Constitution*. Montréal : CROP, p. 15.

917. Il est à noter que ce sondage pondère les réponses en enlevant les « Ne sait pas/refus », qui ne totalisent jamais plus de 11 % par réponse. Voir Intellectuels pour la souveraineté (IPSO). 2010. *Opinion publique Québec-Canada. 20 ans après Meech*. Montréal : IPSO, p. 29-48.

918. Voir deuxième partie, p. 181.

919. Oui, le PLQ a déjà eu à cœur l'épanouissement des souhaits constitutionnels québécois ! Difficile à croire en 2013…

920. Allaire, Jean. 1992. *Un Québec libre de ses choix : Rapport du Comité constitutionnel du Parti libéral du Québec*. Montréal : Parti libéral du Québec, p. 44.

921. Voir CROP et Idée fédérale. 2011. *Étude à l'occasion du 30ᵉ anniversaire du rapatriement de la Constitution*. Montréal : CROP, p. 15 et Intellectuels pour la souveraineté (IPSO). *Opinion publique Québec-Canada. 20 ans après Meech*. Montréal : IPSO, p. 28.

922. Voir Lisée, Jean-François. 2000. *Sortie de Secours*. Montréal : Boréal, p. 255.

923. Voir Intellectuels pour la souveraineté (IPSO). 2010. *Opinion publique Québec-Canada. 20 ans après Meech*. Montréal : IPSO, p. 24.

924. Voir CROP et Idée fédérale. 2011. *Étude à l'occasion du 30ᵉ an-niversaire du rapatriement de la Constitution.* Montréal : CROP, p. 15.

925. Voir Léger Marketing et Association internationales d'études qué-bécoises. 2012. *Le rapatriement de la Constitution canadienne. Perception de l'événement et de ses conséquences.* Montréal : Léger Marketing, p. 7.

926. La Presse canadienne. « La Constitution n'est pas dans les priorités de Québec ». *La Presse Canadienne,* 28 mars 2012.

927. Voir deuxième partie, p. 189.

928. Léger, Jean-Marc. « Changeons d'avenir ». *Le Journal de Montréal,* 9 décembre 2009.

929. Desjardins, Frédéric. « François Legault martèle son message ». *L'Éclaireur Progrès,* 30 août 2012.

930. Voir Lisée, Jean-François. 2000. *Sortie de secours.* Montréal : Boréal, p. 280.

931. Voir Intellectuels pour la souveraineté (IPSO). 2010. *Opinion pu-blique Québec-Canada. 20 ans après Meech.* Montréal : IPSO, p. 22.

932. The Canadian Press. « Re-Opening The Constitution : Canadians Cool With It, Poll Finds ». *The Canadian Press,* 26 mai 2011.

933. Voir Léger Marketing et Association internationales d'études québécoises. 2012. *Le rapatriement de la constitution canadienne. Perception de l'événement et de ses conséquences.* Montréal : Léger Marketing, p. 7.

934. Léger Marketing. 2012. *Le Québec vu par le reste du Canada.* Montréal : Léger Marketing, p. 20.

935. Voir Gagnon, Alain-G. et Raffaele Iacovino. 2007. *De la nation à la multination.* Montréal : Boréal, p. 225.

936. Peyrefitte, Alain. 1994. *C'était de Gaulle* (tome 1). Paris : Éditions Fayard, p. 144-145.

937. Voir Lisée, Jean-François. 2000. *Sortie de secours.* Montréal : Boréal, p. 257.

938. Par exemple, en 2012, 69 % des Québécois disaient vouloir une déclaration de revenus unique, administrée par le gouvernement

du Québec. Voir Léger, Jean-Marc. « Plus t'es con, plus tu payes ». *Le Journal de Montréal*, 27 mars 2012.

939. Rocher, François. 2012. *La mémoire de 1982 : amnésie, confusion, acceptation, désillusion ou contestation ?* (Communication présentée au colloque « 30 ans après le rapatriement : l'état des lieux — Quel bilan ? Quelles perspectives ? » tenu à Montréal, les 12, 13 et 14 avril 2012). Montréal : Association internationale des études québécoises (AIEQ), p. 19.

940. « Le Québec a les moyens de faire la souveraineté, dit Charest ». *Le Devoir*, 8 juillet 2006.

941. En 2012, les spécialistes avançaient que l'appui à la souveraineté fluctuait autour de 40 %. À ce sujet, voir : Journet, Paul. « La souveraineté, le projet d'une génération ? » *La Presse*, 8 avril 2012. Lors de la campagne électorale de 2012, cet appui a même baissé à 28 %. À ce sujet, voir : Lessard, Denis. « Sondage : l'appui à la souveraineté recule ». *La Presse*, 31 août 2012.

942. Jedwab, Jack. 2010. *Le Canada est « très attaché » : lorsqu'ils classent les marqueurs d'identité, les Québécois accordent plus d'importance à la langue qu'à la nation*. Montréal : Association d'études canadiennes, p. 4.

943. Jedwab, Jack. 2011. *L'identité au Québec en 2011 : les attachements, l'identité et la diversité*. Montréal : Association d'études canadiennes, p. 7.

944. Léger Marketing. 2011. *Sondage post-électoral. Les lendemains des élections fédérales : perceptions et attentes*. Montréal, Léger Marketing, p. 5, 11 et 15.

945. Voir CROP et Idée fédérale. 2011. *Étude à l'occasion du 30ᵉ anniversaire du rapatriement de la Constitution*. Montréal : CROP, p. 21.

946. Voir Léger Marketing. 2005. *Sondage québécois* [au sujet du scandale des commandites]. Montréal : Léger Marketing, p. 3.

947. *Ibid.*, p. 4.

948. Voir Lisée, Jean-François. 2000. *Sortie de secours*. Montréal : Boréal, p. 368-370.

949. *Ibid.*, p. 369.

JOCELYN CARON

Écrire un essai politique à 30 ans n'est pas un exercice facile. En plus de passer un nombre incalculable d'heures seul, à réfléchir, rédiger, réviser et à vérifier minutieusement ses sources, il faut accepter les critiques parfois dures des relecteurs. Tout ça pour, au final, espérer qu'un éditeur prenne le risque de nous publier. Ensuite, réviser mille et une autre fois. Puis, assumer les propos qui y sont conscrits pour des années durant.

Certains de mes amis m'ont formellement déconseillé de publier cet essai : je me « cataloguerais » d'un côté, je « nuirais à ma carrière », « ça ne donne rien personnellement », etc. Peut-être, mais il faut faire confiance aux gens : avoir des opinions politiques sur l'avenir national ne devrait jamais être un frein professionnel. Et, surtout, quel est l'autre choix ? Succomber à la peur, ne rien faire et endurer l'indignation qui grandit en moi depuis une décennie ? Non, ça, j'en suis incapable : ça bout en dedans depuis trop longtemps, il faut maintenant passer à l'action.

Alors, je le confesse, l'écriture de cet essai est un geste intéressé, car immensément libérateur. Puisse-t-il modestement aider les Québécois à faire de même.

ACHEVÉ D'IMPRIMER EN JANVIER 2013
SUR DU PAPIER 100 % RECYCLÉ
SUR LES PRESSES DE MARQUIS IMPRIMEUR,
QUÉBEC, CANADA.